2019
中国新闻出版研究院
优秀科研成果汇编

中国新闻出版研究院 编

本书编委会

主　任：魏玉山

编　委：黄晓新　崔海教　范　军　张　立　董毅敏

统　稿：黄逸秋　遆　薇

前　言

《2019 中国新闻出版研究院优秀科研成果汇编》即将出版，本册汇编收录了我院 2019 年度完成但没有公开出版的 7 项优秀科研成果。通过这些成果也可管窥研究院本年度科研工作的三个特点。

一是把握党和国家重大战略要求，直面热点难点问题，提出对策建议。例如对党和国家高度重视的网络内容治理问题，《网络出版内容审校机制研究》分析了网络出版内容审校存在的主要问题，从审校范围、岗位设置、职责分工、审校流程、审校标准、奖惩制度等方面，分领域对网络出版内容审校制度构建作了设计。出版企业已转制成为完全的市场主体，建立出版业行业信用体系成为必然，《出版征信体系研究——企业信用评价指标研究》通过分析市场经济环境下，各行业推进信用体系的进度、出版企业信用评级体系的重要性和必要性，进而根据出版行业特点对构建出版企业信用评级指标进行了探索研究，提出了包括价值观念、核心竞争力、社会责任三个维度在内的出版征信指标体系，并给出了应用示例。

二是主动聚焦出版业转型升级的新热点，部分研究填补了相关领域的空白。例如《印刷企业智能化建设模型及关键技术研究》通过分析印刷智能工厂在多种应用场景下的技术研究成果和发展趋势，结合企业具体需求，探索了为不同类型的印刷企业建立智能印刷工厂参考模型，并通过此模型对企业的智能化等级进行评估。

三是持续关注的"老问题"，更加注重理论思维和方法、角度的创新，在坚持调查研究等实证研究方法的基础上，汲取自然科学的方法和技术手段，提高研究成果解决问题的针对性和实效性。例如《我国阅读推广人才培养机制研究》以阅读推广人为研究视角，对这一群体的培养现状、存在的问题及对策建议三方面进行研究。《2018年度出版专业技术人员职业资格考试情况分析与评价研究》《全国少儿图书出版分析报告（2018）》等，也都是对"老问题"的新研究。

编委会
2020年6月23日

目录 CONTENTS

001 我国阅读推广人才培养机制研究

117 出版征信体系研究——企业信用评价指标研究

156 国际标识原则研究

186 全国少儿图书出版分析报告（2018）

241 2018年度出版专业技术人员职业资格考试情况分析与评价研究

337 印刷企业智能化建设模型及关键技术研究

374 网络出版内容审校机制研究

我国阅读推广人才培养机制研究

第一章　绪论

　　世界读书日的主旨宣言提到，"希望散居在全球各地的人们，无论你是年老还是年轻，无论你是贫穷还是富有，无论你是患病还是健康，都能享受阅读带来的乐趣，都能尊重和感谢为人类文明作出巨大贡献的文学、文化、科学思想大师们，都能保护知识产权。"宣言的核心就是让世界各地的人们都能享受到阅读的乐趣。

　　阅读是建立在读者和读物关联关系之上的个人行为，而全民阅读和全民阅读推广则属于公共行为。通过全民阅读推广活动的有效开展，积极引导全民阅读意识，激发全民阅读内在需求，让更多的人都能享受到阅读的乐趣，即是契合了这一主旨宣言的内核。

　　全民阅读是一项重要的国家战略，是我们这个时代一个日趋明显的深刻标记，自 2014 年以来"全民阅读"已连续六年被写入国务院政府工作报告。习近平总书记一向高度重视阅读，高度重视读书、学习对于国家发展、民族复兴的重要意义。2019 年，习近平总书记在考察读者出版集团时指出，"人民群众多读书，我们的民族精神就会厚重起来、深邃起来。要提倡多读书，建设书香社会"，明确把建设书香社会确立为我国社会文化发展的目标和任务。

　　全民阅读推广是一项长期而又复杂的系统工程，需要社会各界形成合力加以推动。随着全社会对全民阅读的关注，阅读推广活动的开展已经不仅仅局限于党和政府相关部门的组织和引导，各类阅读组织、阅读推广志愿者等也在其中发挥着重要作用。在一定意义上，全民阅读活动的蓬勃开展和不断深化，主要取决于阅读组织和阅读推广人的热情投入和辛勤付出，取决于他们的文化素养和专业水准。正是在这样的情势之下,阅读推广人专业队伍的建设,逐步被提上日程。目前,很多地区的政府管理部门和阅读行业组织都在积极推进阅读推广人队伍建设,推进阅读推广专业化发展。阅读推广人已经成为较正式的社会称谓,乃至身份职业。

在推广活动综合化、复杂化、专业化发展的趋势下,仅靠少数精英人才的示范和带动是远远不够的。基层有着正在觉醒、不断扩大的阅读推广需求,各类阅读推广线上线下市场正在突飞猛进地增长,阅读推广的场域正在建设扩张,社会对于策划、组织和实施阅读活动的阅读推广人才的需求不断提升,进而导致阅读推广人的培育和管理,变得前所未有地重要而紧迫起来——阅读推广人队伍的规模大小、专业与否、能不能良性发展,决定了全民阅读事业能否可持续发展,阅读产业的功能能否正常发挥。正因为如此,对全民阅读推广人的研究成为学界热点,但大多数研究是从图书馆、出版、传媒、公益等专业领域,着眼于阅读推广人应该具备的素质、能力、行业规范等方面内容,而很少从全局出发,从制度层面,研究对阅读推广人如何进行政策扶持和科学管理。

第一节 本课题的研究意义

与国外相比,我国的阅读推广活动起步较晚,大规模的全民阅读推广工作始于2006年原新闻出版总署联合13部委第一次部署全国性的全民阅读活动。而"阅读推广人"的提法最早出现在2007年召开的"首届二十一世纪中国儿童阅读推广人论坛"上。在这次论坛上,诞生了有关儿童阅读推广人的《南昌宣言》。相比"全民阅读推广人"概念,"儿童阅读推广人"还比较局限,但正是《南昌宣言》的提出,预示着"阅读推广人"时代的来临。

近几年,随着阅读推广工作如火如荼地开展,全民阅读推广组织和机构迅速发展。中国图书馆学会从2014年底举办首期阅读推广人培训,之后在《中国图书馆学会关于2015年开展全民阅读活动的通知》中首次提出:要以培养"阅读推广人"为契机,加强阅读推广人才队伍建设工作。在之后每年的通知中,都明确提出了有关"阅读推广人"的相关事项。

2016年底发布的《全民阅读"十三五"时期发展规划》中也明确提出：鼓励和支持公务员、教师、新闻出版工作者、大学生等加入阅读推广人队伍，定期培训，提升素质和服务能力。

通过几年的努力，从零星的单兵作战或少数典型带头示范的个体行为，到大规模有组织力量联合发展的人才群体；从业余化的故事义工到受过专业培训、取得阅读推广人证书的专业人才；从民间自发行动到政府部门介入、引导和强势推进，一个规模可观、业界呼唤、成绩突出的阅读推广人群体正在蓬勃发展。

新时期不仅对当前我国阅读推广服务体系的构建提出新要求，也对全民阅读推广人的数量、专业素质和专业能力等提出了新要求。2017年3月实施的《公共文化服务保障法》第四章第54条明确指出"国家支持公共文化服务理论研究，加强多层次专业人才教育和培训"。《中国图书馆学会关于2017年开展全民阅读活动的通知》表示，专业人才是提升阅读推广水平的保障，提出要加大"阅读推广人"培养力度，提升阅读推广人才队伍专业素养。

2017年3月31日原国务院法制办公室发布的《全民阅读促进条例（征求意见稿）》第16条提出：

各级人民政府应当建立阅读推广人队伍，鼓励和支持教师、公务员、大学生、新闻出版工作者等志愿者加入阅读推广人队伍，组织开展面向各类读者群体的专业阅读辅导和推广服务。

还提出：

县级以上地方人民政府应当按照全民阅读设施所承担的职能、任务及所服务的人口规模，合理配置全民阅读服务从业人员，加强全民阅读工作人才队伍建设，提高从业人员素质。同时还特别提到：县级以上地方人民政府新闻出版广电等行政部门应当建立阅读推广人信息库，为其提供相关知识和技能培训。

我国全民阅读事业的前沿城市深圳，其阅读推广事业的蓬勃发展，离不开该市活跃、多元、数目可观的阅读推广人，该特区对这些人才的重视和培育，体现在《深圳经济特区全民阅读促进条例》（2015年颁布）的第十三条中：市、区文化主管部门可以组织培训阅读推广人，为阅读推广人开展公益性阅读推广活动提供必要的支持和保障。

作为阅读推广活动最核心、最关键的因素，高质量的阅读推广人是阅读推广活动有效开展的保障。但是伴随着这支新生队伍的逐渐壮大，需要积极鼓励和激励的同时，还应前瞻性地引导，避免鱼龙混杂、劣币驱逐良币。当全民阅读推广人的数量、技能、素养不能满足阅读推广的快速发展变化时，也将会为阅读推广事业带来制约和影响。为使全民阅读建设更加深入、有效、规范地开展，高质量的阅读推广人不可或缺。本课题成员一直负责我国编辑出版人才的培养研究工作，并曾长期从事我国国民阅读调查工作，基于此，期望通过本课题的深入研究，能够从行业规则制定、宏观管理的角度，为培育、壮大各级各类全民阅读专业推广人才队伍助力，能够规范和提升全民阅读推广人才队伍专业素质和能力助力，进而能够为提高阅读推广质量、促进阅读推广工作走向专业化、规范化助力。

第二节　国内外研究现状

一、国内研究现状

目前我国新闻出版领域的学者很少就阅读推广人方面课题开展专门研究，有关阅读推广人研究的大部分成果集中在图书馆界，重点专题包括阅读推广的理论与阅读推广人、公共图书馆阅读推广与阅读推广人能力素养、高校图书馆阅读推广与大学生阅读推广人培养、新媒体与数字阅读推广人培养等方面。新闻出版行业的人士，主要会在介绍或总结出版机构和政府部门推动的特色阅读实践活动时，提及阅读推广人的积极贡献和阅读推广人培训的有关问题。

有关"阅读推广人"主题的最早一篇论文是2009年程亚男撰写的《关于阅读推广的几个问题》，这篇论文提出"阅读推广人"至少应该具备如下两种最基本的能力，即策划能力和营销能力。综合各领域学者有关阅读推广人的研究，主要进展体现在以下几个方面：

1.关于阅读推广人制度研究。例如学者范并思在《建设全面有效的阅读推广人制度》一文中认为，阅读推广人队伍的建设与管理将成为当前我国社会持续深入开展全民阅读需要关注的问题。

2.关于阅读推广人专业能力构建研究。例如学者宋卫认为，阅读推广人素质已成为制约阅读推广活动的最大因素；学者王军、陈丽芳在《略论阅读推广主体方阵模型构建》一文中，基于对主要阅读推广人的梳理，初步探讨了阅读推广人的责任担当和结构分布问题，建构了一个理论模型，旨在帮助人们从宏观层面理解和认识各类阅读推广人的社会位置与功能发挥。

3.关于专业化阅读推广人队伍的现状与不足。学者丁娜在总结学界关于阅读推广人的分散性阐述的基础上，以篮球运动为喻，对政府、图书馆、民间阅读推广机构等七种主要阅读推广人进行了角色定位和功能阐述；学者黄冬霞、白君礼从哲学角度阐述了阅读推广人概念，分析了阅读推广人的自然、社会和精神属性，以及阅读推广人的主动性、能动性和创造性本质，并对现阶段我国阅读推广角色（政府、图书馆、社会组织和读者等）在组织和实施推广活动时存在的优势和不足进行了分析。

4.关于阅读推广人才培训和培养的现状。学者杨飞通过对上海市图书馆学会阅读推广人培育工作的实践分析，总结了上海市图书馆学会包含行业组织牵头，发挥专业与行业优势，试点先行，以点带面逐步推进、设计科学的培训课程体系，建立系统的教学评价，构建专业化的师资队伍，规范培训管理制度等在内的7条阅读推广人培育制度，为正在蓬勃发展的阅读推广人培育工作提供实践参考。

综上所述，我国学者的研究主要针对阅读推广人个体素养、人才队伍定位和人才专业化培育等，并取得了一定进展，但缺乏从全民阅读视角对阅读推广人的整体阐释。

二、国外研究现状和优秀实践经验

国外对阅读推广人的研究，主要侧重在阅读推广的策划、组织者层面，并没有涉及对阅读推广活动的执行者的专门研究，但是有关阅读推广志愿者服务体系、阅读推广人才专业教育以及学科体系建设的研究则比较前沿。以下主要从政府部门、教育机构、民间学术团体以及图书馆等方面，对国外有关阅读推广人研究的现状作简要介绍。

（一）政府部门

国际上很多国家都将阅读推广上升到政治层面，除欧美发达国家外，发展中国家也将阅读推广上升到国家政策、国家战略高度，由政府出台相关政策或立法，为阅读推广提供政策保障。政府还牵头策划、开展阅读推广活动，从宏观层面对活动予以指导，很多由政府主导的阅读推广活动不仅在本国，甚至在全球范围内都有着巨大的影响力，引领着阅读推广活动的风尚。

（二）教育机构

国外学校在日常教学中非常注重培养学生的阅读能力，认为阅读能力是学生必备的基础能力，所以教育机构是阅读推广活动不可缺少的平台，诸多学者在研究阅读推广现象时，也乐于选择教育机构作为研究对象。学者曹娟在《阅读推广人才专业教育探索》一文介绍，西班牙巴塞罗那自治大学教育学院与巴塞罗那大学图书馆学与信息科学学院联合开设学校图书馆与阅读推广硕士专业学位，经过十多年发展，培养了大量的阅读推广人才，其值得借鉴的办学经验：一是洞悉社会对阅读推广人才的需求，及时增设专业；二是采取跨校跨院跨学科培养模式，师资队伍高度专业；三是坚持严格的准入规则与采取考核方式。[1]

（三）民间学术团体

国外众多学术团体组织倡导的阅读推广活动，在国际上得到了热烈响应和广泛关注，获得了良好的社会效果。如国际读写协会（International Literacy Association，ILA）针对不同成员提供相应培训，如儿童早期识字、培训阅读专业人士等。美国教育协会（National Education Association，NEA）主办的著名阅读推广活动"读遍美国"[2]（Read Across America），邀请家长、警察、消防员、市长、牧师、运动员等各行各业人士给孩子们讲故事，介绍他们童年时最喜欢的书籍，分享他们对阅读的理解，分享读书的乐趣。"读遍美国"也吸引了很大一部分娱乐、体育、政治界的明星大腕，如美国前第一夫人米歇尔·奥巴马、泰勒·斯威夫特、小威廉姆斯、奥尼尔等众多名人参与。

（四）图书馆

国外众多图书馆都积极展开了阅读推广活动，并且国外图书馆界在实施

---

[1] 曹娟.阅读推广人才专业教育探索——以西班牙两所大学合作办学为例[J].图书馆论坛，2018（3）：90-94.

[2] 赵俊玲，郭腊梅，杨绍志.阅读推广——理念、方法、案例[M].北京：国家图书馆出版社，2013.

阅读推广项目时，都会积极寻求战略合作伙伴，包括政府、企业、出版社、媒体、教育机构等，积极整合各方优质资源，通力合作。活动中国外阅读志愿者的参与就相当于我国阅读推广人的角色。例如英国图书馆界在2014年制定了"夏季阅读挑战计划"，共有近84万儿童参加，其中招募了8000余名12—24岁的志愿者，作为阅读推广人在群体中开展服务，为活动提供帮助。[1]

值得借鉴的是，国外图书馆界积极整合优质资源，达成多方战略合作，共同实施阅读推广项目，较大规模活动几乎全是积极借助各机构联动的力量。不仅如此，国外成功的阅读推广项目，还非常注重适时推出有广泛影响力的阅读推广带头人，且非常重视对阅读推广志愿者的培育和评估。例如，英超俱乐部的"阅读之星"项目，通过明星的感染力量，将孩子们对足球的热爱转化为对阅读的热爱。英国阅读社（The Reading Agency）成立于2002年，是英国促进阅读方面的一家慈善组织，它认为阅读能力是人最基本的素质，因此其使命是"让更多的人阅读更多"。[2] 其组织的成人阅读能力提升活动联结各教育机构、图书馆、工厂、公司、伦敦交通部门等共同开展。为了更好地对阅读推广的志愿者进行规范化的管理，还发起了一个为期3年的志愿者试运行项目，对志愿者进行培训，针对一些特殊要求进行专门的讲解，活动结束后对志愿服务进行评估，提升志愿者技能和信心的同时，更好地发挥志愿者的作用。

第三节　研究思路、研究方法及主要难点和创新点

一、本研究的主要内容和基本思路

本课题共分为五个部分，每部分既有相对独立的主题，又相互联系，使全文内容形成了一个有机的整体。全文的逻辑结构安排如下：

第一部分为绪论。主要叙述选题的缘起和意义，回顾国内外研究现状，提出本文的研究思路、研究方法和创新点。

---

[1] The Reading Agency.Summer Reading Challenge[EB/OL].[2018-11-08]. http://readingagency.org.uk/children/quick-guides/summer-reading-challenge/.

[2] 马瑱，赵俊玲.英国阅读社成人阅读活动的特点及启示[J].河北大学成人教育学院学报，2012（3）：108-110.

第二部分为概念阐述。主要阐述本课题对阅读、阅读推广、全民阅读推广、以及全民阅读推广人相关概念的界定。

第三部分为全民阅读推广人才培养实践的现实审思。主要从全民阅读推广人才培训培养的视角，分类概述我国目前培养主体情况。进而梳理全民阅读推广人发展现状，分析指出当前我国全民阅读推广人才队伍建设中存在的问题并阐述原因。

第四部分为全民阅读推广人能力素养及人才培养定位。包括人才培养的指导原则，人才能力解析，并结合案例分析不同类型人才培养的侧重点等。

第五部分为全民阅读推广人才培养机制初探。包括加强人才培养政策、立法等动力机制，加大资金扶持力度等保障机制。按人群细分，对全民阅读推广人才分层阐述发挥人才主体职责的对策建议。从专业教育和继续教育双方面健全人才培养的运行机制。最后提出完善人才培养的评价机制的建议。

二、研究方法

本课题通过理论与实例研究相结合、文献分析法、个案调研法等，对阅读推广人才培养模式进行定性分析。

（一）实地调查法

课题组对深圳、上海、北京、江苏、青岛等省市的基层阅读推广情况进行了实地调研，以访谈、座谈和实地观察的方法，剖析阅读推广人才的发展现状、地方特色，对其经验与困难进行了梳理和归纳。

（二）文献分析法

本研究利用文献分析法，梳理国内外有关阅读、阅读推广、全民阅读推广以及全民阅读推广人的相关文献，较全面地掌握与本课题相关的学术研究情况；查找支撑本研究的相关理论，为课题研究提供科学的理论基础。

（三）个案调研法

本研究通过分类调研，对各类阅读推广人培训进行个案探究和分析，重点论述人才队伍建设中存在的问题，进而给出合理的解决方案，力求对我国阅读推广人才的培育和培养提供思考和借鉴。

此外，本研究还借鉴分类统计分析方法和指标体系评价的相关研究方法，辅助课题研究。

三、本研究重点难点及创新之处

从以上的研究现状可以看出，全民阅读推广人研究日益受到重视，可是对人才培养的基础研究还未完全展开，相关著作、项目和论文成果并不多。尽管存在一些可以借鉴的研究方法与成果，但应用研究的资料总量依然有限，没有现成的理论可以凭借参考，这都给本课题的研究带来了一定难度。如何在坚持学术立场的前提下，使研究思路既有理论指导，又有可操作性，从而加强研究的深度与广度，是本文研究过程中一直力争解决的难点。

本研究的创新点首先在于通过大量走访调研，结合实际，探讨存在的问题，分层次、有针对性地提出对策建议。其次，整个研究强调"全民"范畴，基于"阅读，读以致乐"立论，通过约访多位行业专家，为研究的论点进行把脉。再次，国内阅读推广人研究大多基于图书馆学的视角探讨在阅读推广活动中阅读推广人的行为，而本研究则抛开行业壁垒，从全社会、从"全民"推广的视角出发，分析各类阅读推广人才，这更加符合阅读推广活动是各方行为主体的合力，也更加符合阅读推广实践活动多样性的客观现实。最后，从批判思维的角度来分析研究存在的问题，拓展全民阅读推广人才培养研究的深度，增强研究对策和建议的可行性。

第二章　阅读推广相关概念阐释

第一节　阅读的概念

一、阅读的概念

书籍是人类文明传承的桥梁，是社会进步发展的阶梯，更是点亮个体生命、启迪人生智慧的明灯。阅读行为古已有之，作为人类一直以来获取知识、接受教育、发展智力的基本手段和重要途径，阅读是我们国家、民族精神发育和文明传承的关键途径。阅读在我们人类文化文明发展进程中，起到了不可估量的作用，人类文明史也是一部人类阅读史。伴随经济发展、社会变迁，阅读的介质形式发生了巨大的变化，人们的阅读习惯和阅读方式也产生了深刻的变化。在此基础上，关于"阅读"的含义的讨论也在持续进行。

阅读之于心灵，犹如运动之于身体，作为人类所特有的社会活动，阅读是我们认识世界并改造世界的重要手段。在《阅读史》一书中，阿尔维托·曼古埃尔写道："阅读，犹如呼吸一般，是我们的基本功能。"① 那么，到底该如何定义阅读呢？回顾历史，关于阅读的定义，一直在随着阅读实践的发展不断丰富和完善。

（一）从词源学上探寻"阅读"的原始含义

这也是最为古老和传统的阅读定义方法。东汉许慎《说文解字》云，"阅，具数于门中也"，即"阅览"；如韩愈《秋怀诗十一首》："归还阅书史，文字浩万千。"《说文解字》曰，"读，诵书也"，即"观看"；如《孟子·万章下》："颂其诗，读其书，不知其人可乎？"② 由此可以看出，"阅""读"本是两个词。后世逐渐将"阅""读"作为复合词使用，专指人们观看、理解文字的行为。叶圣陶在《中学国文学习法》中说："阅读总得'读'。出声念诵固然是读，不出声默诵也是读，乃至口腔喉舌都不运动，只用眼睛在纸上巡行，如古人所谓'目治'，也是读。"③《现代汉语词典》（商务印书馆，2016年第7版）对阅读如此界定：看（书报）并领会其内容。《汉语大辞典》对"阅读"的定义与《现代汉语词典》类似：看（书、报、文件）等，并领会其内容。

（二）将"阅读"的含义扩展为阅读过程和行为的总和

"阅读"的含义不再局限于字词原始的含义"读"和"领会"，而是被扩展为阅读者的一系列阅读过程和行为的总和。如：阅读是书面语言传递的信息接受过程……因此，阅读必须看着是一种由读者对来自著者的信息的再构成而产生的读者和书面语言之间的相互作用（《湘图通讯》，1982年1月）。客体（知识载体）的信息输入主体（读者）的大脑，主体脑机能以经验（实践经验或知识经验）为基础对客体信息进行能动的反映（《图书情报知识》，1984年1月）。高瑞卿在《阅读学概论》（吉林教育出版社，1987年）一书中说：阅读是人们吸收知识的一种有意识、有目的的社会活动。胡继武在《现代阅读学》（中山大学出版社，1991年）中界定：阅读就是从信息符号中获取意义的一种复杂的智力活动。这种活动是人类所特有的，它不仅需要

---

① 阿尔维托·曼古埃尔. 阅读史[M]. 吴昌杰译. 北京：商务印书馆，2002.
② 王家莲等. 新时代阅读推广研究[M]. 大连：东北财经大学出版社，2018.
③ 叶圣陶. 叶圣陶语文教育论集（上册）[M]. 北京：教育科学出版社，1980.

各种智力因素，如观察记忆、思维、想象等的积极参与，而且各种非智力因素，如动机、兴趣、意志、性格等，在阅读中也有着非常重要的作用。

（三）从认知心理学的角度，为阅读赋予了心理活动层面上的意义

阅读的含义不再局限于一种实践活动，而是被延展为一种心理过程和精神活动。《中国大百科全书·教育卷》中如此界定阅读：阅读是一种从印的或写的语言符号中提取意义的心理过程。阅读也是一种基本的智力技能，这种技能是取得学业成功的先决条件，它是一系列过程和行为的总和。根据《阅读辞典》（四川辞书出版社，1988年）的界定，阅读是一种从书面语言和其他书面符号中获得的意义的社会行为、实践过程和心理过程。阅读是从文字记录中吸取信息的交流活动，可视为个人心理活动和社会精神生活的一个方面（《国外图书情报工作》，1984年2月）。张树华、赵世良等认为，阅读是吸取文献中所记录内容的个人精神活动（《图书馆读者工作教程》，北京大学出版社，1986年）。王继坤在《现代阅读学》（济南出版社，1991年）中说：阅读就是读者对阅读物的认识、理解和吸收的复杂过程，是文明社会人类的一项重要活动。

（四）阅读概念变得丰富、具体，特点、介质、构成等得到界定

近年来，学者不仅对阅读本身进行了定义，还对阅读的社会性、载体介质、基本构成要素等相关方面进行了界定，这使得阅读的概念更加完善和具体。徐雁、王余光在《中国读书大辞典》中如此定义阅读：阅读是指一个从书面语言和其他书面符号中获得意义的社会行为、实践活动和心理过程。阅读首先是作为一种特殊的交际方式而存在的社会现象，具有行为的社会性。它是以书面材料作为社会交际的中介的。"作者—文本—读者"是构成一个完整的书面交际过程的三个基本要素（南京大学出版社，1993年）。司新丽在《全民阅读推广路径研究》（首都经贸大学出版社，2018年10月）中沿用徐雁、王余光的说法，认为阅读是一种从书面语言和其他书面符号中获得意义的社会行为、实践活动和心理过程。并进一步补充说，从媒介载体的角度来看，阅读既包括基于纸张的非电子媒介的传统阅读，也包括基于电子媒介的数字阅读。黄晓新在《阅读社会学：基于全民阅读的研究》（人民出版社，2019年5月）一书中对徐雁、王余光的说法再次进行补充，认为阅读是人对文字、符号、图像的感知过程。从表面看，阅读活动似为盲目、随

意、孤立的个体心理活动。实际上，阅读是人们吸收知识信息的一种有意识、有目的的社会活动，它不是盲目的，更不是孤立的，而是由"作者—文献（文档）—读者"三者构成的社会交流交往活动，是带有广泛社会性的活动。

经历了阅读实践活动的不断丰富和发展，阅读的概念也经历了一个不断完善的过程，学界也对阅读进行了各自视角、各自层次的定义。本课题组认为，以上定义有一点是共通的，即阅读过程既是一种生理过程、心理过程，又是一种有目的的社会活动，其本质上是以个人已有的经验为基础，对阅读内容的感知和释义过程。在此认知基础上，本课题组沿用徐雁、王余光、黄晓新等学者的说法：阅读是指一个从书面语言和其他书面符号中获得意义的社会行为、实践活动和心理过程，它作为一种特殊的交际方式而存在的社会现象，具有行为的社会性。它以书面材料作为社会交际的中介，"作者—文本—读者"是构成一个完整的书面交际过程的三个基本要素。

（五）从行业统计层面，阅读的内涵与外延是极为宽泛的，体现为"综合阅读率"

根据官方全民阅读状况调查机构中国新闻出版研究院发布的全民阅读系列调查报告，阅读体现为"综合阅读率"。"综合阅读率"包括纸质书阅读率、数字化阅读方式的接触率，以及各媒介综合阅读率。数字化阅读方式又包括网络阅读、手机阅读、电子阅读器阅读、平板电脑阅读等。

国民综合阅读率的持续提升，整体阅读人数也持续增加，说明我国的阅读事业正在走向繁荣。自从 2008 年以来，我国成年国民数字化阅读方式接触率发展势头迅猛，各种数字媒介的接触时长也都有所增加。[①] 不容忽视的是，我国国民的阅读问题依然很多。例如，成年人在数字阅读活动中，大多以阅读新闻资讯、社交分享活动和观看网络视频为主，碎片化、娱乐化特征明显，深度阅读不足。人们为了迅捷获取对自己有用和自己感兴趣的信息，渐渐抛弃传统阅读的系统和深度品味，由此带来认知思维的崇尚理性又缺少理性、既崇拜权威又消解权威，阅读演化为消费文化的符号泛滥，人们通过屏读、频读等所谓"泛阅读""浅阅读"成为文化精神生产和消费的主要形式。[②] 伴

---

① 韩晓东. 2018 国民阅读率：成年保持增长，未成年人下降明显 [N]. 中华读书报，2019-4-17（1）.

② 黄晓新. 阅读社会学：基于全民阅读的研究 [M]. 人民出版社，2019.

随阅读的碎片化、娱乐化特征，我们当下的阅读呈现出极具浮躁性、功利性，从而导致常识阅读和经典阅读被忽视。常识阅读和经典阅读是阅读的基础，包括历史文化、艺术科技、哲学思想、中外名著等。作为一个人一生阅读生活的良好基础，良好的常识阅读和经典阅读必不可少。

综上，随着科技进步、社会发展，纵使阅读的概念正变得极为宽泛，但全民阅读所倡导的阅读是应该具有偏向性的。我们大力倡导的阅读推广应该推广哪种阅读？本课题组认为，从阅读载体来看，相比数字阅读，我们更推崇纸质阅读；从阅读方式来看，相比碎片化阅读，我们更推崇深度阅读；从阅读内容来看，相比实用性、功利性阅读，我们更推崇常识与经典阅读。

本课题研究的阅读推广的阅读概念和偏向性是基于此的。

二、阅读的价值

阅读，是个体成长、社会进步、民族繁荣、国家发展的持续不断的动力源泉。

（一）阅读是一个人获取知识、完善心智、启迪智慧、陶冶情操的最重要途径，更是应发展成为当今人们重要生活方式

阅读对一个人的成长的影响是巨大的，一本好书往往能改变一个人的一生。古人语：读万卷书，行万里路。如果说行万里路是一个人获取直接经验的来源，那么读万卷书就是一个人获取间接经验最佳的途径，是"站在巨人的肩膀上"。哲学家叔本华说：在身体方面，人靠所吃的东西而生活，在精神方面，人靠所读的东西而生活。中山大学教授黄天骥说：人生在世如果不读书，即使锦衣肉食，也会行尸走肉，酒囊饭袋，很难被认为是一个有完整意义的人。[1] 在一次公开演讲中，著名儿童文学家曹文轩说，阅读使我们变得富有和强大，阅读能影响一个人素质中最基本、最核心的部分——价值观、审美观、道德观和人生观。中国人民大学副校长贺耀敏教授说：要让全民读书活动能够深入市民的文化生活之中，成为重要的城市文化品牌之一。人们通过阅读可以呼唤对知识与科学的尊重，对心灵与人生的关注，对社会责任的勇于承担，对未来发展的美好追求。

在当今这种飞速变化的时代，一个人的成长与生活更加离不开阅读。虽

---

[1] 黄俊贵．提升阅读理论，构建阅读社会[J]．图书馆论坛，2005（6）．

然我们的物质生活水平不断改善,但很多人依然在精神生活贫乏的黑暗里挣扎,深受空虚、焦虑困扰,不少人甚至患上了严重的焦虑症、抑郁症。阅读,应该成为人们摆脱焦虑、脱离抑郁的救命稻草,因为阅读可以帮助我们形成良好的审美观、高尚的道德观、正确的人生观,以及热爱生命的生活观。要保持心灵健康,阅读应该融入人们的生活,像阳光雨露一样,成为人们重要的生存、生活的方式。阅读应该成为人们追求的生活方式。

(二)阅读是发展精神文明,促进社会和谐,建设学习型社会的有效形式

阅读是一项长期的精神活动,它通过日积月累、潜移默化的影响发挥作用。阅读可以陶冶个人情操,提高个人修养,进而提高整个国民的综合素质。在当前我国体制转轨、社会转型的特殊时期,人们思想和利益的多元化趋势更加明显,人们之间的共同语言、共同理想、共同价值的趋势日益凸显,人们需要有共同认可的核心价值观和思想基础,中华民族伟大复兴的中国梦才得以实现。而阅读对于强化文化认同、凝聚人民信心、振奋民族精神,对于提高公民素质、净化社会风气、构建核心价值体系具有十分重要的意义。[1]阅读专家朱永新说:"一个人的精神发育史就是他的阅读史;一个民族的精神境界取决于这个民族的阅读水平;一个没有阅读的学校永远不可能有真正的教育;一个书香充盈的城市必定是一个美丽的城市。"[2]党中央号召要建立学习型社会,全民学习、终身学习,促进人的全面发展。大力推进全民阅读是我国建设学习型社会最直接、最有效的方式之一。"任何社会共同体都是文化的共同体、观念的共同体。而阅读和观念的关系,犹如一个硬币的两面,密不可分,相辅相成。"[3]当前,许多国家都把促进国民阅读当作国策来抓,大力推行文化强国战略,设立读书节,开展阅读活动已成为各个国家普遍的做法,纷纷倡导人人读书,将阅读融入每个人的日常生活。

(三)阅读奠基民族未来,大力推进全民阅读是实现中华民族伟大复兴的重要一环

不阅读的民族,是没有灵魂的民族,也是没有希望的民族。作为一个最勤奋的民族,中华民族的阅读文化源远流长。阅读对从个体生命、社会精神

---

[1] 司新丽. 全民阅读推广路径研究 [M]. 北京: 首都经济贸易大学出版社, 2018.
[2] 朱永新. 我的阅读观 [M]. 北京: 中国人民大学出版社, 2012.
[3] 全民阅读·书香社会: 阅读如何涵养价值观 [N]. 人民日报, 2015-04-23(12).

生活和道德水准方面来看，其影响力是长久且巨大的。阅读水平更是代表了一个民族的精神境界，全民族的阅读水平在很大程度上决定了一个民族的文明程度。恩格斯说，一个民族要站在世界的高峰，就一刻也不能没有理论思维，而理论思维的获得靠的就是大量的阅读与思考。国际阅读协会曾总结了读书对于人类的巨大益处：阅读能力的高低直接影响到一个国家和民族的未来。著名学者刘梦溪说：阅读是个体生命的提升，更牵系到一个民族的文化品格的塑造。一个家庭中没有书籍，等于一间房子里没有窗户。① 通过阅读，人们可以了解中华民族千百年来历经的苦难与辉煌，中华民族的历史长河中涌现的英雄人物与事迹，从而可以增强民族自信心和自豪感，提升民族凝聚力，真正为中华民族的伟大复兴提供不竭动力。

（四）阅读是提升国民素质与国家综合竞争力，建设创新型国家的必经之路

在如今这个知识与信息被视为经济发展动力的时代，一个国家的国民的阅读能力是其文化软实力和综合国力的硬核所在。我国国民素质整体有待提升，阅读率的提升是其中的重要一项。为推进阅读社会建设，使全民族文化素质得到提升，我们国家必须自上而下、齐心协力为跻身世界阅读强国之林而努力。在这个知识和信息就是生产力的年代，具备一定知识素养的人已占据社会主流，人人以拥有知识为荣，而阅读就是人们获取知识、提升素质、增强创新性的动力源泉。人人崇尚知识、崇尚创新的国家，必定是强大的和具有持续发展动力的。原新闻出版总署署长、教育科学文化卫生委员会主任委员柳斌杰说："一个人阅读能力的大小，直接影响到他的个人成长和他对社会的贡献。一个国家国民阅读率的高低，国民阅读力的大小，直接关系到国家软实力和综合国力的强弱，影响到全社会的总体文明程度和创造能力。当下中国，全民阅读由最初的倡议发展为一项国策，并有了法律保障。这实在是民族之运、人民之幸、文明之本。"②

阅读不仅有利于个人的全面发展，也有利社会的和谐发展、民族的大繁荣以及国家整体国力的提升。全民阅读，是利国利民的伟大事业，每个人都应该积极行动起来，加入阅读和阅读推广的队伍中去。

---

① 发挥政府引导作用建立全民阅读有效机制 [N]. 青岛日报. 2013-05-23.
② 黄晓新. 阅读社会学——基于全民阅读的研究 [M]. 北京：人民出版社，2019.

第二节 阅读推广的概念

阅读推广伴随着人类阅读文化活动始终存在,尤其活跃在知识结构及传播技术震荡转型时期,只不过往往附加于各种文教活动之上,扮演着知识传播的"婢女"角色,而并未成为独立的社会分工。今天,阅读推广已走向专业化发展之路,与出版、教育、创作等紧密联结但分工清晰。①

一、当下的阅读推广与古代劝勉读书有着本质不同

中国自古就有重视阅读的传统,劝勉读书也一直受到推崇。古人在阅读活动中留下了大量的阐释书籍价值、读书观念、读书目的、读书心得和读书感受的文字。关于阅读态度和阅读方法古代先人早有研究,关于劝勉读书也有自古传承的理论总结和方法应用。《论语》中有"学而不思则罔,思而不学则殆""温故而知新""不耻下问"等,强调阅读与思索,阅读与实践、自学与研究的关系。孟子有"尽信书则不如无书"的观点,主张要以批判态度阅读,对具体问题具体分析。子思在《中庸》中更系统论述阅读思索与实践的科学过程为"博学之,审问之,慎思之,明辨之,笃行之"。学界认为,《礼记》中的《学记》、荀子的《劝学》系我国最早研究阅读的著述,其中《劝学》也被认为是我国最早进行阅读推广的著述。此外还有《荀子·劝学篇》《吕氏春秋·劝学》《颜氏家训·勉学》以及宋代《朱子读书法》《宋先贤读书法》,清代唐彪《读书作文谱》、谢鼎卿《读书说约》、张之洞《輶轩语》《劝学篇》、杜贵墀《读书法汇》等等。

古时,一个乡村考取了一名秀才,这名秀才就可能成为全村读书人的典范,他也是这个村上劝勉读书(阅读推广)的典型。春秋时期的孔子,在某种意义上,也是在做阅读推广的工作。孔子拥有弟子三千,他对三千弟子的教导过程,以及弟子们的传道授业解惑工作,也是某种意义上的阅读推广。再如孔子周游列国,他的整个布道过程客观上也起到了阅读推广的作用。到了先秦时期,出现了四方馆,就是各种士人讨论国家大事的地方,也算是当时阅读推广的重要场所。在汉代,很多地方都设有书馆,书馆里面有书师,

---

① 张文彦. 阅读史视域下我国当代阅读推广组织的起源、现状与发展趋势[J]. 出版发行研究,2019(6).

书师就是老师。小孩子 10 岁左右就进入书馆，一般是读《孝经》和《论语》。更多的是熟读，熟读后由老师开始讲。这里的书师，毫无疑问就是一个阅读推广人。汉代从汉武帝开始罢黜百家，独尊儒术，那么要做官员就要知道儒经的一些基本的内容，至少能背几千字的儒经。《儒经》主要是两本，《论语》和《孝经》。因此，汉代时期的阅读推广本身就是对儒家文化的阅读引导。

由上可以看出，尽管范围不同、目的各样，阅读推广（劝勉读书）是从古至今一直有的，古时的劝勉读书与当代阅读推广的本质不同在于，古代的阅读推广是小众化的，是为某个统治阶级服务的，全民阅读推广面向的是全民，无论是有阅读条件还是没有阅读条件的人，全民阅读推广的目的不是服务于某一个阶层，而是在于整体提升国民素质，保障每一个人的阅读权利，让每一个人都能充分享受阅读的乐趣。

二、阅读推广的概念随着理论发展和实践深化不断丰富和完善

据图书馆学研究者考证，我们当下倡导的"阅读推广"，是来源于英文 Reading Promotion，又可以被称为"阅读促进"，在国外往往用于相关项目、活动的报道和报告中。目前在我国，"阅读推广"已经成为相关学者和观察者高频使用的热词，但起初在国外，"阅读推广"并非一个学术词汇。[①] 近几年来全民阅读气氛高涨，研究者们对"阅读推广"的关注度越来越高，大家对"阅读推广"的解析也逐渐清晰。

（一）从图书馆作为阅读推广的主体的角度来对阅读推广进行定义是目前的主流，持此观点的研究者均强调图书馆在阅读推广中的核心地位

如：谢蓉认为，图书馆阅读推广活动是图书馆作为推广主体，通过一定的推广媒介，利用特定的设施设备，选择适当的阅读内容并对活动形式进行一定的设计，从而对阅读推广的客体对象（特定的读者群体）施加影响，并接受反馈不断调整以期达到最佳效果的所有工作。[②] 万行明认为，阅读推广即推广阅读，就是图书馆及社会相关方面为培养读者阅读习惯，激发读者阅读

---

① 王波. 阅读推广、图书馆阅读推广的定义——兼论如何认识和学习图书馆时尚阅读推广案例 [J]. 图书馆论坛，2015（10）.
② 谢蓉. 数字时代图书馆阅读推广模式研究 [J]. 图书馆论坛，2012（3）.

兴趣，提升读者阅读水平，进而促进全民阅读所从事的一切工作的总称。① 吕学才认为，阅读推广就是让本地区每一位具有阅读能力的人都加入到阅读行列，让阅读成为人们日常生活中不可或缺的一部分，同时培养市民图书馆之意识，以促进全民综合素质的提高。② 王余光在其主持的国家社科基金重点项目"建设学习型社会与图书馆的社会服务研究"的研究报告中对公共图书馆阅读推广人进行了界定：公共图书馆阅读推广是指由公共图书馆独立或者参与发起组织，普遍面对读者大众，以提高阅读普及度、改善阅读环境、增加读者阅读数量和增强质量为目的，有规划、有策略的社会活动。王波认为，阅读推广，就是为了推动人人阅读，以提高人类文化素质、提升各民族软实力、加快各国富强和民族振兴的进程为战略目标，而由各国的机构和个人开展的旨在培养民众的阅读兴趣、阅读习惯，提高民众的阅读质量、阅读能力、阅读效果的活动。图书馆阅读推广应该是其中的主要形式。③

（二）从强调阅读推广的目的是吸引更多人进行阅读的角度对阅读推广进行界定，而不强调必须通过某种具体推广形式

如：胡庆连认为，社会阅读推广，就是让本地区每一个有阅读能力的人都加入到阅读行列。让读书成为生活中不可或缺的一部分，进而构建学习型社会。④ 闻德峰认为，凡是活动的目的在于培养民众的阅读兴趣，鼓励民众从事阅读行为，养成民众的阅读习惯，进而普及社会风气，均属于阅读推广活动的范畴。⑤ 张超认为：阅读推广就是指把阅读这一富含动态特征的思维活动作为一个作用目标，然后通过某种特定渠道或者方法，改变阅读的作用区域及其影响范围，使它的受众更容易、更简单地接受它、参与它的一种文化传播活动。⑥ 于群、李国新认为：阅读推广是指图书馆通过开展各种阅读活动，向广大市民传播阅读知识，培养市民的阅读兴趣，促进全民阅读。⑦ 王辛培认

---

① 万行明.阅读推广：助推图书馆腾飞的另一支翅膀[J].当代图书，2011（1）.
② 吕学才.图书馆的阅读推广活动研究[D].长春：吉林大学，2011.
③ 王波.阅读推广、图书馆阅读推广的定义——兼论如何认识和学习图书馆时尚阅读推广案例[J].图书馆论坛，2015（10）.
④ 胡庆连.公共图书馆致力"社会阅读"推广的逻辑起点[J].河南图书馆学刊，2009（2）.
⑤ 闻德峰."国家图书馆文津图书奖"宣传推广活动在黑龙江省图书馆举行[J].图书馆建设，2010（11）.
⑥ 张超.基于创新推广理论的青少年阅读网络资源建设[D].济南：山东师范大学，2012.
⑦ 于群，李国新.公共图书馆业务培训指导纲要[M].北京：北京师范大学出版社，2012.

为：阅读推广是图书馆、出版机构、媒体、网络、政府及相关部门等为培养读者阅读习惯、激发阅读兴趣、提升阅读水平、促进全民阅读所开展的有关活动和工作。①刘开琼认为：阅读推广是将阅读这种认知过程向更广的范围传播，使更多的人参与阅读活动。②张怀涛认为，阅读推广是在相关概念有"阅读辅导""导读""读书指导""阅读宣传""阅读营销"等概念的基础上发展而来的，指社会组织或者个人为促进阅读这一人类独有的活动，采用相应的途径和方式，扩展阅读的作用范围，增强阅读的影响力度，使人们有意愿、更有条件参与阅读的文化活动和事业。③陈幼华认为，阅读推广是指在传承文化、提升素质的要求下，组织或个人开展的能起到培育社会对于有价值的多元媒介作品的阅读兴趣与习惯、提升阅读兴趣与效果、增进社会阅读数量与质量作用的阅读推广空间营造、阅读推广平台创建、多元阅读引导活动举办的实践。④

由于阅读推广活动涉及面广、灵活性强、可拓展空间大，本课题组认为，从涵盖阅读推广的四个方面——推广主体、推广客体、推广对象和推广方式来看，陈幼华对阅读推广进行的界定更为全面和准确，即阅读推广是指在传承文化、提升素质的要求下，组织或个人开展的能起到培育社会对于有价值的多元媒介作品的阅读兴趣与习惯、提升阅读兴趣与效果、增进社会阅读数量与质量作用的阅读推广空间营造、阅读推广平台创建、多元阅读引导活动举办的实践。

三、阅读推广的概念有广义和狭义之分

根据推广主体、推广形式及影响范围的不同，"阅读推广"又有狭义和广义之分。狭义的阅读推广指开展某一具体阅读推广活动，如各种读书季、读书节，图书馆等组织的征文比赛、阅读知识竞赛，学校组织的学术报告会、读书心得征集等。广义的阅读推广的范围更加广阔，包括所有以阅读为中心的文化和文艺教育，推广主体更权威、影响面和影响力也更大。如：原新闻

---

① 王辛培.阅读推广活动机制创新研究 [J].图书馆界，2013（1）.
② 刘开琼.高校图书馆阅读推广模式探究 [J].图书馆研究，2013（2）.
③ 张怀涛.阅读推广的概念与实施 [J].河南图书馆学刊，2015（1）.
④ 陈幼华.论阅读推广的概念类型与范围界定 [J].图书馆杂志，2017（4）.

出版总署等政府部门关于全民阅读立法的推动、《全民阅读促进条例》的出台、《全民阅读"十三五"时期发展规划》的发布，关于城市书店、报刊亭的建设规划等；教育部发布《关于进一步支持高校校园实体书店发展的指导意见》，倡导学校阅读相关学科课程教学大纲的制定等；各级地方政府的书香城市建设、"书香之家"评选等。

纵使定义各样，手段多样，阅读推广的目的就是促进阅读，为达到促进阅读的目的，政府部门、社会组织或个人而开展的一切相关活动，都属于"阅读推广"的范畴。

第三节 全民阅读的发展现状

党和国家对全民阅读的高度重视，使全民阅读逐步成为国家公共文化服务体系的重要组成部分，并前所未有地丰富了我国阅读史的内涵："全民阅读"从理想，呼声和倡议，逐步上升为国家战略，从活动和庆典的形式，逐步融入百姓日常生活。

一、全民阅读重在"全民"

原国家新闻出版广电总局将全民阅读定义为：全民阅读是以政府为主导、凝聚全社会参与之力，通过推动阅读内容资源、阅读设施、阅读服务的建设发展和全面覆盖，保障公民平等享有阅读权利；推动公民培养阅读习惯、提高阅读能力，通过阅读优秀内容实现人的现代化；从而推动文化的传承、融合、创新与发展，进而推动文化发展与经济发展相适应。[1] 从以上定义可以看出，全民阅读具有如下特征：动用国家和政府的力量，促进社会阅读活动；具有制度的保障；具有社会联动作用；形成全社会范围内的影响力。[2]

基于此，课题组认为，所谓全民阅读，就不是致力于达到某种目的的某个人或某部分人的阅读，而是包括所有人的阅读，其中既有亲子阅读、中小学生的阅读、大学生的阅读、成人的阅读、老年人的阅读，还有普通人的阅读、专家的阅读，以及特殊群体的阅读。全民阅读解决的不再是部分人的需要，

---

[1] 司新丽. 全民阅读推广路径研究 [M]. 北京：首都经济贸易大学出版社，2018.
[2] 吴晞，王媛. 图书馆阅读推广基础理论 [M]. 北京：朝华出版社，2015.

而是全社会每个人的共同需要。

二、党和国家高度重视下全民阅读事业持续升温

全民阅读的理念最初是联合国教科文组织提出的。1946年成立的联合国教科文组织一直向世界各地推广阅读，并将阅读推广工程视为促进人类文明传承、传播与创新的基础性工作。1972年，联合国教科文组织对多国（尤其是亚非拉地区）的阅读和出版情况进行调研，进而向全世界发出"走向阅读社会"（Books for All）的倡议，并把1972年定为"国际图书年"。1995年，联合国教科文组织宣布以著名作家塞万提斯和莎士比亚的辞世纪念日4月23日为"世界读书日"（World Book and Copyright Day），正式发起"全民阅读"（Reading for All）项目，提出"让世界每一个角落的每一个人都能读到书"的口号，致力于让阅读成为人们日常生活中不可或缺的部分，每个人都能享受阅读的乐趣。自此，法国、美国、俄罗斯、日本及巴西等100多个国家和地区积极参与，构建阅读社会之风盛行。

（一）我国积极响应国际号召，"全民阅读"逐渐得到党和国家的重视

1982年上海市总工会等机构组织策划的振兴中华读书会，这也被部分学者认为是我国全民阅读事业的序幕。[①]1997年1月，由中央宣传部、文化部、国家教委、国家科委、广播电视部、新闻出版署、全国总工会、共青团中央、全国妇联九个部委共同发出《关于在全国组织实施"知识工程"的通知》，提出了实施"倡导全民读书、建设阅读社会"的知识工程。2004年4月23日，全国知识工程小组和文化部联合主办、中国图书馆学会和国家图书馆承办的"倡导全民阅读、建设阅读社会"为主题的"世界读书日"宣传活动拉开帷幕，正式与国际接轨。此后每年世界读书日前后，全国各地都会陆续开展丰富多彩的阅读推广活动。

自2006年中宣部、新闻出版总署、教育部等部门第一次部署全国性的全民阅读活动以来，全民阅读热再次升温。

2006年中国图书馆学会科普与阅读指导委员会成立，这标志着推动全民阅读上有了组织机构保障。2008年，全民阅读活动组织协调办公室设立在新

---

① 徐雁，陈亮. 全民阅读参考读本 [M]. 深圳：海天出版社，2011.

闻出版总署。2009年，科普与阅读指导委员会更名"阅读推广委员会"。依托行业天然优势，中国图书馆学会联合社会力量，积极推进全民阅读，指导和推动各级图书馆展开阅读活动。

2011年，十七届六中全会决议首次提出"深入开展全民阅读"。2012年，十八大报告明确提出"开展全民阅读活动"。2014—2019年，"全民阅读"连续6年写入国务院政府工作报告；2017年党的十九大报告中提出建设学习型社会和学习型政党，全民阅读成为题中应有之义。《国家"十二五"文化发展规划》把"全民阅读"列为重要内容，《国家"十三五"社会经济规划纲要》更是把"全民阅读"列入国家八大文化重大工程，2016年国家新闻出版广电总局发布了《全民阅读"十三五"时期发展规划》。

（二）党和国家领导人的以身示范，对我国全民阅读活动的推广也起到了极大的推动作用

除了在重大会议讲话和政府工作报告中，习近平总书记和李克强总理在不同场合也对阅读进行现身说法，为全民阅读活动鼓与呼。

2013年3月19日，在接受金砖国家媒体联合采访时，习近平主席说："我爱好挺多，最大的爱好是读书，读书已成为我的一种生活方式。"①2014年2月7日，习近平主席在索契接受俄罗斯电视台专访时再次表示："读书已成了我的一种生活方式。读书可以让人保持思想活力，让人得到智慧启发，让人滋养浩然之气。"他还多次、在多个场合鼓励人们特别是领导干部"多读书、善读书、读好书"。他一方面从个人发展的语境中论述阅读的意义和必要性，强调"读书的好处很多，如可以获取信息、增长知识、开阔视野、可以陶冶情操、培养和提升思维能力等等"②。

李克强总理在2015年"两会"期间会见中外记者时说："书籍和阅读可以说是人类文明传承的主要载体，就我个人的经历来说，用闲暇时间来阅读是一种享受，也是拥有财富，可以说终身受益。"并表示这也是连续几年将"全民阅读"写入政府工作报告的主要原因。这一切都表明党和国家对"全民阅读"的重视程度前所未有。③

---

① 习近平接受金砖国家媒体联合采访[N].人民日报，2013-3-20（2）.
② 习近平.领导干部要爱读书，读好书，善读书[N].学习时报，2009-5-18（1）.
③ 黄晓新.阅读社会学——基于全民阅读的研究[M].北京：人民出版社，2019.

三、全民阅读工作纳入国家法律体系，全民阅读工作常态化

在"全民阅读热"持续的整个过程中，全民阅读立法工作的开启是一个里程碑事件。

2013年两会期间，115位政协委员联名提交《关于制定实施国家全民阅读战略的提案》，引起媒体和社会各界的广泛关注。他们建议政府立法保障阅读、设立专门机构推动阅读。这篇提案明确提出了"由全国人大制定《全民阅读法》、国务院制定《全民阅读条例》"的建议。建议认为，"为全民阅读立法，就是以法律法规的形式将推动全民阅读工作纳入法制化轨道，确定政府为促进全民阅读的责任主体"。具体的设想包括：将全民阅读经费纳入财政预算，制定全民阅读规划，发布全民阅读调查情况，提供公共阅读场所，举办全民阅读活动，保障公民阅读权利等。

同年3月底，原国家新闻出版广电总局专门成立了全民阅读立法起草工作小组，草拟了条例初稿。自此全民阅读立法进程加快。2017年4月，《全民阅读促进条例（征求意见稿）》公开征求意见，2017年6月国务院法制办办务会议审议并原则通过了《全民阅读促进条例（草案）》。《草案》突出强调了在全民阅读促进工作中要发挥政府主导作用、鼓励社会参与、明确保障措施、关注未成年人等重点群体阅读等原则，致力于保障每个公民享有最基本的阅读权利。

2017年开始实施的《公共文化服务保障法》、全国人大常委会通过的《公共图书馆法》，也都把全民阅读定为政府的重要职责，依法予以保障。

2018年，新闻出版工作并入到中宣部后，全民阅读工作经过短暂调整，2019年11月8日，全国全民阅读工作经验交流会在深圳召开，会上颁布了从全国申报的171个全民阅读项目中评出的20个优秀项目，与会代表还分组讨论了《中央宣传部关于促进全民阅读工作的意见（征求意见稿）》。这是2009年11月2日我国首次召开的全民阅读活动经验交流会（当时由中宣部、中央文明办、原新闻出版总署主办）十年后的第二次。

将全民阅读事业纳入国家法律体系，体现了国家推动全民阅读常态化的决心。当前，全民阅读已上升为我国的国家战略，推进全民阅读，打造书香中国，构建阅读社会，已成为举国上下共同的愿景和目标。

第四节　全民阅读推广的意义及必要性

在当下这个社会，国民整体阅读素养直接关系着民族文化的传承、发展与创新，对国家文化软实力和核心竞争力起着至关重要的作用。作为国家公共文化服务领域的基础性工程，全民阅读推广已成为政府义不容辞的责任。

一、全民阅读推广的重要意义

作为国家基础性工程，全民阅读推广即国家应致力于保障全社会的阅读，有阅读条件的要阅读，没有阅读条件的，政府、社会为其创造条件也要推动其进行阅读。

本课题组认为，全民阅读推广，更应该关注在阅读方面有障碍、有困难的民众。我国具有基本阅读能力的人口群体不少，但因经济文化等各种因素的影响，不同群体、地区居民的实际阅读状况发展不均衡，各群体可利用的阅读条件和服务设施也存在很大差异。所谓全民阅读推广，就是在正视客观存在的差异的前提下，尽力保障各群体的阅读权利。我国全民阅读活动开展十多年来，全民阅读工作已具有相当的基础。在全民阅读已经上升为国家战略的今天，全民阅读推广活动更会进一步深入推广下去。

二、全民阅读推广的紧迫性和必要性

（一）全民阅读推广是改善国民阅读现状的潜在因素

自1999年，中国新闻出版研究院开始（1999—2006年每两年发布一次，自2007年后每年发布一次）发布全国国民阅读调查数据，作为反映国民阅读行为最权威的晴雨表，相关数据备受政界、学界、文化界重视。根据调查报告，1999年的国民图书阅读率为60.4%，2001年为54.2%，2003年为51.7%，到2005年，国民图书阅读率为48.7%，首次跌破50%。1999—2005年的六年间，国民阅读率持续走低，引发了广大公众及媒体对国民阅读情况的关注，这引起国家政府部门的高度重视。2006年开始，中宣部、原新闻出版总署、教育部等部门开始积极部署全国性的全民阅读活动，各方力量也积极参与全民阅读活动，许多地方将读书活动打造成为重要的文化工程，且不断创新形式，激发了广大民众的参与热情。

2008年7月公布的"第五次全国国民阅读调查"结果显示，2007年图书阅读率止住连续下滑趋势，比2005年略有回升，上升了0.1个百分点。2008我国成年人图书阅读率为49.3%，比上年增长了0.5个百分点。2009年的国民阅读率再次突破50%，2009—2013年，我国成年国民图书阅读率每年均以大于1%的幅度上升，逐年递增，并从2013年首次超过报纸阅读率（在此之前，报纸一直是国民传统纸质阅读的首要选择）。从最新公布的2018年调查结果看，我国成年人图书阅读率为59.0%，比2005年的48.7%增长了10.3个百分点，十三年间增幅超过21%。总体来看，从2005—2018年，图书阅读率总体呈上升态势，增势平稳。从图书阅读量的变化来看，我国成年国民的纸质图书阅读量一直保持在4本多（2009年降至3.88本），处于较平稳的状态。从近两年的发展变化来看，2018年我国成年国民人均纸质图书阅读量为4.67本，处于稳定上升状态。①

（二）全民阅读推广是引力优质阅读的重要动因

表面上看大阅读现象极度繁荣，但阅读问题依然存在。有学者称，"这是阅读最好的时代，也是阅读最坏的时代"。②"现在既是大阅读时代，又是伪阅读时代"。③如社会阅读风气低迷，不读书的群体依然庞大；碎片化学习盛行，缺少深度、系统阅读；急功近利，读书浅尝辄止等问题依然存在。

（三）全民阅读推广是满足国民阅读需求的有生力量

根据历年的全民阅读调查结果，多数国民对自我阅读状况表示"说不清楚""一般""比较不满意"和"非常不满意"，只有少数国民认为"满意"。对于开展阅读活动的呼声也一直比较高涨，这都说明我国当代阅读推广组织的成长、阅读推广人的大有作为具有良好的土壤。④

（四）全民阅读推广是推动阅读权利均等化的必要条件

既是面向全民的阅读推广，则更要关注经济发展水平不高、社会福利不完善、基础阅读设施不齐全的贫困地区和弱势群体，同时也需要关注阅读有

---

① 屈明颖.数字阅读拐点及阅读趋势变迁问题研究：以历年"全国国民阅读调查"内容变化、数据分析为视角[J].出版广角，2016（12）.
② 吴晞.阅读：最好的时代，最坏的时代[J].图书馆论坛，2014（8）.
③ 吴晞，王媛.图书馆阅读推广基础理论[M].北京：朝华出版社，2015.
④ 张文彦.融合视域下全民阅读推广专业化研究.中国出版，2018（20）.

困难、特别需要阅读指导的人群。在"全民阅读推广应该优先向谁推广"的问题上，学者吴晞、王媛认为，阅读推广有四个重点群体：一是引导缺乏阅读意愿的人阅读；二是训练有阅读意愿而不善于阅读的人阅读；三是帮助有阅读困难的群体阅读；四是为具有较好阅读能力和阅读需求的人提供阅读服务。① 青岛大学教授张文彦认为，我国目前阅读推广的对象，按其紧迫性、重要性可做分为三类：一是儿童群体（面向监护人、教师、儿童图书馆馆员等与儿童阅读最紧密相关的人群）；二是缺少必备阅读条件或有特殊阅读需求的群体，比如贫困落后地区的农民、少数民族居民、进城务工人员、残障人士、服刑人员等；三是有阅读能力但阅读意识和兴趣不足的普通大众。②

第五节 全民阅读推广人的概念及分类

伴随全民阅读工作的深入，"阅读推广人"这一角色也逐渐为国家所重视。《全民阅读促进条例（草案）》第十六条"阅读推广人"明确要求："各级人民政府应当建立阅读推广人队伍，鼓励和支持教师、公务员、大学生、新闻出版工作者等志愿者加入阅读推广人队伍，组织开展面向各类读者群体的专业阅读辅导和推广服务。"

一、关于阅读推广人概念的讨论

随着阅读推广人走进大众视野，逐渐为大众所认知和认可，关于"阅读推广人"的准确概念和身份界定，也一直处于讨论之中。

紧随国家步伐，我国各省市也纷纷开展了阅读立法工作，对"阅读推广人"这一角色进行了定义。深圳市公布的《深圳经济特区全民阅读促进条例》在12—13条对阅读推广人的资质、服务对象、使用和培训管理进行了规定，③并专门制定了阅读推广人管理办法，这也是我国第一个专门的阅读推广人队伍建设管理办法。

---

① 吴晞，王媛. 图书馆阅读推广基础理论[M]. 北京：朝华出版社，2015.
② 张文彦. 阅读史视域下我国当代阅读推广组织的起源、现状与发展趋势[J]. 出版发行研究，2019（6）.
③ 来源：深圳文明网网站.

《深圳市阅读推广人管理办法》将阅读推广人定义如下：市民个人或组织阅读机构，通过多种渠道、形式和载体向公众传播阅读理念、开展阅读指导、提升市民阅读兴趣和阅读能力的专业和业余人士。①

中国图书馆学会在 2014 年"阅读推广人"培育行动中对阅读推广人定义如下：阅读推广人是指具备一定资质，能够开展阅读指导、提升读者阅读兴趣和阅读能力的专职或业余人员，培育对象包括各级各类图书馆和科研、教学、生产等相关企事业单位人员及有志参与阅读推广事业的其他社会人员。②

本课题组基本认可中国图书馆学会对阅读推广人的定义，但在此基础上有所补充："阅读推广人"更应该称为"全民阅读推广人"；为获取相应资质，全民阅读推广人必须具备一定的能力素养；培育对象除各级各类图书馆，科研、教学、生产等相关企事业单位人员外，还应该包括图书生产与销售环节的出版发行机构等文化类企业及其从业人员，以及大众媒体及其从业人员。

故本课题组将全民阅读推广人的含义补充如下：全民阅读推广人是指具备一定的素养和能力，能够开展阅读服务、提升读者阅读兴趣和阅读能力的专职或业余人员；全民阅读推广人的重点培育对象包括各级各类图书馆和科研、教学、出版发行相关文化类企业的相关企事业单位人员，媒体及其从业人员，以及志愿参与阅读推广事业的其他社会人员。本课题中的"阅读推广人"概念是基于此的。

二、全民阅读推广人的构成具有多样性

在以上概念的基础上，社会上目前常见的故事妈妈、文化志愿者、领读人、故事讲述人、讲书人、阅读指导老师、阅读活动发起人等不同类型的概念都属于全民阅读推广人的概念范畴。全民阅读推广人具体可以分为很多种，有阅读专家，有业余爱好者，有专职工作人员，也有完全公益性质的志愿者/义工。依据推广的形式，阅读推广人包括阅读理念与价值的倡导者、阅读活动的策划和组织者、故事讲述人等；依据专业水平，阅读推广人可以分为专业阅读推广人、业余阅读推广人；依据服务对象的年龄，可以分为亲子阅读推广人、

---

① 谯进华. 深圳阅读推广人的实践与发展 [J]. 特区实践与理论，2013（2）.
② 来源：中国图书馆学会网站.

儿童阅读推广人、青少年阅读推广人及其他。[①] 全民阅读推广人正呈现出多元化、专职化、普遍化等倾向。

分类多样，推广形式和影响范围也各不相同，但全民阅读推广人的职责和愿景是一致的，都是促进民众阅读，传递正确的阅读价值观。尽管人群构成多种多样，全民阅读推广人在阅读推广方面都应该具有一定专业水平和影响能力，这种专业水平和影响能力通常需要经过一定的训练获得。由于阅读推广人专业水准的高低也将直接影响阅读推广活动的效果，因此，加强阅读推广人的培养工作有着非常重要的意义。这也是本课题的研究目的和研究价值所在：通过阅读推广人才培养机制研究，为培养优秀的全民阅读推广人才，为全民阅读推广事业建言献策。

第三章　全民阅读推广人培养的现实审思

第一节　各地有关阅读推广人政策及立法综述

我国已将全民阅读提升至国家战略。国内各省市、自治区促进全民阅读的地方立法工作也取得了积极了进展，多省市、自治区政府部门联合推进全民阅读和阅读推广人培育的进程。

一、地方省市出台条例和法规性决定

2014年底江苏省和湖北省人大常委会开风气之先，分别通过了促进全民阅读的决定和条例，为如何通过立法推动阅读做出了示范、树立了标杆。再如深圳市作为地方先行者，2015年底通过《深圳经济特区全民阅读促进条例》规定了关于组织培训阅读推广人，以及扶持公益性阅读组织等相关内容（详情见附表一第19序号）。

本课题组调研统计，目前全国范围内，共有10个省份出台了"全民阅读促进条例"及法规性决定，具体包括湖北省、江苏省、辽宁省、黑龙江省、四川省、吉林省、福建省、广东省、贵州省、河南省，5个城市出台了"全民阅读促进条例"、法规性决定，具体包括深圳市、烟台市、宁波市、石家庄市、

---

① 司新丽. 全民阅读推广路径研究 [M]. 北京：首都经济贸易大学出版社，2018.

常州市。

二、将阅读推广人培养纳入全民阅读"十三五"中长期规划

根据国家《全民阅读"十三五"时期发展规划》和《全民阅读促进条例》，内蒙古自治区、吉林省、黑龙江省、江苏省、安徽省、江西省、湖北省、广西壮族自治区、海南省、四川省陆续出台结合本地区实际的中长期发展规划，大力推进全民阅读活动。

《内蒙古自治区全民阅读中长期规划（2016—2025）》中规定，调动社会各界人士参与全民阅读志愿服务，建立专兼职推广人队伍（详情见附表二第5序号）。

《吉林省全民阅读2017—2020年工作规划》规定，鼓励教师、公务员、大学生、新闻工作者、法律工作者等阅读推广人志愿者（详情见附表二第7序号）。

《黑龙江省全民阅读中长期规划（2019—2025年）》规定制定阅读推广人培养计划，以及阅读推广人的分类培训，以及聘任"黑龙江省阅读形象大使"（详情见附表二第8序号）。

《江苏省全民阅读"十三五"发展规划》规定，适时建立江苏全民阅读志愿者库（详情见附表二第10序号）。

《安徽省全民阅读"十三五"发展规划》明确规定建立阅读推广人队伍并制定并出台《安徽省阅读推广人管理办法》（详情见附表二第12序号）。

《江西省推进全民阅读行动计划（2017—2020）》中特别指出在农家书屋建立全民阅读专兼职阅读推广人才队伍（详情见附表二第14序号）。

《湖北省全民阅读三年行动计划》中规定建立公共阅读服务队伍，为其提供人才保障。包括专家指导队伍、专业服务队伍、阅读志愿者队伍（详情见附表二第17序号）。

《广西壮族自治区全民阅读中长期规划（2017—2025年）》要求组织阅读推广人培训，加快农家书屋、社区书屋、职工书屋等管理人员作为阅读推广人才队伍建设（详情见附表二第20序号）。

《海南省全民阅读中长期规划（2016—2025年）》规定，鼓励读书爱好者加入阅读推广人队伍，为图书馆、书店等场所配备阅读推广人（详情见附表二第21序号）。

《四川省"十三五"时期全民阅读规划（2016—2020年）》将全民阅读纳入国民经济和社会发展规划（详情见附表二第23序号）。

三、将全民阅读推广人培养列入各地全民阅读年度工作通知或阶段性实施方案

还有一些省市，将全民阅读列入年度通知和实施方案保障。如海南省、北京市、青岛市等。青岛市文化和旅游局推出《青岛市2019年全民阅读工作实施方案》明确规定，充分发挥社会名人、文化名家作为全民阅读推广人的引领作用，继续组织阅读推广人培训，提高阅读推广人才队伍素质（详情见附表三第15序号）。

中国图书馆学会《关于开展2019年全民阅读工作的通知》中规定，加大专业阅读推广人才培育力度。搭建专业人才知识更新培育体系，策划具有理论指导性和实践参考性的培育课程，分级分类开展"阅读推广人"培育行动，强化基层文化队伍建设等。

第二节 我国现有阅读推广人培养机构的组织分类

随着全民阅读活动的逐渐深入，阅读推广人的培育行动在全国各地逐渐展开，各类阅读推广人培养机构不断涌现。其中既有传统的出版发行机构，又有有声书等知识付费服务平台；既有致力于亲子阅读类的阅读推广组织，也有致力于为老年人提供阅读服务的阅读推广组织；既有传统的各级各类学校、图书馆，又有数字化内容服务商、自媒体平台等；既有新闻出版行业研究组织，又有职业化、专业化的阅读培训机构；既有线下的新兴实体阅读体验空间，也有线上的虚拟读书会；等等。

一、阅读推广人培养机构的组织分类

我国现有阅读推广人培养机构可归结为四种：政府机构，行业协会/学会、图书馆、科研院校等文化组织，出版发行机构等文化企业，民间公益组织。

（一）政府机构

政府部门在阅读推广工作上的作为多是政策性的，影响力大、覆盖范围

广,参与阅读推广的方式多是制定政策、颁布规章、发出倡议等,以全国或当地的民众为推广对象。主导阅读推广工作的政府机构经历了较长时间的演变。早在1982年4月,上海市成立振兴中华读书指导委员会;1997年为加强对全民阅读活动的指导成立的全国知识工程领导小组(自2003年开始该小组将全民阅读活动交由中国图书馆学会承办);2013年原国家新闻出版广电总局"三定"方案公布,将"组织和实施全民阅读活动"作为出版管理司职责之一,以此为基础成立了全国全民阅读协调指导机构——国家全民阅读办公室,各级政府也陆续成立全民阅读办公室(领导小组);2018年党和国家机构改革,新闻出版管理职能合并到中共中央宣传部,相应的"指导协调全民阅读"成为中宣部出版局的重要职能。此外,我国教育、文化、科技、广播电视、财政等部门和工、青、妇等群体组织都对全民阅读推广活动有重要参与和贡献。[①]由此在我国,政府机构主导的全民阅读推广工作机制得以确立。

政府部门在阅读推广工作中的主导作用,直接决定了在阅读推广人培养工作中政府也必须起到主导作用,主要途径有以下三种:一是由党或政府部门领导的全民阅读组织领导机构推动培养工作。在全国现已有湖南、湖北、江苏、广东、河北、福建等25个省市区成立了由地方党或政府领导人担任负责人的全民阅读组织领导机构。二是全民阅读立法工作将阅读推广人培养纳入法规层面。2017年5月国务院法制办办务会议审议并原则上通过《全民阅读促进条例(草案)》,一些地方性法规也跟着相继推出,有《湖北省全民阅读促进法》(2014)、《深圳经济特区全民阅读促进条例》(2016)、《吉林省全民阅读促进条例》(2017)、黑龙江省《关于促进全民阅读的决定》(2018)、《烟台市全民阅读促进条例》(2018)等。三是社会力量合作推动阅读推广人培训。如2012年深圳市政府深圳读书月组委会、市文体旅游局推出"阅读推广人"培育计划。

(二)行业协会/学会、图书馆、科研院校等文化组织

这些文化组织在倡导、协调、指导、研究和推广阅读方面具有天然的优势,对于提升阅读的层次和水平,增强阅读的专业性和科学性方面发挥着关键作用。目前我国影响力较大的相关组织有:中国图书馆学会及其带领下的各地方的公共图书馆,中国图书馆学会阅读推广委员会、深圳市阅读联合会、

---

① 黄晓新.阅读社会学——基于全民阅读的研究[M].北京:人民出版社,2019.

吉林省全民阅读协会、江苏省全民阅读协会等。中国图书馆学会及图书馆系统是我国目前阅读推广的中坚力量，也是当下图书馆阅读推广人培养工作实施的重要主体。公共图书馆的场地资源、经费保障相较于其他主体都更为易得，其从事阅读推广活动的策略和形式也呈现出丰富多样的特征，如传统的读书会、人文讲座、知识竞赛等，与融合新媒体技术形态的阅读推广活动并存。公共图书馆在阅读推广活动方面的天然优势也有利于其在阅读推广人培养方面的经验积累与传播。2014年中国图书馆学会开启阅读推广人培育工作，拟订《培育阅读推广人行动计划（草案）》，几年间共出版了12册"图书馆阅读推广人系列教材"，为推进阅读推广人培养工作的各种组织提供指导。近年来，公共图书馆逐步加大开放力度，依托政府组织，吸纳社会力量，在优势互补的基础上，积极探索阅读推广人的最佳培养方式。值得关注的是，北京师范大学、南京师范大学、南京大学等高校的相关研究人员和机构亦开始走向阅读推广的道路，值得我们进一步探讨。

（三）出版发行机构等文化类企业

出版发行机构等文化类企业在"为读者出好书、为读者服好务"的本职工作之外，在引导阅读、开拓阅读市场、组织和参与阅读活动、推广全民阅读方面的作用也越来越明显。2018年我国出版新版图书24.7万种、期刊10139种、报纸1871种、电子出版物8403种，全国共有新闻出版单位23.2万家，出版物发行网点17.2万处（较2017年增长5.4%）。[①] 随着大众图书市场受读者阅读喜好的影响程度越来越深，出版发行机构也越来越关心大众的阅读需求，并针对大众的关注点，开展有针对性的线上线下阅读推广活动，在阅读推广人员培养方面也有了一定的影响。同时，以图书产品销售和培训为主的文化类企业逐渐成为培养阅读推广人的重要力量。与公共图书馆在阅读推广与阅读推广人培养上具有天然的使命感不同，文化类企业参与阅读推广工作的动机较为复杂。

（四）民间公益组织

民间公益组织是指非政府的、不以赢利为目的的、由民间捐资主办的以社会公益事业为主要追求和目标的阅读机构或个人。阅读推广人培训也是其

---

① 尹琨. 国家新闻出版署发布《2018年新闻出版产业分析报告》[N]. 中国新闻出版广电报，2019-08-28.

公益服务的一个部分。民间公益力量形式多样、主题丰富、机制灵活，多为热心推动阅读事业的非政府组织、民间读书会、民间基金会、书评人、专业阅读推广人和阅读推广专业志愿者等。因为多出于兴趣和爱好，民间公益力量具有强大的活力和生命力，覆盖范围广，组织结构灵活，能够很好地弥补政府、行业、企业等相关阅读推广组织不能覆盖的地方，是全民阅读事业中的有益补充。

二、阅读推广人培养现状的分类研究

根据阅读推广人的工作性质，具备一定的专业水平和影响能力是成为阅读推广人的必备要求，而有些能力必须经过一定的训练才能获得。根据前文所述，我国现有阅读推广人培养的四类主体，其性质和培养特点有共性也有个性。

（一）政府机构培养现状

政府具有权威性与强制性，全民阅读发展为国家战略，政府必将会成为全民阅读推广的主要力量，政府及其相关人员将是阅读推广队伍的重要组成部分。政府及其人员（尤其是领导人员）具有使用阅读推广人社会资源的权利，能为持续开展阅读推广活动提供资金、政策、人员等方面的保障；行政区域的阅读推广政策及宣传可以促进市民阅读意识的形成，引导阅读推广人队伍的建设。同时，政府组织的阅读推广具有权威性和指导性，其活动被人们视为当前社会政治主流文化活动，有利于阅读推广的进行。

各政府部门对阅读推广的关注，大大加快了全民阅读推广的前进速度。这表现在一系列方面。

1. 各地政府高度重视，对阅读推广人队伍的建设和培训积极开展，并且出台了相应管理办法予以保障。比如，深圳实施了《深圳经济特区全民阅读促进条例》，明确市政府可发起成立公益性全民阅读基金，用于扶持公益性阅读组织和培训阅读推广人，从资金上给予保障和支持。烟台市于2018年年底推出《烟台市全民阅读促进条例》，从政策上保障了阅读推广人培养的有效执行。

2. 各级政府的主动性与参与度越来越高，培训规模越来越大。课题组在深圳少儿图书馆调研时了解到，"阅读推广人"培育计划是深圳于2012年在全国首次开创的专业化培训，从2018年起培训规模由深圳扩大到了广东全省。截至2019年6月已开展了7期专业化培训，经过严格的考核、筛选已经有214人取得了阅读推广人的合格证书。

3. 由政府牵头的阅读推广专业人员培训，参训人数越来越多。以镇江市为例，2017年完成培训的阅读推广人共352人，到2019年已经增长到3000余人。

4. 在政府推动下，阅读推广人的培训越来越专业，受培训人群逐渐细分，且受训人员大多有继续接受培训的意愿。比如深圳除了面向成人推广人之外，又另辟思路启动"小小阅读推广人"培养项目。再如北京阅读季自2014年开启的领读者计划，在全北京孵化阅读推广的种子，为各类人群培养优秀阅读推广人才，包括儿童群体、企业员工群体、大学生群体、老年人群体，甚至专门针对女性群体和幼儿园群体，总人数逾千人。并且自2014年开始至今已有40位金牌阅读推广人诞生。北京阅读季的"领读者计划"培训见附表四。

5. 政府出台相应的考核办法，通过评选的方式，表彰有突出贡献的人士。比如，深圳在2011年就制订了《深圳市优秀阅读推广人评选办法》，启动优秀阅读推广人的评选活动，评选周期为两年。烟台市政府2017年开始进行培训，自2018年加强了考核环节，组织了资格认证考试。烟台市的五期培训情况见附表五。

6. 政府的号召力强，很多地方开始组建阅读推广专业志愿者队伍。比如镇江市每年新招募培训阅读推广人100人，举办阅读推广人、阅读推广专业志愿者的培训班不少于一期，积极组建街道（镇）、社区（乡村）小型阅读社团和阅读推广专业志愿服务者队伍。

7. 在政府的推动下，各地的阅读推广人培训立足于阅读，进而推动阅读民间化、专业化、常态化，推动学习型城市和文明城市的建设。比如张家界市文体广新局主办的阅读推广人培训班，就是着力打造"书香张家界"的有利推手。

（二）行业协会/学会、图书馆、科研院校等文化组织培养现状

中国图书馆学会是中国科学技术协会所属的全国性的国家一级学会。2009年，中国图书馆学会成立了阅读推广委员会，这个在阅读推广人的队伍里属于是级别最高的。自2013年开始，中图学会就展开了各种形式的培训阅

读推广人的活动，但是限于图书馆内部人员。在长期从事阅读推广工作的基础上，2014年中图学会拟订《培育阅读推广人行动计划（草案）》，开始面向了全国范围培养"阅读推广人"。

中图学会"阅读推广人"培育行动从2015年11月黑龙江举办第一期开始，截止到2019年8月长春举办第十四期，已经成功培养"阅读推广人"3500余名，关于中图学会的具体培训的情况见附表六。

在中国图书馆学会的号召下，从2014年起，北京、上海、江苏、浙江、湖南等许多省市图书馆系统纷纷招募聘任阅读推广人，并举办阅读推广人培训班，使更多的人加入到阅读推广人的行列。2015年4月，上海市图书馆学会首期阅读推广人培训班正式启动，浦东图书馆作为试点单位，成立阅读推广人工作组作为领导小组，负责阅读推广人管理办法、认证细则、培训课程方案等制度设计，以及阅读推广人培训计划的实施，阅读推广人认证等具体管理协调工作。

2015年5月，浙江省图书馆学会主办，温州市图书馆承办了"温州亲子阅读推广人公益培训"。此次培训共4天，160余位图书馆馆员和40余位亲子阅读推广专业志愿者们参加。

另外，苏州、深圳等其他城市图书馆自发组织的阅读推广人行业内培育逐渐形成气候。他们也举办了很多阅读推广人和阅读推广专业志愿者培训，为其他各级各类图书馆培养阅读推广人提供理论和实践经验。

"全民阅读"工作的重要阵地就是公共图书馆。他们通过邀请各级专家对图书馆员进行组织能力、策划能力、沟通能力等专项培训，培养出了一批专业性强、阅读推广能力和实践经验丰富的、活跃在图书馆的阅读推广人员，这些基层实践者们带着使命在阅读推广的道路上砥砺前行。

（三）出版发行机构等文化类企业培养现状

在全面推进"全民阅读"的大背景下，出版发行机构等文化类企业也都积极参与到阅读推广人培育中来。主要包括两类主体。

1. 以出版单位为主体

出版单位处在阅读的源头部分，所以由出版单位参与的阅读推广最大的特色就在于，在一定程度上改变了我国图书的品种结构。多年以来，出版单位从业人员由于更多的重视产品的内容，往往忽视了图书的营销和推广，编辑和读者互动性不强。随着全民阅读的普及，很多出版单位也在阅读推广和培养阅读推广专业志愿者的道路上积极探索。

二十一世纪出版社举办的"二十一世纪中国儿童阅读推广人论坛"属于在出版行业对儿童阅读推广人工作的有力推动。该论坛2007年10月在南昌启动，后续相继在成都、宁波、郑州、深圳、南昌、昆明举行。每届论坛均设有不同的主题，这些论题至今来看仍然具有前瞻性，一直引领着国内儿童阅读的风向。随着这项活动的展开，中国童书界出现了越来越多的阅读推广人，梅子涵、朱自强、彭懿等儿童阅读推广专家大都是在这几年里被大众所熟知的。这些人有爱心、有童心，而且还有专业的童书鉴别能力，他们改变着中国童书的出版结构，近年来中国的亲子绘本风靡全国与这些阅读推广人息息相关，他们改变着中国儿童阅读的生态，也改变着中国童书的出版生态。

纵观这些年出版界的阅读推广，影响力比较大的就是人民出版社读书会，人民出版社2011年就开展了"书香行动"，2014年8月，成立了先进青年自组织——读书会，2015年6月，又成立读书会办公室专门负责各项工作。

课题组在2019年10月参加第二届全民阅读年会上了解到，人民出版社读书会在主题阅读中起到了非常好的引领作用。自"读书会"社交平台上线以来，目前入住读书会的单位近1500家，点击量近1亿2000万人次，注册人数近100万人；人民出版社读书会微信公众号总阅读量超过20亿次；读书会举办的线下读书活动近200期。该读书会是唯一一家有经费保障、有组织保障、有专职人员团队来维护和运营的公益社交平台。这些年来，作为阅读推广活动的重要引领者和践行者，人民出版社读书会承担了全国读书会的引领功能：建立和规范各读书会组织培训制度，加强各地方读书会的引领，使其更好地做好阅读推广工作并为党所用，为人民所用；为倡导全民阅读，做好阅读推广工作，人民出版社读书会组织了多期全国读书会的培训班，获得了全国读书会代表的一致好评；人民出版社读书会打造了可持续发展生态链：调动各方资源、商业与公益相结合，建立智库、专家库，为读书会后续发展储备智囊团和核心力量，为全民阅读进农村、进社区、进家庭、进学校、进机关、进企业、进军营的"七进"工作提供保障。

另外，人民出版社读书会发起，全国多家读书会联合成立了全民阅读平台——全国读书会联合会。2016年4月8日，人民出版社全国读书会联盟筹委会在京成立。来自全国各地的出版行业、党政机关、企事业单位、高校及科研院所、公益机构及社会组织、新闻媒体等69家读书会成为全国读书会联盟筹委会成员单位，针对会员单位也于当日开展了为期四天的第一期培训班。2016年6月第二期培训班也顺利进行，共有来自全国140余家读书会的负责人参加了全国读书会联盟（筹）第一期和第二期培训班，之后读书会除定期培训外，还通过专业培训、专家指导、机构资助、专业论坛与课题研究等方式，支持读书会领军人才成长，探索读书会人才培养新模式，为"全民阅读"持续助力。

除了人民出版社读书会这种影响力比较大的组织以外，还有一些出版社参与的小范围的培育活动。例如，2019年6月22日，"我是阅读推广人"活动走进安徽芜湖举行《江畔古树别样红》阅读推广会，由出版社社长或编辑走进基层，推荐优秀图书，分享阅读体会，共建书香城市。

2. 以图书发行机构、民间连锁童书馆/绘本馆等为主体

除了出版单位本身以外，还有专门以图书发行和连锁销售为目的发行类企业，包括文化公司、书店、绘本馆、童书馆、公共阅读空间、童书出版推广机构、新媒体线上读书会等文化类企业。他们主要通过承接政府或民间的社会阅读推广项目来开展阅读推广工作，以营利为目的，通过组织各种主题图书的宣传活动，间接实现图书销售目的，具有区域性质，常以某种明确的主题进行阅读推广活动。这类人群是当前促进阅读推广的重要力量。目前社会新兴力量的崛起，民间商业性质的阅读推广人和商业化的阅读推广机构近年来呈井喷式发展，这些机构大部分在亲子阅读领域成为培养儿童阅读推广人的重要力量。

2012年民间阅读机构悠贝亲子图书馆成立了悠贝阅读学院，致力于培养儿童阅读领域推广人才，其领读者培训师培育活动目前已经培育了上万名领读者。结合悠贝自身阅读推广的实践经验，为了适应行业与人才发展需求，阅读推广人专业培训开设的课程体系包括阅读推广人培训课程和阅读指导师培训课程。悠贝现有3000多位阅读推广人，具体活动内容可以参看附表七。

伴随着社会上对儿童阅读关注度的持续升温，全国各地纷纷落地了非常多的童书馆，爱阅大眼睛就是一家面向0—12岁儿童图书馆连锁机构，自2013年创办以来，始终以"让孩子爱上阅读"为使命，致力于激发儿童阅读兴趣、培养阅读习惯、提升阅读能力、体现阅读价值。从 2018 年 1 月开始，爱阅大眼睛面向旗下全国绘本馆的馆长进行了第一期阅读推广人专业培训，截至 2019 年 8 月，爱阅大眼睛已经举办了八期阅读推广人培训。每期都会按照战略、专业、运营等几部分内容陆续进行。爱阅大眼睛针对绘本馆的培训情况见附表八。

在湖南，天阅全民阅读推广中心已开展专业阅读服务和阅读推广工作 7 年。目前，天阅在阅读推广上已形成一个书香湖南阅读推广人培训组织机构。天阅的培训队伍中，有湖南省内高等院校的资深教授，更有湘鄂赣最美读书人、书香湖南首位高级职业阅读推广人等专业人才。天阅已累计开展大型阅读活动超过 200 场，积极参加阅读活动的阅读推广人员超过 10000 人，有大概 10% 还成了职业阅读推广人。

晓希望家长读书会于 2016 年 3 月开始进行儿童阅读推广人培训，培训对象为绘本馆馆主、书店店主、小学校长及教师、幼儿园园长及教师、全职妈妈等，到 2018 年之前已有一届面授班、两届网络班，共 100 余人接受了儿童阅读推广和读写绘课程的专业培训，并且在各自的岗位上发挥着巨大的作用，凸显了很高的社会价值，成功引领了成千上万的家长和孩子爱上阅读，让大批家长通过读书学习改变了自己的育儿理念，甚至让很多家长的人生实现了飞跃。

综上所述，无论是以出版单位本身还是以各类图书销售和会员培训为主的民间组织，都在以各种形式开展了阅读推广人的培养工作。与政府机构和行业学会最大的不同是，他们从事阅读推广人培训多属于营利性企业行为，就算不直接营利也是有吸引用户、品牌提升等多方面的诉求在背后支撑。但也正是各种各样的需求和目的，使得这部分市场力量越来越活跃，课题组认为，我们应该正视并鼓励这部分力量在全民阅读推广中积极发挥作用，在各种资源大融合的背景下，使其有效推动全民阅读力的提升。

（四）民间公益组织培养现状

与阅读推广相关的民间公益组织主要是指各类读书类公益组织，他们致力于文化传播、提供阅读服务、进行阅读推广。这类组织呈现出数量多、小规模聚集的状态，特别是在我国发达地区，例如北京、深圳等城市开展得特别好。如蒲公英乡村图书馆、三叶草故事家族、公益小书房、立人乡村图书馆、三门县有为图书馆等都属于这类有一定影响力的组织。

民间公益力量的阅读推广人培训方式不尽相同。[①]但其最大的特色就是理论与实践相结合，学员边接受培训边进行实践尝试，让培训不流于形式，又让实践有理论指导。其次，面向的群体比较广泛，包括喜爱阅读的家长、老师、图书馆员等，只要对阅读推广感兴趣，都可以参加。

"三叶草"故事家族在2011年发起了"故事讲书人研习班"计划，为喜爱阅读的家长、老师、图书馆员等提供系统学习、实践的机会。参训人员身份广泛，这种不走过场的培训很有成效，可以使学员有效地应用于实践中。2012年，三叶草研发了故事义工助力计划以及乡村阅读教师成长计划，对大学生阅读推广专业志愿者以及当地的教师进行儿童阅读观念更新和阅读推广策略的实操培训。关于三叶草的培训情况可见附表九。

其他公益培训像蒲公英乡村图书馆就非常重视阅读推广专业志愿者的培训，它有一套严格的阅读推广专业志愿者培训计划。蒲公英乡村图书馆培训时间为期一个月，包括学习和实践两部分。广州市一起读公益发展中心是一个阅读推广专业志愿者长期性公益培养项目，目的是陪伴0—14岁少年儿童的阅读，以绘本为载体，由"一起读"发动学校、家长和社会力量的支持，招募和培养专业阅读推广专业志愿者，进行阅读推广人培训，建立健全阅读推广专业志愿者和服务群体的公益平台。

总体而言，我国关于阅读推广的民间组织，由于其公益性，对于阅读推广专业志愿者的管理没有形成较为统一的规范，但是覆盖范围广，组织结构灵活，在推广全民阅读事业中也是一支不可或缺的有生力量。

综合本章所述，尽管不同的阅读推广组织在形式和内容上都存在较大差异，对于阅读推广人培养具体方式也不尽相同，但它们是全民阅读事业的重要部分，是全民阅读推广人培养的重要主体和载体。课题组认为，国家应该鼓励性质不同、诉求不同的社会力量积极参与阅读推广活动，在合法范围内，鼓励各方力量打开思路、勇于创新，为全民阅读推广事业和全民阅读推广人培养事业贡献力量。但是，如何才能提高阅读推广培养的质量和效率？仍然需要顶层设计，深入研究，本文将在第五章进一步探讨。

---

① 三叶草故事家族 [EB/OL].[2019-09-23] http://www.3yecao.org.

第三节　不同类型的全民阅读推广人培养现状研究

当下我国拥有不同学科背景、职业背景的阅读推广人，他们面向不同推广群体，服务于不同地域进行不同推广方式的阅读推广。按照服务对象划分，阅读推广人可以分为儿童阅读推广人、以中小学教师为主的阅读推广人、以高校教职工和学生为主的大学阅读推广人、面向老年人群体的阅读推广人、面向特殊群体的阅读推广人等。因此亟需对当前阅读推广人发展现状进行梳理，并探索其发展规律，为全民阅读服好务。

一、儿童阅读推广人是目前数量最庞大，培训也相对成熟的群体

（一）"儿童阅读推广人"的提出预示着"阅读推广人"时代来临

儿童阅读是现代儿童阅读推广活动的第一站，我国的阅读推广人最早产生于儿童阅读领域。"儿童阅读推广人"的概念，早在2007年召开的"首届二十一世纪中国儿童阅读推广人论坛"上就已经提出，其具体含义是以面向儿童群体的阅读为服务对象，并且有志于推广儿童阅读，深度影响、调整中国童书出版品种结构，能够探讨当下中国儿童阅读存在的问题，优化甚至改变中国儿童阅读生态的专职或业余人员。这一概念的提出预示着"阅读推广人"时代的来临。

（二）儿童阅读推广人培训理论和实践成果日益增多，社会影响力日益增强

儿童阅读推广人培养机构众多，培养方式多样，专业背景复杂，阅读推广效果明显，落地实践频度很高，很多机构已经形成了比较固定的培养方式。从最初的"花婆婆""点灯人"之类的零星推动，到相关行业领域的逐步介入，社会各界的参与程度逐渐扩大，社会影响力日益增强，理论和实践成果也日益增多。从面向的年龄群来说，不同的儿童阅读推广人会有自己的侧重点，比如0—3岁、3—6岁、0—8岁等，但是他们的着眼点都是亲子阅读，倡导家长和孩子一起阅读。

（三）儿童阅读推广人培训机构发展也相对成熟

随着儿童阅读推广工作的进行，各种针对儿童阅读推广人的培训课程也应运而生。有一定影响力的推广机构有深圳市爱阅公益基金会、三叶草故事

家族、蒲公英乡村图书馆、公益小书房、阳光书屋等。有些推广机构中还研发自己的培训课程。比如，深圳市爱阅公益基金会的爱阅学院，培养了很多儿童阅读推广的专业人才。爱阅学院以全面提升阅读推广人的专业素养和加强阅读推广能力为培训重点，这些参训人员能够为很多的社区和家庭提供了专业、科学的阅读指导。值得注意的是，很多儿童阅读推广人的培训本身就是以培养亲子阅读的推广人为目标的，比如天心阅读文化网，他们一直走在全民阅读推广的路上，针对儿童这个群体的目标从未动摇、从未改变。像北京阅读季举办的"亲子阅读月"活动、深圳市爱阅公益基金会发起的"阅芽计划"等亲子活动，或者像悠贝这些教育机构提供专业的亲子阅读咨询服务等，都是引导家庭开展婴幼儿早期阅读，帮助孩子养成早期阅读习惯，帮助家庭建立良好的亲子阅读模式，释放阅读在家庭中的正能量。值得一提的是，中国图书馆学会在2017年4月的第七期培训中也举办了专门针对"儿童阅读推广人"主题的专向培训。

二、小小阅读推广人既是推广人又是儿童阅读推广的受益人

儿童阅读推广人中还有一个特殊的群体，那就是儿童本身，他们既是儿童阅读推广的受益人，同时也极有可能在有意或无意间成为小小的儿童阅读推广人。如深圳书城中心城举办的"小小阅读推广人"项目，该项目从2017年开始，在每年的4月举办，让小读者亲身参与，对到馆的妈妈和孩子进行阅读推广活动，丰富他们的阅读体验。在2019年的4月，有10位小读者获得了"小小阅读推广人"的聘书，在综合书店开展了面向读者的阅读指引服务。

再如，广西漓江书院在艺术节上由10名阅读推广小使者号召全区的小朋友热爱阅读、快乐阅读等。这些小小儿童阅读推广人因为与面向的读者年龄相近，更容易引领和带动儿童阅读活动开展的氛围。

三、以中小学教师为主的阅读推广人培养刚刚起步

在中国知网上通过检索"阅读推广人"的关键词，发现从中小学层面探讨中小学教师成为阅读推广人的研究目前基本上是空白。然而实际上，在中小学的老师中，尤其是语文老师，承担了孩子入学后的大部分阅读教育。要

培养中小学生爱阅读、多阅读、会阅读的能力，那么最好的阅读推广人就是对学生的成长起着示范和引领作用的中小学老师。

课题组在青岛市金门路小学调研时，青岛十大阅读推广人李宁老师介绍，学校提出"阅读让我们与世界相遇"的读书主题，把阅读教学纳入了课程表，让阅读活动常态化发展，定期组织"阅读之旅"的活动促进学生读书，提高学生的阅读能力，取得了不错的效果。还有的学校成立了专门的阅读部，并围绕阅读组织了形式多样的活动。河北省香河县某小学语文老师朱凤艳以整本书阅读作为一个全新的突破口，开展了一系列实践活动。她是香河县整本书阅读教学的前行者。正如深圳市翠北小学的老猫校长所说，阅读推广人应该从语文老师，尤其是小学语文老师做起。

课题组调研中，青岛市李沧区教育科学研究中心主任王波介绍，阅读推广工作的落脚点主要是课堂教学，要保证学习成绩提高和阅读能力提升齐头并进，所以邀请青岛市全民阅读研究院在2019年5月对李沧区500余名中小学教师进行了定向的阅读推广人培训。另外，像满天星青少年公益组织也有专门针对教师的阅读推广培养计划，通过捐建乡村图书馆的同时赋能当地教师，为乡村教师提供学习交流平台、研发阅读课程及阅读活动工具包，实现阅读课程本土化、阅读教师本地化，带动更多一线的阅读教师共同成长，从而培养更多一线的乡村阅读推广人。朱永新教授发起创立的新阅读研究所成立的"领读者联盟"，开展面向中小学老师"领读者"培训，告诉他们怎么带领孩子们去阅读，怎么带领教师们去阅读。而且除了语文老师要阅读以外，其余各科的老师也要加强阅读的能力。

四、大学阅读推广人是全民阅读推广活动可持续开展的中坚力量

高素质的阅读推广人是保障全民阅读推广活动长期有效开展的中坚力量，是全民阅读活动最根本、最核心、最关键的因素。而高校作为知识精英阅读活动的引领人，是高素质阅读推广人的主要组成部分。大学阅读推广人主要包括高校图书馆员、高校教师和辅导员、在校大学生等。

（一）以高校图书馆员为主的大学阅读推广人

高校图书馆作为图书文献集散地，面向大学生开展形式多样的阅读推广活动，不仅具有得天独厚的优势，而且也是其义不容辞的职责。2014年年底，中国图书馆学会"阅读推广人"培育行动真正拉开了培养图书馆员成为主要阅读推广人的序幕。比如西安工程大学图书馆等各大高校纷纷举行了异彩纷呈的阅读推广活动，培养了一批业务能力强、阅读服务意识强、以读者为本的高校图书馆员成为阅读推广人。

高校的图书馆除了积极动员图书馆的馆员向专业的阅读推广人转变，更是不遗余力地招募大学生志愿者。但课题组调研中发现，大学图书馆阅读推广活动组织机构比较松散，常采用校内几个部门临时联合的方式，并且几乎没有专职阅读推广人员，阅读推广人的培育和管理也基本处于空白。

（二）以高校教师为主的大学阅读推广人

高校教师学养深厚、知识渊博、经验丰富，与学生联系极为紧密，更容易深刻影响学生，是阅读推广人的重要培养对象。高校教师能保证阅读推广的广泛化、专业化和科学化，可以产生事半功倍的效果，是提升当代大学生阅读力的有效选择。课题组于2019年6月对山东工商学院调研时，与刘菡、朱敏两位教师进行访谈。刘菡老师介绍，自己并不是阅读推广人，也不了解如何获得阅读推广人身份，但是自己多年一直坚持带领学生做大学阅读推广工作，学生自身的阅读能力也得到了极大的提升。朱敏老师介绍，自己也是身体力行，一方面专职于自己的本职工作，另一方面不遗余力地为阅读推广事业献言献策献力。西南交通大学校长徐飞主持、开启了以改变学生不良阅读习惯、满足学生内在阅读需求的"经典悦读"活动，这是高校校长作为阅读推广人的典型案例。这些高校教师以自己的亲身工作实践为大学阅读推广人培养提供了宝贵的经验。

综上所述，高校教师是阅读推广中不可缺少的力量，对于高校阅读推广、全民阅读推广具有极大的借鉴意义和参考价值，阅读推广相关组织机构应该给予充分的重视。

（三）以在校大学生为主的大学阅读推广人

大学生群体是由一些生理年龄相近、心理发展相似、受教育程度相同、知识结构均衡的青年人组成的相对稳定的群体。大学生推广群体的特点之一是思维灵活，易于接受新事物，善于运用新媒体开拓阅读推广宣传渠道，创新活动形式，从而有助于增强阅读推广的趣味性，提升学生读者的活动参与兴趣；特点之二是他们了解自身的阅读需求，清楚当下学生的关注点、需求点和兴趣点，也更能理解他们的反馈意见。当前一个普遍模式就是吸引大学生自愿加入阅读推广志愿者行列。针对大学生阅读推广队伍人员流动频繁的特点，应鼓励他们毕业、走出校园后继续参与阅读推广人志愿组织及实践活动。2017年书香中国·北京阅读季特别开设北京大学生读者培训班，聚焦在校大学生培育成熟、稳定、专业的大学生阅读推广人，真正实现了学生服务于学生、平等交流、无障碍沟通的阅读推广模式。

综上可知，大学阅读推广人是全民阅读推广人的重要组成部分。通过建立管理组织、制定相关制度为大学阅读推广人队伍建设提供保障和基础；通过阅读推广专业基础知识学习、文化素养提升、业务能力提高，完善大学阅读推广队伍的综合素养；通过对大学教师及大学生在阅读推广方面的重视，真正实现大学阅读推广团队的深层次发展。

五、面向老年人群体的阅读推广人丰富了老年人的精神文化生活

中国社会人口老龄化问题日益严重。从1999年开始，中国步入了老龄化社会，截至目前，我国老年人口已达到2.2亿。政府、社会服务机构、相关组织等均应担负起面向老年人的社会职责，其中进行面向老年人的阅读推广人的队伍建设就是一大重要举措。以面向老年人群体的阅读推广人开展多种读书活动，丰富他们的精神文化生活，帮助老人提高生活质量，让所有老年人都能老有所乐、老有所安。

2018年12月23日，北京阅读季在王府井书店举办了首届"银发阅读领读者培训班"。这次"领读者培训"真正将养老事业和全民阅读活动落到了实处。创办于2006年的银龄书院就是一个以老人为服务对象的阅读推广组织，13年来，银龄书院在全国举办各类阅读推广活动370余场，有10多万名老人受益。银龄书院主要为老年人提供讲座、课程、朗读等阅读服务，这些阅读推广服务不仅仅提升了老年人的阅读兴趣、同时慰藉了老年人的心灵，让老年人的情感有所依托。

六、面向特殊群体的阅读推广人的发展仍处于探索阶段

当前社会，有一部分群体因自身身体因素、当地经济发展水平不高、社会福利不完善、基础阅读设施不齐全或其他各种原因，阅读权益得不到保障，

这部分群体一般被称为"特殊群体"。这个群体可细分为残障人士、贫困落后地区的农民、外来务工人员、城市边缘人群等，也可细分为服刑人员、戒毒人员等。全民阅读推广的目的就在于正视这种客观存在的差异，尽力保障各群体的阅读权利。

面向特殊群体走在前面的地区在政策上给了他们充分的保障。2015年，如《深圳经济特区全民阅读促进条例》《江苏省人民代表大会常务委员会关于促进全民阅读的决定》中，都提到鼓励阅读推广人为企业、学校、社区、养老院、福利院、军营等各种单位提供公益性阅读推广服务。2018年，国家新闻出版主管部门在关于开展全民阅读工作的通知中特别提出要不断加大保障力度，着力推动重点群体、困难群体、特殊群体阅读，切实保障困难群体阅读。《公共图书馆宣言》中指出，必须向由于各种原因不能利用其正常服务和资料的人——如残疾人、住院病人或在押犯人等提供特殊的阅读服务和资料。

综上所述，无论是在阅读推广人的发展需求上，还是在国家政策层面上，对特殊群体进行阅读推广已经越来越得到重视。基于特殊人群的环境因素或自身因素的特殊性，对阅读推广人要求更高一些，因此针对他们的阅读推广人培训和阅读推广活动，在取得了一定成效的基础上，无论是在服务理念还是服务举措都仍有很大的开发和探索空间。

（一）面对残障人士的阅读推广人

作为残障人群，由于自身生理存在缺陷，在享有社会资源、参与社会竞争中常处于劣势，内心承受着较大的心理压力，在社会上属于弱势群体。这个群体身体、心理特性突出，急需得到尊重和帮助。面向残障人士这个群体，要求阅读推广人除了具备推广知识外，还需要许多其他方面的专业知识。可是目前社会上这类人士非常欠缺，直接影响到了他们阅读活动的整体质量。为此，针对残障人士阅读推广专业人士的培养工作应给予足够的重视。

就盲人而言，盲文出版物的出版工作费时费力、周期很长，所以人均出版物拥有量很低，资源匮乏严重，更是存在知识老化、更新速度慢的问题，这些现状不能满足盲人读者的文化需要。因此公共图书馆作为重要的阅读推广机构，应重视为盲人提供服务。淮安市图书馆就开展了"书香中国·爱心计划"特殊群体服务活动，工作人员引导二十多位视障人士走进淮安市图书馆，让他们感受"无障碍阅览室"。面向身体残障的大学生，高校图书馆应重视对这个群体阅读宣传和培训，力图让阅读深入每个大学生的心间。同时，课题组也观察到，高等特殊教育学院图书馆开展阅读推广的体制尚不健全，缺乏专门针对残疾人大学生的阅读推广机构和阅读推广人。

（二）面对外来务工人员、城市边缘人群的阅读推广人

随着中国城市化进程的加快，有很多外来务工人员加入到了当地的城市群体中，是城市现代化建设进程中一支新型劳动大军。外来务工人员多数由一些欠发达地区的农民工和低收入者组成，比如常见的建筑工、保洁工等等。这个群体的数量越来越多，尽管其文化程度、经济收入和社会地位均处于弱势，但是他们除了对解决物质生活的困难有需求以外，更有精神文化方面的需求。课题组调研了解到，烟台工商学院老师曾经带领学生开展过"送书进工地"活动，但是没有得到有效的反馈，这说明对务工人员这个庞大的群体，更是需要阅读推广人的引导，政府、社会组织、出版机构等应重视满足他们的阅读需求，让他们能够享受所在地的文化资源。

除了外来务工人员以外，随着城市户籍管理制度的变化，还有一类特殊群体。一些离开家乡在城市散居、没有固定的职业、没有固定的收入的这些人属于城市边缘人群。这个群体在社会中或者受到排斥，或者受到歧视，阅读条件和阅读权利基本无从谈起。本课题所谈的阅读推广是针对全民的，所以这一类人群也不能忽视。租住地的街道社区或者劳动就业部门要登记本地区边缘人群的基本信息情况，提议图书馆或者其他阅读推广机构针对这个群体开展阅读推广和服务，同时需要加强面向这个群体的阅读推广人的培养。

（三）面向服刑人员、戒毒人员和社区矫正对象的阅读推广人

关于服刑人员、戒毒人员和社区矫正对象的阅读推广工作和阅读推广人，比较典型的是江苏省在全民阅读的要求里提到：监狱、戒毒场所和社区矫正机构应当为服刑人员、戒毒人员和社区矫正对象制订阅读计划，提供必要的阅读条件和阅读指导，定期开展阅读活动。至于具体实施方面还没有很好的实践经验。

（四）面向军人的阅读推广人

军人相对于普通大众而言，是另一种不同身份的群体，因长期身在军营，尤其是部队驻地在偏远地区的军人，生活方式比较单一，与外界社会接触相

对较少，因此这类人群更加需要阅读推广人的阅读指导和服务。服务于军人、卓有成效的阅读推广活动，不仅能够丰富军人业余文化生活，还能让军人不出军营就可以与普通大众共享优质文化资源，不仅推进了军民融合发展，而且有利于建设书香社会，打造强军文化。

面向军人的阅读推广，金陵图书馆与南京武警总队共同开展的"全民阅读，书香军营"阅读活动做出了积极的探索。将全民阅读推广进军营是金陵图书馆开展全民阅读推广的一部分，是图书馆服务的延伸，旨在丰富部队文化生活，方便军人的读书学习，进一步加强图书馆与部队的联系，更好地为部队文化服务。

第四节 服务于不同地域的阅读推广人培养现状

一、服务于城市社区的阅读推广人培训形式呈现多样化

社区是城市中最小的单元，也是居民生活的主要场所。面向社区居民的推广可以说是全民阅读推广的基石，也是建设书香社区的落脚点。因此依托社区平台的社区图书馆、阅读空间及社区书房成为社区阅读推广人实践的基地，他们承担起培养居民阅读习惯、发展居民文化社交的功能。

课题组经过调研发现，近年来针对社区居民举办的各种阅读推广活动丰富多彩，对阅读推广人的培训形式也呈现多样化。以青岛市李沧区悦读书房建设为例，作为青岛市第一家公益免费书房，它依托社区平台开展城市基础性阅读推广，由政府牵头，在专家指导下进行符合社区居民特征的阅读推广，打造了集阅读、教育、研究等功能于一体的社区阅读公共空间。社区书房领读妈妈培训带动了社区居民和家庭的阅读需求，也带动了悦读书房从单一的"领读人"身份变成组织者，吸引更多拥有相同理念、具有相同需求的群体加入，这在一定程度上壮大了社区阅读推广人的队伍，为阅读推广的良性发展提供了保障，使之更有后劲，同时打通了"全民阅读"在社区的最后一公里。

还有一些城市也开展了形式不同的针对城市社区阅读推广人培训，参训后的推广人投身于各个社区书屋等基层站点，改变基层阅读推广活动不足的现状。

二、职工书屋阅读推广人需要更高层次的服务素养提升

职工书屋面向的是一群具有相同或相似职业知识和技能的人，因此职工书屋不仅是企事业单位文化建设的重要载体，也是广大职工"岗位学习、岗位成才"的重要园地。作为新时代工会工作的重要阵地，职工书屋已经成为全民阅读与公共文化设施的重要组成部分。

近年来，职工书屋的覆盖面在逐渐扩大，各种宣传和投入也在逐渐加强，各职工书屋的活动也日益增多，立足点也从行业发展的基本需求转向更高层次的服务素养提升。以北京市西城区总工会为例，在职工书屋的推进方面提供了很好的经验。该职工书屋在推广阅读中"三管齐下"：注重宣传、加大投入、强化载体，实现了线上和线下互动，并且建立职工领读计划，引导亿万职工在阅读中提升个人素养、滋养文化自信。

三、农村阅读推广人探索"让一部分人先读起来"的模式，为农村阅读注入新活力

农村阅读推广工作是全民阅读推广的重点，也是难点。目前多数农村地区设立了农家书屋，让农民有书可看。但是由于农民读书缺乏引导，在农村的阅读推广人又相对较少，出现了或大或小的问题。因此，我们一方面要切实从农民自己的需求出发，在满足农民最基本的生产需求基础上，进一步引导并满足其文化、社交、审美等需求；另一方面，我们要借鉴"成都经验、成都模式"、山东青岛平度市"行走的书箱"经验，在农家书屋的硬件建设基础之上，重视民间读书组织和农村领读员的作用，完善软件建设，真正管好、用好农家书屋，使之成为农民群众学文化、长技能、强本领的"黄金屋"。

课题组调研发现，大多数的村民们有意识主动参加镇村组织的文化活动。有些地方也组织了一些以阅读推广为主的领读员的培训，但是相对零散。其中，以山东省平度市"行走的书箱"项目为例，其成功经验在于"领读人"队伍的建设，因为这类乡村领读人更熟悉当地村民的需要，更知道他们需要哪类书。这类领读人在享受领读人身份所带来的荣耀感的同时，也会承担更多阅读推广的责任。通过这种类似"让一部分人先读起来，先读带动后读，最后达到全民阅读"的模式，让农村的阅读文化注入新的动力，探索符合农村发展现状的乡村阅读模式，打造书香农村建设。

农村阅读推广人最基本的要求是必须立足农村本身，了解村民的切实需求。进而利用乡熟文化①，着力盘活当地的人才资源。满足农民自身的阅读需求的同时引导他们"多读书、读好书、好读书"，最终打通乡村阅读的"最后一公里"，为乡村文化发展注入新的动力。

第五节 不同阅读推广形式的阅读推广人发展现状

一、线上读书活动推广人发展现状

近年来各种形式的线上读书会也日渐发展壮大起来。线上读书会不受地理空间的限制，举办起来相对容易，也更容易把具有相同阅读需求的人聚集在一起。例如，青岛公益组织快乐沙创办的"海鸥读书会"就是针对成年人读书的线上组织，每期读书会的讲读人就是实际意义上的阅读推广人。

结合线上的特点，这类推广活动以及针对这类推广人的培养均使用了"阅读社群"的理念。首先，把具有相同阅读需求的人聚集在一起进行讲读，这样更切中需求，更有针对性，也更容易互相督促，实现教学相长。其次，在讲读的过程中，组织者会把发言比较积极、具有一定水平的会员挖掘出来，再请专家对其进行培训，使之成长为新的讲读人。这起到了很好的激励作用。会员以前聚集在读书这件事上，后来就聚集在读书这群人上，独行致快，众行致远，读书社群这种模式就可以让读书活动一直持续下去。

二、线下读书活动推广人发展现状

线下推广和线上推广最大的差别就在于对阅读空间的需求。线下阅读推广大多数需要与一定的阅读空间有效结合，比如实体书店、书香会所、父母成长工作坊、绘本馆等。

课题组在2019年10月参加全民阅读年会了解到，人民出版社读书会发起的全国读书会联盟，在全国已经有1500家分会，引领着全国读书会组织培训学习、活动推广，制定读书会的行业标准等。

课题组通过对山东省烟台市的当当悦界、源空间书店，青岛市的栈桥书

---

① 乡熟文化是指通过村民间相互熟悉、信任的熟人关系开展活动，促进村民融合，增进村民邻里情。

店、良友书店、荒岛书店和如是书店等实地调研发现，线下读书活动推广的发展相对迅速、成熟，更有体系。这些阅读空间有受到政府资助的，有各地新华书店创办的，有电商打造的线下书店，也有阅读推广人自发创办的。

从阅读空间服务的对象来说，有的面向社区，旨在打造一个大家都来阅读的书香社区；有的面向父母和儿童，成为父母和儿童分享快乐的地方；有的面向背包客，以及对文化感兴趣的人；有的面向青年人，引领着一些文艺青年的读书潮流，等等。

值得一提的是，线下读书活动立足当地读者需求，依托当地历史文化情结和当地地方文化资源，利用名人和文化效应，让"阅读+"得以实现。这种阅读推广人和阅读空间良性结合形成了一种新的阅读推广的生态合力，助力城市文化发展。线下阅读空间中阅读推广人的培训，多采取以老带新的方式，在阅读推广活动中边实践边成长，直至成为优秀的阅读推广人。

三、数字阅读推广人发展现状

从广义上讲，凡是利用数字媒介进行的阅读都可以称为数字阅读。数字阅读是一种新型的阅读方式。第十六次全国国民阅读调查结果显示，2018年我国成年国民数字化阅读方式的接触率为76.2%，呈不断上升的趋势。App、微信公众号等数字阅读平台越来越多，像喜马拉雅、荔枝、蜻蜓FM、凯叔讲故事等App，"樊登读书会"等微信公众号，这里通过吟诵、话剧、有声故事等形式传送读书信息都属于数字阅读推广人的活动。"樊登读书会"每年至少提供50本书的精华内容，对精选好书提供图文、音频、视频三种形式的精华解读，既迎合了读者的阅读习惯和阅读偏好，也帮助了没有时间读书、不知道读哪些书或者读书效率低下的读者群体提升了阅读效能。

但是目前专门培养数字阅读推广人的培训却还相对空白。即便中图学会的第五期培训中的主题是培养"数字阅读推广人"，但是其授课的内容还是基于图书馆的数字阅读情况本身而言，虽然说针对高校图书馆和社会图书馆有一定的参考，但是并不能对现在多种多样的数字阅读形式提供有效的借鉴。

四、由明星、名人、文化综艺节目主持人担任的阅读推广人

我国阅读推广人队伍建设尚处于发展阶段，虽然有一些专家学者不遗余

力地进行阅读推广工作，但是受限于自身影响力，很多的阅读推广人未能调动更多民众的阅读兴趣，推广范围受到了一定的限制。因此，推广全民阅读可以利用名人、文化综艺节目主持人、流量明星的影响力，委任他们作为阅读推广人，来激发大众对阅读的兴趣度和关注度。像"绘本时光"全民阅读推广项目邀请陶昕然担任公益大使。再比如"流量鲜肉"易烊千玺自发推荐《活着》。据北京开卷信息技术有限公司监测，《活着》在得到易烊千玺的推荐后，销量一直呈上升态势，每个月都占据榜首，也因此成为2018年度最畅销的虚构类图书。再比如，央视的文化综艺节目《朗读者》，主持人董卿和每位参与嘉宾也是现实意义的"阅读推广人"。直播平台的名星主播推荐好书，这些通过荧屏让更多的人爱上阅读，感受阅读之美，引导更多人参与到阅读中。利用名人效应，激活全民阅读激励机制，可以提升大众的参与兴趣与积极性。

第六节 我国阅读推广人培训方式及认证现状

阅读推广人培训工作自开展以来，各种形式的培训方式相继产生，有的培训单位会在培训后直接给参训人员颁发证书，还有的必须经过考核通过以后才能获得证书，不仅如此，阅读推广人培训的形式也是多种多样。

一、现有阅读推广人的培训方式

（一）线下培训

在众多培训方式中，线下组织会场集中培训是被较多采用的一种方式。线下培训的方式时间短，集中性强，现场便于管理，学习效率较高，现场氛围活跃，能够让学员快速掌握阅读推广的专业知识或者提高理论水平。

深圳市"阅读推广人培训班"的理论性课程就一直使用的线下培训的方式，比如针对青少年阅读推广的主题设置了青少年阅读推广与家庭教育、阅读推广人对儿童文学的认知与分析等内容的专题讲座，分别邀请了著名阅读推广人阿甲、朱自强、范并思等6位阅读推广领域的专家授课。2018年的理论性课程内容涵盖儿童阅读推广人的观念与素养、儿童心理与图画书阅读、儿童文学与阅读策略等方面，邀请我国台湾著名儿童文学作家林文宝，儿童文学专家郭骅、王林，资深亲子阅读推广专家宁宇，以及深圳少年儿童图书馆阅读指导组老师进行授课。

课题组调研到，青岛市全民阅读研究院 2017 年 5 月成立，截至 2019 年 6 月，用不到三年的时间培养了 1000 余名阅读推广人。培训方式均为线下组织专家进行面授培训，不仅对全民阅读的政策形势进行宏观讲解，还从阅读推广案例、技巧实务的角度进行讲解，为参训人员带来阅读推广最前沿的信息、理念和启示。

此外，2017 年 3 月 24 日，浙江省公共图书馆绘本阅读推广人培训班在杭州举行，为期 2 天，共计 200 余人参加了此次培训；2018 年 8 月 13 日，黑龙江省第一期阅读推广人培训班在哈尔滨市举办，培训活动包括开班式、培训讲座，均为面授形式；2018 年 12 月 24 日，常州市全民阅读推广人培训班在当地市委党校举行。包括常州全市的全民阅读领导小组成员单位、图书馆、文化馆等众多领域的 120 多名阅读推广人。这些也都是线下请专家进行面授培训。

再如，中国图书馆学会举办的"阅读推广人"培育行动截至 2019 年 7 月 18 日已经举办了十四期，每期的培训基本上都是为期 3 天，全部都是请专家进行现场的面授培训。

（二）线上培训

线下培训的方式广为各类培训机构所用，但是必须要求所有的学员在统一时间集中到培训现场，由于场地有限，容纳参训人员的数量也就有限，场地费用、食宿费用、人员交通费用的成本较高，这些都导致了很多有参训需求的阅读推广人无法参加线下的集中培训。

鉴于以上情况，随着互联网的发展，网络线上培训也逐步成了阅读推广人培训的另外一种方式，比如烟台市在 2018 年 3 月的第三期培训中，培训方式采用主会场和分会场的形式，全市部分幼儿教师、全民阅读推广专业志愿者 2327 人通过校园网视频参加培训学习；再如，在全国悠贝绘本馆馆长群内，悠贝创始人林丹在 2016 年 3 月 7 日完成第一期线上分享"悠贝馆长素养提升 100 讲"，至今已经开展了 52 期；从 2014 年开始，天阅着力培训阅读推广讲师队伍，2017 年起辅以在线培训模式，累计培训阅读讲师和家庭阅读指导师 2000 余人；蒲公英乡村图书馆通过视频和在其论坛中布置任务进行培训；

晓希望家长读书会也培训了两届阅读推广人网络班。通过这种线上培训阅读推广人的方式，有效地扩充了阅读推广人队伍，也使得阅读推广人更快速、更便利地得到成长和提升。

（三）线上和线下相结合的培训

除了线下会场集中培训和线上培训的形式以外，还有很多机构采取的是线上和线下相结合的形式。

比如悠贝阅读学院除了线上培训之外，还不断开展各类不同主题和内容的线下培训，包括在不同城市举行的"绘本馆运营培训"、阅读推广人专业基础/进阶培训、英文阅读推广人培训、悠贝馆长见习培训、阅读指导师培训以及讲师培训、故事达人训练营等各种提升素养和技能的培训活动。悠贝的这种双线并行的模式使培训效果实现最大化。

再如，深圳市爱阅公益基金会开设的"爱阅学院·儿童早期阅读推广培训课"，也是主要采取线上与线下相结合的培训模式，以其科学的课程体系、培训模式和优质的教育资源，全面提升和加强阅读推广者专业素养和阅读推广能力。

如前文所述，三叶草也是通过线上线下结合的方式开办了"故事妈妈成长学院"公益培训班，线上讲座近几年来高密度传播，受众 20 万人次。晓希望家长读书会要求在一年内，通过视频直播的形式带领大家完成四个阶段的学习，最后通过四个半天的线下培训，让大家对"领读者"的价值以及作为一位领读者所必备的知识有了一个初步的认识，对以后引导孩子读书也充满了信心。

此外还有上海阅读越精彩开设阅读培训学院，通过线上主题绘本培训和线下认证讲师培训，为阅读推广志愿者提供全方位的培训内容；满天星青少年公益发展中心既有线上培训，也有到馆培训，旨在让阅读推广志愿者进一步了解阅读推广知识；梦想行动也是采用先网络培训后线下集训方式对阅读推广志愿者进行培训。随着互联网数字技术的进一步发展和对阅读推广人专业化要求的提升，这种线上线下相结合的培训形式将会越来越普及。

二、阅读推广人的认证现状

由于我国目前还没有开设与阅读推广相关的专业，因此在职称资质认定分类中，没有关于阅读推广人的统一的资质认定。但是，各个地区已经认识到对阅读推广人的认证工作的必要性，也在开始积极探索。将阅读推广人培训与资质认证相结合，对接受培训后合格的人员给予标识度较高的认可证明，提倡将阅读推广人与图书馆评估挂钩，作为书香城市建设指标之一，作为教育单位、出版社等相关行业的必备人才。通过标准规范的制定，强化阅读推广人的普及，促进全民阅读工作的进步[①]。

（一）阅读推广人取得证书的方式

1. 参加培训即可申请证书

这种认证方式对参训人员而言，只要参与了培训，就可以通过颁发或者申请的方式取得阅读推广人的资格认证。

比如北京阅读季的领读者计划的参训人员在参加培训后即可申领某个类别专业的领读者证书，像"银发阅读"领读者证书等，这些面向各类群体的参训人员经过不断的阅读推广实践有机会成为金牌领读人。

2018年8月，黑龙江省第一期阅读推广人培训班在哈尔滨市举办，来自全省全民阅读单位、讲坛、图书馆、书店、读书会的130多名阅读推广人参加了培训，培训后由黑龙江省全民阅读领导小组办公室向阅读推广人颁发了证书。

2018年12月，北京市平谷区一师附小平谷分校对接北京阅读季顺义区领读者团队，带领大兴庄镇中心小学、大兴庄幼儿园中热爱阅读行动的教师和家长们进行了为期两天的领读者计划公益项目。培训后，20名"领读者"拿到了无限荣光的大红证书。

2. 参加培训、通过考核即可取得证书

阅读推广人培养机构除了参加培训即可发放证书以外，有些机构还要求阅读推广人通过考核才能取得证书。

课题组通过对烟台图书馆调研了解到，截至2019年6月，烟台市已举办了五期阅读推广人培训，为了巩固培训效果，烟台市从2018年3月起增加

---

① 张章.阅读推广人培训的现状与展望[J].图书馆杂志，2019年（8）.

了考核环节，组织了"首批初级儿童阅读推广人资格认证考试"，考核通过后即可获得证书。

前文提到的爱阅大眼睛绘本馆针对全国绘本馆的认证就属于这种方式。在每期培训以后，为了巩固三日来的培训内容，并进一步将实践与培训内容相结合，培训特别增加了实战模拟及考核环节。成绩合格者，爱阅大眼睛为其颁发结业证书。

中国图书馆学会阅读推广委员会开展的各种形式的阅读推广人培训活动也都是通过这种方式取得证书。通过前文所述，中图学会的"阅读推广人"培育行动都是在一定的时间集中各地区的图书馆工作人员一起参加面授。培训既有理论系统讲授，也有经典案例分析；既有专家主题授课，也有教学相长，互动交流。培育行动旨在培养一批具有一定资质，能够开展阅读辅导、提升读者阅读兴趣和能力的专业人士。因此，主办方特别设置了考核环节，只有参加考核后通过的阅读推广人才可以得到相应的徽标，佩戴徽标的人员今后可以进行阅读推广工作。还有的在证书上进行了分别认定，比如上海图书馆学会的阅读推广人证书上虽然未注明是哪一类的阅读推广人，但在内部管理系统中已经特别注明该阅读推广人属于"儿童阅读推广人""数字阅读推广人"等，这种分类认定方式值得借鉴。

3. 参加培训、参与实践、通过考核方可取得证书

除了上面直接颁发证书和现场考核取得证书的方式外，还有一类对"阅读推广人"的培养行动非常深入，时间长，课程体系设置完善，在理论培训以后，必须要参与实践，并且通过最后的考核方可取得证书。

深圳在 2012 年第一期进行"阅读推广人"培训时，就是通过"授课 + 交流 + 实践"的方式。理论培训集中在 3 天时间，采取理论授课、经典案例分析、分组讨论与展示等方式相结合的模式，实践课程在集中授课后的半年内完成，主要开展阅读推广实践、观摩，至少完成三次实践课并撰写实践报告，连同实践录像资料一起寄给考核组。经过授课、实践两个阶段，第一期近 120 名学员中有 64 人参加了最终的现场能力水平测试的考核，34 人测试合格，通过率仅为 53%，通过考核的人员由深圳读书月组委会和深圳市文体旅游局联合颁发结业证书。

如前文所述，深圳爱阅公益开设的"爱阅学院"在 2017 年开设的第一

期"儿童早期阅读推广人培训课",学制是一年半。培训课程体系包括早期读写发展课程、亲子共读的方法、载体的了解(图画书)、活动策划和执行、课室的管理五个方面。学员经过一年半的培训和实践,累计完成线下公益亲子读书会及家长讲座活动共 36 期,受益人群超过 2000 人次。第一期儿童早期阅读推广人顺利毕业,毕业学员都获得了结业证书、讲师资格证。民间公益组织三叶草颁发的"故事义工"证书也是需要通过两天的现场面授培训,加上一个月的实战演练,此外还需要通过三叶草故事家族举办的"讲故事"活动(四次)者,经认证合格后才能获得。

4. 直接授予阅读推广人头衔

在阅读推广人的队伍中还有一类人群,那就是专家学者或者文化名人等,这些人本身的理论水平或示范效应已经完全胜任阅读推广人的这层身份。比如,北京阅读季每年评选的金牌阅读推广人,他们并没有参加培训,但是一直在践行着阅读推广人的工作;还有像文化类名人董卿、樊登、凯叔等,他们也并没有经过专业培训,即被授予过阅读大使的称号。

另外还有活跃在各高校和研究机构等专业领域的阅读推广人,以及深耕在阅读推广一线的校长和老师也被建议直接授予阅读推广人的头衔,比如深圳翠北小学的老猫校长、张立辉老师以及佟画老师等,他们在阅读推广的领域已经深耕多年。课题组认为像这样的人员可以以推荐审核的机制来授予证书,并且鼓励吸纳更多优秀人才进入推广人队伍,欢迎推荐和自荐,建立阅读推广人专家数据库。

(二)阅读推广人认证分级的现状

当下阅读推广人的分类复杂,培养机构众多,培训和认证的方式也各有不同。有些培养机构在颁发证书的同时,为了便于对阅读推广人的分类和管理,还对证书进行了分级认证。但根据培养主体性质不同,分级认证的情况也不相同。

深圳的阅读推广人培训已开展了 8 年,前 6 年的证书未标注级别,从 2018 年开始标注初级认证。深圳考虑在条件成熟的情况下,根据能力水平和实际贡献,对"阅读推广人"进行分初、中、高的等级评定。镇江市出台的阅读推广人培训方案中非常明确地提出了初级阅读推广人和高级阅读推广人的分类培训的要求,同时还制订了"金牌阅读推广人"的培养计划(即领读者)。

总共十四期的"阅读推广人"培育行动中，中图学会已经面向各类群体全面铺开，涵盖少儿阅读、数字阅读、经典阅读、时尚阅读等专业方向的培训，目前所培训的都是基础级学员，徽章（相当于证书）也都是基础级。不过中图学会未来的规划是有级别之分的，基础级、提高级、研究级这样三个级别逐级进阶，逐步地使阅读推广人培育工作更加科学、规范。

认证级别划分层级最多的要属天阅全民阅读推广中心的阅读推广人培训证书班，具体分为见习阶段、初级阅读推广人、中级阅读推广人、高级阅读推广人、专家型阅读推广人引导师。这样详细的分级体系旨在培育阅读推广人本身的阅读素养，让其掌握更丰富的阅读和阅读推广技巧，激活阅读推广人更旺盛的生命力状态。

（三）阅读推广人要以鼓励为主，不赞同引入退出机制

当下各个机构都在大力培养阅读推广人并颁发证书，积极鼓励阅读推广人参与到全民阅读的活动中去。有些机构在对阅读推广人取证后的考核中实行了退出机制。比如，上海市图书馆学会对阅读推广人认证年限进行了规定，通常执行两年的聘期。在这两年中，阅读推广人依托图书馆开展的阅读推广活动累计不能少于五次，否则取消阅读推广人的资格，以此办法来保证受聘的阅读推广人能够持续有效地开展阅读推广活动。

课题组在专家访谈中，专家聂震宁不太赞同阅读推广人退出机制，他认为更应该加强引领机制和激励机制，多一些容错的空间。阅读推广人是一个新生模式，需要更多呵护和关怀。课题组认为目前我国的全民阅读还处在发动阶段，由于阅读推广人体量不足，还是要以鼓励为主，提高培训的质量和可持续性发展，不赞同引入退出机制。并且对于阅读推广专业志愿者队伍，也可以颁发相关证书，而且不用设置证书的有效期限。

第七节　我国阅读推广人才培养中存在的问题

我国在积极地开展全民阅读推广人才培养、队伍建设过程中存在的问题，是导致全民阅读推广活动很难达到预想效果的主要因素。解决全民阅读推广人才队伍建设的种种不足，需要首先正视问题、思考原因。

一、各地政策保障有待完善，政策实施相对滞后

虽然各省市陆续出台相关地方性的全民阅读的相关政策，但从颁布的政策类型、覆盖的范围等方面可以看出，各地颁布和实施情况并不均衡。例如，深圳、江苏等地，地方立法较早，全民阅读实践也做得比较好。但并非所有省市都制定和出台全民阅读的地方政策，个别地区政策实施相对滞后或执行欠缺，这也造成了全国全民阅读推广发展缓慢，尚未达到预期的效果。例如，课题组调研到，广西南宁从事阅读推广的专职人员很少，相关部门对该职业的重视程度也不够。尽管广西从2016年开始就开展了第一期的阅读推广人培训工作，但直到现在，该职业只在行业内得到认可，而在社会上则很少被公众所熟知。另外，北京、上海等地，虽然全民阅读推广实践已经做出了一定的成效，但是尚未出台通过地方立法条例，却已有实施方案。如北京阅读季自2014年起开始评选金牌阅读人至今，已有40位阅读推广人，在全民阅读中具有一定的影响力。

二、阅读推广人才队伍建设经费不足

阅读推广的人才队伍建设需要经费支持。有了经费支持，才能持续建设阅读推广人才队伍。

《全民阅读促进条例》要求县一级政府都要有经费开支，要保障全民阅读推广人培训的经费，这是以制度形式确立的。每个县里面都应该分级，比如设立三级推广人制度。三级推广人是农家书屋的阅读推广人，二级推广人是县图书馆和校园图书馆的推广人，一级推广人是县里面能够对机关干部和广大市民做阅读推广的阅读推广人。每一级对文化程度和推广能力的要求不一样。农家书屋是最低的，这样分出级别各县自己掌握执行。

但由于各地推进全民阅读推广的步伐有前有后、地域经济发展的不均衡，再加上全民阅读推广人培养的经费不足等情况，也不一而同。目前的阅读推广活动需要细化。大中小城市的差距，县城跟乡村的需求差距、家庭收入的差距等都要考虑。阅读均等化推进要充分考虑到阅读环境其实是不均等的这样一个现实状况。

阅读推广人的主要力量首当其冲在图书馆界，书店和图书馆是传统的阅读推广集中地。在图书馆界，经费不足成为亟待解决的问题。例如，深圳的

阅读推广人虽然发展迅速，但经费明显不足。另外，课题组调研烟台市莱山区图书馆时，馆长范庆尧反馈，阅读推广活动的日常经费由政府提供支持，包括购书经费、相关建设经费、维修等配套费用。但对于专项活动经费需要专项申请操作。由于导向差异决定了操作效率和成功率，如果是由政府主导的自上而下的会很快，如果是由下而上的需要进行申请并层层审批。课题组调研山东工商学院图书馆时了解到，图书馆一般没有专项经费用于邀请专家讲授等阅读推广活动。从政府层面或者行业协会／学会层面开展一些阅读推广相关培训，活动经费是一个比较掣肘的因素。

另外，一些社会新兴力量的崛起，比如民间阅读推广人和商业化阅读推广机构，为全民阅读推广的进行增色不少，但同样面临经费不足的问题。例如，天心阅读文化网等民间阅读机构希望政府给予阅读推广经费保障，在政府采购以及项目申报时多向民间阅读推广机构倾斜，为阅读推广人培训立项，给予培训者学习补助。目前的实践来看，虽然很多民间机构和个人也一直在持续投入，但是还远远不够。如人民出版社发起成立的读书会是目前唯一一家有经费保障、有组织保障、有专职人员团队来维护和运营的公益文化服务平台。

目前，虽然在培养阅读推广人的很多培训都是收费的，但这只能解决一部分经费问题。另外，对从事公益性质阅读推广活动的志愿者培训进行收费并不可取。因此，加大财政投入，解决经费不足，对促进全民阅读推广人才队伍建设十分重要。

三、现有阅读推广人规范管理有待提升

现有的阅读推广人才培养数量供给不足，需求对接不到位。正如湖南大学中国全民阅读研究中心主任刘舸所说，现行阅读推广人认证的体系化、权威化有待提升，对阅读推广人的后期评估和管理还欠缺，分级培训还未完善。

（一）阅读推广人培养整体数量不足

阅读推广人的使命是推动城乡各地的全民阅读，分布面应该是相当广泛。但是，面对14多亿泛在阅读推广对象，正如课题组约访专家聂震宁时他所言，现在中国的全民阅读还在发动阶段，阅读推广人的数量远远不够，阅读推广人更多需要的是鼓励。虽然无论是政府牵头、行业协会／学会主办的阅读推广人培训，还是出版发行等文化类企业以及民间公益机构发起的阅读推广人培训，在全国遍地开花，但仍无法满足现阶段对阅读推广人才的质量与数量的需求。

例如，目前全国64万余个农家书屋，就至少需要64万余个阅读推广人。现有的农家书屋的阅读推广人远远不足这个数量，这是导致农家书屋阅读推广活动效果不显著的因素之一。

图书馆管理员本就是从事阅读推广工作的阅读推广人。由于从事阅读推广活动的人手短缺，虽然有些图书馆引进了志愿者，但也遇到了很多问题。例如，有的图书馆"故事妈妈"培训活动，一开始得到很多妈妈的支持，但在课程结束后，大家意兴阑珊，甚至不了了之。培训后的人员流失，不能支撑有效数量。

另外，数字化阅读呈上升趋势，但目前尚未对这一领域的阅读推广人进行专项培养。如目前在有声书平台上出现自发性的朗读、讲读书籍的个人，但他们并没经过专业的培训和系统性的学习，传播的内容质量不高，进而影响全民阅读的推广成效。

（二）阅读推广人与阅读实践基地需求对接不到位

阅读推广人的实践需要阅读空间，需要土壤。图书馆、书店和阅读空间是阅读推广人的实践基地。如课题组调研社区图书馆第二书房了解到，很多阅读推广人会在第二书房做读书活动，也有很多出版社来举办新书发布会等各种活动。再如，公共图书馆是阅读推广人开展阅读推广活动的公益性阅读空间。西安工程大学图书馆与校内大学生阅读推广人签订阅读推广工作职责书，以确保大学生阅读推广人更好地开展阅读推广活动。

目前，阅读推广人和图书馆、书店的结合程度不足。课题组调研烟台市黄海路小学时，该校教师反馈，关于儿童阅读的节点上存在没有有效对接的问题。比如图书馆、书店和学校在对接上经常信息不对称。

（三）阅读推广人培训欠缺后期评估

目前由于全民阅读还在发动阶段，阅读推广人整体数量不足等原因，对阅读推广人的培养更多的是引领和激励机制，所以现行对阅读推广人的培训完成后，一般直接授予证书，或者经过考核给予证书，或者经过实践和考核后授予证书，但欠缺后期评估。如深圳的阅读推广人培训采取理论授课、经典案例分析、分组讨论与展示等方式相结合的培训模式。考核结业阶段，测试合格者将获得由广东图书馆学会颁发的广东省"少儿阅读推广人"证书。但是获得证书后的阅读推广人，不再有任何形式的后续培训和考核。

另外，由于目前的证书没有到期时限和比较有效的退出机制，取得证书的阅读推广人拥有了"终身"资格。阅读推广人培训欠缺后期评估，不利于激励阅读推广人持续学习，以及促进阅读推广人整体素质的提高。如高校阅读推广人，可根据阅读推广人的职责划分成几个指标进行考核评估，比如阅读推广人的活动次数、人数、评价反馈等，对表现出色的大学生阅读推广人给予奖励。

（四）阅读推广人培训制度不完善

目前政府、行业协会/学会、出版发行等文化类企业以及民间公益机构发起的阅读推广人培训制度不完善，无法满足阅读推广事业发展的需要。

1. 培训以短期为主，培训质量堪忧

目前阅读推广人培训模式以短期培训为主，多是三两天的集训式培训。这样的培训方式，重理论而轻实践，缺少规范性，培训质量堪忧，无法满足阅读推广人才队伍建设的需要。如悠贝阅读学院，组织阅读推广人专业培训，虽然培训场次多，人数多达上万次，但培训质量无法保障。

2. 大部分培训未作分级分类培训、分别认证

目前阅读推广人才培训没有较为统一的分级分类培训，尚未做到阅读推广人的精准培养。如中国图书馆学会的培训活动当中，没有实现对阅读推广人的分类工作，在整体上呈现出了一定的笼统性。由于阅读一直集中在少儿阅读，因此，面向儿童阅读的阅读推广人才培养需要加强，这需要学习儿童心理学等相关知识，提升面向儿童阅读的推广人的专业水平。再如，针对特殊人群的阅读推广人的培训需要更为专业的精准培养。作为专业的推广人员，需要了解一定的心理知识和专业的交流语言，进而保证特殊人群的阅读推广活动的正常进行。

另外，无论哪种培训主体，通常通过短期的阅读推广活动培训，只要培训人员在能力上达到一定标准，就可以领取阅读推广人资格证书。课题组调研烟台市的阅读推广人培训，发现目前培训有证书，但没有分级。

随着全民阅读推广队伍的不断扩大，需要对全民阅读推广人进行分类培训、分别认证。例如可分为基础级和专家级。基础级的门槛设置不要太高，主要是鼓励大家积极加入推广队伍。深圳的阅读推广人培训已开展第八年，认证在前6年没有标注级别，从2018年开始标注了初级认证。并考虑在条件成熟的情况下，会根据能力水平和实际贡献，对阅读推广人进行初、中、高的等级评定。再如，上海图书馆学会统一课程培训和认证，由市图书馆学会发证及管理的阅读推广人制度，是一种值得鼓励的制度探索。

四、现有阅读推广人培养的专业化有待提升

（一）阅读推广人培养的课程体系不完善

作为阅读推广人才，必须经过系统教育，具有专业知识和专门技能。他们一般要具有从业必备的专业学习背景。但是，目前高校并没设置阅读推广相关的本、专科专业课程或选修课程，只有与"阅读"相关的研究生方向。

在高校开设阅读推广人专业课程是亟需的。例如，在高校引入"阅读推广人"的专业或选修课程，把学生作为阅读推广人来培养。例如，青岛大学已经启动了阅读推广的课程。

现行的师范院校的课程设置的欠缺。例如，关于世界儿童文学、中国儿童文学的课程相对缺乏。目前幼儿园教师的流动性相对较大，幼师和小学教师一般都没有经过相应的阅读专业训练，在阅读推广实践中，特别是面对少年儿童的阅读推广中存在很多困惑和盲点。

阅读推广人培养课程体系的不完善，制约了阅读推广人向专业化迈进和阅读推广人才队伍的壮大。

（二）阅读推广人培训普遍存在有课件无教材现象

虽然不同的培训主体有自己相关的培训内容课件，但是尚且没有一套统一有效的教材。

政府牵头的培训课程，例如深圳阅读推广培训班和青岛的培训。2012年深圳开始进行阅读推广人培训，但开始没有成熟的成型的培训教材，后来有了地方性教材开发。培训班内容涵盖面向儿童阅读的阅读推广人的观念与素养、儿童心理与图画书阅读、儿童文学与阅读策略等方面。尽管阅读推广人培训已开展第八年，但教材体系仍在酝酿中。儿童文学作家朱自强教授也指出，在阅读推广人的培养中，将来最好是关于阅读学（儿童阅读学）有一个

类似教材的东西。

行业协会/学会，特别是各地图书馆系统牵头举办的培训活动，使用教材理论性较强，但实操性难以把握。中国图书馆学会的阅读推广工作委员会，在面向图书馆馆员的推广人培训中，形成了自己的培训教材，目前分两辑，每辑6册，已经出了12本。这套教材在图书馆界推广的不错，但是社会效应怎么样，是不是适合我们蓬勃兴起的这些阅读推广组织，是打问号的。

出版发行机构等文化类企业主导的以及民间公益组织发起的阅读推广人课程培训，有公益的也有商业机构的。例如，悠贝阅读学院、长沙范米粒阅读服务平台等有各自的培训内容课件，但尚且没有统一的教材。

（三）阅读推广人培训专家师资力量后备不足

目前阅读推广人的培训，大多由专家学者、知名人士、高校教师以及图书馆专业人员担任。课题组调研青岛的培训了解到，很多的县级新华书店基本上每次邀请三位专家前来授课。烟台的培训，邀请全国知名的阅读专家授课。

阅读推广培训的专家师资力量，既需要像儿童文学作家朱自强这样的专家教授，也需要有实践经验的一线教师。但是，目前阅读推广人专家师资力量后备不足。例如，很多高校专职辅导员以及优秀在校大学生，对全民阅读推广人的基本认知和能力条件有限，因此很难真正承担起阅读推广人的基本职责。

五、阅读推广人培养地域发展不平衡、类型和结构不均衡

目前阅读推广人培训和认证模式具有一定的地域限制，导致地域发展不平衡。例如，青岛市、常州市等城市都在开展由政府机构主办的阅读推广人培训，但仅限于市级地域内开展。阅读推广人培养的地域限制，在一定程度上阻碍了全民阅读推广活动的进行，阻碍了全民阅读推广人队伍的壮大。

此外，目前培养阅读推广人的类型和结构不均衡。本课题组调研可知，面向学前儿童、中小学生的阅读推广培训相对较为广泛，而服务于高校学生、在职成年人、老年人以及其他特殊群体的阅读推广人培训相对较少。

阅读推广人培养类型和结构不均衡，还体现在性别角色失衡。例如，在对少儿的阅读推广人培养中，"故事妈妈"的角色较常见，"故事爸爸"的

角色远远不足。虽然母亲在孩子成长的过程中参与度比较高，但父亲的角色也十分重要。

六、社会尚缺乏对阅读推广人的职业认同，导致人才发展迟滞

（一）阅读推广人没有统一的称谓

阅读推广应当成为独立的、专业化的职业，因此就需要一定的理论基础。而我国的阅读推广理论起步较晚，理论基础薄弱，尚未形成一套科学、成熟的理论来指导实践。阅读推广理论的不完善和欠缺，制约了阅读推广人才队伍的建设，导致阅读推广人这一职业的认同感较差，没有形成统一的称谓。例如，江苏省的阅读推广人叫"领读者"，引用了朱永新教授的说法。湖南永兴县的阅读推广人叫"点灯人"等。

从实际出发，很多阅读推广人在实践中，会有身份认同上的顾虑。这一身份在业外鲜为人知，并未形成广泛的社会认同感。课题组调研山东工商学院时得到反馈，高校的教师在阅读推广人培训以及在做阅读推广活动时，会有身份顾虑，不知道以什么身份去组织参与阅读推广活动。再如，据广西南宁市少儿图书馆反应，在南宁专门从事对未成年人阅读推广的专职人员较少，且由于阅读推广人这一职业刚刚兴起，加上相关部门对该职业的重视程度不够。目前，该职业只在行业内得到认可，而在社会上则很少被公众所熟知。

（二）阅读推广人缺乏理念认同，更多的是情感维系

现在的阅读推广人有专家学者、明星名人、志愿者或者公益性阅读推广人等几种类型。有些长期从事阅读推广，有些只能短期进行阅读推广，但无论是哪种类型的阅读推广人，都需要资格认证或者荣誉认证强化职业认同感。目前的培训和认证体系，影响了现在阅读推广人的职业认同。正如青岛市李沧区悦读书房社工、"快乐沙阅读"创始人李思琳女士介绍，培训的过程既是一种理念的认同，还需要感情来维系。他们志愿成为领路人，没有利益也做得特别积极，感情的维系和理念的认同像黏合剂一样在里面发挥重要的作用。各种荣誉认证、团建工作都要跟上。无论是资格认证，还是荣誉认证，都有助于阅读推广人的职业认同感。

七、阅读推广人才队伍建设缺乏激励机制

阅读推广人在全民阅读推广活动中占有十分重要的地位。阅读推广人的参与，能够推动阅读活动生机勃勃地开展下去。阅读推广人才队伍建设需要对阅读推广人制定相应的激励机制。

目前图书馆里一般都有相关工作人员从事阅读推广工作，主要负责阅读宣传或者是组织阅读活动等阅读推广工作。但图书馆的管理制度中对从事阅读推广活动的工作人员缺少激励政策。从事阅读推广活动的工作人员，无论做得好坏，不影响其评职称等。课题组调研烟台市莱山区图书馆时，座谈人员认为，政府在保障激励机制上需多多考虑，来确保阅读推广工作能够坚持做下去。

此外，对阅读推广人这一社会身份缺乏荣誉激励。因为从事阅读推广活动还具有一定的公益性质，因此给阅读推广人一种荣誉，帮助他们获得荣誉也很重要。例如，由于图书馆在组织活动时，缺乏对学员荣誉环节的设置，使部分已经培训过的"故事妈妈"感受不到这个身份所带来的自豪感和幸福感。

正如课题组约访专家聂震宁所言，现阶段阅读推广人以鼓励发展、给予荣誉为主。有的市、县一级，可以建立金牌推广人，一级推广人、二级推广人等。现在阅读推广人的数量远远不够，推广人更多需要的是鼓励。包括农家书屋的从业人员等，应该带有鼓励性的。关于公益阅读志愿者或者推广人，得考虑怎么才能让他们愿意来做，怎么做的问题。建立健全阅读推广人激励制度，有助于吸引和引导专业人士和志愿者加入到阅读推广活动队伍中来，推动全民阅读推广活动的进行。

八、阅读推广人个人素养有待提升

综合目前全民阅读推广活动的现状和效果来看，高素质的阅读推广人队伍所起的作用非常重要，阅读推广人的素质已成为制约阅读推广活动的最大因素。

由于阅读推广人队伍来源十分广泛，但普遍专业化程度不高，阅读能力、阅读推广能力、沟通能力等个人素养有待提高。很多阅读推广人对于阅读推广理论缺少学习和思考，对阅读推广活动实践又缺少总结，很难形成和提出

自己的观点，形成自己的推广模式和专有影响力。

正如儿童文学作家朱自强所说，很多阅读推广人没有比较系统的知识，但这些前端的知识特别重要，阅读推广人执行阅读推广期间就会发现回到一些知识的原点上。比如语文老师需要指导班里的学生阅读，如果不知道儿童文学的各种文体，没有一个辨识，那就难以发现作品写法上的特点以及作品里面蕴含的思想情感的表达方式。而这些东西对阅读推广是非常重要的，不仅仅要告诉孩子这个作品写的是什么内容，还得去告诉他们是怎么写的，这个作品的特色是什么，这个时候真正的阅读才到位。

全民阅读推广、书香社会建设对阅读推广人的需求陡增，无论从数量、类型、还是专业素养等方面提出了更高的要求。各种各样的阅读推广活动蕴含着阅读推广人的主观意志，阅读推广人的个人素养尤为重要。

第四章　全民阅读推广人培养定位及能力素养

第一节　从阅读推广人到阅读推广人才 树立科学的人才观

一、科学的人才观与全民阅读推广专业人才培养需求

人才是第一资本，人才引领发展。人才观即关于人才的观念体系，既包括对人才本质、价值、规律、地位和作用等问题的基本观点，也包括评才、聚才、育才、用才、管才等所持的具体观念和态度。有什么样的人才观就有什么样的人才理论和实践，因此人才观决定了如何教育、培养人才。开展阅读推广是活动组织者对公众通过一定形式提供特定的阅读内容并进行教育的过程。特别是儿童阅读推广，与学校教育具有极为相似的性质。因此，无论是对于阅读内容的选择方法，还是对于推广活动的组织技巧，负责阅读推广的推广人的素养直接决定了推广活动的质量。可见，阅读推广活动应该由接受过专门培训、具有一定资质的人承担。

阅读推广事业良好的发展态势势必对阅读推广人才提出了更高要求。但是如上文所述，阅读推广人的发展还存在诸多不足，而且通过调研我们发现，基于人才的制约，很多阅读推广活动难以得到有效的开展，即使开展了，效果也不是很理想。从阅读推广专业人才培养的角度，基于科学人才观理论指

导,探索与当代社会发展相适应的全民阅读推广人才的培养方式、培养目标、专业化培训的难点以及能力素养构成,正是为新时代全民阅读推广人才培养提供思路。

二、从阅读推广人到全民阅读推广人才的发展历程

(一)阅读推广人从无到有,"自封"、草根式生长的起步阶段

我国的阅读推广人最早产生于儿童阅读领域,最先是在从事儿童阅读推广的儿童文学作家、语文教育界的专家学者和出版人中正式被提出,具体是在2007年举办的第一届"二十一世纪中国儿童阅读推广人论坛"上正式提出,具有业界"自封"性质。在此之前阅读推广人还很少,主要是一些以作家、专家和学者身份出现在教育报刊、儿童读物、博客、会议论坛上,他们以专业的视角去解读绘本,分析图画书的创作手法、表现形式、文学和艺术性、所包含心理学和社会学等知识和所包含的教育意义等,比如红泥巴的阿甲老师、梅子涵教授、朱自强教授等等,他们通过向读者推介绘本,影响了一批又一批较为高知阶层的读者妈妈们。她们在亲子共读实践中累积下经验,加上自己领悟力和高知的学科背景,有些人也开始逐渐走向传递阅读能量的阅读推广队伍中,去影响身边的朋友、同事、邻居以及更多的妈妈们。但在当时依然是传播的速度不快,辐射的人群范围也有限。因此在2012年以前的阅读推广人队伍还是处于"自封"、自发、没有管理的"草根"式发展阶段。

(二)阅读推广人从民间自发到有组织的专业化发展壮大阶段

2012年,阅读推广人培训开始在"全球全民阅读典范城市"深圳率先垂范。2014年中国图书馆学会开始阅读推广人培育行动,2016年上海市组织"百名阅读推广人(组织)"评选活动,2017年3月深圳成立了全国首个阅读推广人协会。这一期间随着互联网技术的进步,社交软件渗入人们生活,使得沟通和传播变得容易和便捷,各类网络社群组织的线上读书会和民间故事人组织等也蓬勃发展,这对阅读的推广起到巨大的推动作用,阅读推广人的概念也被较为广泛采用。特别是公布实施《全民阅读促进条例》《全民阅读"十三五"时期发展规划》等文件中,都提出了建立阅读推广人队伍问题。前文所述各类培训主体对社会上自愿从事阅读推广工作的故事讲述人、故事

妈妈、文化义工、阅读指导老师、阅读活动负责人等进行多种方式的培训；另一方面，相关机构对深耕阅读领域少数典型人才授予金牌阅读推广人、阅读推广大使等荣誉称号。因此这一时期，需要数量更多、类型更丰富、素养更专业的阅读推广人才队伍开始萌芽，阅读推广人队伍处于鼓励壮大、有组织的培养阶段。

（三）阅读推广人从层级单一、缺少分类到全民阅读推广人才多层次、多模式的提升阶段

阅读推广人是一种社会身份，也是一种荣誉，阅读推广人与全民阅读推广人才的区别，主要在"全民"和"人才"两层面上。如前文所述，"全民"是包括所有人的阅读，全民阅读解决的不再是部分人需要，而是全社会每个人的共同需要。这里的"人才"是经过专业培训或系统教育，具有专业知识和专门技能的爱阅读、会推广、能带动更多人阅读的人，也包括被举荐或直接授予阅读推广人荣誉称号的有一定影响力的人。

在我国，全民阅读推广走在前列的地区，阅读推广人已经从层级单一、缺少分类阶段走向分类多样，推广形式多样，影响范围逐步扩大阶段。随着多层次、灵活多样的阅读推广人管理制度的普遍建立及逐渐完善，我国全民阅读推广人素养的逐渐提高，今后一段时期我国全民阅读推广人才将朝向多层次、多模式的提升阶段发展。

三、全民阅读推广人才培养定位和目标

（一）全民阅读推广人才培养原则方向和定位

全民阅读推广人的作用首先是引领方向，引领着全民共同阅读，走向正确的文化发展方向。其次是凝聚力量，阅读推广人聚是一团火，散是满天星，深耕阅读，传递点燃阅读之光。再次是提升价值，阅读推广人通过学习培训实现自身价值的提升，服务社会实现自我满足、自我发展与自我超越，先自利再利他，帮助更多人提升。

不同于教师从事教学的职业行为，尽管阅读推广是具有一定教育功能，但是阅读推广人从事的更多是志愿者的公益活动，可专业从事亦可兼职、业余。因此严格准入、自上而下统一考评标准的资格论证制度并不合适。与当代社会发展相适应的全民阅读推广人才的培养，应该建立一套既能够鼓励广大社

会力量和广大志愿者参与，又确保所提供的内容健康、适宜的阅读推广人资质管理制度。

（二）全民阅读推广人才培养的最终目标

阅读通常是一种个人的自发行为，是自我救赎的一种途径，而阅读推广则是对阅读这种个人行为进行干预的过程，是社会化专业行为。全民阅读推广人才培养就是帮助他们自身提高服务意识和阅读素养，提高活动策划能力和现场掌控能力，实现推广活动质量的提升，最终引领全民共同阅读，走向正确的文化发展方向。

正如学者范并思所说，"全民阅读是一项造福民族的美好事业，阅读推广人是这项事业中最可爱的园丁。"全民阅读推广人才培养就是希望人人都成为园丁，人人都不需要园丁，最终我们期待阅读真正成为每个人生活的常态，无须推广，这就是全民阅读推广人才培养的最终目标。

第二节　全民阅读推广人才的基本素养和能力解析

一、全民阅读推广人才的基本素养

新时代背景下，作为全民阅读推广工作的主体，要想切实推进全民阅读向好向纵深发展，全民阅读推广人这一人才队伍既需要具备应知应会的基本素养，又需要在实践中摸爬滚打不断提升自身的专业素养，二者缺一不可。北京师范大学教育经济学博士、阅读推广人李静认为，"阅读的推广本质上就是人的推广，只有人被接纳了，阅读推广才会被人接受。阅读推广人的综合素养已成为制约阅读推广职业发展的最大因素。"

从"阅读推广人"到"全民阅读推广人"再到"全民阅读推广人才"，表面上看只有"全民""人才"二字之差，实则对阅读推广人的素养要求在逐级提高。"素养"一词在《现代汉语词典》（商务印书馆，2016年第7版）中是这样解释的："素养"就是"平日的修养"；"素"即"本来的"；"养"即"培养，修养"。由此可见，"素""养"代表了能力获得的两种不同方式，即先天具有的和后天培养。阅读推广人在进行全民阅读推广实践过程中，所体现出来的思想观念、知识、能力、道德修养、教育信念、情感及人格特征等，也涵盖了这两种素养。基于此，课题组认为专业人才是提升阅读推广水平的保障,并在大量文献研究的基础上提出全民阅读推广人应具备以下基本素养和专业素养。

（一）正确的价值观和基本的道德修养

党的十九大报告指出,要"发挥社会主义核心价值观对国民教育、精神文明创建、精神文化产品创作生产传播的引领作用,把社会主义核心价值观融入社会发展各方面,转化为人们的情感认同和行为习惯"。全民阅读正是实现十九大目标的有效途径。正如儿童文学家曹文轩所说,"阅读使我们变得富有和强大,阅读能影响一个人素质中最基本、最核心的部分——价值观、审美观、道德观和人生观。"这就要求全民阅读推广人首先必须具备正确的价值观和基本的道德修养,具备传递正确的阅读价值观,帮助读者形成良好的审美观、高尚的道德观、正确的人生观,以及热爱生命的生活观的能力。进而推动全社会养成自觉阅读的良好风气,还要能够在各类阅读推广活动中,传播中华优秀文化,努力践行社会主义核心价值观,让读者的心得到正确价值观的引导。

（二）阅读能力和文学素养

阅读能力包括认读能力、理解能力、鉴赏能力、评价能力、活用能力和阅读技巧。阅读能力是全民阅读推广人首先要具备的基本素养,也是阅读推广人专业能力构成的根基。传递阅读文化和引导读者阅读是新时代下全民阅读推广人承担的两大社会责任。全民阅读推广人在培养读者阅读习惯、激发阅读兴趣、提升阅读水平、促进全民阅读所开展的有关活动和工作时,最基本的工作就是给读者讲一本书,要给读者讲出这本书好在哪里,这就考验阅读推广人的文学素养了,如果阅读推广人自己都不阅读不思考,不保持一定的阅读量,不具备基本的文学素养,就会丧失说服力,无法开展全民阅读推广工作。这就要求阅读推广人能在短时间内了解并熟悉更多读物的内容,能对不同题材的作品进行评价鉴赏,分享自己对文学的认知与分析,还能告诉读者不同类别的读物的阅读方法。针对不同阅读群体推荐给他们优质的书目信息。

（三）沟通表达能力

我们每天都在沟通和表达。沟通表达能力是一个人在人际交往中需要具备的基本能力。同样,具备良好的沟通表达能力,能拉近与读者的距离并能准确把握他们的需求，也是全民阅读推广人有效开展推广工作的基础。阅读推广人思维是否清晰，能否有效收集信息，并对信息作出合理的分析和判断，关系到阅读推广工作的效率；阅读推广人能否准确表达出自己的思维过程和结果甚至情感，不管是通过口头语言、身体语言还是通过图解方式，都能极大地促进全民阅读推广工作的高质量展开。

（四）组织策划能力

组织策划能力是推广人专业能力构成的重要一环。简单来说就是全民阅读推广人根据既定目标合理安排人、财、物达到最佳效果的能力，这是一场最基本的阅读推广活动举办能否成功的关键。这就要求全民阅读推广人要针对阅读勤于思考，善于调研，精于整合并具有预见性和创新性。组织策划能力的提升离不开创新思维，要勇于开拓思路，打开脑洞，愿意尝试新想法。与此同时组织协调、合作协同和营销推广都属于全民阅读推广人应知应会的基本素养。

（五）信息检索能力

阅读就是从信息符号中获取意义的一种复杂的智力活动。阅读推广人要能够利用多种媒介及时掌握行业信息和阅读素材，与读者、内容提供商、第三方信息服务商保持稳定而通畅的信息沟通，以备不时之需。在信息获取过程中，利用思维导图来图解知识，也是在面对海量信息时，全民阅读推广人应对"90后"乃至"00后"读者的全新需求需要同步更新的必备技能。

（六）激发他人成长能力

阅读推广人还应具备较强的教育学、心理学知识：要懂教育的本质和阅读的意义。熟悉文本，精心设计课程，做阅读的引领者。借助心理学上的共情技能，辅之以有感染力的语言，充分感受读者的情绪，清楚他的需求，从而利用阅读的价值激发他人成长。

二、全民阅读推广人才能力解析

基于服务对象在阅读需求上的多元化，课题组认为，对阅读推广人进行分层培养，并对各类全民阅读推广人的专业素养进行能力解析，是提高全民阅读推广人专业能力的重要抓手。例如，青年学生侧重于获得个性化推介内容的阅读信息，儿童推广则侧重于通过有效的互动增加吸引力并激发儿童的想象力。能够提供专业化的阅读定向服务，从而充分满足他们的个性化阅读需求，需要针对不同群体和不同介质的全民阅读推广人进行具体能力的解析。

（一）儿童阅读推广人能力解析

我国的阅读推广人最早产生于儿童阅读领域。"儿童阅读推广人"的出现预示着"阅读推广人"时代来临，那么在"全民阅读推广人"时代，作为开始最早、发展最成熟也是目前数量最庞大的一类阅读推广群体，"儿童阅读推广人"在全民阅读推广服务体系构建中，势必会发挥更大的作用。作为儿童阅读推广活动最核心、最关键的因素，儿童阅读推广人要懂孩子、懂教育、懂家长、懂文学，又要有热情，有情怀，品行好，热心公益，有使命感和责任感。儿童早期阅读的价值越来越为公众所认同，儿童阅读推广人首先要有高尚的职业道德规范，对儿童充满爱心，对儿童早期阅读推广工作充满激情，还要有爱心。其次要具备娴熟的业务能力。对儿童要有敏锐的观察力，要有清楚，流畅，生动，富有感染力的语言表达能力；要有管理儿童群体的组织能力；有不断提高完善自己的能力，有协调各方关系的能力。

（二）中小学教师阅读推广人能力解析

以中小学教师为主要群体的阅读推广人要懂教育学、心理学，具有人文素养，掌握基本的阅读与方法、活动策划与推广，知道如何开展阅读，让学生读有所得。如果阅读推广人能具备主动探索能力的培养方法，则大大利于青少年的未来发展。

（三）大学阅读推广人能力解析

以大学生群体为推广对象的校园阅读推广人要热爱阅读，有一定的阅读积累和素养，知识体系尽可能完备；有强烈的分享欲望，懂读者、善沟通，具有较强的亲和力和号召力，能够激发或调动他人的阅读兴趣；有一定的活动组织与策划能力。这对于大学生价值体系的塑造、国际化视野的养成非常有意义。

（四）农村阅读推广人能力解析

农村阅读推广人最好是农家书屋管理员，有志向、有能力、重感情，熟悉农家书屋书目和图书内容；懂图书分类，力求简洁实用，便于村民借阅，选书有针对性，定期对书架进行维护；能对农民日常阅读需求信息进行收集和整理，针对需求，组织开展读书辅导巡讲活动，指导农民日常生产和生活，提高他们的读书兴趣和参与读书活动的热情。同时新时代的农村阅读推广人还要善于"穿针引线"。阅读作为广大农民的一种民生渴求，要让阅读成为一种向上的奋斗力量。农村的"阅读推广人"除了推广阅读，更要为农民两个文明建设凝聚起乡村振兴中的力量，通过构建的一个个阅读型团体，多渠道、多形式、多载体向更多农民传播阅读理念、开展阅读拓展视野的引领，让阅读活动成为农村奔向小康的一种路径。

（五）数字阅读推广人能力解析

随着网络科技的发展，通过电视、网络等视频方式的荐书人大量出现。近年来利用手机终端进行阅读成为数字阅读的主要方式。尤其是听书，因其便捷性，能满足随时随地阅读的需求，尤其受到读者的追捧。数字阅读包括阅读对象的数字化和阅读方式的数字化。课题组认为，数字阅读推广人需要具备借助融媒体时代的新技术手段，扩大优质内容影响力的能力。随着数字阅读在全面阅读推广服务体系构建过程中服务理念的提升，全民阅读推广人的角色发生了显著变化。如今用户的需求更趋于多元化，不管是科技查新、馆际互借，还是信息导航等，都需要数字阅读推广人对自身进行重新定位。尤其是在数字化服务的推动下，不仅要求全民阅读推广人具备资源整合处理的能力，也对他们在主动接触读者，及时为读者推荐、筛选和传递信息上提出了挑战。

（六）特殊群体阅读推广人能力解析

阅读对人类尊严的演化起着根本性的作用，关系着人的灵魂塑造与人格的养成。帮助特殊群体更有尊严地阅读，是面向特殊群体的阅读推广人才的服务目的。为达到这一目的，我们认为面向残障人士、居家老人、自闭症儿童、医院病人等特殊人群的阅读推广人首当其冲要有爱心和同理心，懂心理学，具备一些基本的服务技能。与此同时，还要具备正确使用无障碍设施的能力如利用数字资源服务特殊人群的能力。比如帮助盲人获得公共阅读服务机构的到馆服务和上门送书服务等。而针对银发一族，阅读推广人要有耐心，有爱心和同理心；服务意识和阅读素养，提高活动策划能力和现场掌控能力。如果可能，最好能掌握老年人心理咨询与疏导服务技能，帮助老年人克服孤独感、失落感，有利于提高老年人的精神文化生活质量。

表 4-1 不同群体的全民阅读推广人应具备的能力解析和可提升空间

不同人群	基本能力解析	可提升的空间
儿童阅读推广人	懂孩子、懂教育、懂家长、懂文学； 有热情，有情怀，品行好； 热心公益，有使命感和责任感； 有意愿、有态度、有不断学习的意识。	系统的儿童心理学知识； 跨文化素养。
中小学教师阅读推广人	具备教育学、心理学知识； 具有一定的人文素养和基本的学习方法； 能够策划开展常规的阅读活动； 知道如何开展阅读，让学生读有所得。	主动探索能力； 跨文化素养。
大学阅读推广人	喜欢阅读，具备良好的阅读能力；知识结构均衡； 具备较强的语言文字能力、逻辑思维能力、分析提炼能力； 思维灵活，易于接受新事物，善于运用新媒体拓展阅读体验； 具有较强的亲和力和号召力，能够激发他人的阅读兴趣甚至成长动力。	完整价值体系； 国际化视野； 跨文化素养。
农村阅读推广人	有一定威望、知识储备； 熟悉图书分类（农家书屋管理员熟悉农家书屋书目和图书内容）； 能对农民日常阅读需求信息进行收集和整理，针对需求，组织开展读书需求对接服务。	灵活运用乡熟文化； 善于沟通、把握心理。
数字阅读推广人	具备借力新技术手段的传播能力； 信息素养。	现代化人工智能、大数据的运用能力；媒介素养。
面对特殊群体的阅读推广人	有服务意识、耐心；有爱心和同理心 懂心理学； 活动策划能力和现场掌控能力。	针对特殊群体的专业知识提升； 心理咨询与疏导。

第三节 全民阅读推广人才创造性思维和能力空间提升研究

新时代背景下对全民阅读推广服务体系提出了更高的要求。全民阅读推广不仅要有坚守，更要有突破和创新。全民阅读推广服务体系创新的核心是具有创造性思维和能力的全民阅读推广人才，全民阅读推广人创造性思维和能力的提升，光靠知识积累是远远不够的，更需要教育，而这种教育又必须超越知识和技能。

全民阅读推广人的创造性思维和能力，即阅读推广人在开展全民阅读推广工作中基于现实需要创造性地思考问题和解决问题。提升全民阅读推广人创造性思维和能力与深化全民阅读推广工作之间是相互促进的关系，二者的协调并进，能为全民阅读推广服务体系高质量发展注入不竭动力。课题组在实地调研后认为，在前文所述的基本素养和专业素养之外，全民阅读推广人还需要具备跨文化素养、乡土认同意识和媒介素养等。

一、全民阅读推广人才创造性思维和能力提升研究之一：跨文化素养

2018年，经济合作与发展组织的国际学生评估项目（PISA）增加了对全球胜任力的素养测试。在日益国际化的大环境下，对于全民阅读推广人来说，亟需提升跨文化素养，全球意识、外语能力都可纳入其中。

课题组在调研中访谈了深圳市翠北实验小学阅读部指导老师佟画，她作为儿童阅读推广人将跨文化素养融入阅读推广美学实践为例，在甘肃支教时，发现那里的孩子们普遍缺乏自信心，黄土高坡阻挡了他们对外面世界的憧憬。于是她突发奇想，带着孩子们去观察他们每天一睁眼就能看到的黄沙的颜色，告诉他们其实这是一种特别美的中国色，深浅不一的驼色也是国际时尚大牌偏爱的高级配色。她还引导孩子裁剪不同图案的镂空白纸，对着满眼黄土坡，借用室外光线和大自然的色彩去创作属于自己的艺术品。这与法国人利用身边的东西对孩子进行艺术启蒙的方法有异曲同工之妙。

教育学家约翰·杜威（John Dewey）说过"教育即生活"，作为优秀的儿童阅读推广人，佟画能适时抓住教育契机因势利导，让贫困山区的孩子接受艺术的熏陶，这与她留法五年的国际化教育背景是分不开的。佟画毕业于巴黎高等商学院（HEC Paris）艺术管理专业，对西方教育中的美学和哲学有切身感受和独到见解。众所周知，法国在艺术教育特别是对孩子的艺术启蒙上一直走在世界前列。这也为佟画将跨文化素养融入儿童阅读推广实践奠定了坚实的基础，强调深度阅读，在与孩子共读一本书的过程中激发孩子主动探索的好奇心、对美的追求和对生活的热爱。这对于全民阅读推广人探索如何在阅读推广世界经验本土化的进程中更加科学、坚定地凸显中国特色，很有借鉴意义。

二、全民阅读推广人才创造性思维和能力提升研究之二：乡土认同意识

乡土认同来源于本土认同，最初用于国与国之间，课题组对于这一理论进行创造性地思考，将这一概念应用到本领域，认为全民阅读推广人应该在乡土认同意识上有所提升，典型案例就是《窗边的小豆豆》的主人翁，以作者童年经历为人物原型，通过校长不断鼓励的心理暗示作用，让孩子从小在成长过程中更加强大自信。乡土认同是对乡村文化、地域的认同，包括地域、精神归属等。相比之下，乡土认同意识在农村阅读推广人身上的提升空间更大。

课题组在青岛市李沧区虎山路街道春和景明社区"悦读书房"调研时见到的创始人林风谦充分利用农村的乡塾文化，发挥意见领袖的作用，成功打通农村阅读推广最后一公里，生动地诠释了农村阅读推广人身上应具备的乡土认同意识。2017年，林风谦负责的公益组织快乐沙建立、运营的李沧区社区阅读空间达8家。他坚持认为农村阅读并不是个死结，所以当青岛市代管的县级市平度市文广新局委托快乐沙面向乡村居民开展阅读推广工作时，快乐沙推出"行走的书箱"创意项目，以平度市旧店镇为试点，依托学校和农村基层组织推广阅读。

"行走的书箱"由设计制作简便、实用的手提式箱子完成。书箱分为红、黄、蓝三种颜色。每个书箱里面配备10册由专家、知名教授推荐的图书，同时配有《借阅登记本》《书箱使用注意事项》等辅助材料。这是林风谦根据农村实际情况创造性提出的解决方案，"行走的书箱"打破集中建设农家书屋的模式，利用书箱将图书资源化整为零，最广泛、最深刻的"行走"，覆盖农村和学校。利用乡塾文化，让村民普遍认可的有威望的家族或村里考出去的大学生来管理书箱，配合开展相关主题阅读活动，通过培养阅读意识、养成阅读习惯、提供阅读条件三个方面的提升，大力推动全民阅读在农村的开展，达到扶智扶贫的效果。

三、全民阅读推广人才创造性思维和能力提升研究之三：媒介素养

媒介素养和意见领袖原本是传播学理论。意见领袖这个词最早是由传播学者拉扎斯菲尔德在20世纪40年代提出的。他们在1940年美国总统大选

期间调查研究发现，选民的家庭、亲戚、朋友等因素对选民投票意向的综合作用远比大众传媒的作用大。课题组在实地调研的基础上认为信息时代全民阅读推广人应该合理借鉴、提升自我。新时代新导向，基于全媒体的经典读物，全民阅读推广人想在阅读推广中引起较大反响，需要筛选出意见领袖并具备一定的媒介素养。

重视全民阅读推广人群体中意见领袖的重要性，筛选出意见领袖，加强提升意见领袖的媒介素养。这就类似于课题组走访过的北京第二书房社群传播中，每个群里管理漂流书包的群主；也类似于调研过的快乐沙行走的书箱，管理书箱的村上有威望的那个人。意见领袖常常是追随者心目中价值的化身。在自媒体时代人们管他叫 KOL。

在课题组看来，文萃堂读书汇组委会黄峥主任就属于颇具媒介素养的专家型"意见领袖"和"阅读推广人"。黄峥研究员是原中共中央文献研究室第二编研部副主任、刘少奇思想生平研究专家，享受国务院颁发的政府特殊津贴。他利用"阅读带头人"的影响整合媒体资源较好地促进了红色经典阅读推广。文萃堂读书汇在他的推动下以品读红色经典，发扬红色传统为己任，以实际行动响应习近平总书记"爱读书，读好书，善读书"的号召，践行"开展全民阅读活动"国家发展战略，成为广大作者读者交流经验的园地，丰富知识的课堂。文萃堂读书汇凝聚了一批开国领袖和开国元勋后代举办过多场关于红色书籍的读书活动。与此同时一个集线下的签售会、读书会、读者交流会、影视改编和线上的电视节目、电台节目和网络直播于一体的全媒体红色经典阅读推广系统正在形成，成为在新时代传承红色基因的有生力量。

综上，以上三位阅读推广人虽然来自不同地区，但他们利用自身优势，针对不同人群，在阅读推广活动中运用创造性思维，勇于探索新思路、新方法和新举措，案例典型，成绩感人，值得研究。这与课题组在实地调研中发现的一个明显趋势也是不谋而合的，经济越发达的地区，全民阅读推广人的创新意识越强；大城市的阅读推广人创新意识普遍强于中小城市和农村地区，应引起关注。

第五章　全民阅读推广人才培养机制优化建议

第一节　强化全民阅读推广人才培养的协调和保障机制

全民阅读推广是一个具有持续性和广泛性特征的系统工程，需要各级政府大力支持，需要全社会广泛参与和协同配合，需要通过有效整合和合理利用各种社会资源促进其发展。为了促进全民阅读、保障公民的基本阅读权利，课题组经研究认为，应从建立健全各省市全民阅读制度、中长期发展规划和执行方案（通知）入手，全面强化全民阅读推广人才培养的协调和保障机制。

一、提升全民阅读至国家战略高度，加强制度保障

各级政府及其相关行政与行业管理机构，为全民阅读推广活动保驾护航，提供协调和保障服务。

在制度保障方面，国家层面已出台《全民阅读"十三五"时期发展规划》《全民阅读促进条例（草案）》，将全民阅读提升至国家战略的高度，主要起规划、引导、协调和提供保障服务的作用。《中华人民共和国国民经济和社会发展第十三个五年规划纲要》将全民阅读提升至国家战略高度，列为"十三五"时期重大文化工程。《全民阅读"十三五"时期发展规划》宗旨在于推动全民阅读工作的常态化和规范化、共建书香社会，这也是我国制定的首个国家级全民阅读规划。《全民阅读促进条例（草案）》的制定以法律法规的形式明确表示，阅读是一个人最基本的文化权利，警示不读书行为是对权利维护的失责。同时，条例规制为阅读提供切实的物质保障和机制支持，可以最大限度地保障阅读推广的持续与顺利进行。

二、加强地方立法执行力度，深化全民阅读人才培养保障机制

地方各级人民政府纷纷立法，以强化和落实全民阅读推广人才培养的协调和保障机制，保障全体公民参加全民阅读活动的权利。尤其是，作为全民阅读立法先行者的江苏省和湖北省，于2014年底分别通过了促进全民阅读的决定和条例，以立法推动阅读，为全国其他省市做出了示范、树立了标杆。

课题组经调研发现，各省全民阅读立法情况不均衡：已通过立法（或决

定）的省份包括吉林省等 15 个省份；尚有部分行政省份未立法，例如云南省、河北省等 17 个省份；有的省份虽省级层面尚未立法，但其下属地市已发布条例，在立法方面走在了前面，比如山东省和烟台市、浙江省和宁波市、广东省和深圳市；有的省份虽未立法，但制定了中长期发展规划，例如四川省、安徽省等省份；有的省市仅制定了具体实施方案通知，比如北京市、青岛市等等。

鉴于此，各级人民政府应当尽快完善地方立法，通过立法、制度设计、中长期发展规划、实施方案通知、政策颁布等措施，明确将促进全民阅读纳入国民经济和社会发展规划，将促进全民阅读纳入精神文明建设指标体系，作为社会主义精神文明建设和现代公共文化服务体系建设的内容，保障全民阅读与全民阅读推广活动[①]。通过完善立法，各地方可根据实际需要，依法发挥各自作用。

三、加强全民阅读推广人才培养的经费保障

鉴于推动全民阅读工作的公益性和社会价值，必须要由政府主导推动，并以公共建设资金、财政专项经费、阅读专项基金等多种来源和形式，在阅读公共文化设施建设和改善、各类阅读推广项目的立项和推动等方面提供经费保障和支持。[②]

（一）依法建立全民阅读专项基金

各级人民政府应将全民阅读列为民生工程项目，将全民阅读工作经费纳入年度财政预算，由政府财政出资建立阅读基金，用于保障全民阅读重点工程的建设、全民阅读规划的实施、城乡居民阅读环境的大幅改善，确保全民阅读工作和各类阅读活动的开展举行。

全国政协委员朱永新教授呼吁设立国家阅读专项基金和民间阅读基金，用于全民阅读推广活动和国民阅读扶持项目。他建议可从国家财政和民间资金两方面着手，每年由国家财政提供 1 亿—2 亿元，再吸收民间资金 2 亿—3 亿元，让有识之士为阅读尽自己的心力，推动全民阅读纵深拓展；阅读基金

---

① 王军，陈丽芳.略论阅读推广主体方阵模型构建[J].中国出版，2016，(8)：28-31.
② 王军，陈丽芳.略论阅读推广主体方阵模型构建[J].中国出版，2016，(8)：28-31.

要向贫穷落后的乡村地区倾斜。①

（二）由财政经费扶持全民阅读人才培养的使用经费

在图书馆、农家书屋等场所开展的全民阅读活动均是非盈利公益性质的推广，因此，鼓励更多的省市执行全部活动经费由政府财政支出支付。我们应大力发挥市场经济的杠杆作用，努力开拓向社会购买阅读推广的专业性服务，引导、促使或成立一些与阅读推广相关的文化传播公司、培训机构、部分从事阅读推广服务的市场主体。举例来说，在实施全民阅读培训、购买培训教材等方面，可以适当引入市场力量，充分利用市场的资源配置功能，进行采购政府招标，费用同样由政府财政统一支付，既令阅读推广活动符合国情、全民阅读的实际情况，同时也通过引入适度竞争以优化各项资金和资源的使用，从而达到更好的效果。

例如，源于英国的一项社会关怀儿童阅读的全面运动——"阅读起跑线"计划（Bookstart），是全世界第一个面向学龄前儿童的免费赠书运动，1992年于英国伯明翰正式发起，逐渐成为遍布全国的婴幼儿阅读推广运动，一度囊括了八成以上的新生儿。英国政府在2004年增加预算赞助，计划在3年内制定2700万英镑预算，面向全英境内4岁以下的幼儿发放450万份免费图书礼袋、900万本免费图画书。时任英国财政大臣的前任首相戈登·布朗强调，"阅读起跑线"不仅是对每个孩子的投资，更是对整个国家未来的投资。

再如，以政府经费扶持的北京市"第一书包"和苏州市"母婴书包"为例。北京市"第一书包"是全民阅读促进工作的公益性基础项目，是由北京市妇联联合第二书房开展的针对0—3岁孩子的阅读启蒙教育，帮助父母抓住孩子的阅读敏感期，培养阅读习惯，最终形成阅读能力，倡导亲子共读理念，提高婴幼儿的阅读素养和监护人的指导能力。苏州市"母婴书包"是在医院的产检阶段送给妈妈母婴书包，赠送母婴护理的相关图书的公益项目。用于阅读推广人培养的书包可参照上述先试先行的做法借鉴执行。

另外，在这里需要强调指出的是，在《烟台全民阅读促进条例》（2019年4月1日开始执行）第二十五条中明确规定，市、县（市、区）人民政府

---

① 王波.中外图书馆阅读推广活动研究[M].北京：海洋出版社，2017:341.

应当为全民阅读推广人、志愿服务组织和个人提供免费的全民阅读培训服务。课题组建议大部分城市的条例立法，能够参照烟台模式执行。

第二节 分层优化全民阅读推广人才的建设机制

影响和决定全民阅读开展效果的因素很多、很复杂。阅读推广的受众人群和推广效果与阅读推广人的数量和素质息息相关，全民阅读推广人的数量越多、素质越高，则阅读推广的范围越广、效果越好。

阅读推广人的专业素质和能力是阅读推广活动长期有效开展的根本作用因素，也是决定阅读推广人才队伍发展的最大因素。因此建议开展儿童阅读推广人、中小学教师阅读推广人、大学阅读推广人、农家书屋阅读推广人、特殊群体阅读推广人和数字资源阅读推广人等的分层培养。

阅读推广人的专业素质和能力是阅读推广活动成败的关键要素之一。因此，建议从以下几个方面开展分层培训。

一、普及儿童阅读推广人的同时强化其专业能力培养

阅读推广人最早是从儿童阅读领域发展起来的，因此儿童阅读推广人队伍与其他阅读推广人队伍相比，是最强大的一支。人员队伍主要来自故事爸妈、绘本馆领读人员、少儿图书馆推广人员、幼师等，为进一步拓展人才数量，建议将师范类专业学生培养纳入儿童阅读推广人培养计划。儿童阅读推广人需强化以下三个方面的专业能力。

（一）深化儿童阅读理论研究

朱自强教授指出，目前阅读学理论处于薄弱环节，特别是儿童阅读理论研究，从阅读的实践和经验中才能进行理论的提升，然后发现、建构出一个理论体系，这一块做不好，儿童阅读推广会经常进入盲目状态，经常走入误区。

（二）规范儿童阅读推广培训课程体系

在幼儿师范类学校增设儿童文学鉴赏和儿童心理学等课程。在教育专业的学科教学之外，还应开展专业性阅读训练，包括优秀儿童作品鉴赏、著名儿童阅读推广人思想研究、儿童阅读推广案例研究、经典电视节目赏析等系

列课程，重点培养选择、鉴别、赏析文学作品的能力。① 朱自强教授指出，儿童文学性读物更受欢迎，因此特别强调面向儿童的推荐书目的文学性。儿童文学理论知识在阅读推广人中的普及，变成阅读推广人本身的一个能力、一个常识，那么阅读推广和品质会有一个本质和快速的提升。很多阅读推广人没有儿童文学比较系统的知识，但这些前端的知识特别重要，阅读推广人做着做着就会发现回到一些知识的原点上。

（三）重点开展面向儿童分级阅读推广

分级阅读模式是以儿童智力和心理发育特征为基础，通过为不同年龄阶段的儿童量身定制阅读计划而开展的阅读推广模式。实施分级阅读推广，可以最大限度地满足儿童个性化阅读需求，正确认知儿童身心发育程度。② 课题组在青岛调研中，多位专家建议涉及儿童阅读推广，应分级开展。具体可参照朱自强教授2015年所著的《小学语文儿童文学教学法》提出的分级阅读的五个原则。

二、增强中小学教师阅读推广人培养

鉴于教师的阅读素养直接会影响学生的阅读素养，故建议将中小学教师纳入阅读推广人队伍，充分发挥以中小学教师为主的阅读推广人在中小学生阅读中的带头学习和表率示范作用，使之成为中小学生阅读的领路人、点灯人、敲门人，指导学生培养阅读兴趣、养成阅读习惯、提升阅读能力。③ 因此，首先应加强中小学教师文学素养和阅读素养，深入研究设置教师文化阅读课程，精心策划提高教师素养的项目和活动，努力营造教师阅读文化圈。④ 北京于2017成立了中小学阅读联盟，设立青少年阅读中心研究中心，2018—2019年分别组织了面向中小学教师的培训，有针对性地培训教师学习如何开展阅读，尤其是重点推荐书目的阅读，让学生读得快乐、读有所得。其次应

---

① 徐变云.学前教育专业儿童阅读推广人培养方式研究[J].四川图书馆学报，2019，（1）：61-64.
② 徐正英.面向学龄前儿童的公共图书馆阅读推广研究[J].河南图书馆学报，2019，39（7）：7-9.
③ 张晓梅.中小学教师成为阅读推广人的问题、路径与建议[J].长春师范大学学报，2018，37（10）：177-180.
④ 左小文.台湾中小学阅读推广活动及启示[J].福建基础教育研究，2016，（12）：13-14.

在小学教师进修教育中，加强对阅读推广的课程开设和培育。吸纳中小学教师成为阅读推广人的研究较为欠缺，从教师进修院校角度培育中小学教师成为阅读推广人，是填补这一空白的重要着力点。

三、创新大学阅读推广人培养

课题组经过调研，认为大学阅读推广人是重点发展大学图书馆馆员、大学教师以及在校大学生三类群体成为阅读推广人。在创新培养大学阅读推广人方面，首先，建议高校成立专门的阅读推广部或阅读推广中心。由校领导牵头，在宣传部中下设专门的阅读推广部，在各学院内设分部，实现垂直化管理。阅读推广部设置专人负责制定阅读推广计划，结合实际情况开展阅读活动。有条件的高校可由校领导直接兼任阅读推广部负责人，从资金、人力等各方面切实保障阅读推广人的培育。[①] 其次，将阅读理论和实践课程纳入大学选修课程体系，将大学生参与阅读推广的实践活动纳入学分制管理。再次，建议高校成立读书社团，定期开展阅读分享活动，营造校园阅读氛围。最后，建议高校图书馆努力吸纳高校师生作为大学阅读推广人，从而加强大学生阅读推广、有效缓解阅读推广人力资源不足的现状[②]。例如，陕西科技大学图书馆抽选往年读书月活动中的骨干成员成立阅读推广中心，制定相关培育方案，积极展开一系列阅读推广培育行动，取得了一定的成效。[③]

四、建立三级阅读推广人制度

课题组建议对县级以下阅读推广人建立三级推广人制度。《全民阅读促进条例》中专门对县级阅读推广工作提出具体要求。专家聂震宁建议，县级阅读推广人应结合文化程度和推广能力，设立三级推广人制度：第三级是农家书屋阅读推广人，第二级是县级以下图书馆和校园图书馆推广人，第一级是县级、针对机关干部和广大市民的阅读推广人。由各县根据自身情况分步骤、分阶段落实三级制度。

---

① 杨佳鸣.浅析高校图书馆培育大学生志愿者阅读推广人的策略[J].科技资讯，2018（34）：208-209.
② 寻海燕.高校图书馆培育大学生志愿者阅读推广人的思考[J].传播力研究，2018（7）：256.
③ 张敏，郑勇.高校阅读推广人培育研究与实践——以陕西科技大学阅读推广中心为例[J].山东图书馆学刊，2017（4）：112-116.

以第三级农家书屋阅读推广人为例，课题组在青岛调研中，发现"乡贤书屋""行走的书箱""乡村领读人"通过农村乡塾文化的特点进行阅读推广，具有较好效果，其模式值得推广。目前，加强全国64万余个农家书屋的全民阅读推广效果，培养农家书屋管理员纳入阅读推广人才队伍中来，把阅读推广工作明确出来，到底该怎么做，由谁来做，做到怎么样程度，都需要仔细研究。例如北京的益民书屋、威海的农家书屋，其经验值得各地农家书屋借鉴参考。

五、着力推动数字阅读推广人培养

（一）建立各级图书馆数字资源阅读推广队伍

目前有关文献调查显示，我国省级公共图书馆均有进行数字阅读资源建设，通过网络平台、微信平台、微博平台和客户端（移动App）开展数字阅读推广服务工作。省级以下图书馆数字阅读资源建设还不均衡、尚待完善。建议省级图书馆为提升数字阅读推广服务水平，开展针对图书馆馆员的相关培训活动。2019年3月云南省图书馆举办了针对图书馆馆长的"公共数字文化工程馆长培训班"；2018年广东省立中山图书馆于世界读书日期间开展了"外文数据库检索和利用"培训活动。①

（二）建立高校图书馆数字资源阅读推广队伍

鉴于传统阅读和数字相辅相成、共同促进，因此图书推广相应地应在传统阅读和数字阅读上齐头并进，才能为全面阅读打下良好的发展基础、创造更好的阅读前景。高校大学生是各类传统资源和数字资源最重要的使用主体，在传统阅读推广和数字阅读推广方面具有信息传播的便利和优势，因此应重点培养高校大学生作为高校图书馆数字资源阅读推广的生力军。

（三）建立新兴掌上数字图书馆的阅读推广队伍

近年来高新技术迅速发展，这些技术发展的产物已经成为今天改变人们生活方式的最重要因素之一，其中就包括利用手机等智能终端进行阅读的方式。包括手机在内的各种智能终端已成为电子阅读的新宠，它们使得阅读成为随时随地的便捷阅读；相应的，新兴的掌上数字图书馆随之越来越受关注，

---

① 李晓旭，严贝妮.中国省级公共图书馆数字阅读推广服务调查与启示[J].农业图书情报，2019，31（9）：21-28.

掌上数字图书馆服务成为未来阅读新的增长点，因此应及时建立掌上数字图书馆的阅读推广队伍。

六、面向特殊群体阅读推广人才培养

（一）建议在基层图书馆开展针对特殊群体阅读推广人的培养

"让世界上每一个角落的每一个人都能读到书"是世界读书日的主题。包括老年人、残疾人及流动人口等群体在内的特殊群体是公共图书馆的服务对象。基层的公共图书馆有条件为特殊人群提供直接、便捷的阅读服务，可以开展针对这些特殊群体的阅读推广活动，可以开展面向特殊群体阅读推广人的培训，可以为他们提供定点、定时、准确、个性化的服务。[①]

（二）加强相关专业知识的培训学习

面向特殊群体的阅读推广人的培训，尽管尚处于起步阶段，但其对阅读推广人要求极高，因此，阅读推广人除了需掌握阅读推广知识外，还需要学习许多相关的专业知识。

（三）加强引导阅读推广人对特殊阅读资源提供服务

面向包括盲人、青少年和老人等特殊人群的数字阅读推广，有其特殊性和专业性，需要阅读推广人做好数字资源的引导服务和推广工作。例如，为盲人提供服务，做好到馆服务、资料推荐和上门送书服务[②]；引导青少年学会使用各种智能终端查询获取大量经典阅读的数字资源；利用数字视听资源为老人提供方便快捷的阅读方式，实现随时随地随心的阅读。2013年开展的"全国少年儿童数字阅读推广月"推广具有很好的示范作用，可参考借鉴。

第三节　调动、协调社会各层面拓展阅读推广人（志愿者）队伍

应努力调动社会各层面的资源和力量，以便于广泛建立阅读推广人队伍、建立阅读推广组织体系，组织协调、促进落实各项全民阅读推广活动，组建各级全民阅读志愿者服务团队。招募组建全民阅读推广志愿者队伍，可以有

[①] 谭婧.浅析基层公共图书馆针对特殊人群的阅读推广服务——以广州市基层公共图书馆为例[J].《文化产业》半月刊，2019，（1）：39-41.
[②] 陈宗雁.服务均等化视角下公共图书馆面向特殊群体的阅读资源优化配置研究[J].河南图书馆学刊，2019，39（6）：27-29.

效扩大阅读推广人数量，缓解目前阅读推广力量不足问题，提高全社会阅读推广活动的创新性、亲和力和吸引力，提高全民阅读的社会影响力，因此鼓励各地面向机关、群团组织、企业、图书馆、出版发行单位、基层阅读组织等招募全民阅读志愿者。①

一、扩大公共图书馆阅读推广志愿者队伍

（一）建议扩大公共图书馆阅读推广志愿者队伍

积极招募志愿者加入图书馆的文化服务，扩大公共图书馆尤其是校园图书馆的阅读推广志愿者队伍，可以明显地缓解公共图书馆人力资源不足的现状，同时通过志愿者队伍还能够补充优化图书馆员工的知识结构，提高图书馆使用率和阅读推广的受众面。②

（二）加强公共图书馆阅读推广志愿者队伍的管理和激励

首先，应尽快形成公共图书馆阅读推广志愿者队伍有效的管理机制，以实现阅读推广志愿者队伍的规范化管理；其次，应尽快制定公共图书馆阅读推广志愿者的服务条例，做到有章可循；再次，应尽快建立公共图书馆阅读推广志愿者招募和培训机制，以便对志愿者开展相关培训，提高志愿者的服务水平；第四，应根据公共图书馆阅读推广志愿者的特长进行分层次管理，以便切实有效地发挥志愿者的作用；第五，应对公共图书馆阅读推广志愿者实施一定的激励措施、给予一定的精神或物质奖励，以便真正地把志愿者发展成为阅读推广的使者。③

二、多层级委任阅读推广大使，发挥名人效应

阅读推广具有很强的公益性，建议通过公益号召、荣誉鼓励、阅读推广活动现场实地参观等正向反馈方式，使有意愿开展全民阅读推广的名人加深对阅读推广事业的理解，提高参与全民阅读推广的积极性。通过多层级委任阅读推广大使，发挥名人效应，推动全民阅读的发展。同时，应警惕名人效

---

① 唐雨桐.招募志愿者参与图书馆阅读推广活动的实践与思考——以厦门市图书馆为例[J].福建图书馆学刊,2019,3:8,24-26.
② 潘希荣.让志愿者成为阅读推广的使者[N].新华书目报，2017-07-21.
③ 潘希荣.让志愿者成为阅读推广的使者[N].新华书目报，2017-07-21.

应的负面性，避免名人的负面新闻给阅读推广带来不良影响。

（一）建议利用名人效应推动全民阅读

充分利用名人效应，通过其具有吸引力和号召力而产生的强大的社会影响，从而进行阅读推广。我国可借鉴英国读写素养信托组织"Premier League Reading Stars"项目，通过名人效应来激发大众的阅读热情。[①]结合我国国情，可以在例如各类名人、明星等知名度高的人群中选择恰当人选，以自愿为前提，委任其作为阅读推广大使，利用名人的知名度、吸引力、号召力和影响力，激发大众对阅读的兴趣度和关注度；通过激活激励机制，利用名人效应打造阅读品牌，尽可能地扩大和提升阅读宣传与推广的范围和效果。

（二）建议多阶层委任阅读推广大使

在阅读推广大使的选拔方面，建议将各界知名人士均纳入全民阅读推广队伍中，使之与专业的全民阅读推广人协同配合、相互合作，更好地发挥阅读推广效果。为推进阅读推广，很多图书馆聘请了阅读推广大使，这些阅读大使绝大多数都是文化名人，以作家、学者居多，颇具影响力的电视主持人也出任阅读推广大使，在阅读推广大使的遴选方面，除了选择文化名人之外，还可遵循偶像原则和统战原则，既要选择已经不遗余力地宣传阅读的人，还要选择应该支持阅读却不够积极的人做阅读推广大使[②]。北京阅读季自2014年起开始评选各阶层金牌阅读人，至今已有40位金牌阅读推广人。

（三）建议委任明星、文化综艺类主持人为阅读推广大使

建议委任文化综艺节目主持人、甚至流量明星等社会名人作为阅读推广大使，充分利用其知名度、吸引力、号召力和影响力来激发广大人民群众对阅读的兴趣度和关注度，推动全民阅读发展。例如，流量明星易烊千玺自发推荐阅读《活着》，其粉丝跟着明星一起读书，使得该书持续数月占据销售榜首，最终成为2018年度最畅销的虚构类图书；又如，央视文化综艺节目《朗读者》主持人董卿和参与嘉宾也是现实意义的"阅读推广人"，通过节目引导更多人参与阅读；再如，"绘本时光"全民阅读推广项目邀请陶昕然担任公益大使，通过荧屏让更多的人爱上阅读，感受阅读之美。

---

① 夏立新,李成龙,孙晶琼.论名人效应在阅读推广人机制中的应用价值——"Premier League Reading Stars"项目的启示 [J]. 图书情报工作, 2015, 59（22）: 141-147.
② 王波. 中外图书馆阅读推广活动研究 [M]. 北京: 海洋出版社, 2017: 357-360.

三、吸纳社会力量扩充阅读推广志愿者队伍

吸纳包括家庭、社区、村镇和社会教育机构等社会力量扩充阅读推广志愿者队伍。社会的潜力很大，读书公益组织把家长发展成为志愿者、义工，通过专家的培训，逐渐成为阅读推广志愿者。专家认为，要善待各种阅读需要，重点是要培养阅读习惯，形成终生阅读。课题组经调研发现，青岛李沧区的"快乐沙阅读"领读妈妈、故事爸爸，在社区书屋中充当阅读推广人角色，志愿成为领路人，靠情感维系和理念认同团结在一起，推广颇具效果，模式值得推广借鉴。

四、倡导地方领导人作为阅读推广人志愿者

倡导地方领导人作为阅读推广志愿者。地方领导人作为执政一方的政要，首先是地方政治、经济、文化政策的制定者和地方公共资源的调配者，他们对阅读推广的重视，可以给阅读推广以政策层面的支持，能够最大限度地利用公共资源，有利于阅读推广长效机制的构建。其次，地方领导人自身的思想理念和行为习惯能给广大公众以有效的导引，地方领导人对阅读的重视和倡导，能唤醒广大人民群众的阅读意识，激发其阅读潜能，通过打造良好的阅读环境和阅读氛围，真正推动全民阅读深入人心。

第四节　加强全民阅读推广人才的资源储备和供需精准对接

一、积极鼓励出版发行行业从业人员参与阅读推广，建议将这一志愿服务行为计入其所在单位社会效益评价加分项，实现供需精准对接

作为出版物策划、生产和营销主力军的出版发行企业，根据市场需求策划出版图书。从了解产品和目标读者的角度看，出版发行企业的编辑和发行人员针对目标读者进行阅读推广，效果事半功倍。这就是阅读推广服务供需双方精准对接的典型。例如，由人民出版社发起的读书会，通过开展策划主题活动、分享读书兴趣、发布新书等一系列阅读推广活动，通过邀请名家助阵全民阅读，构建全方位、多角度全民阅读新媒体平台，从而获得广大书友的一致好评。

专家聂震宁建议，出版发行企业建议先从中国大学出版社协会做起。因

为大学版协出版社的编辑跟大学密切相关，完全可以胜任全民阅读志愿者、校园阅读志愿者。出版发行企业的阅读推广人志愿者推广行为，应该可以纳入社会效益评价中，也就是加在公益性那方面。出版社可以利用多种新媒体平台实现阅读形式的多元化，出版单位的编辑和营销人员充当阅读推广志愿者的角色，通过微信公众号[①]、天猫旗舰店直播等多种手段，广泛进行图书宣传和阅读推广。

二、建立全民阅读推广人才信息资源库，提供精准服务

完善落实全民阅读推广人管理制度，建立全民阅读推广人长效管理机制，做好分级分类培训。结合本章第二节所述，做好全民阅读推广人的分级培训，并对人才资源做好人才资源储备。因为，对于不同的读者而言，所需要的全民阅读推广类型是不同的，因此全民阅读推广人才培训需要进行定期的有一定专业度的分级分类培训。

建立全民阅读推广志愿者人员信息资源库，及时准确地统计总结全民阅读推广人服务工作情况，建立全民阅读推广人评价激励机制，记录并每年反馈每位阅读推广人的服务时长、服务情况；每年对表现优异、服务良好的全民阅读推广人进行评星评级表彰，从而调动全民阅读推广人的积极性。[②]

三、做好全民阅读推广人与阅读实践基地需求的精准对接

《全民阅读促进条例》中要求县级以上地方人民政府新闻出版广电等行政部门应当建立阅读推广人信息库，为其提供相关知识和技能培训。各省出台的《条例》也做出了类似规定。

按照分级分类原则完成培训的全民阅读推广人可结合阅读需求针对相应的读者人群进行高质量、高效率的阅读推广。由于我国阅读推广现状存在明显的地域性差距和受众层面的差距，因此，课题组建议设计搭建相应的数据平台系统，一方面对作为阅读推广服务提供方的阅读推广人进行全面登记，

---

① 第五维强，刘平．全民阅读背景下大学出版社微信阅读推广分析——以20家百佳大学出版社为例[J]．出版广角，2019(16):65-67．
② 唐雨桐．招募志愿者参与图书馆阅读推广活动的实践与思考——以厦门市图书馆为例[J]．福建图书馆学刊，2019,3:8,24-26．

另一方面对阅读推广需求方的具体需求进行登记，通过数据平台系统进行合理的精准对接，最大限度地实现科学服务。

第五节　健全全民阅读推广人才专业教育和继续教育培养机制

在全民阅读推广过程中，只有高质量的全民阅读推广人才能保证阅读推广活动的质量，因此其培育工作至关重要，应尽快健全全民阅读推广人才专业教育和继续教育培养机制。

一、广泛开展全民阅读推广人才的专业教育

《全民阅读"十三五"时期发展规划》中鼓励和支持高校师生等人员加入阅读推广人队伍，鼓励和支持开展阅读研究，加强阅读学科建设。阅读推广是具有专业化特征的职业行为，发展阅读推广专业教育、提升学科建设和研究水平，对提高人才队伍数量和质量具有重大意义。发展阅读推广专业教育已具有广泛的社会需求和生源基础，已具备一定的硬性设施和师资力量。[①]

（一）建议高校增设阅读推广专业课程教育

发展阅读推广专业教育是促进高等教育内涵式发展的需要，虽然我国高校中目前尚未开设阅读推广专业，可以学习借鉴国外的现实实例和先进经验。例如，美国在20世纪初就在大学开设名著阅读课程；西班牙巴塞罗那自治大学教育学院联合巴塞罗那大学图书馆学与信息科学学院，共同开设了学校图书馆与阅读推广的硕士专业学位，截至2018年的文献显示，该阅读推广专业硕士专业经过多年发展已培育159名毕业生，积累了丰富的教育经验。[②] 结合国外教育经验，建议我国高校可以从以下三个方面发展阅读推广专业教育：

1. 设立阅读推广专业

首先，可以依托图书馆情报学、编辑出版学、新闻传播学等相关专业下设阅读推广专业方向。其次，对于师范类高校，建议设立阅读推广专业。

[①] 曹娟.论阅读推广专业教育培养方案[J].图书馆论坛，2018，（2）：66-70，118.
[②] 曹娟.阅读推广人才专业教育探讨——以西班牙两所大学合作办学为例[J].图书馆论坛，2018（3）：90-94.

2. 建立系统科学的课程体系

为了培育专业的阅读推广人才，应开发相对统一的培育课程方案，对该课程的教学对象、教学目标、教学内容、课程体系设计、教学评价以及教学管理等方面进行系统科学的设计。课程可分为必修课程和选修课程，其中必修课程主要包括教育学、阅读学、心理学、人文素养、阅读活动策划与推广、阅读与方法等，选修课程可以观摩学习各种阅读推广活动的实际案例及实践经验为主。建议将学生参与阅读推广活动实践计入学分，教学结束后，学生需参加理论知识测试以及阅读推广活动的实际能力进行实践考核。[①]

3. 编制理论和实践指导相结合的专业教材

目前，高校尚未设置阅读推广学科，相应培育教材处于空白，建议落实各地由全民阅读指导机构和研究机构加强理论研究，适时出台配套教材。

（二）加强师资队伍建设

教师是最重要的课程资源。建议师资队伍的构建要注重理论、实践与专业的结合。注重培养专业力量，同时，可以尝试吸纳行业内领军人才作为外部师资力量，加强课程开发、教材编写等理论工作。[②]

二、加快开展全民阅读推广人才的继续教育

阅读推广人才的继续教育是专业教育的有益补充，鼓励全社会阅读推广人参与培训，提升阅读推广专业素养。阅读推广要细分受众，且"对症下药"。例如，上海图书馆学会颁发的阅读推广人证书不注明是哪一级阅读推广人，但根据分类培训分别认定并在内部管理中注明该阅读推广人属于"儿童阅读推广人""数字阅读推广人"等等，以便分类使用。课题组建议针对阅读推广人培训内容的专业性进行培训等级设置，例如可分为初级培训、中级培训、高级培训，课程内容按培训等级累计叠加课程的深度和难度。

值得注意的是，与相对普及的儿童阅读推广人培养相比，面向包括残障人士、老年人和自闭症儿童等特殊人群在内的阅读推广人才培养，目前还处于起步阶段，应关注并进一步加强。在这方面起步比较早的，例如浙江嘉兴

---

① 杨飞. 构建专业化的推广人队伍——上海市图书馆学会推广人培育工作实践[J]. 新世纪图书馆，2015（7）:38-42.
② 杨飞. 构建专业化的推广人队伍——上海市图书馆学会推广人培育工作实践[J]. 新世纪图书馆，2015（7）:38-42.

图书馆面向阅读障碍症儿童的阅读推广、上海浦东新区图书馆面向视障人士的数字阅读推广，都是面向特殊人群开展的阅读推广，都取得较好的社会反响，值得推广借鉴。

因此，课题组认为，从宏观视角，即不同层次、不同水平、不同类型、不同地域，从微观视角，即不同角色、不同作用等，分层培训才更具针对性，才更加科学。[①] 结合本章第二节所述内容，应开展儿童阅读推广人、中小学教师阅读推广人、大学阅读推广人、农家书屋阅读推广人、特殊群体阅读推广人和数字资源阅读推广人等的分层培养。

鉴于目前缺乏统一的阅读推广人继续教育培训教材，为了完善阅读分层指导培训，课题组建议配套研发相应的教材和推荐书目。举例来说，对于分层配备推荐书目方面，重点可在儿童书包和农家书屋书包方面先试先行。对于儿童书包来说，建议借鉴公益书包"阅读起跑线（Bookstart）"和"第一书包"的落地经验。英国"阅读起跑线（Bookstart）"按年龄、语种、个性特征为区别要素分别设计了许多经典方案，包括：0—12个月的婴儿阅读礼袋，1岁半至2岁半幼儿高级阅读礼袋，3—4岁儿童阅读百宝箱，0—4岁全盲和视弱儿童等特殊群体的触摸图书礼袋，以及儿歌时间、双语资料等多种有针对性的方案和活动。"第一书包"内容包括0—3岁婴幼儿绘本（60多本）、拓展书目、亲子阅读启蒙指导手册、儿童敏感期成长尺等。对于农家书屋书包，课题组建议可以包含与农村生产和生活密切相关的图书，例如农作物科学种植、家畜科学养殖等相关书籍。

课题组在青岛调研的过程中，青岛海洋大学朱自强教授建议：第一，肯定会选一本专门谈阅读的，比如说 *Goodman*，但这本书国内没有翻译，还有一本书叫《谈阅读》或者《阅读的力量》；第二，肯定会推荐一本儿童文学的，首推我写的《儿童文学概论》；第三，教育方面也应该要推荐一本，比如福禄培尔的《人的教育》，这个对我很有影响的，还有像《本能的缪斯》等；第四，我曾经在《小学语文儿童文学教学法》那本书里边，为小学语文老师推荐过50本书，一共分了8个板块，每一个板块各推荐几本。另外，在阅读推广人的培养中，将来最好是关于阅读学（儿童阅读学）有一个类似教材的东西。

---

① 郑勇，胡冰倩，惠涓澈. 图书馆阅读推广人的基本要求及培养方式 [J]. 图书馆论坛，2019，（1）：138-144.

三、做好全民阅读推广人培训的后期评估和颁证

由于全民阅读推广人以鼓励培养为主，目前人才体量不足，因此各地为加大培养，在现行培训制度中，一般以直接授予证书或经过简单考核即授予证书为主要颁证方式，经过实践考核后授予证书的做法极少。课题组的专家约访中，专家聂震宁指出，阅读推广人是公益性为主，更多给他们一种荣誉，帮助他们获得荣誉。而且，推动县级做公益性阅读推广的人员持证上岗是有好处的，这既让他们感到一种荣誉和责任，也是一种必要的管理。但是针对中小学老师，要不要加发资格证，则需要经过教育系统的讨论，建议有条件的不妨搞些校园阅读推广考级（分级）试点。建议全民阅读推广人的证书可分为基础级和专家级两个等级。对于基础级，可根据评估情况由相关职能部门统一授予；对于专家级，比如阅读推广专家或者金牌阅读推广人等，可直接授予专家级称号。

第六节 重视和加强对全民阅读推广人的考核评价

考核是对工作开展情况与效果进行评价的有效手段，也是实行奖励制度的重要依据，是整个工作过程不可或缺的重要组成环节。制定科学合理的考核评价指标，实现定性与定量相结合、共性与个性相结合、基础与专项相结合，最大限度地发挥考核评价的导向和激励作用，保证阅读推广人能在良好的成长环境中达到的良好培育效果[1]。因此，建议省市一级全民阅读相关部门，重视和加强对全民阅读推广人的开展考核评价、分级颁证工作。

一、对全民阅读推广人考核评价的原则

目前，结合全民阅读推广人数量不足、素质不均衡的现状，还是以鼓励的前提、以激励为导向。目前关于阅读推广人量化考评的参考文献很少。课题组建议基于公平性原则、可量化原则、可收集原则和等权原则，对阅读推广人进行考核评估，评估结果可作为等级评定的依据之用。

---

[1] 张敏,郑勇.高校阅读推广人培育研究与实践——以陕西科技大学阅读推广中心为例[J].山东图书馆学刊,2017,（4）：112-116.

二、对全民阅读推广人考核评价的方法

全民阅读推广人的考核评价是以鼓励为前提,以激励为导向。建议通过两个层面设计指标:第一层指标为能力素养[①],具体包括基本素养、专业素养。其中,基本素养包括阅读能力和文学素养、沟通表达能力、组织策划能力和信息检索能力,专业素养包括策划协调能力、营销推广能力、合作协同能力、激发他人成长能力;第二层指标为参与培训和阅读推广活动情况[②],具体包括参与培训情况和参与推广活动情况两类指标进行考核评估。其中,参与培训情况包括参与培训总数量、参与培训总时长,参与推广活动情况包括活动数量和参与人数。

全民阅读推广人考核评价指标详见表5-1。

表5-1　全民阅读推广人考核评价指标体系

一级指标	二级指标	三级指标
能力素养	基本素养	阅读能力和文学素养
		沟通表达能力
		组织策划能力
		信息检索能力
	专业素养	策划协调能力
		营销推广能力
		合作协同能力
		激发他人成长能力
参与培训和阅读推广活动情况	参与培训情况	参与培训总数量
		参与培训总时长
	参与推广活动情况	活动数量
		参与人数

(课题组成员及执笔人:王平、屈明颖、李文娟、郝玉敏、胡敏、师建华、王如月、黄逸秋、邃薇、薛创)

[①] 郑勇,胡冰倩,惠涓澈.图书馆阅读推广人的基本要求及培养方式[J].图书馆论坛,2019,(1):138-144.

[②] 王娟娟,吕明,韩莉.我国高校图书馆阅读推广活动效果评价研究[J].科技视界,2019(28):222-223.

附表一 全国各省市全民阅读促进条例和决定中有关"阅读推广人"具体条例的列表

（空格为暂未颁布实施的省市）

序号	省份	市	条例/决定	实施时间	关于推广人的具体条例
1	北京市				
2	天津市				
3	河北省	石家庄市	《石家庄市人大常委会关于全民阅读的决定》	2016年12月29日	完善服务体系，专业图书馆、提供良好阅读环境。全市各级人民政府要推进以公共图书馆为核心的各类服务场所建设，推进社会阅置图书共享，有效整合利用阅读资源。进一步建设完善各级公共图书馆、学校图书馆、农家书屋、社区书屋、职工书屋等公共服务场所，设立必要的公益岗位，保证阅读服务场所正常运行。对阅读服务场所工作人员定期进行业务培训和指导，加强运行监督管理。
4	山西省				
5	内蒙古自治区				
6	辽宁省		《辽宁省人大常委会关于促进全民阅读的决定》	2015年3月31日	公务员、教师、作家、艺术家、科技工作者、新闻出版工作者等，应当带头发挥阅读示范作用，并积极参加促进全民阅读推广等活动。
7	吉林省		《吉林省全民阅读促进条例》	2017年12月1日	第十三条 倡导和支持全民阅读志愿者队伍建设，建立全民阅读公共服务场所阅读推广人制度，鼓励和支持社会各界人士加入阅读推广人队伍，组织开展面向各类阅读者群体的专业阅读辅导和推广服务。县级以上人民政府新闻出版广电部门应当对志愿者和阅读推广人提供免费的全民阅读培训服务。
8	黑龙江省		《黑龙江省人民代表大会常务委员会关于促进全民阅读的决定》	2017年4月23日	（二十三）鼓励和支持阅读推广组织和阅读推广人队伍建设，为公众开展阅读活动提供指导与服务。鼓励和支持阅读志愿服务组织和个人参与全民阅读活动促进工作，扶持基层全民阅读志愿服务站建设，开展全民阅读志愿服务活动。

续表

序号	省份	市	条例/决定	实施时间	关于推广人的具体条例
9	上海市				
10	江苏省		《江苏省人民代表大会常务委员会关于促进全民阅读的决定》	2015年1月1日	《江苏省人民代表大会常务委员会关于促进全民阅读的决定》三、鼓励社会力量参与全民阅读。鼓励公民、法人或者其他组织向全民阅读公益基金会捐赠、依法接受公民、法人或者其他组织捐赠的，依法享受有关优惠政策。鼓励公民、法人和其他单位、个人的阅读服务场所创造条件向公众免费开放。《常州市人大常委会关于促进全民阅读的决定》九、积极组建一支高素质阅读推广人队伍，培育一批有影响力的阅读推广机构，发挥领读者、志愿者、阅读推广专业性和阅读推广能力。
		常州市	《常州市人大常委会关于促进全民阅读的决定》	2017年6月30日	
11	浙江省	宁波市	《宁波市全民阅读促进条例》		
12	安徽省				
13	福建省		《福建省全民阅读促进条例》	2019年6月1日	
14	江西省				
15	山东省	烟台市	《烟台市全民阅读促进条例》	2019年4月1日	第二十五条中明确规定，充分发挥全民阅读工作，市、县（市、区）人民政府承担全民阅读职责的主管部门应当为全民阅读推广组织和个人提供免费的全民阅读志愿服务活动。志愿服务组织和个人参与全民阅读推广，开展全民阅读职责的主管部门应当为全民阅读推广组织和个人提供免费的培训服务。

续表

序号	省份	市	条例/决定	实施时间	关于推广人的具体条款
16	河南省		《河南省人民代表大会常务委员会关于促进全民阅读的决定》	2019年4月23日	十一、各级人民政府应当建立阅读推广人队伍，鼓励和支持教师、公务员、科研人员、大学生、新闻出版工作者、离退休人员等作为阅读推广志愿者，组织开展面向各类读者群体的专业阅读辅导和推广服务。
17	湖北省		《湖北省全民阅读促进办法》	2015年3月1日	第二十二条 鼓励和支持发展阅读推广人、全民阅读推广组织和阅读推广公共服务场所可以配备阅读推广人，为读者提供辅导和服务。鼓励支持成立读书协会、读书俱乐部等群众组织，扶持全民阅读基层服务网点建设，开展全民阅读志愿者服务组织，开展全民阅读志愿服务活动。县级以上人民政府新闻出版广电等相关部门，对阅读推广组织的有关人员和阅读推广人免费提供全民阅读培训服务。
18	湖南省				
19	广东省	深圳市	《广东省全民阅读促进条例》《深圳经济特区全民阅读促进条例》	2019年6月1日 2016年4月1日	《广东省全民阅读促进条例》明确提出各级人民政府鼓励和支持文化团体、教育机构和其他社会组织发展，促进全民阅读服务社会化、专业化发展。并鼓励教师、公务员、科技工作者、文艺工作者、新闻出版推广工作人员和高等院校学生等作为阅读志愿者参加全民阅读推广队伍。图书馆工作人员、公务员、科技工作者《深圳经济特区全民阅读促进条例》提出了全民阅读促进工作遵循政府引导和社会参与相结合的原则，鼓励依法设立公益性阅读组织，鼓励企事业单位、其他组织和个人开展全民阅读促进活动。
20	广西壮族自治区				
21	海南省				
22	重庆市				

续表

序号	省份	市	条例/决定	实施时间	关于推广人的具体条例
23	四川省		《四川省人民代表大会常务委员会关于促进全民阅读的决定》	2016年4月23日	各有关部门及公共阅读服务场所主管部门应当积极开展阅读关爱服务，为各类特殊群体提供阅读便利。重视培养未成年人阅读习惯和能力，加强阅读教学，保障学生课外阅读时间。着力解决农村留守儿童、家庭经济困难、福利院儿童、流动人口随居子女等在阅读方面存在的特殊困难。关注老年人、残障人士等群体阅读的基本需求。鼓励和支持国家机关、企业事业单位和社会组织参与全民阅读促进工作。公务员、教师、科技工作者、文艺工作者、新闻工作者等应当带头参加阅读活动，发挥阅读示范作用。第八条 对在全民阅读活动中作出突出贡献的个人、企业事业单位和社会组织，按照国家和省的有关规定，给予表彰、奖励。
24	贵州省		《贵州省全民阅读促进条例》	2019年8月1日	第十三条 县级以上新闻出版主管部门应当指导和组织农家书屋开展全民阅读活动，农家书屋所在地村民委员会应当明确管理人员，管理人员应当具备一定文化水平和管理能力，热心公益事业。第十四条 县级以上人民政府教育主管部门应当指导各类学校开展阅读活动，加强对教师的阅读指导能力培训。
25	云南省				
26	西藏自治区				
27	陕西省				
28	甘肃省				
29	青海省				
30	宁夏回族自治区				
31	新疆维吾尔自治区				
32	新疆生产建设兵团				

附表二 各省市全民阅读阶段性规划中有关"阅读推广人"具体规划列表

（空格为暂未制定的省市）

序号	省份	市	规划	实施时间	关于推广人的具体规划
1	北京市				
2	天津市				
3	河北省				
4	山西省				
5	内蒙古自治区	乌海市	《内蒙古自治区全民阅读中长期规划（2016—2025）》《乌海市"大漠湖城书香飘"全民阅读推广活动五年规划》	2015年	《内蒙古自治区全民阅读中长期规划（2016—2025）》（五）实施全民阅读推广人参与工程。积极调动全民阅读专家学者、文化工作者、社区教育工作者、大中专院校学生等社会各界人士参与全民阅读志愿服务的积极性，构建参与广泛、形式多样的全民阅读志愿服务体系。建设一支热心全民阅读公益事业的专业兼职推广人。加强专业知识技能培训，为公共图书馆服务机构配备数量适宜的阅读推广人。组建全民阅读促进组织、阅读者俱乐部、虚拟阅读推广机构、社会阅读社团、民间读书会、读者俱乐部、虚拟阅读推广社区等共同参与全民阅读活动。鼓励社会公共机构为社会阅读提供场地等方面的支持，形成政府主导、部门推进、全社会共同参与推进全民阅读的局面。
6	辽宁省				
7	吉林省		《吉林省全民阅读2017—2020年工作规划》	2016年	加强对全民阅读工作的领导，鼓励和支持教师、公务员、大学生、新闻工作者、法律工作者等志愿者加入阅读推广人队伍，组织开展面向各类读者群体的专业阅读辅导和推广服务。

续表

序号	省份	市	规划	实施时间	关于推广人的具体规划
8	黑龙江省		《黑龙江省全民阅读中长期规划(2019—2025年)》	2018年	鼓励和吸引社会力量参与全民阅读活动，建设公共服务设施，开展爱心捐赠、阅读引领等。加强阅读推广体系建设，充分发挥社会名人、文化名家、大中小学生等加入公益阅读推广人队伍，支持公务员、教师、企业出版工作者的新闻出版工作者、定期交流培训，提升阅读推广人队伍的整体素质和服务能力；支持文化团体、教育机构和其他社会力量开展全民阅读推广并提供公益阅读服务，培育推广人、优秀推广人组织、优秀推广项目、优秀阅读示范基地等推荐评选活动，激励工作创新，调动社会各方面的积极性。社会力量参与推广计划：1.培育壮大民间阅读推广机构。支持、鼓励各地建立黑龙江等阅读推广机构，培育一批具有广泛影响力的阅读推广的专业水平。2.建立阅读推广人培训、定期组织开展阅读分享活动和指导阅读服务，提升阅读推广人的专业水平。2.建立阅读推广人的培训、提高阅读推广能力。3.支持组建各级全民阅读志愿者服务团队。鼓励各地面向机关、企事业、图书馆、出版发行单位、基层阅读志愿服务组织等招募全民阅读志愿者，群团组织、指导志愿服务。4.聘任"黑龙江省阅读形象大使"，社会各界担任"黑龙江省阅读形象大使"，选择热爱全民阅读事业，在国内外较有影响和号召力的文化名人，任务和要求，明确全民阅读志愿服务的性质、任务和要求，促进全民阅读习惯形成。发挥名人效应和影响，推广普及阅读活动，促进全民阅读习惯形成。
9	上海市				
10	江苏省		《江苏省全民阅读"十三五"发展规划》	2015年	积极调动领导干部、专家学者、文化名人、社区教育工作者、大中专学生、"五老"和社会各界人士参与全民阅读志愿服务的积极性，构建参与广泛、形式多样、活动经常、机制健全的全民阅读志愿服务网络，适时建立江苏省阅读公益事业的推广队伍，领读志能培训，培育一支热心全民阅读公益事业的推广队伍，领读志愿者库，开展培训，提升全民阅读推广人队伍的整体素质和服务能力。

续表

序号	省份	规划	实施时间	关于推广人的具体规划
11	浙江省			
12	安徽省	《安徽省全民阅读"十三五"发展规划》	2015年	建立阅读推广人队伍。县级以上行政区可以按照实际需求建立业务水平高、综合能力强的阅读推广人队伍，制定并出台《安徽省阅读推广人管理办法》，对阅读推广人进行系统科学管理，人均每年脱产培训不少于5天，对其阅读推广工作提供必要的资助。阅读志愿者培训和学校、家庭、社区、企业阅读。帮助开展各类基层读书活动，推动学校、家庭、社区、企业阅读。调动教师学生、文化工作者、退休人员等积极参与到阅读志愿者制度中，以精神鼓励为主，成立阅读志愿者代表和阅读形象代言人团队，邀请各级党政领导专家学者或社会名人担任全民阅读形象代言人、阅读志愿者，以加强阅读活动的宣传、准备、安排度，增加全民阅读品牌活动的影响力，积极做好阅读活动的反馈工作。
13	福建省			
14	江西省	《江西省推进全民阅读行动计划（2017—2020）》	2016年	21. 培育一批有影响的阅读推广组织和阅读推广人，支持发展阅读推广机构。鼓励和支持中小学图书馆、各类书店、社区书屋，以及农家书屋等建立一支热心全民阅读公益事业的专兼职阅读推广队伍，为读者提供辅导和服务。鼓励支持成立全民阅读促进会、读书会、书友会等群众性社团组织，共同参与全民阅读活动。 22. 建立全民阅读志愿服务机制。充分调动社会各界人士参与全民阅读志愿服务的积极性，构建多多广泛、形式多样、活动经常、机制健全的全民阅读志愿服务体系。鼓励和引导国有企业、民营企业、社会团体和慈善机构等捐助支持全民阅读活动。
15	山东省			
16	河南省			

续表

序号	省份	市	规划	实施时间	关于推广人的具体规划
17	湖北省		《湖北省全民阅读三年行动计划》	2016年	建立公共阅读服务队伍，为公共阅读服务提供人才保障。一是专家指导队伍。发挥全民阅读专家指导委员会作用，每季度召开至少一次会议，参与全民阅读规划制定、活动策划指导、推荐人员审定等。二是专业服务队伍。以公共图书馆及各类书屋工作人员为主体，适度组织学校图书馆等方面的人加入阅读工作人员。深入基层，深入人群众，开展图书管理、借阅、阅读咨询等公益服务。三是志愿者队伍。成立阅读志愿者组织，制定阅读志愿者服务流程和标准，热心阅读公益服务的人加入图书借阅管理、读者咨询、书刊展览、群众阅读活动组织服务等志愿服务工作。
18	湖南省				
19	广东省				
20	广西壮族自治区		《广西壮族自治区全民阅读中长期规划(2017—2025年)》	2016年	(二)加强基础阅读体系建设，建立健全全民阅读推广人队伍。要组织阅读推广人培训，设立一批全民阅读推广示范基地，特别是加快推动农家书屋、社区书屋、职工书屋配备专兼职管理人员队伍建设，不断提升其工作能力和服务水平，努力建设一支稳定的基层全民阅读工作者队伍。
21	海南省		《海南省全民阅读中长期规划(2016—2025年)》	2017年2月	《海南省全民阅读中长期规划(2016—2025年)》建立阅读推广机制，支持建立阅读推广人队伍、协会，俱乐部等社会组织机构。鼓励阅读爱好者加入阅读推广人队伍等全民阅读服务场所阅读推广人员，为阅读者提供咨询服务。开展"中国好书""优秀琼版图书""向青少年推荐百种优秀出版物""优秀少数民族图书""优秀老年人出版物""大众喜爱的50种图书""优秀少儿报刊""精品文学期刊""优秀网络文学原创作品"等出版物推荐活动。

续表

序号	省份	规划	实施时间	关于推广人的具体规划
22	重庆市			
23	四川省	《四川省"十三五"时期全民阅读规划（2016—2020年）》	2015年	全省大型文化书城、中小书店、农家书屋、社区书屋、校园书店、图书馆等公共阅读场所布局不断完善，形成"15分钟"和"10里"阅读文化圈。各级政府要将全民阅读纳入国民经济和社会发展规划，将全民阅读公共设施建设纳入城乡建设规划，将全民阅读工作所需经费按规定纳入本级财政预算，为全民阅读提供设施、经费保障。
24	贵州省			
25	云南省			
26	西藏自治区			
27	陕西省			
28	甘肃省			
29	青海省			
30	宁夏回族自治区			
31	新疆维吾尔自治区			
32	新疆生产建设兵团			

附表三 全国各省市年度通知和实施方案中关于"阅读推广人"的具体条例列表

（空格为暂未有通知和实施方案的省市）

序号	省市自治区	年度通知和实施方案	实施时间	关于推广人的具体规定
1	北京市	《2019年北京全民阅读暨第九届书香中国·北京阅读季总体方案》	2019年	制度保障是全民阅读推广以及全民阅读推广人培养得以顺利开展的根本保障，没有立法保障，2017年"全民阅读"工作的通知》中明确指出，书馆学会关于开展 2017 年"全民阅读"工作的通知》中明确指出，专业人才是提升阅读推广水平的保障，应加大阅读推广人才的培养力度，提高阅读推广人才队伍的专业素养。
2	天津市			
3	河北省			
4	山西省	2018年书香三晋·文化山西全民阅读活动实施方案	2018年	充分发挥热心阅读推广的社会名人、文化名家的阅读引领作用，鼓励和支持公务员、教师、新闻出版工作者、大学生志愿者等加入阅读推广人队伍，提高阅读推广能力。
5	内蒙古自治区			
6	辽宁省			
7	吉林省			
8	黑龙江省			
9	上海市	上海市新闻出版局关于开展 2018 年本市全民阅读活动的通知	2018年	组织专家学者和志愿推广人员深入基层，通过文化讲座、诵读演讲、捐赠助读、引导阅读、作家征文、作家见面会等多种形式，激发群众的读书热情。
10	江苏省			

续表

序号	省市自治区	市	年度通知和实施方案	实施时间	关于推广人的具体规定
11	浙江省		关于加快推进全民阅读书香浙江建设的意见		支持成立民间阅读书组织和社团、阅读志愿服务队伍，构建广泛参与、形式多样、机制健全、富有活力的公益阅读服务体系。
12	安徽省				
13	福建省				
14	江西省				
15	山东省	青岛市	青岛市2019年全民阅读工作实施方案	2019年	（五）加强阅读社会力量参与。引导专业阅读引领行动，充分发挥热心阅读推广的社会名人、文化名家共同参与全民阅读活动。鼓励和支持公务员、教师、大中专学生等志愿者加入阅读推广人队伍，继续组织青岛市阅读推广人培训，提升阅读推广人队伍的整体素质和服务能力，使阅读推广人以专业的角度帮助读者选书、荐书。在学校、社区、机关、网络空间里凝聚成一个个探索真理、互相激励的阅读型团体。加大"阅读推广人"培养力度，不断提升我省阅读推广人才队伍专业素养。尤其是青年馆员的培养，提升图书馆员职业荣誉感和自豪感。在全省范围内开展"阅读推广人"培育行动，提升阅读推广工作专业能力。
16	河南省	濮阳市	河南省文化和旅游厅关于组织开展"2019全民阅读"系列活动的通知	2019年	
17	湖北省				
18	湖南省				
19	广东省				
20	广西壮族自治区	桂林市	关于开展2018年全民阅读工作的通知	2018年	组织各类专家学者、热心读者、出版界人士解读推荐各类优秀出版物，拓宽读者的阅读视野，引领大众的阅读风尚，大力培育人文精神，弘扬社会主流价值。

续表

序号	省市自治区	年度通知和实施方案	实施时间	关于推广人的具体规定
21	海南省			
22	重庆市	2019年全民阅读暨第十二届重庆读书月启动	2019年	黔江区图书馆结合少儿阅读推广民阅读，做好少儿阅读推广人招募工作。特邀专业老师，加入阅读推广阵营，同时担任图书馆开展了普通话培训，建立图书馆阅读推广微信群，邀请学前教育培训老师就阅读推广进行线上分享交流。
23	四川省			
24	贵州省			
25	云南省	云南省2018全民阅读工作方案	2018年	积极创建社区书屋，培养读书带头人，打造书香社区。
26	西藏自治区			
27	陕西省			
28	甘肃省			
29	青海省			
30	宁夏回族自治区			
31	新疆维吾尔自治区			
32	新疆生产建设兵团			

附表四 北京阅读季"领读者计划"培训情况一览表（部分）

期数	时间	地点	针对人群	人数	主题	授课人、主讲人
"书香企业""领读者"培训	2016年9月29日	商务印书馆礼堂	企业相关负责人	120位	关于阅读推广与企业创新	全国政协委员、韬奋基金会理事长聂震宁
"书香企业""领读者"培训	2016年10月9日	商务印书馆礼堂	企业员工	近百名	阅读推广与企业创新书香企业建设实务的指导讲座	全国政协委员、韬奋基金会理事长聂震宁商务印书馆营销中心主任何光宇北京新闻出版版权人力资源中心皮亚明
"书香童年"走进幼儿园第二期"领读者培训"	2016年12月21日	商务部幼儿园	幼儿园园长、骨干教师	近百名	"阅读+教育戏剧"	全国儿童文学教育研究中心王蕾博士中国戏剧文学学会应用戏剧研究中心林航
"书香童年"幼儿园第三期阅读领者者培训	2017年3月21日	北京朝阳798艺术区友谊大厦	大兴庄镇全体教师、家长	300人	绘本阅读	
北京市全民阅读"领读者计划"培训	2017年4月5日	北京出版集团12层多功能厅	北京市16区县各书店、公共图书馆、各高校图书馆、阅读空间工作人员	150人	通识培训：城市阅读空间的现状与未来实务培训："阅读好""阅读马拉松"活动项目政策导读：北京阅读季合作机构考评体系介绍、西城区阅读空间考评体系介绍	北京大学信息管理学教授王子舟北京阅读季金牌阅读推广人刘颖北京市西城区图书馆管理协会会长郭斌
"书香国企"专场	2017年7月14日	商务印书馆	国资委下属企业职工	90余人	"企业阅读推广与企业文化、员工个人成长"	中关村无界人力资源管理创新联盟理事长金玉芬博士

107

续表

期数	时间	地点	针对人群	人数	主题	授课人、主讲人
第二次领读者计划培训活动	2017年8月15日	东城区第一图书馆报告厅	十六区基层社区代表和阅读季部分合作机构代表		社区阅读活动开展的流程和方法、意义、类型，分析了近几年的趋势。"如何运营一个读书社群？"	中国新闻出版研究院国民阅读与促进中心主任徐升国 环球网新媒体部负责人刘洋
"阅读+我"女性专场培训第一二三期	2017年	阅读基地（一、二）知识产权出版社（三）	女性阅读爱好者	100多人	怎么才能写好人物传记，年轻人应该选择什么样的书来阅读（第一场）阅读与艺术为主题（第三场）	《就要一场一场地海涛、范海国的作者绚丽姿（第三场）《生命合伙人》书的作者戴亚楠（第一场）
书香中国·北京大学生领读者培训班	2017年11月18号	北京图书大厦三层报告厅	高校社团负责人及读书爱好者	80名	"互联网时代阅读价值的发现" "怎样阅读一本书——以《查令十字街84号》和《清华园日记》为例" "通过阅读，找到通往未来的路"主题	《育儿基本》作者、真心爸爸妈妈、阅读推广人许春宇（第二场）著名出版人、阅读推广人刘明清编译出版社总编辑叶叶新北京印刷学院教授马宗武中央人民广播电合文艺之声著名主持人马宗武
北京阅读季2018年度合作机构领读者培训	2018年12月6日	北京东方饭店	领读者内部培训分享会		1.人工智能时代的全民阅读：现状与趋势 2.新媒体时代文学经典如何魅力再现 3.阅读的多触角延伸 4.百年涵芬楼——书香中国、知识芬芳 5.重新认识阅读，开启智慧人生 6.探讨新时代阅读推广的意义与盈利模式 7.从阅读开始，与孩子共同成长 8.西城特色空间书店的建设路径和模式 9.让阅读贯穿青少年博物馆教育的各个环节	1.徐升国（中国新闻出版研究院国民阅读与促进中心主任） 2.宋强（人民文学出版社社长助理兼策划部主任） 3.宋秀平（首创即创园品牌总监） 4.王永康（商务印书馆涵芬楼书店副总经理） 5.李冻（宸冰阅文化传媒创始人） 6.毕冬（后浪营销部副总监） 7.王媛（青豆书坊创始人、总经理） 8.郭斌（北京市西城区图书馆管理协会长） 9.秦友会

108

续表

期数	时间	地点	针对人群	人数	主题	授课人、主讲人
银龄阅读者培训	2018年12月23日	王府井书店7层	社会助老公益组织工作人员及公益人士，北京市各类读书会领读者，养老机构、社区的工作人员，出版业从业人员。	80人以内	养老事业和全民阅读活动：《最美夕阳红——对开展书香老年阅读的思考》《如何引领"读"——领读者细说》《那些老人们一起读过的书》《银发阅读一二三》	中国新闻出版研究院国民阅读研究与促进中心主任徐升国 作家、文化学者，北京读书形象大使，北京金牌阅读推广人崔岱远 银龄书院创办人薛晓萍 王府井书店文艺类图书资深书友、王府井书店文艺类图书负责人艾康明 出版人，全民阅读十佳推广人启航

附表五 烟台市"阅读推广人"培训情况一览表

培训期数	时间	主办、承办单位	主题	参加人员	人数、方式	主讲人
首期儿童阅读推广人培训班	2017年8月12日	烟台市教育局、文化广电新闻出版局主办	全民阅读要从儿童抓起	该市首批150名儿童阅读推广人，各县市区教体局组织2000多名老师	150名线下2000多名线上	全国全民阅读形象代言人朱永新教授 湖南省少年儿童图书馆薛天副馆长 著名儿童阅读推广人新月，一夫
第二期儿童阅读推广人培训班	2017年11月4日	烟台市新闻出版局主办，烟台图书馆承办	做一个儿童阅读领读者	全市公共图书馆、绘本馆、幼儿园、民间阅读团体、读书会等100余名儿童阅读推广工作者	100余人线下	国家图书馆典藏阅览部主任王志庚，儿童文学理论家朱自强，温州市少年儿童图书馆馆长潘芳

续表

培训期数	时间	主办、承办单位	主题	参加人员	人数、方式	主讲人
第三期儿童阅读推广人培训班	2018年3月27日	烟台市文化广电新闻出版局、烟台市教育局主办	全民阅读，儿童先行	全市公共图书馆、幼儿园、民间阅读团体、绘本馆等2327名儿童阅读推广工作者	2327人线下	江苏省教育厅学前教育研究中心研究员孙莉莉教授，知名早期阅读推广人，亲子阅读实践专家林静老师，特邀林蓝玫、林丹、蔡焱等专家
第四期儿童阅读推广人培训班	2018年10月31日	烟台市文化广电新闻出版局主办	"阅读点亮童年"儿童文学阅读的意义与方法，小学班级阅读的实践，国内外儿童阅读推广的案例	主要面向烟台市全民阅读领导小组成员单位负责人，各县市区小学校长、幼儿园园长及骨干教师，儿童阅读推广人志愿者，各县市区图书馆工作人员、儿童家长等人群	5000余人	
第五期儿童阅读推广人培训班	2019年4月8日	烟台市文化和旅游局、烟台市教育局和山东省图书馆主办	"阅读深耕"	来自全市的部分小学校长、骨干教师，儿童阅读推广志愿者，各级各类图书馆工作人员及导游代表2120人参加了培训	2120人	王林、童喜喜、王建妮、宋卫、王芳等阅读推广领域知名专家和小学语文名师

110

附表六 中国图书馆学会培养"阅读推广人"培训情况一览表

时间	主办、承办单位	针对人员	参训人数	主题
2015年2月4日	中国图书馆学会主办深圳图书馆承办	中国图书馆学会副理事长、北京大学信息管理系教授王余光，中国图书馆学会秘书长霍瑞娟，中国图书馆学会阅读推广委员会主任吴晞等编委委员及教材各册主编、副主编等	20余人	中国图书馆学会"阅读推广人"培育行动教材编写会
2015年11月10日	国家图书馆、中国图书馆学会主办，黑龙江省文化厅主办，黑龙江省图书馆承办	全国各少年儿童图书馆成员	300余人	全国图书馆未成年人服务提升计划——"少儿阅读推广人"培育行动——黑龙江站暨"阅读推广人"培育行动（基础级）
2016年5月18日	国家图书馆、中国图书馆学会主办，浙江省文化厅主办，浙江省图书馆、绍兴图书馆承办	全国各少年儿童图书馆成员	300余人	全国图书馆未成年人服务提升计划——"少儿阅读推广人"培育行动——浙江站暨"阅读推广人"培育行动（基础级）
2016年5月24日	中国图书馆学会主办，苏州市图书馆承办	全国各级各类图书馆成员	350余人	"阅读推广人"培育行动——阅读推广基础工作专题培训班
2016年6月21日	中国图书馆学会文化委员会联合主办，重庆市图书馆和重庆图书馆承办	全国28个省、市、自治区各类图书馆以及从事阅读推广的相关人员	300余人	"阅读推广人"培育行动——阅读推广基础理论专题培训班（重庆站）
2016年8月16日	中国图书馆学会主办，东莞图书馆承办	全国各个省、市、自治区各类图书馆以及从事阅读推广的相关人员	160余人	"阅读推广人"培育行动第五期培训班——数字阅读推广专题
2016年11月14日	中国图书馆学会主办，青岛市图书馆和青岛市城阳区图书馆承办	全国各级各类图书馆成员	310余人	"阅读推广人"培育行动第六期培训班——"经典阅读"推广

续表

时间	主办、承办单位	针对人员	参训人数	主题
2017年4月12日	中国图书馆学会主办，中国图书馆学会未成年人图书馆分会、湖南省少年儿童图书馆和株洲市图书馆承办	全国各地相关工作人员	200余人	"2017全国少年儿童'阅读推广'系列活动启动仪式暨培育行动第七期培训班"
2017年7月5日	中国图书馆学会主办，内蒙古自治区图书馆学会、鄂尔多斯市图书馆、东胜区文化体育旅游局、东胜区图书馆承办	全国各级各类图书馆工作人员	170余人	"阅读推广人"培育行动第八期培训班——少儿阅读推广
2017年10月17日	中国图书馆学会主办，江阴市图书馆承办	全国各级各类图书馆工作人员	180余人	"阅读推广人"培育行动第九期培训基础工作
2018年4月10日	中国图书馆学会主办，江西省图书馆学会、南昌市图书馆承办	全国各地图书馆的相关人员	240余人	"2018全国少年儿童'阅读推广'系列活动启动仪式暨培育行动（第十期）——新时代，新作为，共创儿童阅读新气象"
2018年7月17日	中国图书馆学会主办，黑龙江省图书馆和伊春市文化广电新闻出版局协办	全国各地图书馆相关工作人员	170余人	"阅读推广人"培育行动（第十一期）——阅读推广精品案例分享与研讨
2018年11月12日	中国图书馆学会主办，云南省图书馆学会承办	全国各地阅读推广人	300余人	"阅读推广人"培育行动（第十二期）——阅读推广基础理论与服务提升计划
2019年5月28日	中国图书馆学会主办，四川省图书馆学会承办	全国各地阅读推广人	300余人	"阅读推广人"培育行动（第十三期）"全国站（四川站）"阅读推广基础理论与服务提升计划
2019年7月18日	中国图书馆学会主办，吉林省图书馆学会、长春市图书馆共同承办	全国27个省市图书馆工作人员	186名	"阅读推广人"培育行动（第四期）——少儿阅读推广"绘本阅读推广"

附表七 悠贝阅读学院阅读推广人培训情况一览表

培训名称	时间	地点	针对人群	参训人数	主题	授课人
第25期悠贝阅读推广人培训	10月10日到14日	北京	悠贝新馆长	40名	1.《经典绘本阅读与赏析》为大家诠释 2.《亲子阅读专业服务》 3.《故事会的讲读与设计》 4.《馆长销售实践》 5.《网络营销实践》	1. 悠贝产品研发与支持总监、资深讲师徐静瑛 2. 悠贝阅读学院院长、资深讲师赵靖 3. 悠贝资深讲师莱莉 4. 悠贝全国运营总监、销售达人彭华 5. 悠贝全国拓展总监、悠贝线上社群负责人赵方
"悠贝馆长素养提升100讲"线上系列培训	2016年3月7日至今（周一、周四）	全国馆长群内	悠贝馆长	近1000名	悠贝馆长素养提升	悠贝各个领域的精英
悠贝成长俱乐部领读者项目	2018年11月12—13日	北京			"阅读推广人进阶培训专家大讲堂"	1. 悠贝阅读学院院长、北京师范大学文学院陈晖教授 2. 国家图书馆少儿馆王志庚馆长 3. 金牌阅读推广人、慢学堂创办人李一慢老师 4. 尚童童书总编辑、阅读推广人叶敏（特邀嘉宾）
"阅美讲师"培训	2018年11月24—25日	北京			帮助学员获得从"爱分享"到"会分享"的飞跃式进步	夏雪 徐静瑛
阅读推广人专业培训	2018年11月12—13日	徐州			了解不同年龄段亲子阅读的特点，选书的基本规则，讲读正确理念与多种亲子方法	悠贝阅读学院特聘讲师：姜媛 郑娟
阅读推广人专业培训	2018年11月19—20日	青岛			梳理策划、讲读，执行故事会流程，提升馆长展业能力	悠贝阅读学院特聘讲师：姜源 王玮

附表八 爱阅大眼睛"阅读推广人"培训情况一览表

期数	时间	地点	相关主题、内容
第一期	2018年1月	徐州	第一期阅读推广专业培训提出"2018，由此而开"议题。
第二期	2018年7月24日	徐州	2018年7月24日上午9时，爱阅大眼睛人再度欢聚徐州，迎来了"步步为赢"爱阅大眼睛第二期阅读推广人专业培训会议。
第三期（包含三班）	2018年12月10日至12月12日（一班）12月17日至12月19日（二班）12月29日至12月31日（三班）	一班（北京总部）、二班（徐州）、三班（北京总部）	1.会议主题"匠心转营"，在2019伊始之际，爱阅大眼睛人为共同的愿望和梦想而努力的决心和坚守。2.为了巩固第三期以来的培训内容，爱阅大眼睛特别增加了实战模拟及考核环节，使受训人更深层地强化了爱阅大眼睛培训内容相结合，并进一步将实践与培训内容进行回顾，以便加深记忆，灵活运用到日常门店运营中。
第四期培训暨第二期阅读师会议	2019年3月14日—21日	北京总部	常规培训内容，同样是按照运营、管理、专业、实战等五个板块展开，阅读师培训内容详细围绕爱阅大眼睛产品体系两大核心内容——阅读成长营、阅读综合营详细解读。
第五期	2019年4月15日—16日	北京总部	沿袭往期内容和流程，依旧围绕战略、运营、管理、专业、实战等五个方面次第展开。"让孩子爱上阅读，深读之风深入人民族骨髓。爱阅大眼睛将在儿童阅读推广领域继续根基深耕，不断优化产品体系，提升内容特色、完善服务规范，发展成为儿童阅读成长专业机构，成为儿童教育、成长消费平台。
2019年度合伙人会议、第三期阅读师培训	2019年6月下旬	北京总部	揭示爱阅行业分析存在问题，并回顾了一年来爱阅大眼睛在儿童阅读领域敢为人先尝试和突破。三期师训对爱阅大眼睛阅读成长营三四年级展开详细解读，并对阅读成长营三四年级课程展开梳理。
第七期	2019年7月中旬	北京总部	爱阅大眼睛报告。门店运营总监马玲全面为各位家人带来了《如何给孩子最"好"的爱和教育》专题讲座的主题报告。门店运营总监马玲全面为各位家人带来了《如何给孩子最"好"的爱和教育》，分别从门店推广的概念、目的、原则以及推广评估多个方面进行讲解，并在销售转化上给出了专业细致的技巧和方案。就儿童分级分龄阅读产品体系的专业发展开，爱阅大眼睛给予老师们专业的指导
第四期师训、第八期阅读推广	2019年8月15日—21日	北京总部	围绕爱阅大眼睛产品体系核心——阅读成长营三个阶段，一二年级、三四年级，分别包含公开课展示、常规课示范、学员演练、考核环节，同时还穿插"怎样批改作文"等专业知识体验课示范、"怎样上好第一堂课"、"如何开好家长会"等专业知识培训。

附表九 三叶草故事妈妈"阅读推广人"培训情况一览表

时间	地点	活动内容	授课专家
2008年11月24日		三叶草故事家族建群（原名：童书会）	台湾著名阅读推广作家方素珍老师
2009年3月22日		开设讲座并建议用"故事家族"命名	
2009年4月23日		国际阅读日夫进学校讲故事、做手工玩偶	
2010年5月1日		绘本情景剧表演及方言故事讲述活动	
2010年每月一次	深圳市少儿图书馆	故事妈妈培训班"阅读基础课、阅读进阶课	
2010年7月31日	深圳市少儿图书馆	筹办《第一次发现》手电筒系列的新书发布会讲座"科普书怎么读"	儿童阅读推广人王林博士
2010年9月18日【三叶草妈妈培训第一期】	深圳市少儿图书馆	《童年·阅读·三叶草》	星星老师
2010年10月31日【三叶草妈妈培训第二期】	深圳市少儿图书馆	《读书妈妈经——妈妈眼中的好书》	我绝对不吃番茄
2010年11月28日【三叶草妈妈培训第三期】	深圳市少儿图书馆	《让故事更动听——如何提高讲故事的技巧》	王颖（先锋898《妈妈宝宝》节目主持人）
2010年12月25日【三叶草妈妈培训第四期】	深圳市少儿图书馆	《故事大发现——绘本阅读及活动延伸》	朵米妈
2011年每年开设两期，每四期第三周的周六下午举行		"故事讲述人研习班"	
2011年3月19日故事讲述人研习班第一期	深圳市少儿图书馆	《最美好的时光，和孩子一起读书》	三三爸爸（三叶草论坛读书版版主）
2011年4月3日【喜阅之故事会活动】	深圳市少儿图书馆	《小恩的秘密花园》	宝贝妈（资深籽植物专家）
2011年4月16日故事讲述人研习班第二期	深圳市少儿图书馆	《如何选择适合孩子的图画书》	番茄

续表

时间	地点	活动内容	授课专家
2011年5月21日 故事讲述人研习班第三期	深圳市少儿图书馆	"爱在左，管教在右"	嫩鬼（三叶草论坛活动版版主）
2011年6月18日 故事讲述人研习班第四期	深圳市少儿图书馆	"玩转读书大揭秘在右"	三三妈妈（三叶草论坛手工版版主）
2011年6月25日【三叶草家庭教育公益讲座】	央校报告厅	"父母性格对孩子能力发展的影响"	郑海英
2011年7月16日【三叶草义公益讲座】	深圳市少儿图书馆 梧桐树下故事屋	"绘本的诞生——画家马新阶图书画创作体会"	马新阶
2011年9月17日 故事讲述人研习班第二期	深圳市少儿图书馆	多姿多彩的亲子阅读	袁晓峰
2011年9月24日【三叶草亲子阅读公益讲座】	深圳图书馆	【三叶草亲子阅读公益讲座："给孩子一双发现美的眼睛"】	熊磊
2011年9月25日	龙岗实验学校新浪微博现场直播	"如何推进亲子阅读——三叶对话'家庭学校'亲近母语"	三叶草故事家族、梅子涵、亲近母语
2012年	腾讯公益大群	【阅读推广人培训班】公益培训班（线上、线下）	儿童阅读专家、推广人，教育界人士以及投资深故事义工助力计划
2012年	三叶草故事家族培训专用群	故事义工2+1成长计划：故事妈妈成长学院 乡村阅读教师成长计划	夹校生（色彩妈妈 主持证博士、知名企业高管）
2012年1月9日【三叶草线上培训】		【如何色眼看世界】让草籽们认识自己的色彩性格，扬长避短，更好地公益	星星老师
2012年4月10日【三叶草线上培训】		阅读的力量	我绝对不吃番茄
2012年5月8日【三叶草第三次线上培训】		《小童书里的大世界》怎样给孩子讲故事	新月姐姐（著名儿童节目主持人）

出版征信体系研究
——企业信用评价指标研究

第一章 绪论

第一节 选题背景

加快社会信用体系建设是建设社会主义市场经济、构建社会主义和谐社会的重要基础，是完善社会主义市场经济体制、加强和创新社会治理的重要手段，对增强社会成员诚信意识，营造优良信用环境，提升国家整体竞争力，促进社会发展与文明进步具有重要意义。

现代市场经济是信用经济，建立健全社会信用体系，是整顿和规范市场经济秩序、改善市场信用环境、降低交易成本、防范经济风险的重要举措，是减少政府对经济的行政干预、完善社会主义市场经济体制的迫切要求。

我国出版业单位曾经长期以事业单位的组织形式存在和发展，这种既类似于行政机关又类似于企业的双重身份，导致出版单位职能繁杂、角色混乱[1]，不利于良好市场竞争秩序的构建和维护。出版社完成转企改制之后，成为真正的市场经济主体，就要按照市场经济规则，参与到市场竞争当中。

但毕竟，我国出版行业目前正值由计划经济向现代市场经济转变的进程中，成熟的市场制度相对还比较缺乏，并且还没有对出版信用信息的公正、公开和有效传递等制定完善的保障机制，因此造成了行业失信案例的不断发生。

---

[1] 陈璘. 关于出版企业转企改制的思考[J]. 新财经（理论版），2012(9):122-123.

尤其是，随着近几年市场供需关系的转变和市场竞争、行业内部之间的竞争不断加剧，店大欺客，客大欺店，出版社与作者、出版社与发行单位、出版社与印厂、出版社与读者之间，不诚信、隐瞒印数、回款难、拖欠版税、货款甚至责任人逃匿的现象比比皆是。

出版行业自身信用评级体系的建立与完善，政府出台出版行业信用体系的相关法律法规，从而加强对企业失信问题的管控与惩治力度，是当下出版行业任务的重中之重。但在法律法规之外，更重要的是要有："由第三方来对双方进行评价，由第三方通过科学的方法获得关于社店双方的信用信息，在确保其真实性的基础上通过媒体将双方的信用状况向社会公布，建立信用信息披露机制，形成一套可供查询的信用体系，把出版社、书店交易各方的信用状况都予以公开，给诚实守信的企业以鼓励，使不守信用的企业难以立足，让想不守信的企业引以为戒。"①

社会信用体系建设规划纲要（2014-2020 年）提出，"社会信用体系建设的主要目标是：到2020年，社会信用基础性法律法规和标准体系基本建立，以信用信息资源共享为基础的覆盖全社会的征信系统基本建成，信用监管体制基本健全，信用服务市场体系比较完善，守信激励和失信惩戒机制全面发挥作用。政务诚信、商务诚信、社会诚信和司法公信建设取得明显进展，市场和社会满意度大幅提高。全社会诚信意识普遍增强，经济社会发展信用环境明显改善，经济社会秩序显著好转。"②

在文化、体育、旅游领域信用建设一条中提出，"依托全国文化市场技术监管与公共服务平台，建立健全娱乐、演出、艺术品、网络文化等领域文化企业主体、从业人员以及文化产品的信用信息数据库。"

我国当下的基本经济制度，是以公有制为主体、多种所有制经济共同发展。当超前消费观念被更多的人接受，市场经济也就更加注重信用的价值。在我国的行业和政府部门只有建立起成熟的信用制度，才能打破经济发展瓶颈。在我国现行经济制度条件下，按照不同的主体，社会信用体系可以包含政府、企业和个人信用三个方面。社会信用必须以政府信用做支撑，个人信用集合是社会信用的重要组成部分，而影响范围最广、活动最频繁及最关键

---

① 杨毓，杨庆峰. 失信行为判断与立体化信用评价机制的建立 [J]. 商场现代化 (3):137-138.
② 社会信用体系建设规划纲要（2014-2020 年）.

的则是企业信用。因此，建立出版行业征信体系有必要提上行业日程，出版征信体系的研究对象应包括企业主体和从业人员，由于篇幅、能力和时间所限，本课题仅就企业主体进行研究和指标设定。

第二节 选题意义

建立公开透明的出版企业征信体系，具有十分重要的意义。具体来说，主要有以下三点。

一、助推企业发展

企业信用评价是必不可少的基本活动，能避免企业陷入盲目和被动，并形成"倒逼"机制，驱动出版企业进行自我革新和再造。

建立出版企业征信体系有利于优化出版社本身的管理模式，能帮助出版社审视自身薄弱之处和待改进之处，进一步提升自身管理水平、推进改革走向纵深。就出版业未来发展而言，信用体系建设有助于公司化后参与兼并、收购、重组等业务，有利于出版社深化改革、持续推动市场化运作。

二、满足行业需求

建立出版企业信用体系能够为相关出版企业进行商务交易以及做出信用管理决策提供有效信息和信用评估支持；能够有效地增强企业信用信息的公开性和透明度，提前获悉合作客户、供应商以及企业的风险等级情况，更好地选择合作伙伴；能有效降低商务和信贷交易的成本；促进企业信用记录、监督和约束机制的建立等。随着出版机构企业化、集团化改革的进一步深入，馆配采购、版权合作、与作者和译者合作、图书的销售和分发、与数字出版IP企业的合作等，都可以参考出版机构的信用评估报告。对图书出版单位征信评估，有利于优化资源配置，促进行业合作，降低交易成本，减少交易合作的风险。

三、有利于政府管理

通过信用评价，为党、政、机关、上级单位管理出版社提供新的视角，发挥政府主管部门对图书出版业发展的引导作用，促进出版行政管理的规范化、体制化和科学化程度，为我国出版行政部门在把握行业全局、提高管理决策能力和增强服务水平等方面做出贡献。最终实现政府对我国目前存在的图书出版单位的宏观调控，保障我国图书出版产业的可持续发展以及健康发展。

发掘产业内信用程度高的企业，可以为政府确定产业扶持对象提供有价值的参考依据。执行出版企业信用评级制度，一方面能够规范出版行业秩序和出版单位的出版行为，另一方面也可以使其主观能动性和创造性得到充分发挥。市场经济条件下，更加讲求公平竞争，出版信用评级在重塑图书市场主体方面可能产生重要影响，盘活出版单位在市场经济下的活力与竞争力，推动出版行业深化改革，进一步解放出版生产力。

有效识别出版企业的信用等级，并让其认识到自身在市场中的地位和客观全面的把握优势和劣势，构建一个出版行业的征信体系对建立良好的出版信用环境具有重要意义。因此，出版企业征信体系的研究刻不容缓。

第三节　研究现状

主管部门曾多次提出绩效评估办法，多侧重于社会效益，经济效益其次。2004年，上海市新闻出版局制定《上海市出版社社会效益评估办法》，较早对出版社的社会效益提出了考核指标，评估办法强调了出版社的社会效益，体现了出版的导向原则。

国务院国资委统计局发布了出版业《企业绩效评价标准值2012》，该指标体系从盈利能力状况、资产质量状况、债务风险情况、经营增长情况及补充资料等五个方面来衡量图书出版单位的绩效，但该指标体系仅能考察图书出版单位的经济效益。

国家新闻广电总局开展的"全国经营性图书出版单位等级评估"，针对我国出版产业企业进行过大规模地评介，并且有力推动了我国出版机构转企改制工作。"但因为是我国第一次进行这种全国性出版企业评价工作，无论评价指标体系和评价工作的操作，都还有很大的完善、提升空间。"[1]

---

[1] 王强，莫林虎. 国际大型出版传媒集团评价指标体系建设初探[J]. 中国出版，2013(10): 3-7.

出版学界也针对图书出版竞争力构建了各式评价指标体系，就课题组搜集到的资料来看，有的研究文章只是从某一方面，如绩效考核、主题出版、图书质量等角度着手，构建规范合理的出版评价指标体系。有的提供了原则和方法，试图细化到各个细项和具体操作阶段，但在工作中很难进入实际操作阶段。

我国出版集团比起国际出版行业，起步较晚，国内学者们进行的相关研究还不多。现今最常用的就是选取模糊灰色综合评价法，从财务能力因素、运营能力因素以及发展能力等角度出发，构建出版集团竞争力的指标体系。但该指标体系未能很好体现出版企业作为文化产业具备的特征，评价指标的选择与一般企业评价较为相似，没能与文化产业特质相结合。

联合资信对出版行业企业主体信用的评级框架是通过对影响偿债主体经营风险和财务风险的主要要素进行分析，再综合判断偿债主体信用风险的大小，最后给出受评主体的信用等级。其中，经营风险因素关注了行业分析、企业基础素质、企业管理能力、经营情况分析以及未来发展等五个方面；财务风险因素则主要包括资产质量、资本结构、盈利能力、现金流量、偿债能力等方面。

评级框架如图1-1所示：

这一信用等级评价对本课题具有非常高的参考价值。

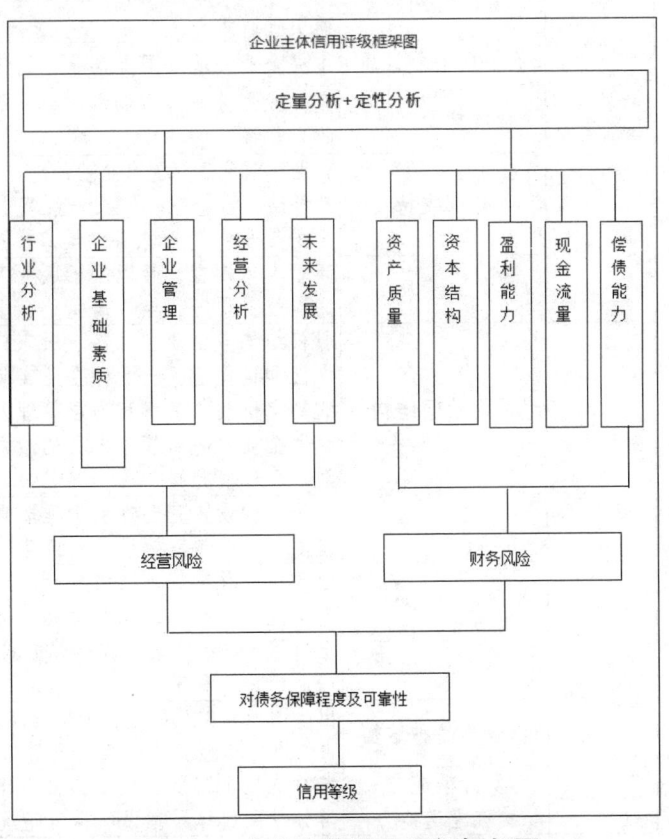

图1-1 企业主体信用评级框架图

联合资信对出版行业企业主体信用的衡量指标如下。

表1-1 联合资信对出版行业企业主体信用的衡量指标

评级要素		细分要素指标
行业分析	行业概况	宏观经济形势、GDP水平、人均可支配收入、中高等收入人群占比、消费结构
	行业地位	所处细分行业的产业链地位，对上、下游的议价能力
	行业格局	各地区新闻出版行业总体经济规模情况、出版集团综合排名情况、出版行业集中度、出版集团与大众出版的竞争优势、新业态发展对传统媒体的冲击
	行业政策	《新闻出版业"十三五"时期发展规划》、中小学教材教辅出版政策、进出口政策、税收政策
	行业发展	全国居民收入水平变动、经济增长及周期波动、人口流动及增长、行业政策引导方向
基础素质	区域环境	地区经济水平、当地人口基数、地区居民收入和消费水平、在校学生人数、区域市场竞争格局、地方出版业招商引资政策等
	企业所有制性质	中央企业、地方国有企业、民营企业
	企业规模及产业链	整体或细分业态市场占有率、行业排名及奖项、资产及收入规模
	外部支持	行业税收优惠、国有企业的地方经济地位、政企合作、财政补贴、国有资本收益返还；民营企业的股东实力、股东资金或资产注入、股东资源共享、股利分配政策
	人员素质	高管人员设置、管理层出版业务经验和管理水平；员工的岗位、学历和年龄构成
企业管理	法人治理结构	股权结构与企业独立性、股东权利与保护、董事会的独立性和运作情况、受评企业实际的领导体制、重大决策的制定机制、董事和高层管理人员的遴选与聘任制度、受评企业对高层管理人员的激励机制、监事会的运作规则与运作情况等
	管理水平	组织机构设置完备性、管理职责明确性、规章制度健全程度、内部制约效果、人事管理和激励措施有效性等
经营分析	业务结构	经营业态及定位、区域分布及市场占有率、细分业务收入构成、毛利率水平及变动情况、销售价格趋势、产品出口情况、销售渠道和结算方式、产品定价策略与原则、产品销售毛利率
	出版物品种结构	出版图书种类及数量、造货码洋、图书再版率、细分市场占有率、租型和本版教材合计市场占有率等
	发行渠道与物流配送能力	发行资质丰富度、代销图书占比、上游客户稳定性、下游分销网络体系建设、退货情况等

续表

评级要素		细分要素指标
经营分析	印刷业务	印制产品种类、公司内业务占比、主要生产设备以及生产能力，工艺技术水平，业务整合情况等
	经营效率	存货周转率、应收账款周转率、回款实洋与发货（销售）码洋的比值等
未来发展		企业发展思路和战略、市场区域扩张方式、现有书店的改进计划、在建工程和拟建项目、三年内的重点目标及具体措施、往年目标的达成；项目资金来源及到位情况、未来融资计划
财务分析	财务信息质量	审计机构从业资质，近三年会计师事务所对企业财务报表出具的审计结论；合并范围变动、会计政策一致性；存货减值的衡量、应收账款计提方式、投资性房地产和无形资产计价方式等会计处理方式
财务分析	资产质量	存货构成及减值准备、应收账款及其他流动资产形成原因及账龄、资金回收风险、坏账准备计提及其对流动资金的占用程度，非经营性投资的盈利能力、回收风险及风控措施；长期股权投资盈利情况、分红情况减值计提，投资性房地产计价，固定资产折旧方式、成新率、在建工程及商誉价值风险
	资本结构	有息债务规模及债务负担、债务结构与资产结构的匹配程度、债务偿还时间的集中程度、权益的结构及稳定性；资产负债率、长期债务资本化比率、全部债务资本化比率

但由于行业之外的第三方，对经济信息非常敏感，但出版政策变化和企业运行情况了解不足，对影响文化企业的外在环境理解不充分，很难准备把握信用评价的尺度和指标，即便指标和赋值非常科学合理，要获取这些信息要付出相当大的时间和精力，且要及时获得更难。

社会信用体系建设规划纲要（2014—2020 年）的第四条中，对加快推进信用信息系统建设和应用的表述："要建立行业信用信息数据库。各部门要以数据标准化和应用标准化为原则，依托国家各项重大信息化工程，整合行业内的信用信息资源，实现信用记录的电子化存储，加快建设信用信息系统，加快推进行业间信用信息互联互通。各行业分别负责本行业信用信息的组织与发布。发挥市场激励机制的作用，鼓励社会征信机构加强对已公开政务信用信息和非政务信用信息的整合，建立面向不同对象的征信服务产品体系，满足社会多层次、多样化和专业化的征信服务需求。"

基于上述行业环境和现实需求，由熟悉出版行业的专业的第三方机构在上级管理部门的指导下，构建起科学、合理、公开、多层次的，对市场各方有参考价值的信用评价体系，即时公布企业信用评价变动情况，对于进一步规范市场秩序，优化出版行业格局，推动行业高质量发展，具有重要意义。

第二章 设计说明

第一节 设计目标

就资料搜集和整理的结果，从出版行业企业信用评价体系角度出发的研究尚停留在理论探讨阶段，实际操作还付诸阙如。本课题通过对信用评价、出版行业、出版企业的研究，试图提炼出兼具量化和定性的出版企业信用评价体系。

本课题力求全面地涵盖影响信用的相关指标，并尝试给予比重赋值，以真实地反映出版企业信用现状，揭示行业内企业的内在价值，为其改进和提升提供借鉴，识别不同企业信用等级，辅助政府更好发挥监督监管职能。

第二节 相关概念界定

一、出版业

出版业怎么界定？"印制、复制精神产品，为公开在社会中发行而进行的生产过程。通常指把稿件、节目转化为报纸、杂志、书籍、录音录像带的物化形式。出版是由出版机构进行的……在当代电子时代，出版有广义、狭义之说。广义的出版是指一切信息物质载体的生产与发行过程，包括书刊、电影、录音录像制品、幻灯片、唱片等；狭义出版是指书籍、报纸、杂志等印刷品的编辑、印刷、装订和发行的生产过程……人们的精神创作只有达到一定的水平，经过审定被出版机构认为有一定价值而附以物质载体，才是真正的出版。"①《出版词典》中"出版"的定义是："选择某种精神劳动成果

---

① 刘建明. 宣传舆论学大辞典 [M]. 经济日报出版社，1993.

（文字、图像作品等），利用一定的物质载体进行复制以利传播的行为。"[1] 按照我国行业统计信息和政府实行的行业管理体制分类来看，出版业主要包括的内容有：出版社、报刊社、音像社、电子出版社、提供印刷及复制加工服务的印刷厂、光盘公司；出版物销售系统的新华书店、外文书店、网络书店、出版外贸以及印刷物资供应公司。

《中国大百科全书·新闻出版》（1993）中有文字表述："出版事业，有广义和狭义，广义是泛指出版企业单位（包括出版、印刷、发行）、出版事业单位（包括出版教育、研究部门）和出版行政管理机关，即包括了出版企业和管理部门，狭义就是指出版企业。"[2] 本课题主要讨论对象选取"出版书、报刊、音像、电子出版物"的出版企业和发行企业。

在国民经济行业分类中，对出版行业的企业主体类型有明确的界定。

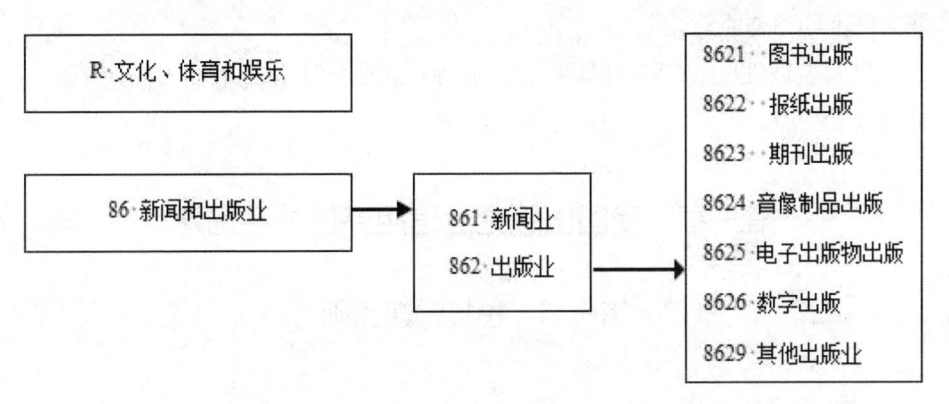

```
R·文化、体育和娱乐
                                          8621·图书出版
                                          8622·报纸出版
                                          8623·期刊出版
86·新闻和出版业  →   861·新闻业         8624·音像制品出版
                      862·出版业    →    8625·电子出版物出版
                                          8626·数字出版
                                          8629·其他出版业
```

图 2-1　《国民经济行业分类》（GB/T4754-2017）——出版行业分类

二、出版行业企业信用评价体系

何为信用？《现代经济词典》中给出了这样的释义："狭义的信用是指以偿还和付息为条件所形成的商品或货币的借贷关系。它表示的是债权人（即贷者）与债务人（即借者）之间发生的债权债务关系。"从某种意义上讲，这个"信用"也包含了相信、信任，表示的是债权人对债务人的偿还能力的信任。在现代市场经济中，信用形式繁多。[3] 广义的信用也叫做"社会信用"，是指

---

[1] 丁如筠等. 出版词典 [M]. 上海辞书出版社，1992.
[2] 中国大百科全书·新闻·出版 [M]. 中国大百科全书出版社，1993.
[3] 中国社会科学院经济研究所. 现代经济词典 [M]. 凤凰出版社，江苏人民出版社.

人们按照法律法规和各种交易中的合约规定，履行相关义务和责任的行为状况。社会信用体系，是指一国各个方面、各个层次相互联系的社会信用制度的整体构成。

个人（群体）的信用品质从根本上取决于个人（群体）的信用价值观念，而企业信用则是一个多层次概念，它包含了价值观念、管理模式、信息技术以及经济效益等许多领域①，评价是对上述情况做出判断的行为。企业评价是揭示企业内在价值和提供创造价值途径的行为，因而企业评价的基本功能被认为是导向功能。②

文化领域信用建设的重点是："依托全国文化市场技术监管与公共服务平台，建立健全娱乐、演出、艺术品、网络文化等领域文化企业主体、从业人员以及文化产品的信用信息数据库；依法制定文化市场诚信管理措施，加强文化市场动态监管。"

具有普适性的、综合性导向的出版行业企业信用评价指标，需要结合出版行业的特点，在不同的维度和层次上进行分解。

第三章 我国出版企业信用评价体系构建

第一节 指标构建原则

一、全面性原则

为尽可能全面地反映每个维度，并协调整个体系中维度、具体指标之间的关系，使其完整全面。本课题开展前，邀请了行业内专家、工作人员共同探究讨论，尽量选取充足的评价指标，涵盖出版的各个重要环节，保障指标的全覆盖性。最终选取的评估指标是确实能够反映出图书出版单位真实信用水平并具有代表性的要素，由此组成市场化改革后的图书出版业企业信用评级指标。

---

① 朱贻庭.中国传统伦理思想史 [M].华东师范大学出版社，1989.
② 毛道维.企业综合评价的趋势及理论 [J].经济体制改革.2001（2）.

二、科学性原则

测量模型从元素选取到计算方式都坚持科学合理，有相应的依据和评判标准体现出研究问题的重点，力求各项指标之间能有机结合，既有相关性同时不互相重叠，避免冗余。评价指标要精准明确，对指标的内涵和外延要做出明确规定，对所选取的评估指标以合理的方式进行量化处理，实行定量评估，以此增强企业信用评级体系的科学性和客观性。

三、层次性原则

出版信用评级采用多层次的指标体系，凸显其多维度和层次性特征，不仅能提升考评活动的效率，还能使评价流程更加科学合理，有利于形成一定的体系。层次之间的具体指标既要相互联系，但又相对独立。同时，指标应该是可比较的，才能给各个不同指标进行赋分。

四、适用性原则

结合出版行业自身特性，除了通用的企业信用评价指标体系，如销售利润率、吸金流动比等，还需要根据行业自身特点、贴合工作实际，例如出版统计制度、质量监测体系等方面制定新的专业性指标。

五、灵活性原则

指标体系需要对信用变化做出即时反映，这样才能保证企业信用指标体系在时间层面的延续性、内容方面的拓展性。有效实用的评价体系应该是当企业做出战略调整或者内外部环境发生改变时，能够做出正确的实时反应。当前我国图书出版企业正处于变革时期，企业的评价标准必将面临调整和改变。值得注意的是，在实施企业信用评定时必须要把握指标的动态性与稳定性之间的平衡，即灵活性原则。

六、可操作性原则

评价指标体系是用于揭示出版企业内在价值及其成因的，可操作性应当是其中一个重要目标，可以在现实中应用付诸实践的评价体系才具有价值和意义。这就需要模型中的每一项指标都应该具备一定的可获得性。有些变量难以直接量化，寻找可以替代的指标更换，例如企业或主要负责人发生过违规违纪违法等行为，采取一票否决制度，并使用描述性的语言进行表达。

第二节 出版企业信用评价指标模型

本课题在信用评价体系的构成大类上，主要采取《企业信用评价指标》（GB/T23794-2015）的基本架构，通过文献搜索、专家咨询等方法，同时根据出版行业企业的特殊属性与数据搜集的可行性，对相关指标进行筛选和修改，最终确定从价值观念、核心竞争力、社会责任三个维度选取测量指标，试图建立适用于出版行业企业主体信用评价模型，以此来对企业主体进行评价。

一、指标设计

不同指标，其重要程度不同。要科学准确地衡量出版企业的发展情况，只有依据行业大数据制定出准确合理的指标权重。"出版企业信用评价体系研究"课题组邀请业内专家学者参加了课题组组织的座谈会，会上讨论和确定了指标重要程度，并参考《出版管理条例》（2016年修订版）、《图书出版单位社会效益评价考核试行办法》（中宣发〔2018〕45号）、《新华书店社会效益评价考核试行办法》（中宣发〔2018〕35号）等文件，根据出版行业的特殊性质，利用层次分析法确定了各指标权重分值进行。

"出版行业企业主体信用指标设计"基本框架如下：

表 3-1 出版行业企业主体信用指标设计

一级指标	二级指标	三级指标	四级指标	分值（分）
价值观念	价值理念（4分）	发展战略 2分	一定时期内对企业发展方向、发展速度和质量、发展点及发展能力的重大选择、规划和策略	2
		领导层品质 2分	领导层市场行为、历史业绩和信用记录	1
	制度规范（8分）	法人治理 4分	股东会、董事会、监事会、经营团队职能建设、职责履行记录情况	2
			股东结构情况、组织结构设置合理	2
		规章制度 4分	内部制度建设	2
			重大事项信息披露制度	2

续表

一级指标	二级指标	三级指标	四级指标	分值(分)
价值观念	品牌形象（16分）	重点项目 6分	入选各类国家级出版规划、重点工程、国家资助项目并且实现出版	6
		奖项荣誉 6分	获得出版界三大奖和国家级行业性奖项全国性优秀出版物推荐或其他中宣部认可的奖项	6
		品牌建设 4分	社会评价	2
			品牌形象	2
核心竞争力	管理能力（6分）	诚信管理 0.5分	企业建立和运行诚信管理体系情况	0.5
		人力资源管理 2.5分	员工数量增长率及稳定水平	1
			高素质员工比率	1
			培训类型均衡率	0.5
		★质量管理 1分	基础设施建设	0.3
			承担产品质量责任	0.7
		后勤保障管理 1分	餐饮、卫生、维修等	1
		党建工作 1分	党组织建设情况	0.5
			工会、共青团等群团组织运转情况	0.3
			定期开展主题活动	0.2
	财务能力（9分）	企业规模 1.5分	省（市）内成立编辑部、公司	0.5
			省市外成立编辑部、公司	1
		偿债能力 2分	流动比率	0.5
			速动比率	0.5
			现金流动负债比率	0.5
			资产负债率	0.5
		盈利能力 2分	营业利润率	1
			净资产收益率	0.5
			总资产报酬率	0.5
		营运能力 2分	总资产周转率	1
			★主发册数比例	0.5
			应收账款周转率	0.5

续表

一级指标	二级指标	三级指标	四级指标	分值(分)
核心竞争力	财务能力（9分）	发展能力 1.5分	净发货增长率	0.5
			三年利润平均增长率	0.5
			总资产增长率	0.5
	市场能力（24分）	★国有部属机构* 4分	机构背景	1
			作者群体	1
			品牌图书	1
			教辅教材类	1
		★畅销书机构* 3分	优质IP	1.5
			同类出版物占有率	1.5
		★渠道营销能力 4分	图书中盘销售能力	1
			旗下实体书店销售能力	1
			图书电商渠道销售能力	1
			电子图书及数字出版产品的渠道销售能力	1
		★编辑构成 3分	学术型编辑评定能力	1.5
			畅销书编辑评定能力	1.5
		★市场占有率 4分	年市场销售平均增长率	2
			图书重印率	1
			挖掘新业务能力、创新能力	1
		★数字出版能力 6分	积极推动传统出版成果转型升级，并取得一定成果的	2
			数字出版综合投入资金额	1
			数字出版人才配置	1
			数字出版平台建设、运营及维护	1
			支付渠道	0.5
			先进出版设备配置	0.5
	进出口贸易（8分）	版权引进 2分	引进版权的数量和销售	2
		★海外出版走出去 6分	版权输出、出版物海外销售	2
			海外机构、平台搭建	4
社会责任	公共管理（14分）	★质量检验 9分	内容质量	3
			编校印刷质量	3
			出版管理部门、出版单主管部门抽查检查情况	2
			质量管理体系建设和运行	1

续表

一级指标	二级指标	三级指标	四级指标	分值（分）
社会责任	公共管理（14分）	安保能力 2分	库存环境	1
			运输条件	1
		环境保护 3分	排污信息	1
			防治污染设施的建设和运行情况	0.25
			建设项目环境影响评价及其他环境保护行政许可情况	0.25
			突发环境事件应急预案	0.25
			环境自行监测方案	0.25
	相关方履约（2分）	融资信用 1分	近三年受证券监管机构处罚的情况说明	2
		投资项目 1分		
	案件执行（8分）	版权诉讼 2分	侵权案件（版权执法、行政处罚）	2
		经济纠纷 2分	合同履约	1
			纳税信用	1
		劳动纠纷 4分	工资及支付	1
			★作家、作者权益维护	2
			福利与社保	1
	公益支持（6分）	公益慈善活动 4分	扶贫项目成果	2
			捐赠图书、阅读角、公益活动、农家书屋	2
		技术支持 2分	技术创新投资占总收入比例	1
			获专利数量	1

备注：1.确保导向、提高质量是图书出版的基本要求。凡是图书出版单位在评估期内因违纪违规被查处，图书出版单位近期出现过严重政治导向错误、社会影响恶劣的事件及出版物的，实行"一票否决"，信用降级。
2.出版企业或企业董事长、法人、主要负责人，在评估期内受到党纪、国法、行政处罚的，实行一票否决制，信用降级。
3.本指标中"出版物"包括图书、音像、电子出版物、网络出版物和新媒体出版产品。
4.本表中基本分部分合计105分，根据实际情况按计分标准加分和扣分，不超过各项指标最高赋值，最终取百分制对分数进行标准化处理。
5.本表格中，标星号★的指标细项属于出版行业特色指标；标*的指标细项是并列项，根据不同出版机构的性质分类赋分。

二、权重系数确定

在构建信用评价指标模型时，设四级指标，按每级指标对上级指标重要性进行赋值，同级指标的设置重点考虑对上级指标不同维度的补充，构成一个判断矩阵。有些指标可能尚未完整描述上一级指标，还可以增加，只调整本级分值，但上一级分值不变。

三、指标释义

1.价值观念

出版单位必须紧跟国家形势，出版观念符合主流意识形态，要积极策划主题出版物，坚持社会效益优先的原则。加分情况：参与信用评级的出版单位，曾经获得过中国出版政府奖（先进单位奖）或者新闻出版系统先进集体等出版行业相关表彰时适用。

（1）相关指标发展战略：具有合理稳定的发展规划和业务拓展方向，制定了体现专业特色的中长期选题规划，且年度执行情况良好。

（2）领导层品质：企业或企业董事长、法人、主要负责人，受到嘉奖的，包括但不限于如"先进出版单位""最具馆藏影响力出版机构""中国上市公司口碑榜文化体娱产业最具成长性上市公司奖"等奖项，其他有影响受中宣部或其他省级以上政府机构认可的奖项。

（3）出版物倾向：始终把握正确政治方向，坚定理想信念，全面贯彻"二为"方向和"双百"方针，坚持以人民为中心的创作导向，

（4）内部制度规范：本指标主要关注的是出版企业的制度保障情况，规范出版行为力度以及该出版企业的规范管理、建章立制以及落实和执行等相关情况。建立及实施的规章制度公平合理，出版手段新颖创新，才能保证出版企业实现可持续发展、健康良好发展。

（5）党组织建设情况：党组织坚强有力，参与重大决策；党建工作有计划、有安排，组织生活平稳有序，每年召开1次以上民主生活会，班子成员按规定参加双重组织生活；按时、足额缴纳党费；政治立场坚定，坚决贯彻党的路线方针政策和国家法律法规。

（6）重大事项信息披露制度：按照规定执行三审三校、重大选题备案、书号管理、样本缴送等出版管理制度，未出现违规出版和违反宣传记录的行为。

（7）重点项目：包括但不限于党政军的项目，如：入选国家重点出版物出版规划（"十三五"国家重点出版物出版规划、国家古籍整理出版规划、国家辞书编纂出版规划）的项目；获得国家级资金（国家出版基金、国家古籍整理出版专项经费、民族文字出版专项资金、国家科学技术学术著作出版基金）资助的项目中央宣传部年度主题出版重点出版物；列入教育部义务教育教学用书目录的图书，本科教育国家规划教材，职业教育国家规划教材；入选中央宣传部组织的"优秀儿童文学出版工程""优秀现实题材文献出版工程"等精品出版工程的图书；入选其他省部级以上重点出版规划、专项出版资助的出版物；入选其他省部级的出版产品及文化产品；对于年出版量超过300万字的跨年度大型出版项目，可酌情增加分值，或根据阶段性完成情况计入年度分。

（8）奖项荣誉：包括但不限于党政军机构颁发的奖项，如：获得"五个一工程"优秀图书、"中国出版政府奖"（包括图书、音像、电子出版物和网络出版物奖，先进出版单位奖）、"中华优秀出版物奖"（包括图书、音像和电子出版物奖）。获得"国际科学技术进步奖"的科普出版物，获得"茅盾文学奖""鲁迅文学奖""全国优秀儿童文学奖"的图书。获得其他省部级以上图书奖项（按规定程序获得批准举办的）的图书。入选中国图书评论学会年度"中国好书"推荐的图书。入选中央宣传部组织的全国性出版推荐活动的出版物。同一出版物获得不同奖项、推荐，计最高分、不重复计分。

（9）社会评价：涵盖各方面评价，包括但不限于：服务党和国家工作大局，服务地方经济社会发展和文化建设，推动科技进步、行业发展，产生广泛影响的（提供发行情况、行业和社会评价等方面具体材料）。被《人民日报》、新华社、中央广播电视总台、《求是》杂志、《经济日报》及其官网宣传报道的。被其他省部级以上媒体和专业领域权威媒体宣传报道的。同一出版物计最高分，不重复计分，媒体报道指专门专题性宣传报道，不含简单书讯、书目推荐、推行榜单。

（10）品牌形象：企业在品牌建设方面的主导意愿、追求的目标和发展思路等。包括企业对品牌培育、建设、发展的规划等（可借助品牌价值等衡量）。包括但不限于图书品牌和学术品牌，有较强的学术出版能力和资源整合能力。

2. 核心竞争力

（1）建立和运行诚信管理体系情况：诚信经营，未出现侵权、盗版等违法违规或严重违反行业规范，未在社会引起负面评价的情况，未被全国信用信息共享平台、国家企业信用公示系统列入经营异常名录或严重违法失信企业名单。

（2）人力资源管理指标企业人力资源管理评价一般从三个方面进行，包括人力资本能力、人力资源运作能力及人力资源效率能力。下面对每个能力进行细化，并说明最终确认评价指标的依据及缘由。

人力资本能力包括人员数量指标、员工人数流动指标和人力资源结构指标，即能够体现企业规模、用工能力和合理性方面的能力。由于这三方面的数据并不容易获取，并且人员数量和员工流动两者可能存在相互冲突之处，因此，根据上市企业每年必须发布的社会责任报告书中所披露的"员工发展"部分的内容，选取员工数量增长率和高素质员工比率作为本次信用评价指标中人力资源管理的两项细化指标。

员工数量增长率 = 年末在职人数 – 年初在职人数 / 年初在职人数 ×100%

高素质员工比率 = 本科及以上在职人员数 / 全体员工数 ×100%

由于上市公司披露的社会责任报告中只能获取培训类型方面的信息，其他信息则只用于内部企业管理。因此，本次信用指标体系选取培训类型均衡率对企业的人力资源运作能力进行测评，社会责任报告中，将培训类型分为经营管理类、文化素质类、岗位知识技能类、政策制度流程类和职业资格/继续教育类五个方面，公司的稳定发展需要各方面不同的人才支撑，公司培训人才不厚此薄彼则更可能有好发展，因此培训类型均衡率可作为一项对企业人力资源管理进行评价的指标。

计算公式：$s = \sqrt{\dfrac{\sum_{i=1}^{n}(x_i - \bar{x})}{n}}$

其中，s 为培训类型均衡率，n 为培训类型类数，X_i 是 i 类培训所占比率。

（3）财务管理能力指标企业财务管理能力评价指标，目前已经较为成熟，但根据研究目的不同，选取的财务指标侧重点也有所不同。总体来看，财务管理能力一般下设偿债能力、盈利能力、营运能力和发展能力四个下级指标：

首先是偿债能力，它是一个企业财务管理能力的重要体现。偿债能力，顾名思义，就是指企业偿还到期债务（包括本息）的能力。偿债能力指标根据偿还期限不同，可分为短期偿债能力指标和长期偿债能力指标：衡量短期偿债能力的指标一般有三项，包括流动比率、速动比率和现金流动负债比率；长期偿债能力则主要有资产负债率。

流动比率是流动资产与流动负债的比率，其数值结果是表明企业每单位流动负债能作为偿还保证的流动资产有多少，反映的是企业在短期时间内能够转换为现金的流动资产数额，并偿还到期流动负债的能力。

流动比率＝流动资产/流动负债×100%。理论情况中，流动比率越高，则企业的短期偿债能力也越强。但在某些情况下流动比率高，并不等于企业有足够的现金或存款用来偿债。速动比率是企业短期偿债能力的另一衡量指标，它指的是企业速动资产与流动负债的比率。速动资产即流动资产减去变现能力较差且不稳定的存货等之后的余额。

速动比率＝速动资产/流动负债×100%。通常情况中，企业的速动比率越高，则表明该企业偿还流动负债的能力越强。但如果企业的速动比率过高，尽管企业偿还的安全性很高，但却会因企业现金及应收账款占用过多而大大增加企业的机会成本。因此企业的速动比率维持在100%左右最为适当。

现金流动负债比率反映经营活动产生的现金对流动负债的保障程度。企业能够用来偿还债务的除借新债还旧债外，一般应当是经营活动的现金净流入才能还债。一般认为该比率在50%适宜。

现金流动负债比率＝年经营活动现金净流量/期末流动负债×100%。长期偿债能力是指企业按着约定期限支付所欠债务的利息以及到期偿还债务本金的能力。正常生产经营的情况下的企业不能通过变卖自身的有形或无形资产来偿还长期债务，而是应该将长期借款投入到收益回报率更高的经营项目中得到利润从而偿还到期债务。长期偿债能力大小主要由企业的资产负债率表明。

资产负债率＝负债平均总额/资产平均总额×100%。这一比率越小，表明企业的长期偿债能力越强。指标值以不高于70%为宜。

预警：如果资产负债率＞1，说明企业已经资不抵债，有濒临倒闭的危险。

其次是盈利能力，它是指企业获取利润的能力，也称为企业的资金或资本增值能力，通常表现为一定时期内企业收益数额的多少及其水平的高低。出版企业盈利能力的强弱有诸多影响因素，出版单位的业务结构便是其中之一。

此外，出版环节上，出版企业印刷的出版物内容质量也对其盈利能力有重大影响。内容质量一般或者粗俗的出版物所依靠的手段只有打折促销，而内容优质的畅销书不仅折扣损失低，并且再版重印率高，从而提高其在出版环节的盈利能力。发行环节上，具有相对垄断优势的教材教辅发行企业能够保证持续较高的盈利水平，而其他图书则面临非常激烈的市场竞争，利润微薄。在出版企业日常经营之外，政府出台的税收优惠政策同样对出版企业的盈利能力具有较大的影响。目前政府部门已经在实行先征后返的税收政策，这样产生的审核周期差异，导致每个会计期间的增值税金额波动幅度较大。

盈利能力在客观的评定指标主要包括营业利润率、总资产报酬率、净资产收益率等。

盈利能力考察企业赚取利润的能力，主要关注以下四个方面：①主营业务收入与主营业务成本变动趋势是否具有一致性，是否与经营分析相吻合；②近三年期间费用（销售费用、管理费用和财务费用）占主营业务收入的比重，判断企业对费用的控制力度；③非经常性损益的规模及稳定性；④盈利能力主要考察的指标包括：营业利润率、总资本收益率和净资产收益率。

营业利润率是指企业在一定的经营时期内所取得的营业利润与营业收入的比率，是能够直观反映企业盈利能力的财务指标。

营业利润率＝营业利润／营业收入×100%。一般股东还会关注企业的主营业务利润率，以此判断企业在行业内的发展能力和该行业的市场前景。净资产收益率是企业一定时期净利润与平均净资产的比率，反映了企业自有资金的投资收益水平。

净资产收益率＝净利润／平均净资产×100%。一般情况下，净资产收益率的数值越高，则表明企业自有资本获取经营收益能力和营运能力也越强。此时，企业的投资人和债权人利益的保证程度也就越高。

总资产报酬率是指企业在一定经营时期内所获得的经营报酬总额与平均资产总额的比值，反映的是企业对自有资产的综合利用情况。

总资产报酬率＝息税前利润总额／平均资产总额×100%。其中：息税前利润总额是指利润总额与利息支出的总和。

一般情况下，企业的总资产报酬率数值越高，表明企业对资产的利用效益越好，也就是企业的盈利能力与其成正比例关系。

第三是营运能力，该能力指的是企业的经营运行能力，即企业的持续经营和运用自身资产赚取额外利润的能力。企业营运能力的财务分析比率有存货周转率、应收账款周转率、营业周期、流动资产周转率和总资产周转率等相关指标，鉴于出版行业本身的特殊性，本研究选取总资产周转率、主发册数比例和应收账款周转率作为其体系评价指标。

总资产周转率这一指标是财务报告中经常性的参照指标，指的是企业销售收入净额与资产总额的比值。该比率能够用于分析企业所拥有的所有资产的利用效果。一般情况下，若总资产周转率较低，则企业利用全部资产进行经营的效果就差，直接降低企业的获利能力。当企业的总资产周转率较低时，企业就应该采取措施提高资产的利用程度进而提高销售收入，若对这一信号视若无睹，企业经营必定陷入困难境地。通常来说，这一指标越高越好。

总资产周转率 = 主营业务收入净额 / 平均资产总额 × 100%。主发册数比例，重点品种不超过年度生产品种的 5%，重点品种不超过年度生产品种的 15%。一次主发数量和比例按业务板块分配主发具体册数。针对 A 类的最重点品种，市场部、销售部、生产部门共同策划市场营销方案。新书主发数量由市场部、销售部、生产部们共同协商确定。

严格按照图书预分数量完成发货任务，对于确定为重点的品种，在规定渠道内避免出现漏发、少发情况。

应收账款周转率是反映应收账款周转速度的指标，它是一定时期内赊销收入净额与应收账款平均余额的比率。应收账款周转率有两种表示方法：一种是应收账款在一定时期内（通常为一年）的周转次数；一种是应收账款的周转天数即所谓应收账款账龄。

应收账款周转率 = 赊销收入净额 / 平均应收账款 × 100%

赊销收入净额 = 销售收入 − 现销收入 − 销售退回 − 销售折让 − 销售折扣

最后是发展能力，发展能力是投资者最看重的能力，企业能够发展壮大，则投资者就更有机会获得高额回报，也叫成长能力。本研究对发展能力高低的衡量主要考察以下指标：净发货同比增长率、总资产增长率、营业利润增长率、技术投入比率、三年利润平均增长率等。根据新闻出版业常用企业发展指标及选取指标的量化难易，选取净发货同比增长率、三年利润平均增长率和总资产增长率为企业发展能力的指标。

净发货同比增长率 =（本年的净发货数量 − 去年同期的净发货数量）/ 去年同期净发货数量 ×100%

净发货增长代表出版企业图书被采购数量的增长率。

三年利润平均增长率，指企业三年内利润增长率的稳定性。利润高且稳定性好的企业发展能力也就越强。

三年利润平均增长率 = Σ 三年利润增长率 /3×100%

总资产增长率，是企业当年总资产增长额同年初资产总额的比率，反映企业本期资产规模的增长情况。

总资产增长率 = 当年总资产增长额 / 年初资产总额 ×100%

总资产增长率越高，表明企业一定时期内资产经营规模扩张的速度越快。但在分析时，需要关注资产规模扩张的质和量的关系，以及企业的后续发展能力，避免盲目扩张投资。

（4）机构背景：有强势机构作为出版机构的背书。有相关部门出版资源配置、政策资金扶持优势的，例如社会科学文献出版社依托于中国社科院，获取优质的作者及作品。

（5）作者群体：有固定的强势出版作者群体。例如江苏凤凰集团与众多知名作译者及其版权代理关系深厚、密切合作，拥有一大批优秀版权资源，如少儿出版领域曹文轩、黄蓓佳等一流儿童文学作家作品，现当代文学领域李敬泽、王安忆、韩少功、阿城、余华、格非、迟子建等国内著名作家作品，科技出版领域吴孟超院士、程顺和院士、任继周院士等国内权威专家学者的学术著作，外国文学领域塞林格、卡尔维诺、阿摩司·奥兹等国际知名作家作品，出版有戈尔巴乔夫、布莱尔、奥巴马等国际政治家传记。

（6）品牌图书：有固定且销售稳定的专业品牌图书。例如《新华字典》《中国大百科全书》等。

（7）教辅教材类：有固定且销量稳定的教材教辅图书。

（8）优质 IP：有成规模、成特色的品牌产品版块（年出版新书品种超过 10 种）。拥有由自己投拍或制作相关产品，包括且不限于影视、动漫、文创、游戏、数字出版产品等多种形式。获得省部级、国家级奖项的加分。例如江苏凤凰出版传媒股份有限公司申报立项并参与投资的电影《解放了》；主控拍摄制作的50集红色主旋律谍战题材电视剧《信仰》。译林影视参投电视剧《左耳》完成全部制作；网剧《小妖的金色城堡》在爱奇艺网站热播。IP价值可以参照各机构发布的IP价值榜加权得出。

（9）学术型编辑能力：拥有副高级以上职称编辑数量。对出版企业现有从业人员中获得过"新闻出版系统先进工作者""韬奋奖""享受国务院特殊津贴""出版百佳工作者""中青年优秀编辑"和评定期间获得"中国出版政府奖—全国优秀出版人物奖""韬奋新人奖"等奖项的情况进行统计，列为加分项。

（10）畅销书编辑能力：年度出版产品，销量十万册（套）以上的畅销书品种。开卷、京东等平台畅销书榜单在内的畅销书指标，体现了产品受到消费者喜爱的程度。

（11）编辑组成情况：评价图书出版单位编校人员中获得专业技术职称的情况，专业技术人员占员工总数的比例。

（12）图书再版重印率：图书再版、重印率的高低反映了读者和市场对图书的认可程度及图书出版单位可持续发展的能力，再版率代表着图书生命周期的长度，再版率和重印率越高，说明图书寿命越长。衡量图书出版单位平均每年再版重印图书占其总图书品种的比重。

（13）挖掘新业务能力、创新能力：发掘新书的品种率（新书品种率占当年所有图书种类的比例）、发掘新兴出版样式的能力（例如日历书、绘本书等新兴出版物形式）、公版书占当年所有图书种类的比例（此项为扣分项，比例越高，扣分越多）。

（14）数字出版能力：能应对信息化、数据化时代对传统出版的挑战，具备的先进出版技术水平，以及促进数字出版产业发展、推动多媒体平台经营的能力与意愿。数字出版环节包括产品设计、内容开发、编辑标引、产品运营、技术支持、营销推广等全流程体系。

（15）版权输出、出版物海外销售情况：年输出出版物及其版权品种（能提供外文版样书或版权收入证明）。出版单位若正在积极推进我国提倡的"走出去"发展战略，具有扩大我国图书及中华文化在世界的影响力的强烈意愿和销售业绩，则证明该出版单位的该项指标能够获得相应的计算分值。

（16）海外机构、平台搭建情况：出版物实物输出、海外出版机构建设或合作出版取得重大成果的（提供具体材料）。入选"国家文化出口重点企业"。若存在召开了新闻发布会，但实际上没有成立并运营的情况，酌情扣分。

（17）作家、作者权益维护：盗版泛滥，会损害原创精神，不仅侵犯了作家个人的利益，还有出版单位的利益，并对市场秩序造成了严重破坏。维护作家权益，需要出版机构的努力，帮助监管部门提高对盗版图书的打击力度。

（18）省外开设分公司、分社：2012年原新闻出版总署发布《关于加快出版传媒集团改革发展的指导意见》，提出了"鼓励大型专业出版企业对业务相近、资源相同的地方出版企业进行联合重组，通过与同类企业进行产品、项目、资本合作等方式，实现跨地区经营、跨地区发展"的战略要求，所以本课题对在跨省、市建设分公司、分社的出版机构给予加分，并且分值高于省、市内开设分公司、分社。本课题在设置指标体系时，将此项作为额外加分项进行评估。

3. 社会责任

设立"社会责任"指标的目的在于引导出版企业关注其社会责任，并且通过履行社会责任改善出版企业的征信环境，进而增加读者的忠诚度和美誉度。

（1）内容质量：出版物出现严重政治导向错误，影响恶劣的，不予评价。出版物出现导向偏差，被主管部门或省级以上出版管理部门批评、处罚的，视问题严重程度扣分（被主管部门处理的，被省级出版管理部门处理的，被国家出版管理部门处理的）。出版物内容粗制滥造或出现较为严重的知识性差错等质量问题，造成不良社会后果或负面舆论的。

（2）编校印刷质量：依据《图书质量管理规定》，出版物因编校印刷质量差错被主管部门或省级以上出版管理部门图书编校质量情况。同一年度，被省级以上出版管理部门检查发现有3种以上出版物编校印装质量不合格，则取消该出版单位本年度的参评资格，并予以公示，以此确保出版企业评级体系结果的公平性及可靠性。

（3）出版管理部门、出版单位主管部门检查抽查情况：在省部级以上连续 2 年在抽查中有不合格的出版单位或同一年抽查有 2 种及以上不合格图书的出版单位，或同一批次抽查有 2 种及以上不合格图书的出版单位。

（4）质量管理体系建设和运行：有相应的机构设置，校对部门、质检部门、出版部门、设计部门是否设置齐全。

（5）环境保护：此项指标仅限于有印厂的企业。积极响应国家绿色发展的号召，一方面自身管理恪守国家法律法规，在排放物、资源消耗、绿色出行方面积极倡导环保理念并付诸行动；另一方面着力于开展绿色公益和环境保护活动。

（6）融资信用：企业在银行、保险、担保等各类机构融资过程中的信用记录情况。

（7）合同履约：企业对供应商、分包商等各种经济合同条款的遵守情况。

（8）纳税信用：企业在税务方面纳税情况。

（9）工资及支付：企业员工工资水平及拖欠情况。作者、译者稿酬支付情况，与合作单位合作报酬支付情况。

（10）福利及社保：企业与劳动者签订劳动合同和为劳动者实施劳动保护等情况。

（11）公益慈善活动：企业参与社会公益活动计划、活动记录、捐助证明、社区服务投入等记录。图书出版单位积极参加社会公益事业，如全民阅读、"三下乡""双服务"、农家书屋等文化惠民活动。

（12）技术支持：申请专利情况；或有些高新科技企业，技术创新投资占总收入比例高、获专利数量大等。

第三节　评定方法

本课题采取的评分为两种方法结合的方式：主观指标采用专家会议评议的方式，客观指标则采用量化指标直接评分的方式，分别形成对参评出版企业的客观分数与主观分数及专家的书面评议意见。量化指标的支撑材料可以从各公司年报、出版企业社会效益评价报告、公开信息、关于出版机构或出版人员的奖惩报告中获取。本课题充分利用年度报告，采集获取相关指标的关键数据，根据获取的原始数据进行计算评分。

根据收集到的数据，梳理与指标体系有关的数据，剔除对指标评价体系无用的数据。一些可直接用于评估分数的客观数据，按照指标体系标准进行赋分；有些无法获得数据参照的指标则需要专家进行定级评分，采取专家投票打分以及集体商议的形式核准分数。根据评价工作的需求，严格选聘评审专家，组成专业素养好、权威性强的专家评审队伍，保证评价工作有序高效地开展。专家评委负责评价对象结果的真实性、完整性、规范性。

行业协会可介入到评价过程及评价结果复核工作中，从而确保评价过程及结果的透明性和客观性。

第四节 评定结果

出版企业信用评价指标的总分为 105 分，标准化总分为 100 分。在制定出版信用体系评分表的过程中，参照专家和行业情况，已经对各个指标进行了权重的划分。专家评定部分最终的标准化得分与客观指标计算得出的标准化得分相加，即为参评企业的信用评级最终得分，以此分数为标准进行企业信用等级确定。

出版企业的信用等级划分参照相关行业标准，可划分为如下七个等级。该划分实行分数区间制、就低不就高原则，在某一区间即为某信用等级。例如，A 出版企业的最终标准化得分为 92 分，则其信用等级为 AAA 级，表示信用优秀。B 出版企业的最终标准化得分为 69.5 分，则划分为 BBB 等级，而不是 AA 级。

表 3-2　信用等级划分

信用等级	分值	说明
AAA 级	90%–99%	优秀
AA	80%–89%	优良
AA 级	70%–79%	良好
BBB 级	60%–69%	一般
BB 级	50%–59%	基本合格
B 级	40%–49%	较差
C 级	30%–39%	极差

第四章 出版企业信用评价体系实操过程

第一节 计算方法

出版业信用评价指标体系是对组成每个单项指标的下级指标得分赋值，并对三个单项指标加权计算得出。本课题中的指标分值由企业的年度报告、企业社会效益及其他各项资料共同分析得出。指标得分按照相同的标准，要保证可信且公平。

具体计算步骤如下：

（1）根据参评企业的相关资料，邀请10位出版专业人士对各项评价指标进行核实确认，并取其平均值作为该指标的最终得分。

公式过程：$\bar{x} = \sum_{i=1}^{n} x_i / 10$

（2）各级指标下的各评估细项值经求和后得到该级指标对应的综合得分值。

公式过程：$U_i = \sum_{j=1}^{n} \bar{x}_j$（j≤n，j取值为正整数）

其中，U_i为所求指标得分值（即U_1为价值观念综合加权得分，U_2为核心竞争力综合加权得分，U_3为社会责任综合加权得分），$\bar{x}_j$为U_3指标下的各子级测量指标得分值，n为子级指标的项数。

（3）不同类别评估内容项指数经加权并通过计算后得到该指标的对应指标值，将三大指标指数值进行加和，最终得出出版企业的信用综合得分。

公式过程：$W = \sum_{i=1}^{n} U_i$（n=3，i取值为整数，即此时i=1,2,3）

其中，W为某出版企业的信用指标值。

（4）将信用指标值进行标准化，得出百分制下的企业标准信用指标得分，便于进行对比观察及综合排名。

$W_{标准} = \lambda * W = \lambda * \sum_{i=1}^{n} U_i$

其中，$W_{标准}$即为百分制下某企业信用指标得分，λ为标准化系数（$\lambda = 0.95 \approx 100/105$）。

第二节　计算示例

根据上述计算标准和过程，在此进行计算示例。

表 4-1　某企业信用体系评分表

一级指标	二级指标	三级指标	测量指标	测量指标平均分值	三级指标得分值	二级指标得分值	U值
价值观念（U_1）	价值理念	发展战略	一定时期内对企业发展方向、发展速度和质量、发展点及发展能力的重大选择、规划和策略（2分）	1.5	1.5	3.3	U_1 =18.7
		领导层品质	领导层市场行为、历史业绩和信用记录情况（2分）	1.8	1.8		
	制度规范	法人治理	股东会、董事会、监事会、经营团队职能建设、职责履行记录情况（2分）	1.8	3.4	6.6	
			股东结构情况、组织结构设置合理（2分）	1.6			
		规章制度	内部制度建设（2分）	1.2	3.2		
			重大事项信息披露制度（2分）	2			
	品牌形象	重点项目	入选各类国家级出版规划、重点工程、国家资助项目并是实现出版（6分）	4	4	8.8	
		奖项荣誉	获得出版界三大奖和国家级行业性奖项、全国性优秀出版物推荐或其他中宣部认可的奖项（6分）	3	3		
		品牌建设	社会评价（2分）	0.8	1.8		
			品牌形象（2分）	1			
核心竞争力（U_2）	管理能力	诚信管理	企业建立和运行诚信管理体系情况（0.5分）	0.5	0.5	4.7	U_2 =21.4
		人力资源管理	员工数量增长率及稳定水平（1分）	0.8	1.8		
			高素质员工比率（1分）	0.6			
			培训类型均衡率（0.5分）	0.4			
		质量管理	基础设施建设（0.3分）	0.2	0.7		
			承担产品质量责任（0.7分）	0.5			
		后勤保障管理	餐饮、卫生、维修等（1分）	0.9	0.9		
		党建工作	党组织建设情况（0.5分）	0.4	0.8		
			工会、共青团等群团组织运转情况（0.3分）	0.2			
			定期开展主题活动（0.2分）	0.2			

续表

一级指标	二级指标	三级指标	测量指标	测量指标平均分值	三级指标得分值	二级指标得分值	U值
核心竞争力（U₂）	财务能力	企业规模	省（市）内成立编辑部、公司（0.5分）	0.4	1	5.2	U₂=21.4
			省市外成立编辑部、公司（1分）	0.6			
		偿债能力	流动比率（0.5分）	0.3	1.2		
			速动比率（0.5分）	0.3			
			现金流动负债比率（0.5分）	0.4			
			资产负债率（0.5分）	0.2			
		盈利能力	营业利润率（1分）	0.7	1.3		
			净资产收益率（0.5分）	0.3			
			总资产报酬率（0.5分）	0.3			
		营运能力	总资产周转率（1分）	0.7	1.5		
			主册发行比例（0.5分）	0.4			
			应收账款周转率（0.5分）	0.4			
		发展能力	净发货同比增长率（0.5分）	0	0.2		
			三年利润平均增长率（0.5分）	0.1			
			总资产增长率（0.5分）	0.1			
	市场能力	资源独占性	机构背景（1分）	0.5	1.7	11.1	
			作者群体（1分）	0.4			
			品牌图书（1分）	0.2			
			教辅教材类（1分）	0.6			
		渠道营销能力	图书中盘的销售能力（1分）	0.6	2.4		
			旗下实体书店销售能力（1分）	0.5			
			图书电商渠道销售能力（1分）	0.6			
			电子图书及数字出版品渠道销售能力（1分）	0.7			
		编辑构成	学术型编辑评定能力（1.5分）	0.7	1.3		
			畅销书编辑评定能力（1.5分）	0.6			
		市场占有率	年市场销售平均增长率（2分）	0.4	1.1		
			图书重印率（1分）	0.4			
			挖掘新业务能力、创新能力（1分）	0.3			

续表

一级指标	二级指标	三级指标	测量指标	测量指标平均分值	三级指标得分值	二级指标得分值	U值
核心竞争力（U_2）	市场能力	数字出版能力	积极推动传统出版成果转型升级，取得一定成果（2分）	0.8	3.1	11.1	U_2 = 21.4
			数字出版综合投入资金额（1分）	0.7			
			数字出版人才配置（1分）	0.6			
			数字出版平台建设、运营及维护（1分）	0.7			
			支付渠道（0.5分）	0.2	3.1		
			先进出版设备配置（0.5分）	0.1			
	进出口贸易	版权引进	引进版权的数量和销售（2分）	0	0	0.4	
		海外出版走出去	版权输出、出版物海外销售（2分）	0.4	0.4		
			海外机构、平台搭建（4分）	0			
社会责任（U_3）	公共管理	质量检验	内容质量（3分）	0.8	4.7	7.3	U_3 = 18.5
			编校印刷质量（3分）	1.8			
			出版管理部门、出版单主管部门抽查检查情况（2分）	1.5			
			质量管理体系建设和运行（1分）	0.6			
		安保能力	库存环境（1分）	0.7	1.3		
			运输条件（1分）	0.6			
		环境保护	排污信息（1分）	0.7	1.3		
			防治污染设施的建设和运行情况（0.25分）	0.20			
			建设项目环境影响评价及其他环境保护行政许可情况（0.25分）	0.18			
			突发环境事件应急预案（0.25分）	0.1			
			环境自行监测方案（0.25分）	0.12			
	相关方履约	融资信用	近三年受证券监管机构处罚情况说明（2分）	2	2	2	
	案件执行	版权诉讼	侵权案件（版权执法行政处罚）（2分）	1.8	1.8	8.4	
		经济纠纷	合同履约（1分）	1	2		
			纳税信用（1分）	1			

续表

一级指标	二级指标	三级指标	测量指标	测量指标平均分值	三级指标得分值	二级指标得分值	U值
社会责任（U_3）	案件执行	劳动纠纷	工资及支付（1分）	0.8	3.6	8.4	U_3 = 18.5
			作家作者权益维护（2分）	2			
			福利与社保（1分）	0.8			
	公益支持	公益慈善活动	扶贫项目成果（2分）	0	0.5	0.8	
			捐赠图书、阅读角、公益、农家书屋（2分）	0.5			
		技术支持	技术创新投资占总收入比例（1分）	0	0.3		
			获专利数量（1分）	0.3			
总分			W=58.6				
标准化			W标准=56.26%				

第五章　结语

第一节　研究不足

　　出版行业企业信用指标评价涉及领域广，本课题尽管已经竭尽所能涵盖到方方面面，但仍有许多未尽之处。

　　出版人评价有待完善。出版行业属于智力密集型产业，是一个低物质资本、高人力资本的行业，出版人占据着举足轻重的作用。出版机构转企改制以及越来越多的年轻人进入出版行业，出版机构的人员流动加快，加大了人员信息和评价。

　　不可忽略的现实是，"90"后已经成为当前新生力量的主力群体，不论是研究生毕业群体还是本科生毕业群体。对这些充满个性的"90"后，一方面他们工作积极性高，对新技术、新知识的求知欲强，对新媒体、新传播的控制程度和熟悉程度都远比传统出版社的人员要强；另一方面他们更难以管理，崇尚的职业理念也是宽松、自由、弹性强的工作环境。例如，时代出版传媒股份有限公司的人力资源部负责人曾经做过调查发现，传统出版单位

"80"后、特别是"70"后的流动比率非常低,基本不流动,"90"后的流动比率相对高了。

另外,在高层也会出现出版人转行的情况,某些大型出版企业高层领导会在挂职几年后,担任其他行业企业负责人。再者,虽然当前大部分出版企业都已完成或即将完成改制,由于历史原因和行业特点等诸多限制,很多企业并没有真正建立起企业制度,整个行业人力资源制度稍显落后,难以完整评估行业内人才。

尽管全行业实行了出版资格考试和年检制度,要求持证上岗,对从业人员的信息进行更新,但据估计,通过资格考试、持证上岗的在单位仅占三分之一或二分之一,况且此类信息并没有公之于众,鉴于此,出版人职业信用评价难度颇高,本课题在研究过程中未能涉及。

未转企的出版机构信用评价待健全。我国出版机构并未完全走向市场,以中国盲文出版社、民族出版社等为代表的公益性出版机构,依旧属于事业单位,接受行政主管部门的管理。其宗旨主要是为弱势群体、少数民族提供精神文化支持,而经济效益的追逐其次,此类出版机构社会效益评定大于经济效益。本课题中有许多指标涉及财务运营和市场竞争力,这些指标的数据对于未转企的出版机构信用不具备坐标作用,不在评价之列。

第二节 未来展望

出版业不仅已成为国民经济中不可缺少的支柱产业,同时还肩负着传承文明传播文化的神圣使命。加快社会信用体系建设正在各行业推广,建立我国出版行业企业信用评价体系,是一项却充满挑战的任务和工作。出版经营活动中的信用问题内涵丰富、外延广阔、设计领域多、社会实践繁复,绝不是短时间内可以完成的,需要长期的检验和更新。除了规则、制度、道德规范的建设,相关政府部门也可以制定有关征信对象和征信行为的法律法规,确保企业信用信息的真实公开。同时,可以建立信用信息披露机制,通过行业协会、大众媒体向社会公布出版企业的信用状况,这对于建立良好的出版信用环境具有重要意义。

现代出版企业要应对激烈的市场竞争,管理部门要建设健康有序可持续的市场竞争秩序，就必须尽快出台行业信用建设的规章制度，明确信用信息记录主体的责任，保证信用信息的客观、真实、准确和及时更新，完善信用信息共享公开制度，推动信用信息资源的有序开发利用；

构建守信激励和失信惩戒机制，直接作用于各个市场主体信用行为，有利于整个行业自律，以保障全社会信用体系的构建和运行。

参考文献

[1] 王强，莫林虎.国际大型出版传媒集团评价指标体系建设初探[J].中国出版，2013(10)：3-7.

[2] 刘畅.我国出版集团竞争力评价体系研究[D].武汉大学，2013.

[3] 林钧跃.社会信用体系理论的传承脉络与创新[J].征信，2012,30(01)：1-12.

[4] 陈宏平.论出版诚信对出版信用的支持[J].湖南大学学报(社会科学版)，2010,24(05)：156-160.

[5] 王艳.出版业信用体系建设中的政府规制行为研究[D].北京印刷学院，2008.

[6] 赵亮.企业诚信问题及对策研究[D].西北工业大学，2005.

[7] 朱丹红.书业企业信用管理研究[D].武汉大学，2004.

[8] 朱亚.论出版经营活动中的信用问题[D].南京师范大学，2003.

[9] 高歌，高悦.我国出版行业发展现状及信用状况分析[J].产权导刊，2017(03)：46-49.

[10] 叶雷.图书出版该如何搭上"信用经济"动车？[N].中国出版传媒商报，2015-08-04(009).

[11] 江凌.试论现代出版的社会信用[J].中国出版，2003(08)：18-20.

[12] 江凌.构建现代出版的社会信用[J].编辑学刊，2003(02)：37-40.

[13]《出版管理条例》（2016年修订版）.

[14]《图书出版单位社会效益评价考核试行办法》（中宣发〔2018〕45号）.

[15]《新华书店社会效益评价考核试行办法》（中宣发〔2018〕35号）.

[16] 曲卫东.我国市场经济信用体系建设的制约因素[J].理论前沿(19):30-31.

[17] 陈璘.关于出版企业转企改制的思考[J].新财经（理论）.2012(9):122-123.

[18] 黄榕海.广州市工商部门企业信用监管研究[D].西南交通大学，2015.

[18] 杨毓，杨庆峰.失信行为判断与立体化信用评价机制的建立[J].商场现代化(3):137-138.

[20] 社会信用体系建设规划纲要（2014-2020年）.

[21] 如筠丁等.出版词典[M].上海辞书出版社，1992.

[22] 中国大百科全书·新闻·出版[M].中国大百科全书出版社，1993.

（课题组成员及执笔人：林晓芳、原业伟、刘淑楠、武向娜、杨斌）

附录
图书出版单位社会效益评价考核试行办法

第一章 总则

第一条 为加强图书出版单位社会效益评价考核，推动出版单位切实把社会效益放在首位、实现社会效益和经济效益相统一，促进出版业健康繁荣发展，根据中共中央办公厅、国务院办公厅印发《关于推动国有文化企业把社会效益放在首位、实现社会效益和经济效益相统一的指导意见》的通知（中办发[2015]50号）及中央有关精神，特制定本办法。

第二条 开展图书出版单位社会效益评价考核工作，要以习近平新时代中国特色社会主义思想和党的十九大精神为指导，坚持中国特色社会主义文化发展道路，坚持以社会主义核心价值观为引领，坚持以人民为中心的创作生产导向，遵循出版生产传播规律，推动图书出版单位自觉承担"举旗帜、聚民心、育新人、兴文化、展形象"的使命任务，建立健全确保把社会效益放在首位、社会效益和经济效益相统一的体制机制，着力推出更多传承文明、传播知识、推动社会发展和科技进步的优秀出版产品，更好满足人民群众日益增长的美好生活需要，推动社会主义文化繁荣兴盛。

第三条 图书出版单位社会效益评价考核要坚持正确政治方向、出版导向、价值取向，聚焦内容生产，鼓励多出精品，提高出版质量；坚持定性评价和定量考核结合，做到客观公平公正；统筹当前和长远，推动图书出版业持续健康发展。

第四条 本办法适用的评价考核对象为取得出版许可证、登记为企业法人的图书出版单位。

第五条 图书出版单位的主管主办单位，按照本办法，结合各自实际，组织开展对所属图书出版单位的社会效益评价考核，实现社会效益和经济效益考核的有机统一。其中，归属出版集团的出版社由出版集团评价考核，高校出版社由主办高校评价考核并报主管单位同意，中央各部门各单位出版社由主管主办单位评价考核（主管单位与主办单位非同一家的，可由主办单位评价考核并报主管单位同意）。

第二章 评价考核内容与方式

第六条 图书出版单位社会效益是指图书出版单位通过以图书为主的出版物和与出版相关的活动，对社会产生的价值和影响。图书出版单位社会效益评价考核主要考核出版质量、文化和社会影响、产品结构和专业特色、内部制度和队伍建设等方面内容。

第七条 "出版质量"指标主要考核图书出版单位坚持正确出版导向的情况，出版物的科学性、知识性水平，以及编校印装质量整体情况。"文化和社会影响"指标主要考核图书出版单位依托优秀产品和活动体现的文化价值和社会影响，具体分为"重点项目""奖项荣誉""社会评价""国际影响"4个二级指标。"产品结构和专业特色"指标主要考被出版产品结构、选题规划、品牌特色等内容生产整体情况。"内部制度和队伍建设"指标主要考核企业内部机制、规章制度建设和执行情况，党风廉政建设和队伍建设情况。

第八条 根据出版单位不同情况，"文化和社会影响"指标实行差异化评价考核。考核部门可对该项指标得分设置加权调整系数。对年出版新书品种在100种以下的出版社、少数民族地区出版社，调整系数为1.25；古籍、美术、民族、音乐、科技等专业性出版社（专业类图书占比需达到80%以上），调整系数为1.15。但该项指标得分乘以加权调整系数后的得分不得超过23分。

第九条 社会效益评价考核实行百分制打分评价方式，满分100分。评价考核结果根据得分情况，分为优秀（90分以上，含90分）、良好（75分至90分，含75分）、合格（60分至75分，含60分）、不合格（60分以下）4个等级。

第十条 图书出版单位的出版物出现严重政治导向错误、社会影响恶劣的，社会效益评价考核实行"一票否决"，年度考核结果定为不合格。

第三章　评价考核程序

第十一条　图书出版单位社会效益按年度进行评价考核，由图书出版单位自评、主管主办单位评价考核两个步骤组成，评价考核结果要及时报备。

第十二条　每年1月20日前，图书出版单位按照本办法和主管主办单位要求，对上一年度社会效益情况进行打分自评，并形成社会效益情况书面报告（包括自评得分情况和具体支撑材料），报送主管主办单位。

第十三条　主管主办单位按照本办法确定的考核内容，结合出版单位实际，对图书出版单位提交的自评结果的真实性、完整性、规范性进行审查复核，确定其得分和等级，并于每年2月10日前将结果报告所在省、自治区、直辖市党委宣传部。

第十四条　各省、自治区、直辖市党委宣传部按不低于25%的比例，对属地图书出版单位的社会效益考核情况进行抽查、复核，修正考评结果并反馈主管主办单位。

第十五条　主管主办单位应在每年2月底前将考核结果和评价意见反馈给评价考核对象。

第十六条　每年3月底前，各省、自治区、直辖市党委宣传部汇总本地区上一年度图书出版单位社会效益评价考核结果报送中央宣传部，中央各部门各单位图书出版单位主管单位将所属图书出版单位社会效益评价考核结果报送中央宣传部。

第十七条　中央宣传部对各地区各部门报送的评价考核结果进行抽查，发现弄虚作假的，要严肃处理。

第四章　评价考核结果使用

第十八条　图书出版单位绩效考核为综合性考核，需兼顾社会效益和经济效益，并把社会效益放在首位，社会效益评价考核的占比权重在50%以上。

第十九条　图书出版单位负责人薪酬与包括社会效益考核在内的综合绩效考核结果挂钩，职工工资总额的确定应同时考虑社会效益和经济效益考核情况，经企业薪酬主管部门批准后执行。

第二十条　图书出版单位社会效益评价考核等级为良好且"出版质量"指标得分为满分的，在社会效益和经济效益综合考核计算综合绩效得分时，可视为完成社会效益目标，社会效益部分按满分计入综合绩效；考核等级为优秀且"出版质量"指标得分为满分的，可视为超额完成社会效益目标，社会效益部分按满分并可由考核部门酌情加分计入综合绩效。

第二十一条　对社会效益评价考核结果为不合格的图书出版单位，出版管理部门和主管部门要进行通报批评。连续两年社会效益评价考核结果为不合格的，责成主管主办单位对出版单位进行整改、调整出版单位主要负责人。连续三年考核结果为不合格的，依法依规对出版单位予以处罚直至退出。

第二十二条　中央宣传部根据各地区各部门评价考核结果，在抽查复核和分类指导基础上，适时公布社会效益考核等级为优秀的图书出版单位，对符合条件的按照有关规定给予表彰，在评奖推优、出版资源配置、政策资金扶持等方面给予倾斜。

第五章　责任落实

第二十三条　中央宣传部负责对全国图书出版单位社会效益评价考核工作的宏观指导、政策制定。各省、自治区、直辖市党委宣传部负责本地区所属图书出版单位社会效益评价考核工作的统筹、组织和协调，会同同级国有文化企业出资人机构、人力资源社会保障部门，对评价考核工作进行指导和监督。

第二十四条　主管主办单位要认真组织对所属图书出版单位的社会效益评价考核工作，做到全面、客观、公正，依据评价考核结果对图书出版单位进行奖惩，切实引导图书出版单位建立健全把社会效益放在首位、社会效益和经济效益相统一的体制机制。

第二十五条　图书出版单位要正确对待社会效益评价考核，严肃认真开展自评，如实报告年度社会效益情况，不得瞒报和弄虚作假。

第六章　附则

第二十六条　本办法自 2019 年 1 月 1 日起施行。

第二十七条　对公益性图书出版单位的社会效益评价考核，参照本办法进行。

第二十八条　本办法由中央宣传部负责解释，评价考核指标和评分标准根据一定时期具体情况动态调整。

国际标识原则研究

说明

国际化组织信息与文献专业技术委员会出版物格式分技术委员会（ISO TC46/SC9）在多年研究 ISO 标识符相关问题的基础上，于 2018 年成立了"标识原则研究"工作组（WG16），该工作组的任务是起草《标识原则》文件，以 ISO 技术报告的形式发布，目前经过了近一年的工作，《标识原则》文件已经接近完成。

这是 ISO 首次以文件的形式提出标识符应具有的基本属性和特征，对新制定 ISO 标识符和现有标识符的改进预期提出了明确的要求。鉴于我国在新闻出版行业管理中使用 ISO 标识符的重要性和该文件可能对 ISO 标识符产生的影响，中国新闻出版研究院标准化所在今年年初提出跟踪研究 IOS《标识原则》的工作，并设立专项研究课题。本研究报告是本课题研究的阶段性成果，是在跟踪 ISO《标识原则》编制情况的基础上，充分考虑我国应用 ISO 标识符的实际，汇集并归纳相关信息，研究、提出了相应的对策和建议，供有关领导和相关部门参考。

第一章 研究任务与研究意义

第一节 研究背景

标识符是社会生产和生活中不可或缺的重要工具，它对现实社会中各个环节的有序性发挥着重要的作用。在现实生活中，无论是我们每个人都有的身份证号还是超市中各种商品上的编码，都在为我们社会的有序运转和生产、生活质量的改善、提高发挥着不可替代的重要作用。在人类社会不断发展的今天，标识符已经渗透到我们生活的各个方面，成为现代社会体系中的重要组成部分。

在我们的新闻出版产业同样如此。早在建国初期，为保证图书出版生产、流通和管理的有序性，就实行了全国统一书号制度①。全国统一书号制度的实施对新中国出版事业的发展起到了重要的促进和保障作用，我国也是世界上较早使用图书统一编号的国家之一。随着国际贸易和文化交流的日益增多，在全世界范围内使用一种统一的图书编号的需求越来越迫切，20世纪60年代中期，由德国、英国等国家发起提案，ISO组织制订了国际标准书号标准，并于1971年正式发布（ISO 2108 Information and documentation — International standard book number，ISBN）。我国自20世纪70年代末期改革开放后，出版产业逐步与国际接轨，出版行业标准化机构对ISO 2108 ISBN国际标准进行了采标，自1987年1月1日起，使用国际标准书号取代了全国统一书号。此后，又相继采标了ISSN、ISRC，分别作为期刊刊号和音像出版物版号。

信息文献领域早期的标识符国际标准，在传统时代可以实现信息与文献的定位、标识、聚散、区分等功能，并以此为基础支持版权管理，从而为各种商业模式的实现奠定基础。随着信息技术的发展，标识符的编码体系由早期的以供人识读有含义的简单编码符号组成，向无含义化编码加结构化元数据组成的可解析标识符系统进化。利用现代信息技术对标识符解析，不仅可以为使用者提供丰富的对被标识资源的解释性信息，还可以提供为使用资源设置的各种功能性信息，使被标识的资源在相应的应用环境中方便地实现各种使用功能。标识符在现代信息技术的支撑下，由静态变为动态，从单一的识别功能，扩展到来源追溯、版权保护、使用管理、用户分析等方面，甚至还可以参与为使用者提供的各种服务过程等。不同属性资源之间跨界关联、复合呈现，新的信息文献产品形态不断出现，使近年来信息与文献领域的标识符从对实物对象的标识扩展到对网络对象的标识，并且在高速发展的信息

---

① 1956年2月，中华人民共和国文化部出版事业管理局颁发《全国图书统一编号方案》，简称全国统一书号。

技术支撑下，除了对标识对象的唯一性识别的基本功能外，还在向功能多元化的方向发展，标识符的应用呈现出数字时代融合的发展趋势。

在客观环境发展变化的情况下，标识符应该如何改进，不断满足发展的需要？在当前和可以预见的未来，标识符应该满足什么样的基本条件？在对现有的标识符标准进行修订和新制定标识符标准的工作中，应当遵循哪些基本原则？这些始终是管理部门、相关机构和标准化工作者高度关注的问题。

第二节　ISO 相关情况

从国际标识符领域来看，"信息资源标识的原则"一直是国际标准化组织（ISO）所属的信息与文献标准化技术委员会（TC46）识别与描述分技术委员会（SC9）关注的重点。ISO 项下的信息与文献类标识符标准全部都是由 SC9 发布的，从上世纪 70 年代初期到目前为止，SC9 已组织制定了 11 项具有深刻影响力的国际标识符标准，因此，研究和探讨符合在当前和今后一段时期发展需要的标识符原则，一直是最近几年该机构成员和专家的讨论重点问题之一。在这些国际标准中，我国新闻出版领域、科技等领域已经组织采标和发布实施的标准共 7 项，包括《国际标准图书书号（ISBN）》《国际标准连续出版物号（ISSN）》《国际标准录音作品号（ISRC）》《数字资源标识符（DOI）》《国际标准音乐编号（ISMN）》《国际标准名称标识（ISNI）》《国际标准关联标识符（ISLI）》等。这些标准不但得到了广泛应用，部分标准还发挥着重要的行政管理职能。

早在 2013 年 ISO/TC46 巴黎年会期间，原来由美国牵头的 SC9 标识符互操作特别工作组会议就曾经讨论将美国主导的国际链接内容联盟（Linked Content Coalition, LCC）提出的《标识原则》文件作为国际标准化组织白皮书或技术报告进行审议。但由于各成员国对美国谋求通过信息技术控制所有的信息与文献标识符的企图有所警觉，以及 LCC 的主导机构 DOI 国际基金会（IDF）提出的标识符之间的互操作方式存在较大争议，要求对 LCC 提交的文件按照 ISO 的原则进行必要的修改，但 LCC 以版权为由拒绝 SC9 专家对《标识原则》修改，导致此项目长时间处于僵持状态，没有取得任何实质性进展。2017年ISO/TC46年会期间，SC9决定终止并撤销标识符互操作特别工作组，并于2019年1月份重新组织专家成立了新的工作组——ISO/TC046/SC09/WG16，即标识原则（Principles of identification）工作组，该工作组的目标是在18个月时间内编制一份技术报告（2019年1月至2020年6月），作为ISO的文件发布，以此建立ISO的标识符标识原则，为使用标识符的生产者和消费者提供更多有价值的信息，有效提升标识符的使用价值，拓展新的发展空间。

第三节　研究意义

一、保障文化安全提升国际竞争能力

我国在"十三五"规划中对网络文化安全提出了要求，新闻出版业作为文化传承与传播的载体，其信息安全直接关乎文化安全。保障信息安全，已成为当前亟待解决的重大问题。与之密切相关，我国在信息资源标识领域与美英等国家也展开了激烈的竞争。信息资源的统一标识，已经成为未来互联网体系管理和控制资源的重要手段，是解决目前互联网存在的弊端，构建下一代互联网体系的重要基础。因此，规避标识符使用带来的信息安全风险，切实保障我国文化安全，提升文化领域的国际竞争力，有必要对国际标识原则进行追踪研究，深入了解国际标识符的制修订原则，并在研究的基础上，在ISO框架中提出我们的主张，尽可能消除对我们的不利因素和潜在影响。

二、提高对标识符使用价值的认知

信息文献领域原有的标识符，在传统时代可以实现定位、标识、聚散、区分等功能，以此为基础支持版权管理，从而为各种商业模式的实现奠定基础。在现代信息技术条件下，传统标识符所提供的功能已经不能满足发展的需要。一方面，传统标识符自身在不断谋求适应数字化的发展，避免在数字化、网络化的时代面临被边缘化的尴尬；另一方面，借助于信息技术，建立标识符之间的即时信息交换、共享等合作机制，为使用标识符的生产者和消费者提供更多有价值的信息，可以有效地提升传统标识符的使用价值，拓展新的发展空间。对标识符在数字时代的新特点、新价值进行研究，有利于深刻认识

并拓展标识符的使用价值。

三、推动国内标识符进一步与国际接轨

随着信息技术的发展，不同属性资源之间跨界关联、复合呈现成为发展趋势，新的信息文献产品形态不断出现，现有标识符的应用呈现相互关联、融合的趋势。掌握国际标识原则，推动国内标识符与国际接轨，提高现有标识符在网络环境下的应用延展性，强化权利人对数字化产品的控制力，从而构建起出版业在新的信息技术时代的市场秩序。特别是由我国主导的 ISLI 标准项目在 2015 年由 ISO 发布之后，其通过关联的方式形成对现有标识符体系在信息技术时代的补充与完善，而 ISLI 标准必须与其他标识符标准形成关联应用，才能促进 ISLI 的产业推广，也有助于其他标识符的发展。因此，必须积极掌握国际标识的发展动态。

第四节 研究范围与概念梳理

一、研究范围

本课题研究范围限定在 ISO 发布的标识符，ISO 的标识符标准主要集中在 ISO/TC46/SC9（信息和描述技术委员会识别和描述分技术委员会）进行管理，SC9 主要是一个将供信息组织使用的信息标识符、描述与相关元数据和模型（包括图书馆、博物馆和档案馆）以及包括出版和其他内容制作者和提供者在内的内容产业进行标准化的分技术委员会。SC9 发布的标识符标准包括：国际标准书号（ISBN）、国际标准连续出版物号（ISSN）、国际标准录音制品编码（ISRC）、国际标准名称标识符（ISNI）、数字对象标识符系统（DOI）、国际标准关联标识符（ISLI）等。

二、概念梳理

ISO、IEC 国际标准文件类型：ISO、IEC 国际标准文件主要分为六类——国际标准；技术规范（TS）；可公开提供的规范（PAS）；技术报告（TR）；国际专题研讨会协议（IWA）；工业技术协议（ITA）。

国际标准：国际标准是由国际标准化组织按照规定的程序制定，正式通

过并且可以公开提供的标准。①

技术报告（TR）：技术报告（TR）是信息性的文件，包括从那些作为国际标准出版的资料中收集的各种数据。例如从国家成员团体的评述中得到的数据，其他国际组织中工作方面数据，或者与国家成员体某一具体方面的标准有关的技术发展动态数据。该文件完全是资料性的，不应包括规范性内容，并且应清晰阐明与主题相关的国际标准中涉及的规范性内容的关系。现有技术报告的范围包括信息技术、材料、机械等领域。②

识别：分配用于正式建立指示对象身份的唯一指示符的功能。

标识符：唯一地标识指示对象的"字符串"。标识符本身还可以具有一些元数据（例如：分配日期、强制属性的来源，可能标识同一对象的其他标识符）。

标识符系统：标识符系统是标识符以及相关元数据的集合，是用于集合、存储和共享标识符与相关元数据机器的管理系统。

指示对象：要标识的对象/事物/实体。指示对象可以是实体的、数字的、抽象的、名称、法人实体、项目、内容、项目的组成部分、人员或所述内容的类别等。

标识符的解析：使标识符与有关对象的其他信息（例如其元数据、相关对象甚至对象本身）相关联。

注册机构：委托管理标识标准的实施、操作、维护和推广的组织。

元数据：有关描述其特征的项目的信息。

核心元数据：提供足够信息以足以唯一指定指示对象的属性集。也称为参考描述性元数据。

参考描述性元数据：标识符系统正式指定的那些属性，因为它们是消除指示对象歧义的关键。

网络资源（或资源）：任何可识别事物，无论是数字的、实体的还是抽象的，在数字系统中使用 URI 标识。

统一资源标识符（URI）：是明确标识特定资源的字符串。为了保证一致性，所有 URI 都遵循一组预定义的语法规则，而且还通过单独定义的分层

---

① 国际标准化管理委员会：《国际标准化教程》，中国标准出版社，2009.
② 国际标准化管理委员会：《国际标准化教程》，中国标准出版社，2009.

命名方案来保持可扩展性。

第五节　主要研究方法

一、调查法

通过有目的、有计划、有系统地搜集有关应用和管理需求，借助调查问卷、走访、调研的方式梳理共性需求，对搜集到的资料进行分析、综合、比较和归纳等，编制研究报告。

二、文献研究法

通过阅读相关文献资料掌握标准体系设计的科学性，尽可能广泛搜集国内外的相关研究成果，了解相关领域研究情况等。

三、定性分析法

运用归纳和演绎、分析与综合以及抽象与概括等方法，对获得的各种材料进行思维加工，完成报告的撰写。

第六节　问题与难点

难点1：由于该国际项目时间进度快，2019年1月立项，年底要求提出DIS稿，因此，及时研究可能产生的影响并提出国内的建议融入标准文本中，时间紧迫，任务重。需要出版行业行政管理就机构，相关国内注册管理机构、科研机构、专家的积极配合，共同努力。

难点2：程序复杂，前期难以加入国际工作组。国内工作组成员于2月份就申请加入该国际工作组，但由于国内全国信息与文献标准化技术委员会（简称文标会）是ISO/TC46的国内唯一对口机构，国际工作组成员注册手续只能经过文标会才能注册参加国际工作组会议，而文标会因为各种原因迟迟未给我方注册，在此情况下，我方成员作为工作组外成员受邀参加了三次会议，之后，SC9秘书处秘书正式发邮件警告如非工作组成员不得参会（我方在SC9全会上正式向秘书处解释了原因，但SC9秘书处表示ISO程序必须遵守）。4~7月份未再有机会出席该工作组会议。

难点3：8月份正式加入该国际工作组会议后，由于国内信息安全要求，国际工作组召开会议的软件Zoom在中国大陆地区未提供服务，我方发邮件给SC9秘书处告知了情况，未再能够出席该工作组会议。项目期间，只能通过邮件或与其他国际工作组成员沟通的方式了解项目进展。

因此，由于重要材料与信息获取有限，彻底打乱了原有课题设计思路。课题组只能重新设计内容，就有限的资料基础上做研究分析。

第二章 ISO有关标识原则的工作情况

第一节 国际标识符历史发展情况及特点

国际标准化组织（ISO）的信息与文献领域标识符标准由该组织的信息与文献专业技术委员会/识别与描述分技术员会（TC46/SC9）分工负责，TC46成立于ISO诞生之初的1947年，迄今为止TC46/SC9已制定了涵盖信息与文献领域各个方面的11项标识符国际标准。该分技术员会制定的第一个信息文献标识符标准是ISO 2108国际标准书号（ISBN），该标准从提出意向到标准发布历时五年，1966年11月，在第三届国际图书市场研究与图书贸易合理化会议上，就有机构首次提出了应该制定一种国际通用的图书编号系统的问题。1967年，英国图书界创立了国际通用的图书编号方案，并在其国内试行。1971年，ISO制定并发布了ISO 2108国际标准书号（ISBN）。

标识符标准与其他标准不同的是，为了确保编码的唯一性，需要设立相应的标识符注册机构，由该注册机构负责发放编码、核查、纠正编码使用中的问题。按照ISO规则，注册机构的设立遵循公开、公平、公正的原则在全球范围内征集，由ISO授权，由具有在国际开展业务能力的实体承担，并以ISO的名义管理标识符系统。目前的实际情况是所有的注册机构都是由该标准提出提案并主要参与制定的国家承担。目前ISO公布的所有注册机构共69个，其中信息与文献领域标识符注册机构10个（ISO注册机构均可在ISO官网查询）。

TC46/SC9已发布的信息与文献标识符标准详细情况如表1所示：

表 1 TC46/SC9 已发布的信息与文献标识符标准

标识符	编号	名称	标识对象	被标识对象属性	可解析	发布年代	注册机构管理国家或地区
ISBN	ISO 2018	国际标准书号	图书	单一实体	否	1971	英国
ISSN	ISO 3297	国际标准连续出版物号	连续出版物	单一实体	否	1975	法国
ISRC	ISO 3901	国际标准录音制品编码	录音制品	单一实体	否	1986	英国
ISMN	ISO 10957	国际标准乐谱号	乐谱	单一实体	否	1993	德国
ISWC	ISO 15707	国际标准音乐作品编码	音乐作品	单一实体	否	2001	法国
ISAN	ISO 15706	国际标准视听制品号	视听作品	单一实体	否	2002	瑞士
ISTC	ISO 21047	国际标准文本编码	文本	单一实体	否	2009	英国
ISCI	ISO 27730	国际标准采集标识符	采集	单一实体	否	*2011*	无
ISNI	ISO 27729	国际标准参与方标识符	参与方	单一实体	否	2012	法国
DOI	ISO 26324	数字对象标识符系统	数字资源	单一实体	是	2012	美国
ISLI	ISO 17316	国际标准关联标识符	关联关系	关联关系	是	2015	中国香港

注：此表为笔者编制

表注：表中 ISCI 未设立注册机构，没有统一编码体系。ISCI 是一项针对某种应用规定的一种编码规则，由使用者自行编码的规则标准，并不具备标识符的基本要素，因此严格意义上讲 ISCI 不是一项标识符标准。由于其命名为"International standard collection identifier（国际标准采集标识符）"，而且 SC9 也一直将 ISCI 划归标识符标准，此表亦将 ISCI 列入其中，并作此说明。

从上表可以看出以下特点：

1. 标识符反映了鲜明的时代特征：从时间顺序看，早期的标识符标准都是由欧洲发达国家提出并管理，这充分说明早期最发达的工业化国家德、法、英在标准化方面所积累的强大基础。美国虽然在标准化方面不如欧洲发达国家积淀深厚，但凭借现代科技优势后来居上，成为数字时代标识符的开拓者。我国在经济高速发展中积累了大量的生产实践经验并具有很强的创新能力，将我国新闻出版产业创造的关联产业应用中的核心要素——关联标识符提交 ISO 并制定成为国际标准，使我国在国际标识符领域成为第一梯队的最新成员，这是目前为止落户中国的第一个 ISO 国际注册机构。上表中除去 ISCI 以外的 10 项信息与文献标识符中，前 8 项属于传统标识符，后 2 项是能够在互联网环境下解析并实现多种应用功能的数字时代标识符[①]，目前传统标识符正面临着适应信息化时代的发展需要不断进化的压力和挑战。

2. 标识符制定修订均为顺应科技带来的变革：ISBN 标准诞生于上世纪 60 年代末图书仓库率先使用计算机的时候，正是数字化给 ISBN 这一国际标准的诞生提供了前提。今天，信息时代的发展使得互联网上的数字内容市场在不断扩大，这对数字内容的复制、传播与保护提出了更大的挑战，对数字内容的唯一标识也成为识别与描述领域的一个重要议题。在从 2012 年 5 月 1 日 ISO 正式发布标准 DOI（Digital Object Identifier System，数字对象标识符系统）之后，SC9 范围内陆续发布、修订了突出反映数字内容变化情况的多个标准元素。如 ISBN 在修订中加入了 ISBN-A，索引与索引标注工作组在修订的标准中包含数字内容的索引编写，启动修订工作的 ISTC 等标准也是因为数字内容变化的挑战对标准提出了新需求，这些工作组的工作都反映了数字时代给标准工作带来的新变革。

3. 标识对象由单一变为复合：在 DOI 之前制定的所有的标识符都是标识单一对象的，ISBN 标识一本书，ISRC 标识一个录音制品，但是在 DOI 之后制定的 ISLI 则不再是标识一个具体的物，而是标识一种关联关系。中国主导制定的 ISLI 是对 ISO 标识符功能以及理论体系上的一个重要拓展，就是标识符不再仅仅标识单一对象了，而是标识到关联关系，而这种关联关系的标识跟生产实际关系更为密切。

第二节　国际标识符管理的发展趋势

1. 在标识符注册管理方面，集中式数据库或成趋势，信息掌控成为各方关注焦点：是由国际注册中心建立统一的数据库和登记平台，实现标识符的全球集中管理与服务，还是使用各个国家中心或区域代理机构均独立的注册平台，不建立统一的数据库和登记平台？这是 SC9 的各标识符注册机构或标准制修订工作组所目前面临的一个重大问题。DOI 是第一个采用统一数据库和指定一种解析技术的标识符，它的解析系统以美国的 Handle System 为

[①] ISNI 由法国主导制定并承担注册机构，2012 年与 DOI 同年发布，具备全方位采用信息技术的条件，但并没有这样做。

主要技术支撑，为 DOI 提供了从单一解析到多重解析的应用，而多重解析为 DOI 系统提供多种丰富的功能奠定了基础；目前刚刚完成修订的 ISRC 标准确定建立一个仅收入一些基本、必要数据的中央数据库；正在修订的 ISTC 据工作组专家介绍也倾向于使用中央数据库的方式加强管理等。这些动向在一定程度上表明标识符注册管理正在从传统方式向信息技术方式演变，由此而产生的数据库管理的安全性、数字内容信息的垄断权、数据服务的完整性可能已成为其中最核心的问题，并且，注册管理过程数据采集、存储和使用与应用该标识符的国家对于数据安全的政策和法律有否相抵也成为必须面对并妥善处理的问题。

2. 实现标识符间互操作①**成为 SC9 一大挑战：**每个标识符都有各自独立的系统并存储注册信息，如何建立一种在各系统之间互通信息的机制，实现标识符间的互操作一直是 SC9 关注的问题。原有的 ISO/SC9 标识符互操作协同小组正是为了推动 SC9 框架下各标识符之间展开互操作而成立的，但由于在美国主导下谋求其自身利益使此项目未能取得实际成效，曾经讨论过的《标识原则》文件内容难以获得 SC9 的认可。因此，SC9 秘书处在 2016 年提出，考虑 SC9 自身出台关于标识符、元数据等的框架性文件，不再单纯依赖 LCC。另外，我国主导提出的 ISLI 标准，其"关联"标识符的性质，被提出或许可以成为 SC9 范围内"对象间关系词（Relators between referents）"标准的一个解决方案。而所谓"对象间的关系词"，就是指表明事物间的关系和关系性质的关系词，它可以用"片段、组成部分、关联、创建者"等关系词表明两者事物（包括文本、录音、数据帧）之间的关系性质。正在进行中的标识原则工作组希望能够通过 ISLI 帮助解决这一问题。

第三节　ISO 有关标识原则的研究情况

一、概述

标识符的重要性不仅体现在是对某个指示对象的唯一识别中，更在于标识符是一个标识符系统，每个标识符不仅与自身的标识系统有内在的关系，

---

① Interoperation 直译为互操作，但并非字面理解的"相互操作"之意，而是二者之间的信息互通，可按约定相互传递信息。

标识符和其他标识符之间也会有某种关系。理想情况下，不应针对相同的被标识主体按照不同的功能分别设置不同的标识符，而是针对一个指示对象只有一个通用标识符。但在现实生活当中，使用标识符的早期阶段常常并非如此。在我国最初驾驶证有自己的编号，社保卡也有自己的编号，身份证又是一组不同的编号，对一个人来说，这些编号虽然都指示的是同一个指示对象，但都有各自的标识符系统和不同的标识符编码，各自独立并分别应用在不同的场景下。但是，这种针对同一指示对象的不同的标识符系统通过实践发现存在诸多不便，他们之间的相互融合就成为必然。目前，驾照和社保卡都改用身份证号，这就意味着人作为一个实体，相关的事情完全可以用这个实体的标识符就可以应用在所涉及的各个方面。在解决交通事故需要出示驾照的时候，可以出示身份证号，因为现在的驾照号和身份证号是相同的，它们各自有独立的系统运行，分别实现不同的功能，而且在后台是关联的，这就是标识符系统之间的关联。

不同指示对象的标识符有时候也是有内在联系的，比如说一部小说作品，发布了小说的图书，电视剧，听书录音，并分别用几个不同的标识符进行了标识，用 ISBN 标识了书，ISRC 标识了听书的录音，ISAN 标识了电视剧，这三个标识符之间里面如果没有信息交换机制的话，它们互相是分割的，这给资源的再利用、查询和使用都带来了不便。而且这些不同的指示对象实际上都是同一个作者的作品或时该作品的衍生作品，本身是具有内在联系的，如果把这个理解为一个大的系统，并在它们之间建立某种联系和互通，资源的再利用、查询和使用的问题就得以解决。这种信息交换机制在 ISO 框架下叫做互操作，它是标识符之间利用信息技术构建信息交换机制，让各个标识符不再是信息孤岛。以在各个系统之间建立某种内在联系的方式，使不同的标识符系统共同参与构建一个功能更为强大的系统。

二、ISO 的探索与研究

ISO 希望构建一个标识大系统的想法也是近十多年前才开始的。ISO/TC46/SC9 在十多年前就成立了"标识符互操作平台工作组"。但前期工作并没有取得实质成果，基本上是各国专家坐在一起进行务虚讨论，专家们认为标识符互操作很重要，应该进行研究制定标准规范，但如何落实又拿不出办法来。尽管没有取得实质性成果，这些工作说明了 ISO 早期已经注意到标识符之间需要构建信息通道，实现信息交流的需求，而且希望从 ISO 的角度提供一个平台或者机制解决这个问题。2010 年美国的 IDF（国际 DOI 基金会）牵头成立了一个"标识符互操作工作组"。在当年的年会决议里明确说明，今后把平台工作组合并到互操作工作组里，也就是不再单独开展平台的工作了，这个工作组的召集人是当时正酝酿发布之中的 DOI 国际标准工作组召集人，后来成为 DOI 国际注册机构的负责人。当时，DOI 还未正式发布，DOI 作为数字资源的单一对象标识符，大有取代其他所有传统标识符，一统数字时代之势，但这遭到了来自于欧洲的强烈抵制。从表 1 可以看出，2012 年之前，信息文献的标识符全出自欧洲——德国、英国、法国这三个国家。德国、英国、法国是三个老牌的工业化国家，而美国凭借其先进的信息技术，希望后来者居上，在标准化方面超过德国、英国、法国。这些欧洲国家制定的标识符都是对实物本身进行标识，属于传统标识符，而美国的 DOI 是要把标识符在信息技术时代统一起来，用技术手段实现标识符互操作，这就涉及利益之争与信息安全。因此，是否通过 DOI 解决传统标识符在数时代的问题，双方在这个标准化问题上形成了对立。因此，当标识符互操作工作组牵头人提出将 LCC 标识原则文件给 SC9 审议，并作为 ISO 的标识符互操作技术报告形式发布的时候，遭到了欧洲国家的强烈反对。

三、LCC 标识原则文件的解决方案

LCC（Linked Content Coalition，链接内容联盟）由欧盟出版者理事会（European Publishers Council）在 2012 年围绕著作权管理标准化进程倡导提出，支持所有数字网络合法参与者的计算机系统之间的互操作性，是一个拥有来自于媒体与创意产业的 40 多家跨媒体、跨国界的机构联盟，其参与者不仅由标准组织和注册机构组成——他们制定并管理一种或多种内容的数据标准（尤其是针对标识符、元数据和通讯），同时也包括创作者、版权持有人、出版商、集体管理组织、版权及内容交易所、零售商、消费者、文化机构（包括图书馆、博物馆和档案室）以及它们的代理商和协会。2015 年，LCC 成为 SC9 的 A 类联络组织，并声称 ISBN RA、ISRC RA、ISMN RA、ISNI RA、ISSN RA、CISAC 等机构都是 LCC 的委员会成员（事实是这几家机构并没有成为其委员会成员）。LCC 框架文件是其重要文件之一，框架文件包括权利参考模型（RRM）、常见权利格式（CRF）、可扩展标记语言模式和两大"最佳实践"指南——标识原则和通讯原则。这份文件开始是有由 Rightscom 咨询公司为英国 Copyright Hub（英国版权中心，2013年7月8日正式上线运营，是英国的版权信息门户）开发的。其中，《标识原则》就是 LCC 在数字权利供应链中对数字网络设计和使用标识符方面提出的规范建议，包括八个方面：

（1）标识必不可少；

（2）标识符不应该包含动态的或令人困惑的"情报（信息）"；

（3）标识符应可解析；

（4）标识符应该能够被多种解析；

（5）标识符应该可访问；

（6）标识符注册应根据明确的注册操作手册和政策（规范）进行注册；

（7）被标识的实体的相关元数据应该以标准格式予以公布；

（8）权利元数据的主张者（声明者）应该被标识。

此《标识原则》文件就是后来 2013 年 6 月份在法国巴黎开的 ISO 年会上，"标识符互操作工作组"提交给 ISO/TC46/SC9 的互操作方案文件雏形，工作组提出，在此文件基础上形成 ISO 技术报告，令其所涉原则不仅仅应用于产权交易，也应用于所有标识系统。LCC 通过想要数字标识符网络的构建，实现全球实体标识符"集成中心"的目标——设置了 10 项权利信息网络目标（见附件 2），以此描述标识符和元数据互操作，以确保未来数字网络有效运行。就是说构建一个将同一实体不同标识符关联在一起的全球性"集散中心（HUB）"，以便其自动匹配或者（必要时）在系统中相互替代，实现互操作。但所有的标识符都集中在一个系统里，以此提供互联互通和信息交换的方案中，"集散中心（HUB）"由谁来管理的问题颇受关注，对此在各国代表一再追问下，美国代表始终回避，不作正面回答。尽管 LCC 声明，数字对象标识符（DOI）不会因此替代其他标识符，但是当时 DOI 是唯一的数字对象标识符，在这样的情况下，其底层隐含的是美国的利益诉求，将此文件上升为 ISO 文件颇受质疑。之后，工作组召集人声称，因为 LCC 申明对此文件拥有版权，SC9 不能对此文件进行修改，为此，SC9 秘书处提出，要求 LCC 自己对文件进行修改，但 LCC 以不符合其自身"原则"以及该文件的知识产权归属权利不清为由拒绝修改，这直接导致《标识原则》文件工作处于"搁置"状态。但"标识原则"一直是 SC9 标识符互操作协同工作会议的讨论重点。最终，由于 LCC 迟迟没有按照 SC9 秘书处的要求完成对 SC9 标识符"标识原则"的修改，因此 SC9 秘书处秘书提出了由 SC9 秘书处自己制定"标识原则"的想法。

在 2017 年的会议上，SC9 秘书处秘书 Todd 正式对这个想法进行了阐述，提出了"原则"的框架，以及价值、意义。经过与会人员的热烈讨论，2017 年年会会议决议："标识原则"文件最终将以技术报告的形式发布。此次年会后 SC9 做了一个 PWI 提案，由 SC9 秘书处秘书 Todd 担任该工作组的召集人，组建新的协同工作组，正式启动 SC9 "标识原则"的制定工作。2018 年，在年会期间召开的协同工作会议上，SC9 介绍了一份名为"标识原则"的技术报告草案，在报告中，SC9 的秘书 Todd Carpenter 介绍了标识符的价值所在，需要规范的标识相关定义，内容标识的原则。会上讨论了 ISO 标识符带给知识产权产业链的核心价值，并形成了决议，成立一个新的工作组编制该技术报告文本，时间为 18 个月。SC9 的秘书 Todd Carpenter 担任该工作组的召集人，并要求会后各国提名专家加入工作组。我方工作人员也在会后陆续加入了这一工作组，该工作组以每月一次的网络会议形式开展工作。

撤销原有的标识符互操作工作组并将《标识原则》文件起草纳入到新的标识原则工作组的安排，纠正了原来互操作工作组的问题，将该项目引入到公开、公平、公正的原则框架之下，改变了以前标识符互操作工作组受某国控制，谋求自身利益的不正常状况。

第四节　ISO《标识原则》草案的基本内容

一、ISO 标识符的价值与在交易中应用的意义

《原则》文件特别强调了 ISO 标识符的价值，这是 ISO 标识符带给知识产权供应链的核心价值，包括：权威的数据，治理的价值，一致的价值，验证的价值，经济、技术和社会支持的价值，利益相关方的价值，评议的价值，稳定的价值，推广的价值，互操作的价值，延展性的价值，多领域的价值，

认证的价值。国际工作组认为，这些价值可以支持对识别系统至关重要的信任概念，ISO 标识符主要通过这些价值特点支持文化内容的交易。ISO 标识符的价值具体体现为：

（1）规范数据的价值

ISO 标识符可以控制数据和分配规则，以确保生成的标识符具有全球唯一性。

（2）治理的价值

标识符需要稳定、知情、定期和积极的治理。该治理应涉及使用标识符及其元数据的相关行业和贸易伙伴。理想情况下，治理应该是协作的，并代表所有贸易伙伴。治理模型应在财务上可持续。

良好的治理将引起对标识符和相关元数据的信任。

（3）共识的价值

标准制定要求最终标准通过相关方之间的共识过程来批准。在信息资源的供应链中汇集不同的声音，以确保最终标准对于标识符系统的所有用户都是可接受的。

（4）验证的价值

标识符应经过验证过程，将确认标识符具有全球唯一性，并且相关联的元数据的最小集合符合注册机构建立的标准和最佳实践。

（5）支持（技术性和社会性）的价值

标识符及其相关的元数据（如果采用）构成知识内容交易中的关键基础架构要素。要发挥作用，他们需要技术问题的定期支持和维护、治理系统和提供服务的财务支持，以及继续推动这种参与和必要工作的社会支持。所需支持的质量和数量将随标识符系统的不同而存在差异。

（6）社会团体的价值

标识符存在于生产者、供应商、用户和中介者的社会或商业团体中。这个团体通过标识符系统的使用、治理、维护或促进标识符系统的正确使用来支持标识符系统。

（7）审查的价值

ISO 标准是在全球相关各方之间达成共识后制定的，并经过严格的程序以就最终文本草案达成协议。该程序包括对标准的审查，对操作实践的审查以及一致性评估。

（8）可持续性的价值

标识符必须持久才能对社会团体有用。这种持久性必须取决于支持标识符使用的标识符系统的可持续性。可持续性需要社团的支持（如支持价值中所述，但其中也包括财务支持、关于过渡计划的良好治理、技术支持和持续维护。

（9）推广的价值

标准仅在旨在为其服务的社会团体所采用的范围内才有用。支持标识符的治理系统应投资于标识符系统的持续升级，其持续维护以及对标准及其相关数据的适当使用。

（10）互操作性的价值

标识符系统存在于其他信息系统的网络中，用于管理知识内容。标识符系统的架构应确保至少与其他外部计算系统的互操作性达到最低水平。标识符和最小元数据集的数据交换是必需的，以确保标识符及其关联的元数据的一致性评估、验证和重用。

（11）可扩展性的价值

没有信息系统可以预期其管理数据的每个用例或应用。因此，标识符系统的构建方式应允许系统进行扩展，以包含与"审核价值"中概述的审核过程一致的其他元数据

（12）多领域性的价值

知识产权创造和分配的过程存在于跨媒体部门和格式运作的生态系统中，因为在于数字内容分发的扩大与这些数据的重用和应用相关的市场机会越来越多。

（13）认证的价值

供应链中的参与者需要信任 ISO 标识符的来源。标识符供应商的认证过程是确保规范数据、全球唯一性和相关元数据质量的要素。注册管理机构有责任向创建、保存和分发 ISO 标识符的人员提供适当的证明，并监督对标识系统的不当使用。

二、ISO 标识符的相关核心特征和预期

随着国际经济一体化进程的不断加快和国际文化交流日益增多，以统一的规则标识的产品在世界各地流通的便捷性日益彰显，此外，统一的标识符还有利于实现计算机化的营销管理，提高效率。ISO 标识符就是在其规定的应用范围内用于唯一识别一个确定的被标识对象，这给世界经济和贸易带来了巨大的好处。因此，工作组提出，要实现 ISO 标识符的作用与价值，ISO 标识符应具备以下特征：

（1）唯一性

标识符在其自己的标识符系统的环境中应该具有全球唯一性。命名空间内的任何两个不同的指示对象都不应分配相同的标识符，命名空间内的相同的标识符也不应分配给两个不同的指示对象。唯一性与标识符系统的粒度有关。

（2）永久性

为了随时间变化在跨机构中继续提供价值，标识符系统应提供稳定性和对系统中各个要素的信任。标识符系统的各个方面应针对其预期的应用具有适当的持久性级别。例如：

——标识符的持久性

——标识符本身应为社团所接受，并应被广泛采用以确保标识符具有持久性

——连接指示对象及其标识符绑定的持久性

——绑定到标识符的指示对象标识的持久性（这可能包括元数据、标识符和该绑定）

——支持信任标识符的标识符系统的持久性（例如注册机构、解析系统、维护系统，用于更新元数据的方法等）

（3）粒度，适合领域需求

在满足可持续性需求的前提下，应按照满足该领域商定需求的粒度来分配标识符。在粒度情况中，可以在集体或层次级别或在粒度或基本级别分配标识符。分层标识符可以将大量的粒度标识符组合到单个指示对象中。在确定这些需求时，系统应根据领域需要区分指示对象或组合足够时识别社团的利益。

如果该领域的不同部分的要求极大，以至于无法协调，则需要单独的系统（或者可能是具有单独架构的单个系统）。

（4）相关关联元数据

虽然指示对象和标识符之间的绑定应该保持稳定并且是持久的，但是有关指示对象的属性可以更改，因此其元数据可以随时间而改变。如果发现错误，则可以通过解决元数据中描述的属性中那些错误来更正它们。

（5）在自己的范围内无歧义

元数据应足够全面以识别唯一性。基于标识符系统的粒度和有关指示对象的元数据，标识符应唯一地绑定到指示对象。识别系统的领域和管理者应确定哪些特征需要粒度标识符和适当的元数据来唯一描述对象。

（6）公开可用

虽然识别可用于内部目的，但影响来自于系统使用带来的网络效应驱动。这样，标识符以及最少的元数据集应公开可用。任何系统用户都应该能够消除指示对象的歧义，并将标识符连接到指示对象。尽管可以在商业上合理且无歧视的条件下获得数据，但公开获得的数据并不意味着应免费获得数据。

附加元数据可以存储在标识符系统中，但由于业务、隐私或其他原因，该元数据不会公开提供。

（7）范围明晰

从一开始就必须知道标识符所标识的是什么类别（例如，ISBN 标识其供应链中的专题出版物等）。可以通过标识符标准，其治理结构或相关的分配过程来指定此范围。定义的范围指导与标识符相关的参考关联元数据。

（8）标识符字符串不应包含语义

标识符不得对指示对象的任何属性进行编码。虽然事物名称可以用作标识符，但名称和其他语义信息不应包含在正式标识符中。标识符本身应具有一个或少量的标准化"表示"（例如，作为纯字符串或数字，作为 URI），足以将标识符连接到其命名空间。

标识符编码方案通常应要求包含信息以实现识别和解析，这可能是标识符的前缀，但这与标识符的语义不同。使用（或将来可能会使用）标识符的情境将确定此类标识符系统语义的特定需求。

（9）解析性

标识系统应提供对标识符的核心元数据的访问，足以在标识符和指示对象之间的绑定中建立信任。提供对核心元数据的这种共享访问的解析服务应该对使用系统的各方可用，以便他们信任系统。对于公共标识符，这意味着内核元数据应该是公共可用的。

进一步的信息也可能通过解析过程获得，这可能会为标识系统带来更多的价值。或者，可以通过使用标识符作为查找关键字从第三方系统访问附加信息。

（10）适当的分配时间

内容创建的过程并不总是与内容交易的分配和营销要素一致。但是，应通过使用标识符和标识系统来协调这些要素。因此，应该在内容制作过程中尽早分配标识符。关联的元数据应在整个创建过程中（甚至可能在更新之后）进行更新，以确保其准确性。

（11）面对错误的恢复力

每个系统都会遇到偶然的错误。理想情况下，标识系统应具有并公开定义的流程，以在发现分配或标识错误时立即解决这些问题，例如合并/拆分程序，弃用"旧"字，推广规范标识符，纠正元数据。

（12）可持续

为了使系统具有可持续性，必须有一个业务需求和模型，该需求和模型必须提供足够的经济资源来支持系统本身的运行。区分标识符的持久性（及其关联的元数据，即标识符始终标识同一件事物）与业务的可持续性（正在进行的 RA 和 RAG 操作、新的分配、解析）和信息的持久性（即数据和归档的长期可用性，甚至在系统本身停止运行后）。

会出现与创建和管理标识符相关联的成本，并且基于分配级别和利益相关者支付系统成本的意愿，标识符系统的管理应在经济上可行。

（13）可信度

标识系统的各种要素都支持对标识符、标识符的关联元数据以及标识符与指示对象之间的绑定的持久性的信任。参考相关元数据的质量、核心元数据的公共可用性、错误纠正的过程以及标识符的可解析度都有助于提高标识系统的可信度。应该注意支持标识系统的理想属性，因为分配错误、元数据不正确、解析问题或与标识系统的可持续性有关的问题可能会引起与整个系统的可信度有关的担忧。

第五节 《标识原则》文件的主要特点

一、明确 ISO 标识符的开放性

《原则》文件明确了 ISO 标识符系统的互操作性可以允许他人根据需要，在多重可扩展序列化中参与有意义的数据互动，并在 ISO 标识符与其他 Web 信息（尤其是其他相关 ISO 标识符）之间建立关联，实现其轻松用于联网信息的行为能力。文件通过规范适合各领域需求的粒度，以及用以理解标识对象最低级别的元数据，从而使 ISO 标识符和元数据达到交易可信度的规范性。

二、突显标识符标准对于社会团体的重要性

标准，尤其是团体标准，是一个产业团体或联盟团体以最大限度满足相关方诉求为重要使命，实现销售的主动支撑和市场的合理防守。《原则》文件认为，标识符存在于生产者、供应商、用户和中介者的社会或商业团体中。各个团体通过标识符系统的使用、治理、维护或促进标识符系统的正确使用来支持标识符系统。而标识符的唯一性、永久性、可信度等理想属性，突显了标识符标准在寻求产业链项下各相关方利益诉求，发现和实现相关方利益最大化的妥协产物方面的重要价值所在。

三、逐步建立 ISO 识别系统

ISO、W3C 等诸多国际标准组织几十年来一直致力于开发基于标准的权限管理和交换基础设施，尤其针对权限信息和相关元数据在机器之间的"流动"。然而，目前仍然主要采用人工方法管理权限元数据。信息的终端用户通常无法或者很难确定涉及内容的权限。为此，SC9 启动了这个项目，给出了标识符的特点和价值，其最终目的是为了构建具有良好结构、可由机器识别的、能自动流动的权限数据从而建立 ISO 识别系统框架，以支持具体的业务应用案例。

第六节　ISO/TC46/SC9《标识原则》与 LCC《标识原则》文件的主要区别

在工作组组建之初，工作组召集人就表示，LCC《标识原则》尽管有一些内容不够明确，并存在知识产权等问题，但其中的相关内容是工作组的基础。比较两个文件，可以发现其中的主要内容有两个方面的区别：

一、标识的表现形式

ISO/TC46/SC9《标识原则》文件中没有要求标识要有指定的表现形式。因为在根据内容类型审核的 ISO TC46 标识符体系中，知识型内容一般分为四类：音乐、文本、视听材料以及影像。抽象作品和他们的表现形式，以及在网络上传播的单项内容之间的差异。这些差异对于作品标识符有特别重要的意义。传统标识符的标准，除了 DOI 和 ISLI，没有一个适用于单个的物理项目或数字项目（例如一本印刷的书籍的复印本，或一个数字文档）：它们都是作品的或作品表现形式的标识符，代表不同的分类。例如，ISBN 并不标识一个独立的印刷书本，而是一个具体出版版本的全部图书，每一本都被看作相同的表现形式中的一个。特殊的用户，例如图书馆，基于各种原因，却希望为自己拥有的某个表现形式的副本进一步分配一个标识符，但是没有针对这些内容的 ISO 标准。

大多数其他标识符标识抽象作品，基本的内容可以以任何数量的不同的表现形式实现。所以《红楼梦》是一个单一的抽象作品，它可能以许多不同的物理版本或数字版本表现：这个作品可以通过一个 ISTC 标识，而表现形式，根据它们的属性，可能会有 ISBN 或 ISRC（或两者兼而有之）。作品和表现形式是不同种类的抽象形式。一部著作是一个单一作品，可能会具有任何数量的表现形式，而一个表现形式是一群功能上相等的作品，它们一般来源于同一个作品，这个作品可以无限次地复制。它与其第一个表现形式同时诞生，但是两个又有不同，它们通常受制于不同的权利，可能会有不同的权利持有人。因此，SC9 的《原则》文件并没有规定指定的表现形式。

二、多重解析

对于解析，LCC《标识原则》要求"可以进行多种解析"。标识符应可解析的。在数字网络中一个可解析的标识符能够使系统定位所标识的资源的位置，或者找到一些在网络上其他地方的相关信息（如元数据或相关的服务）。对于这个问题，LCC 文件指出标识符应该能够被多种解析。标识符应该能够针对不同的类型或者元数据实例被解析到一个以上的位置：例如，找到至少一个基本的描述和已主张（声明）的权利。在多种解析的选择上可以由人来选择或由机器按照规则来选择。多种解析应该能够根据数据源的变化改变相应的解析管理：灵活的解析是必不可少的，以便使遗留（legacy）和专有权系统（proprietary）能够进行交互处理。多种解析需要一个基础的和可扩展的关于"输入"被解析词汇的标准。这样不同的服务（如不同的元数据类型）可以自动找寻其解析系统。这种方法很常见，而且通常是隐含在专有的（所有权的）封闭系统内，但尚未被普遍视为解开被链接的数据的必然要求（open linked data）。但 SC9 强调在数字环境中，标识符应解析为关于指示对象的相关其他公共元数据或者可能是指示对象本身。而这并非在使用标识符的每个环境中都可行。因此，没有保留多种解析这一条。

第三章 ISO《标识原则》技术报告发布可能产生的影响及对策

第一节 现有 ISO 标识符与《标识原则》符合性

一、标识符的 13 项核心特征

《标识原则》文件草案提出了 13 项 ISO 标识符的相关核心特征和预期，这些特征可分为 2 大类：ISO 标识符的基本特征和应用特征。在这些属性中，某些特征之间具有一定程度的相关性和相互影响。对 13 项 ISO 标识符的相关核心特征和预期做以下归类和分析：

第一类：ISO 标识符的基本特征

包括 13 项特征中的：（1）唯一性，（2）永久性，（5）在自己的范围内无歧义，（7）范围明晰，（11）面对错误的恢复力，（12）可持续，

（13）可信度。

其中唯一性、永久性、在自己的范围内无歧义、范围明晰和可持续 5 项，是标识符最基本的特征，在任何情况下均遵从相同的原则。

面对错误的恢复力和可信度两项特征高度相关，可信度在一定程度上取决于面对错误的恢复力。在没有信息技术支持的环境中，标识符的编码分配和信息注册都有一定时间的延迟和滞后，使用者经常无法获得最新的标识符信息，标识符的可信度有所降低。例如 ISBN，诞生于没有信息技术支持的时代，但目前国际注册机构仍沿袭较为传统的注册管理体系，由于区组注册的 ISBN 信息每年上传给国际注册机构一次，所以年初分配的编码最多迟至长达近一年才可收录到国际注册机构数据库，此期间使用者对大量的已分配 ISBN 信息无法从国际注册机构获取，从而无法获得该指示对象的信息。而区组代理注册机构对已分配编码的错误纠正同样需要最长为一年的滞后期，此期间使用者从 ISBN 国际注册机构获取的信息有可能已经由区组机构更正了错误，而此时使用者获得的信息仍然是更正前的错误信息。

近年发布的 ISLI 等标识符由于全面采用了网络化注册管理系统，其国际注册机构和区组注册机构信息实时同步，提供给使用者的新注册标识符和错误更正信息迅速、完整、准确，可信度很高。

第二类，ISO 标识符的应用特征

又可分为一般的应用特征和增强的应用特征。

一般应用特征——包括 13 项特征中的：（3）粒度，适合领域需求；（6）公开可用；（10）适当的分配时间。

关于"粒度，适合领域需求"，随着客观环境的发展变化也在产生着很大的变化。在各种数字终端上使用作为当今主要的应用方式，信息与文献的使用颗粒度已经明显变小，支持这种变化，需要标识符具有对所标识资源的不同颗粒度使用支持能力。但目前 ISBN、ISSN、ISRC 等传统标识符都不具有对信息与文献使用颗粒度变化的支持能力，甚至像 ISSN 仅标识一种连续出版物，连该出版物的具体刊期都不能识别查找，更不用说具体内容了。

关于"公开可用"，在现代信息技术环境下，标识符可以提供的使用功能较传统时代已经增加了很多，标识符由原来的静态向动态延伸，从单一对象识别到参与产品构建和使用过程等新的功能。因此，考核一个标识符的可用性，随着时代进步要求也有所不同。

增强的应用特征——包括：（4）相关关联元数据；（8）标识符字符串不应包含语义；（9）解析性。

"相关关联元数"和"解析性"是两个高度相关的标识符特征。

随着科技和社会发展，我们对标识符的认识也在不断深入。早期的标识符由于没有信息技术条件，无法实现标识符与相关信息关联，只能将这些信息以语义信息的形式包含在标识符编码中。但由于各种条件限制，不可能在编码中嵌入太多的语义信息，从而无法向使用者提供指示对象更为全面的信息。随着信息技术的发展，标识符从传统框架中解脱出来，在现代信息技术的支撑下产生了质的变化。目前对标识符的研究认为，标识符的基本要素已经由原来的数据串一项扩展为数据串 + 元数据集合的二元结构。当这种二元结构的标识符在现代信息技术的支持下，通过对编码所关联的元数据进行解析，可为使用者迅速、准确地提供丰富、完善的指示对象信息，甚至还可能通过解析元数据实现预先设定的一些使用功能，从而大大增强了标识符的作用，更好地满足对标识符应用的更高要求。尤其是移动互联网的发展，随着 5G 技术的逐步普及，这种标识符系统的优势将更加充分地显现出来，现代标识符将给我们的生产和生活提供更多的便捷和帮助。

关于"标识符字符串不应包含语义"的特征，对此存在理解上的差异。《标识原则》文件对该属性描述为"标识符不得对指示对象的任何属性进行编码"。例如一本图书，其名称和内容提要显然属于该指示对象的属性，不应包括在标识符字符串中，这种情况比较好理解，也不应产生歧义。但现有标识符编码中存在的"国家码""出版者码"等是否也是对指示对象的属性描述？如是，那么这些要素就不应该包含在 ISO 标识符中。

现代标识符的编码应由无含义字符和（或）数字组成，并与一组元数据相配合，形成编码 + 元数据组合的功能完善的标识符系统，这在《标识原则》文件中得到充分体现。现代标识符系统为人们提供的信息越来越全面，功能也越来越强大，但是目前在这方面很多人还存在着认识上的误区，以为应该将指示对象的属性直观地呈现在编码中，这种观念已经落后于时代的发展，与标识符发展的客观规律不相符合。标识符的编码由无含义性字符和数字组成,可以为标识符应用带来一定的安全保障,在一定程度上能够保护指示对象的隐私,并保护指示对象的信息不会很容易地被非法使用等。例如我们的身份证号码,包含户籍所在城市和出生日期等直观信息,由于这些信息过于显露,难免不会被用作非法用途,其结果必然会给指示对象带来一定的负面影响。

但是"编码无含义性"也不应绝对化,不同的标识符在实际应用中应对其具体应用具体分析。在某些特定的应用场景或是信息技术条件环境不够理想时,获取和解析标识符元数据会遇到一定的困难,此时直接解析标识符编码所包含的显性信息可降低标识符使用的环境影响。所以,对某些要求特殊或显性编码信息不会构成对指示对象负面影响的标识符,可以将部分语义信息嵌入到编码中,但该指示对象的完整信息仍然需要通过元数据才能得到全面反映。

二、现有 ISO 标识符与 13 项特征的符合程度分析

现有的 10 个 ISO 信息与文献标识符(不包括 ISCI)与 13 项特征和预期的符合性程度见表 2。

从表中分析可看出,现有标识符随着该标识符制定时间,与《标识原则》文件提出的 13 项标识符特征表现出符合程度的变化的趋势。制定年代越早符合性越差,制定年代越近符合性越好,其中只有最新制定的 2 项标识符(DOI 和 ISLI)完全符合。

从表中可以看出,所有的标识符与 13 项特征中的 7 项基本特征"符合"或"部分符合",这 7 项特征是对一个标识符的最基本要求。在较早的标识符中"面对错误的恢复力"和"可信度"两项,评判为部分符合,是出于上文对这两项特征的探讨和例证分析作出的,主要原因是信息延迟导致可能出现的暂时性(可能长达近 1 年)信息缺失或错误,尽管这些问题最终多会得到纠正,但在一段时间内对标识符的使用有不良影响。

应用特征的符合程度在不同年代制定的标识符中差别较大。其中 ISBN、ISSN、ISRC 多达 4 项不符合,ISWC、ISMN、ISAN 有 3 项不符合,ISTC、ISNI 有 2 项不符合,2012 年以后发布的 DOI 和 ISLI 全部符合。

表2 现有ISO信息与文献标识符与13项特征和预期符合程度

ISO标识符特征和预期	特征分类	ISBN	ISSN	ISRC	ISTC	ISWC	ISMN	ISAN	ISNI	DOI	ISLI
唯一性	基本特征	符合	符合	符合	符合	符合	符合	符合	符合	符合	符合
永久性	基本特征	符合	符合	符合	符合	符合	符合	符合	符合	符合	符合
粒度适合	应用特征	不符合	不符合	不符合	不符合	不符合	不符合	不符合	不符合	符合	符合
相关关联元数据	应用特征	不符合	不符合	不符合	不符合	不符合	不符合	不符合	不符合	符合	符合
在自己的范围内无歧义	基本特征	符合	符合	符合	符合	符合	符合	不符合	不符合	符合	符合
公开可用	应用特征	符合	符合	符合	符合	符合	符合	符合	符合	符合	符合
范围明晰	基本特征	不符合	不符合	不符合	不符合	不符合	不符合	不符合	不符合	符合	符合
解析性	应用特征	不符合	不符合	不符合	不符合	不符合	不符合	不符合	不符合	符合	符合
标识符字符串不应包含语义	应用特征	部分符合	部分符合	部分符合	部分符合	部分符合	部分符合	部分符合	部分符合	符合	符合
适当的分配时间	应用特征	部分符合	部分符合	部分符合	部分符合	部分符合	部分符合	部分符合	部分符合	符合	符合
面对错误的恢复力	基本特征	符合	符合	符合	符合	符合	符合	符合	符合	符合	符合
可持续	基本特征	符合	符合	符合	符合	符合	符合	符合	符合	符合	符合
可信度	基本特征	部分符合	部分符合	部分符合	部分符合	部分符合	部分符合	部分符合	部分符合	符合	符合

注：此表为笔者编制

第二节 对 ISO 标识符的影响

在《标识原则》草案文件中并没有将这 13 项直接称为"特征",而是称其为"特征和预期",这是充分地考虑了现有标识符符合性尚有欠缺的实际情况,至少在相当长一段时间内还不能全部达到应有的特征而作出的。既然是"特征和预期",以后新制定的标识符就应当全面达到,而现有的标识符则应不断改进,努力接近并逐步达到。

由此可见,《标识原则》文件对 ISO 标识符制修订工作提出了明确的要求,确定了现有标识符的努力方向和应达到的目标。《标识原则》文件一旦发布,将成为今后 ISO 标识符制修订必须遵循的基本原则,也将成为 ISO 对标识符制修订工作进行考核的重要依据。

目前 ISBN、ISSN 和 ISRC 都刚刚完成了新一轮修订,短期内(大约 3 至 5 年)不会有大的变化,一般情况下不会因为《标识原则》文件的发布提前进行修订。在与 13 项特征和预期符合性的改善方面,对于未达到完全符合程度的特征,改进的条件和难易程度也不尽相同。例如,特征"(8)标识符字符串不应包含语义"一项,由于编码结构已经确定并广泛使用,很难再做较大变动,编码结构的影响将会持续相当长时间,甚至将伴随该标识符的整个生命周期。对于标识符使用特征的符合性改善,很大程度取决于注册机构的努力,需要在注册、解析等方面做较大的投入,增加提升标识符信息化水平的设施装备和相关条件配备。但从目前情况看,这些传统标识符尚无出现重大改善的动向,在注册机构对此没有承受较大压力的情况下,维持现状或是作有限的改善将可能是现有 ISO 标识符注册机构的基本选择,但不能排除某个 ISO 标识符出现重大变化的可能性。①

---

① 原本课题组主要人员全程参加了 ISO TC46/SC9/WG16 的前期工作,并申请作为正式成员加入 WG16(属于 ISO 例行程序),但在办理国内手续时受到相关机构的拖延,有人至今未能加入,并致使 2019 年中期部分 WG16 国际电话会议会议我方未能参加。另因 2019 年 9 月国内无法使用 ZOOM,也使 9 月份以来无法参会。因此,对参会各方态度了解不多,尤其是对于我国行业管理十分重要的 ISBN、ISSN 和 ISRC 的动向,不能通过会议讨论中的各方态度获得充分地了解,此处的分析判断仅能依据参加的少数几次会议和会后通过邮件分发的简单会议纪要(十分简单,仅有会议达成的共识结果)以及目前掌握的基本情况作出,难免有所疏漏,敬请阅读此文者知悉,并且建议不要引用此部分内容。

第三节 对策

一、安排好《标识原则》文件发布后的应对工作

《标识原则》技术报告草案虽然还在工作组研究和讨论进程之中，但已经基本成型，将在 2020 年发布，预计最终发布的文件与现在的草案内容不会出现重大变动。这也是 ISO 出台的第一份关于规范和指导 ISO 标识符的原则性文件，这份文件的出台对现有标识符今后的修订和制定新的标识符标准都将产生重大的影响，尤其已经纳入到我国行政管理的 ISBN、ISSN 和 ISRC 三项重要的标识符，其变化将直接影响到我国行业的行政管理，必须高度重视。因此，必须对《标识原则》技术报告发布后其影响程度和后续发展的情况密切跟踪，及时掌握第一手信息，为管理部门的决策工作提供可靠的依据。因此，对本课题结束后续工作提出以下两点建议：

建议 1：有关管理部门与研究院、标委会研究、设立对 ISO《标识原则》技术报告影响情况的跟踪和研究机制，长期跟踪研究《标识原则》技术报告影响下 ISO 标识符的发展和变化。

建议 2：加强与国标委的沟通联系，避免再次发生我方人员参加 ISO 相关工作组在国内程序方面出现障碍，严重影响工作的情况。建议今后必要时请国标委国际部出面，解决类似的问题，确保工作正常进行。

二、对我国应用 ISO 标识符可能产生的影响做充分地准备

从今后的发展趋势看，《标识原则》技术报告已经对现有标识符的发展提出了明确的预期，而如何实现这些预期？什么时候实现这些预期？有待后续跟踪研究。目前看，产生影响最大的可能性是各个标识符逐步实现注册管理的信息化并强化注册机构对元数据的管理，可能逐步实现区组注册机构与国际注册机构进行实时数据交换，对此我们需提前研究对策，充分考虑注册数据实时交换后对我们的信息保护可能产生的影响，以及通过此渠道获取的信息数据可能对我国新闻出版产业宏观、微观经济情况进行的分析，并准确评估由此可能对我们产生的不利影响，制定相应的应对策略。

建议 3：对 ISBN、ISSN 和 ISRC 对外提供信息作专项调研，并对今后由于各个 ISO 标识符根据《标识原则》改进后可能出现的潜在问题进行先期

研究。必要时建议管理部门针对可能出现的情况，以标准或法规的形式对通过标识符对外提供信息作出统一的规范要求，避免出现漏洞，确保我国新闻出版产业 ISO 标识符使用的安全和稳定。

参考文献

[1] 蔡逊.国际标准关联标识符（ISLI）与新闻出版产业创新.出版参考，2016-08-05.

[2] 香江波.新闻出版业相关标识符标准的现状及发展趋势.出版发行研究，2017-11.

[3] 蔡逊.关联——ISLI 国际标准的理念与价值.出版发行研究，2015-07-15.

（课题组成员及执笔人：香江波、武远明、刘颖丽、蔡逊、王庚梅）

全国少儿图书出版分析报告（2018）

第一章　绪论

第一节　研究背景及意义

　　进入"十三五"时期以来，我国把"以供给侧结构性改革为主线，扩大有效供给，满足有效需求"作为这一时期经济社会发展指导思想的主要内容。而少年儿童图书出版供给侧改革的着眼点在于为了满足少年儿童读者不断变化的、不断升级的阅读需求，以持续深化改革和调整产业结构为手段，以调整童书结构和出版资源的配置方式为核心。政府及主管部门一系列利好政策和举措的相继出台，给我国少儿图书出版带来许多重要的发展机遇，例如：城镇化进程将有效地刺激居民阅读消费，生育政策的调整会使少儿图书出版的目标读者群继续保持惊人的规模，中小学语文教学的改革将拉动学生课外阅读量，于2017年颁行的《全民阅读促进条例》和《公共文化服务保障法》都把阅读作为增加社会公共文化产品的重要方面，等等。

　　目前，已有部分国内学者开始关注少儿图书出版市场，并依据可得数据或通过问卷调查的方式，对我国少儿图书出版的现状及存在问题进行了多方面、多角度的分析。国内学者在少儿图书出版方面的研究主要涉及少儿畅销书、少儿图画书、低幼图书、少儿科普图书、少儿文学图书、少儿主题图书等，其中关于少儿科普图书的研究相对较多；所用数据包括当当网图书销售排行榜、开卷信息技术公司书业数据、图书选题信息、问卷调查所得数据等。可以发现，目前国内针对少儿图书出版情况尚缺乏整体的综合分析，很少涉及不同类别、不同地区间少儿图书出版情况的对比，以及少儿图书出版单位经营状况的分析,且数据多来源于第三方平台或自行调查所得,在数据可靠性、全面性上有待考量。

在上述背景下,我国少儿图书出版的现状究竟如何,存在哪些出版特点,一系列"红利"政策的颁行对少儿出版是否真的起到了推动作用,这是本研究要探讨的问题;而通过对发展状况进行分析,为政府及主管部门未来制定方针政策提供参考,是本研究的现实意义。

第二节 研究内容与方法

本研究选取当年全国开展少儿图书出版业务的出版单位为研究对象,利用 Excel 软件,对其出版情况、发行情况及经营状况进行对比分析,既包括地区、单位间的横向对比,也包括与上年同期的纵向对比,最终得出关于全国少儿图书出版发展现状的实证研究结论,提出针对性的研究建议。

研究内容主要包括出版情况、发行情况和经营状况三大块内容,从不同侧面对我国少儿图书出版的发展现状及特点进行分析。出版情况分为以下五个角度:一是内容分类角度。根据中图分类法,可将图书按照内容分为文化科学教育体育类、文学类、艺术类等共计 22 大类,本研究选取少年儿童图书中比较有代表性的类别,如出版占比较大或变动较大的,会进行着重分析。二是出版地区角度。根据出版单位性质和所在地的不同,可将全国少儿图书出版单位划分为中央在京单位和地方单位,由此可以从地区角度对各省(直辖市、自治区)的少儿图书出版现状进行分析和对比。三是出版单位角度。对全国开展了少儿图书出版业务的出版单位,分专业与非专业两类进行对比分析。四是出版数量角度。印数是衡量图书出版规模的重要指标之一,本研究对少儿图书印数的集中度以及有代表性的大印数少儿图书进行了分析。五是图书定价角度。发行情况主要是分析各地区新华书店系统的少儿图书零售情况,包括销售数量、销售码洋和销售折扣三方面。经营状况主要采用财务比率对专业少儿图书出版单位的财务状况进行分析,包括偿债能力、营运能力、盈利能力和财务结构四方面。

本研究所提及的少年儿童图书,系指供初中及以下少年儿童课外阅读的休闲读物,不包括各层次、各类别的教材、教辅类图书。研究所用数据,全部来源于国家新闻出版行政管理部门 2015—2018 年图书出版、发行及财务统计的官方年报数据，所用方法主要是描述性统计分析和比率分析。

第三节 研究重点难点及创新之处

本研究重点难点主要体现在以下几方面：一是完整、准确地对出版、发行和财务数据进行搜集、统计。全国共有 580 多家图书出版单位，对其出版、发行及财务数据逐一采集、反复核实和整理，在此基础上将当年参与出版少儿图书的部分单位从中筛选出来，形成全国少儿图书数据库，该第一手数据资料数量庞大、来之不易。二是根据分析需要对原始统计资料进一步予以整理。根据近三年统计，每年约有 300 多家出版单位开展少儿图书出版业务，出版少儿图书超过 4 万种、8 万册，这其中又涉及内容分类、地区分类等，因此针对原始统计资料的计算工作量大、计算过程比较繁琐。三是客观、深入地总结归纳少儿图书发展特点。整理得到的统计数据结果还只是停留在数据层面，如何在此基础上梳理归纳出当前少儿图书出版行业的发展特点，将统计数据转变为直观、易懂的观点和结论，才是本研究最核心的重点与难点，本研究的最终目标是客观、真实地反映行业整体发展状况，以期为政府及主管部门制定方针政策提供参考。

本研究的创新之处包括两点：一是研究所用数据全部来源于国家新闻出版行政管理部门 2015—2018 年图书出版、发行及财务统计的年报官方数据，数据更全面、更具权威性；二是研究涉及不同类别、不同地区间少儿图书出版情况的对比，以及少儿图书出版单位发行、经营状况的分析，分析角度更多样。

第二章 出版情况

根据新闻出版统计年报官方数据：2018 年，全国出版少儿图书 4.42 万种，较 2017 年增长 4.14%，占全部图书的 8.51%，较 2017 年增加 0.23 个百分点；总印数 8.89 亿册，增长 8.35%，占比 8.88%；总印张 54.12 亿印张，增长 10.82%，占 6.13%，总印数、总印张占比均与 2017 年基本持平；定价总金额 225.32 亿元，增长 28.40%，占比 11.25%，增加 1.11 个百分点。

其中，新版少儿图书 2.28 万种，较 2017 年略有下降（-0.19%），占全部少儿图书的 51.57%，占比较 2017 年减少 1.84 个百分点；印数 4.11 亿册，增长 23.84%，占 46.31%，占比增加 5.79 个百分点。重印少儿图书 2.14 万种，增长 9.17%，占 48.43%，占比增加 1.84 个百分点；印数 4.77 亿册，下降 2.19%，占 53.69%，占比减少 5.79 个百分点。

第一节　产品结构

根据中国图书分类法，图书可划分为马克思主义、列宁主义、毛泽东思想、邓小平理论，哲学、宗教，社会科学总论等共计 22 类，这 22 类按照内容又可划分为社科人文、科学技术和综合三大类。社科人文类系指属于中国图书分类法马克思主义、列宁主义、毛泽东思想、邓小平理论，哲学、宗教，社会科学总论，政治、法律，军事，经济，文化、科学、教育、体育，语言、文字，文学，艺术，历史、地理 11 大类（A—K）的图书；科学技术类系指属于中国图书分类法自然科学总论，数理科学和化学，天文学、地球科学，生物科学，医药、卫生，农业科学，工业技术，交通运输，航空、航天，环境科学、安全科学 10 大类（N—X）的图书；综合类系指属于中国图书分类法综合性图书（Z）的图书。

一、各类别出版情况

2018 年，全国出版社科人文类少儿图书 4.04 万种，较 2017 年增长 3.87%，占全部少儿图书的 91.48%，占比较 2017 年减少 0.23 个百分点；印数 8.29 亿册，增长 7.79%，占 93.30%，占比减少 0.49 个百分点。出版科学技术类少儿图书 0.29 万种，增长 5.84%，占 6.60%，占比增加 0.11 个百分点；印数 0.43 亿册，增长 21.62%，占 4.85%，占比增加 0.53 个百分点。出版综合类少儿图书 0.08 万种，增长 10.91%，占 1.91%，占比增加 0.12 个百分点；印数 0.16 亿册，增长 6.08%，占 1.84%，占比与 2017 年基本持平。社科人文类少儿图书作为主要构成部分，出版数量虽有所增长，但在少儿图书中的占比略有下降；科学技术类少儿图书继续保持增长，且印数增速超过 20%，较 2017 年大幅提

表 2.1　2018年少儿图书各类别出版情况

单位：万种、亿册、%、百分点

类别	品种				总印数			
	数值	增速	上年增速	比重	比重变动	数值	增速	上年增速	比重	比重变动
社科人文	4.04	3.87	-2.64	91.48	-0.23	8.29	7.79	5.94	93.30	-0.49
其中：政治法律	0.02	20.14	-38.77	0.38	0.05	0.07	46.15	-42.65	0.77	0.20
文学	2.24	12.47	3.45	50.78	3.76	4.44	14.93	11.39	49.94	2.86
艺术	0.40	6.32	-14.60	9.10	0.19	0.94	14.77	4.94	10.53	0.59
历史地理	0.15	23.03	22.37	3.40	0.52	0.25	38.99	38.33	2.83	0.62
科学技术	0.29	5.84	5.59	6.60	0.11	0.43	21.62	0.11	4.85	0.53
其中：数理科学化学	0.05	19.86	16.49	1.19	0.16	0.11	46.48	1.32	1.27	0.33
综合	0.08	10.91	-27.11	1.91	0.12	0.16	6.08	-6.25	1.84	-0.04
合计	4.42	4.14	-2.75	100.00	—	8.89	8.36	5.42	100.00	—

资料来源：由《中国新闻出版统计资料汇编》（2017—2019年）中的相关数据计算得到。

升 21.51 个百分点，在少儿图书中的地位也有所加强。

二、影响类别

在社科人文和科学技术类少儿图书均保持增长的情况下，对这两大类别增长贡献较大的主要是政治、法律类，文学类，艺术类，历史、地理类以及数理科学、化学类。

2018 年，全国出版政治、法律类少儿图书 0.02 万种，较 2017 年增长 20.14%，印数 0.07 亿册，增长 46.15%；出版数理科学、化学类少儿图书 0.05 万种，增长 19.86%，印数 0.11 亿册，增长 46.48%。这两类少儿图书的品种和总印数在 2017 年均有较大下降，2018 年由降转升，品种增速均在 20% 左右、总印数增速均超过 40%。

全国出版文学类少儿图书 2.24 万种，占全部少儿图书的 50.78%，较 2017 年增加 3.76 个百分点，印数 4.44 亿册，占 49.94%，增加 2.86 个百分点；出版艺术类少儿图书 0.40 万种，占 9.10%，增加 0.19 个百分点，印数 0.94 亿册，占 10.53%，增加 0.59 个百分点。这两类作为少儿图书的主要构成，2018 年在少儿图书中的地位进一步加大；文学类继续保持增长，增速较 2017 年有所提高，艺术类品种数有所回升，总印数增长加快。

全国出版历史、地理类少儿图书 0.15 万种，较 2017 年增长 23.03%，占全部少儿图书的 3.40%，占比较 2017 年增加 0.52 个百分点；印数 0.25 亿册，增长 38.99%，占 2.83%，占比增加 0.62 个百分点。历史、地理类少儿图书保持了 2017 年的快速增长趋势，品种增速继续超过 20%、总印数增速继续超过 30%，并且在少儿图书中的占比明显提高。

第二节 地区结构

一、各地区出版情况

按经济区域划分，可将全国分为东部、中部、西部和东北四大区域。2018 年，东北地区出版少儿图书 0.60 万种，较 2017 年下降 11.34%，占全国少儿图书的 13.64%，占比较 2017 年减少 2.38 个百分点；印数 0.61 亿册，下降 9.26%，占 6.84%，占比减少 1.33 个百分点。东部地区出版少儿图书 2.52

万种，增长 7.09%，占 57.03%，占比增加 1.57 个百分点；印数 5.37 亿册，增长 10.39%，占 60.49%，占比增加 1.11 个百分点。中部地区出版少儿图书 0.61 万种，下降 2.81%，占 13.86%，占比减少 0.99 个百分点；印数 1.63 亿册，增长 8.22%，占 18.31%，占比与 2017 年基本持平。西部地区出版少儿图书 0.68 万种，增长 17.83%，占 15.48%，占比增加 1.80 个百分点；印数 1.28 亿册，增长 10.17%，占 14.37%，占比增加 0.24 个百分点。

表 2.2　2018 年少儿图书各地区出版情况

单位：万种，亿册，%，百分点

区域	品种				总印数			
	数量	增速	比重	比重变动	数量	增速	比重	比重变动
全国总计	4.42	4.14	100.00	—	8.89	8.35	100.00	—
东北地区	0.60	-11.34	13.64	-2.38	0.61	-9.26	6.84	-1.33
东部地区	2.52	7.09	57.03	1.57	5.37	10.39	60.49	1.11
中部地区	0.61	-2.81	13.86	-0.99	1.63	8.22	18.31	-0.02
西部地区	0.68	17.83	15.48	1.80	1.28	10.17	14.37	0.24

资料来源：由《中国新闻出版统计资料汇编》（2018、2019 年）中的相关数据计算得到。

东部地区品种和总印数占比均超过 50%，是全国少儿图书出版的核心区域，2018 年出版规模进一步扩大，核心地位愈加巩固；西部地区品种和总印数增速均超过 10%，在几个地区中名列前茅，占比也明显提高，在全国少儿图书市场中的地位有所加强；东北地区出版规模则出现较大幅度的下滑，其少儿图书市场有所萎缩。

2018 年，中央在京出版单位少儿图书总印数 1.79 亿册，较 2017 年增长超过 20%，占全国少儿图书的 20.19%；地方出版单位少儿图书总印数 7.09 亿册，增长 5.10%，占 79.81%。31 个省（市、自治区）中，少儿图书总印数排名前 10 的地区依次是上海、浙江、四川、江西、北京、安徽、山东、江苏、湖南和吉林，上海超过浙江升到第 1 位，湖南由 2017 年的第 12 位跻身第 9，广西退出前 10；其中，东部地区占据 5 席，中部地区占据 3 席，东北地区和西部地区各占 1 席。少儿图书总印数排名前 5 的地区出版少儿图书占全国的

37.30%，排名前 8 的地区占比超过 50%，排名前 10 的地区占比接近 60%；总印数排名后 10 位的地区中，西部地区占据 7 席，出版少儿图书仅占全国的 2.24%。少儿图书出版主要集中于以东、中部地区为主的中央在京及地方出版单位，地区集中度高，地区间两极分化明显。

表2.3 2018 年少儿图书总印数排名前 10 的地区

单位：亿册，%

排名	地区	总印数	增速	比重	累计比重	排名变动
—	全国总计	8.89	8.35	100.00	—	—
—	中央在京	1.79	23.45	20.19	—	—
—	地方合计	7.09	5.10	79.81	—	—
1	上海	0.87	22.02	9.80	9.80	1
2	浙江	0.67	−14.63	7.52	17.32	−1
3	四川	0.61	5.63	6.88	24.20	0
4	江西	0.59	5.30	6.64	30.84	0
5	北京	0.57	3.99	6.46	37.30	0
6	安徽	0.52	2.10	5.90	43.20	0
7	山东	0.51	1.26	5.78	48.98	0
8	江苏	0.33	5.36	3.70	52.67	1
9	湖南	0.31	64.95	3.50	56.17	3
10	吉林	0.30	−28.61	3.41	59.59	−2

说明：表中，"中央在京"系指中央各部门各单位、大学、军队系统所有在京的图书出版单位，"地方"系指各省（市、区）图书出版单位以及中央各部门各单位、大学、军队系统非在京的图书出版单位。

资料来源：同表2.2。

二、影响地区

各地区少儿图书出版规模均有不同程度的变动，全国 31 个省（市、区）中，品种增加与总印数增加的地区均大约占到六成，品种和总印数同时增加的地区有 13 个，大约占到四成。其中，上海、湖南和辽宁少儿图书出版规模的增长对全国少儿图书出版的拉动作用尤为明显：2018年，上海少儿图书总印数增加1572万册，对全国少儿图书总印数增长的贡献率为22.95%；湖南增加1225万册，贡献率17.88%；辽宁增加739万册，贡献率10.79%；三个地区合计增加3536万册，贡献率51.61%。

表2.4 2018年少儿图书总印数增长贡献率排名前10的地区

单位：万册，%

排名	地区	总印数	增量	贡献率
—	全国总计	88858	6851	100.00
—	中央在京	17938	3408	49.74
—	地方合计	70920	3443	50.26
1	上海	8710	1572	22.95
2	湖南	3111	1225	17.88
3	辽宁	2608	739	10.79
4	广东	1634	573	8.36
5	广西	2991	352	5.14
6	陕西	1588	345	5.04
7	四川	6116	326	4.76
8	江西	5898	297	4.34
9	北京	5739	220	3.21
10	天津	2274	199	2.90

说明：同表2.3。

资料来源：同表2.2。

上海少儿图书总印数增长主要由中国中福会出版社新版少儿图书印数增长带动。该社的主打产品"巧虎乐智小天地"系列是面向7个月至8岁孩子的分龄分版的早教丛书，多为内含玩具、视频、绘本等的套装书，销售渠道为会员制官网在线订购或电话订购。2018年该系列幼儿丛书市场占有率进一步扩大，新出近60种，每种平均印数20多万套，较2017年平均每种增加8万套，每套3至5册不等，共增加1700多万册。

湖南少儿图书总印数增长主要由湖南少年儿童出版社新版少儿图书印数增长带动。该社针对湖南"一教一辅"新政带来的市场变化，主动调整出版结构，一方面减少了以往主要面向校园推广发行的少儿图书，另一方面在"优化产品结构，提高单品效率"和"优化渠道结构，深挖网店潜力"上下功夫，精简数量、提高质量，集中精力做畅销书，对精品新书进行大量的营销活动与产品创新。2018年新出《斗罗大陆》（第三部、第四部、外传）小说销量近600万册、漫画近200万册，《琴帝典藏版》（7~16）100多万册，《神印王座典藏版》（7~14）70多万册，等等。

辽宁少儿图书总印数增长主要由春风文艺出版社和辽宁美术出版社新版少儿图书印数增长带动。春风文艺出版社2018年新出图书主要为少儿图书，如"经典童话3D立体绘"系列、"装在口袋里的爸爸"系列、"大作家的语文课"系列、"新黑猫警长"系列、"我爱幼儿园"系列、《小猪唏哩呼噜》各种版本等近百种300多万册。由于近几年少儿图书市场比较热，辽宁美术出版社调整经营策略，2018年新出少儿图书较多，如"爱阅读大开眼"系列、"彩虹桥儿童成长智慧书"系列、"走进奥秘世界"系列、"学生快乐成长书系"、"学生精彩阅读书系"等百余种100多万册。

第三节 出版单位情况

一、整体情况

截至2018年年底，全国585家图书出版社（包括副牌社24家）中有316家开展少儿图书出版业务，占54.02%，较2017年减少4家。其中，专业少儿图书出版社a30家，非专业少儿图书出版社286家，非专业社减少4家。219家中央在京图书出版社（包括副牌社13家）中，有85家开展少儿图书

---

① 包括天天出版社、中国少年儿童出版社、海豚出版社、北京少年儿童出版社、新蕾出版社、河北少年儿童出版社、希望出版社、内蒙古少年儿童出版社、辽宁少年儿童出版社、北方妇女儿童出版社、黑龙江少年儿童出版社、中国中福会出版社、少年儿童出版社、江苏凤凰少年儿童出版社、浙江少年儿童出版社、安徽少年儿童出版社、福建少年儿童出版社、二十一世纪出版社、明天出版社、海燕出版社、长江少年儿童出版社、湖南少年儿童出版社、广东新世纪出版社、接力出版社、四川少年儿童出版社、晨光出版社、未来出版社、甘肃少年儿童出版社、阳光出版社和新疆青少年出版社。

出版业务，占38.81%，减少1家；366家地方图书出版社（包括副牌社11家）中，231家开展少儿图书出版业务，占63.11%，减少3家。

2018年，专业少儿图书出版社共出版少儿图书1.74万种，较2017年增长4.66%，占全国少儿图书的39.26%，占比较2017年增加0.20个百分点；印数5.11亿册，增长6.18%，占57.53%，占比减少1.18个百分点。非专业少儿图书出版社出版少儿图书2.68万种，增长3.80%，占60.74%，占比减少0.20个百分点；印数3.77亿册，增长11.45%，占42.47%，占比增加1.18个百分点。

超过6成的少儿图书品种由非专业少儿图书出版社出版，但专业社品种占比较2017年略有增加；专业少儿图书出版社占据了少儿图书印数的5成以上，但非专业社的印数增速超过10%，印数占比有所提高，与专业社之间的印数差距缩小。

表2.5　2018年专业与非专业少儿图书出版社少儿图书出版情况

单位：万种，亿册，%，百分点

	品种				总印数			
	数量	增速	比重	比重变动	数量	增速	比重	比重变动
专业少儿图书出版社	1.74	4.66	39.26	0.20	5.11	6.18	57.53	-1.18
非专业少儿图书出版社	2.68	3.80	60.74	-0.20	3.77	11.45	42.47	1.18
合计	4.42	4.14	100.00	—	8.89	8.35	100.00	—

资料来源：同表2.2。

二、出版单位印数排名

2018年，少儿图书总印数超过1000万册的出版社共有22家，其中中央在京出版社4家，只有一家为专业少儿图书出版社；地方出版社18家，大多数为专业少儿图书出版社（12家）。中央在京出版社中，中国少年儿童出版社与2017年排名一致，位居第5；中信出版社少儿图书印数首次超过1000万册，排名大幅提升，由2017年的第29位上升至第11位，非专业社增加一家；化学工业出版社上升7位，跻身前15；海豚出版社退出少儿图书印数1000万册之列，专业社减少一家。地方出版社中，前三位仍是中国中福会出版社、二十一世纪出版社和浙江少年儿童出版社，均为专业社，但次序略有调整；湖南少年儿童出版社上升4位，跻身前10；春风文艺出版社上升8位，跻身前15；吉林出版集团（本部）排名大幅下滑，由2017年的第8位下降至第20位，退出前10。

表2.6 2018年少儿图书总印数超过1000万册的出版单位

印数排名	单位名称	所属地区	单位类型	排名变动
1	中国中福会出版社	上海	专业	1
2	二十一世纪出版社	江西	专业	1
3	浙江少年儿童出版社	浙江	专业	-2
4	安徽少年儿童出版社	安徽	专业	0
5	中国少年儿童出版社	中央在京	专业	0
6	四川少年儿童出版社	四川	专业	0
7	湖南少年儿童出版社	湖南	专业	4
8	明天出版社	山东	专业	-1
9	接力出版社	广西	专业	0
10	北京教育出版社	北京	非专业	0
11	中信出版社	中央在京	非专业	18
12	春风文艺出版社	辽宁	非专业	8
13	江苏凤凰少年儿童出版社	江苏	专业	1
14	化学工业出版社	中央在京	非专业	7
15	青岛出版社	山东	非专业	0
16	天地出版社	四川	非专业	-4
17	北京少年儿童出版社	北京	专业	-1
18	新蕾出版社	天津	专业	1
19	未来出版社	陕西	专业	3
20	吉林出版集团（本部）	吉林	非专业	-12
21	外语教学与研究出版社	中央在京	非专业	-4
22	北京日报出版社	北京	非专业	-9

资料来源：由国家新闻出版行政管理部门的全国新闻出版统计年报（2017、2018年）相关数据整理得到。

第四节 印数分布

一、分布情况

2018年,全国4.42万种少儿图书中,单品种年度累计印数不到1万册(套)的共有2.57万种,占全部少儿图书的58.30%;年度累计印数在1万册(套)及以上、5万册(套)以下的共有1.62万种,占36.65%;年度累计印数在5万册(套)及以上的共有0.22万种,占5.06%,较2017年略有增加。

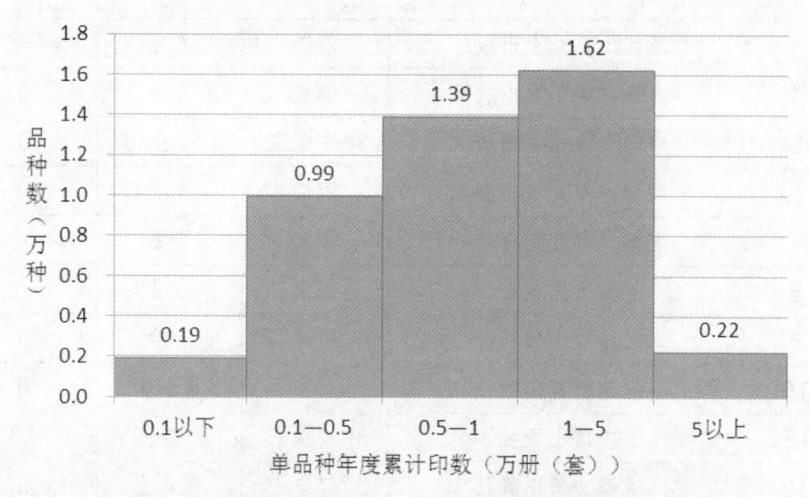

图2.1 2018年少儿图书单品种年度累计印数分布情况

资料来源:由国家新闻出版行政管理部门的全国新闻出版统计年报(2018年)相关数据整理得到。

其中,单品种年度累计印数在50万册(套)及以上的少儿图书共计91种7640.76万册(套),较2017年增加11种1827.31万册(套);本土原创67种5641.23万册(套),增加19种1840.52万册(套),品种和印数占比均超过70%,较2017年大约提高10个百分点;引进版24种1999.53万册(套),较2017年略有减少,占比不足30%。单品种年度累计印数在100万册(套)及以上的少儿图书共计28种3248.28万册(套),增加10种1073.50万册(套);本土原创19种2285.28万册(套),增加4种448.5万册(套),品种和印数占比均在70%左右,占比有所下降;引进版9种963.00万册(套),增加6种625万册(套),占比约为30%,大约提高15个百分点。高印数少儿图书规模进一步扩大,仍以本土原创为主,但在年度印数百万册以上的少儿图书中，引进版比例有所提高。

二、产品印数排名

2018年，共有28种少儿图书当年的累计印数达到或超过100万册（套），较2017年增加10种。印数排名前10的少儿图书中，本土原创占到绝大部分，引进版有一种（《不一样的卡梅拉》），新版占到6种（5种是再版），前10均为文学类图书；四川少年儿童出版社的《米小圈上学记》（一年级、二年级）系列一枝独秀，占到5个品种，同系列作品《米小圈上学记》（四年级）入选国家新闻出版署"2018年向全国青少年推荐百种优秀出版物图书类推荐目录"；两位儿童文学大家的经典作品曹文轩的《草房子》、沈石溪的《狼王梦》连续两年进入印数排名前10；明天出版社的经典丛书《笑猫日记》又出新作，出版当年印数即超过百万册。

表2.7　2018年单品种年度累计印数排名前10的少儿图书

图书名称	出版单位	新版或重印	内容分类	著者
曹文轩纯美小说·草房子	江苏凤凰少年儿童出版社	重印	文学	曹文轩
动物小说大王沈石溪品藏书系·狼王梦	浙江少年儿童出版社	重印	文学	沈石溪
笑猫日记·又见小可怜	明天出版社	新版	文学	杨红樱
不一样的卡梅拉·我想去看海	二十一世纪出版社	重印	文学	［法］克利斯提昂·约里波瓦
曹文轩纯美小说·青铜葵花	江苏凤凰少年儿童出版社	重印	文学	曹文轩
米小圈上学记（一年级）·耗子是条狗（第2版）	四川少年儿童出版社	新版	文学	北猫
米小圈上学记（一年级）·瞧这一家人（第2版）	四川少年儿童出版社	新版	文学	北猫
米小圈上学记（一年级）·我是小学生（第2版）	四川少年儿童出版社	新版	文学	北猫
米小圈上学记（二年级）·大自然小秘密（第2版）	四川少年儿童出版社	新版	文学	北猫
米小圈上学记（二年级）·如果我有时光机（第2版）	四川少年儿童出版社	新版	文学	北猫

说明：表中"内容分类"采用中国图书分类法，下同。

资料来源：由国家新闻出版行政管理部门的全国新闻出版统计年报（2018年）相关数据整理得到。

科学技术类少儿图书继续保持增长，且印数增速超过20%，在少儿图书中的地位有所加强。2018年，印数排名前10的科技类少儿图书中，引进版品种数略胜一筹，占到6种，本土原创4种，均由中国少年儿童出版社出版；前10大部分为重印图书，集中在数理科学、化学，天文学、地球科学，生物科学，工业技术几大类上；四川少年儿童出版社的《小狗钱钱》《小狗钱钱2》、中国大百科全书出版社的《DK儿童太空百科全书》《DK儿童恐龙百科全书》连续两年进入印数排名前10。值得注意的是，还有一类少儿图书近两年印数也十分可观，即配合语文教材统编政策出版的推荐阅读书目，如人民文学出版社的《教育部统编语文推荐阅读丛书·昆虫记》等。

表2.8　2018年单品种年度累计印数排名前10的科技类少儿图书

图书名称	出版单位	新版或重印	内容分类	著者
中国科普名家名作典藏版·奇妙的数王国	中国少年儿童出版社	重印	数理科学、化学	李毓佩
军体世界丛书12·末日神兵	中国少年儿童出版社	新版	工业技术	马之恒、装甲兵
小狗钱钱	四川少年儿童出版社	重印	工业技术	[德]博多·舍费尔
小狗钱钱2	四川少年儿童出版社	重印	工业技术	[德]博多·舍费尔
军体世界丛书11·天空之眼	中国少年儿童出版社	新版	天文学、地球科学	马之恒、装甲兵
DK儿童太空百科全书	中国大百科全书出版社	重印	天文学、地球科学	英国DK公司
教育部统编语文推荐阅读丛书·昆虫记	人民文学出版社	重印	生物科学	[法]亨利·法布尔
DK儿童恐龙百科全书	中国大百科全书出版社	重印	生物科学	英国DK公司
军体世界丛书2·子弹传说	中国少年儿童出版社	新版	工业技术	装甲兵
可怕的科学·经典数学系列玩转几何	北京少年儿童出版社	重印	数理科学、化学	[英]卡佳坦·波斯基特

资料来源：同表2.7。

第五节　定价分布

2018年，全国少儿图书定价总金额225.32亿元，较2017年增长28.40%；其中新版116.03亿元，增长52.62%，重印109.29亿元，增长9.88%。少儿图书定价总金额增速超过20%，新书定价总金额增速超过50%，二者增速显著高于重印图书。少儿图书平均单价由2017年的21.40元提高到2018的25.36元，增加3.96元；其中新书平均单价由2017年的22.88元提高到2018的28.20元，增加5.32元，重印书平均单价由2017年的20.39元提高到2018的22.91元，增加2.52元。

一、整体情况

2018年，全国4.42万种少儿图书中，单册（套）定价不到20元的共有1.60万种，较2017年减少0.48万种，占全部少儿图书的36.20%，减少12.86个百分点；单册（套）定价在20元及以上、50元以下的共有2.34万种，增加0.52万种，占53.04%，增加10.15个百分点；单册（套）定价在50元及以上的共有0.48万种，较2017年略有增加，占10.76%，增加2.70个百分点。2017年，接近半数的少儿图书定价在20元以下，2018年则有超过半数定价在20—50元。

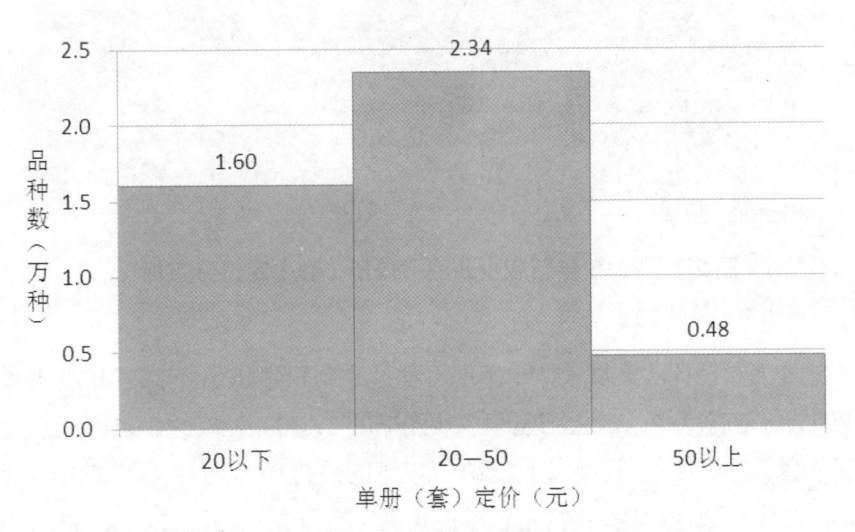

图2.2　2018年少儿图书单册（套）定价分布情况

资料来源：同图2.1。

二、新版与重印

2.28万种新版少儿图书中，单册（套）定价不到20元的共有0.63万种，较 2017 年减少 0.37 万种，占全部新版少儿图书的 27.84%，减少 15.84 个百分点；单册（套）定价在 20 元及以上、30 元以下的共有 0.77 万种，占 33.99%，数量和占比均与 2017 年基本持平；单册（套）定价在 30 元及以上、50 元以下的共有 0.55 万种，增加 0.17 万种，占 23.92%，增加 7.49 个百分点；单册（套）定价在 50 元及以上的共有 0.32 万种，较 2017 年略有增加，占 14.25%，增加 4.57 个百分点。与 2017 年相比，新版少儿图书定价在 20 元以下的比例大幅减小，与此同时，定价在 30—50 元的新版少儿图书明显增多，定价在 50 元以上的也有一定增长。

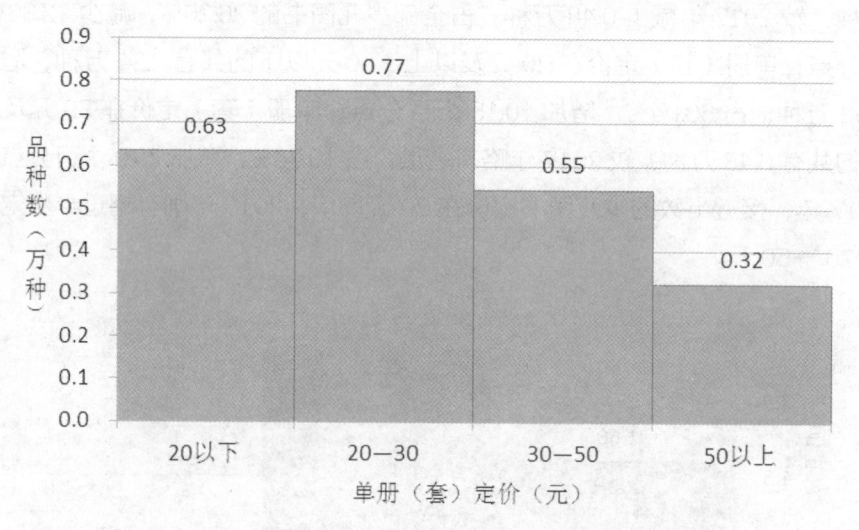

图 2.3　2018 年新版少儿图书单册（套）定价分布情况

资料来源：同图 2.1。

2.14 万种重印少儿图书中，单册（套）定价不到 15 元的共有 0.37 万种，较 2017 年略有减少，占全部重印少儿图书的 17.30%，减少 6.94 个百分点；单册（套）定价在 15 元及以上、20 元以下的共有 0.60 万种，占 27.81%，数量和占比均与 2017 年基本持平；单册（套）定价在 20 元及以上、30 元以下的共有 0.75 万种，增加 0.19 万种，占 34.85%，增加 6.12 个百分点；单册（套）定价在 30 元及以上的共有 0.43 万种，较 2017 年略有增加，占 20.05%，增加 4.10 个百分点。与 2017 年相比，重印少儿图书定价在 15 元以下的比例有所减小，定价在 20 元以上的比例增加了 10 个百分点，但相对于新版少儿图书来说，定价变动幅度不是很大。

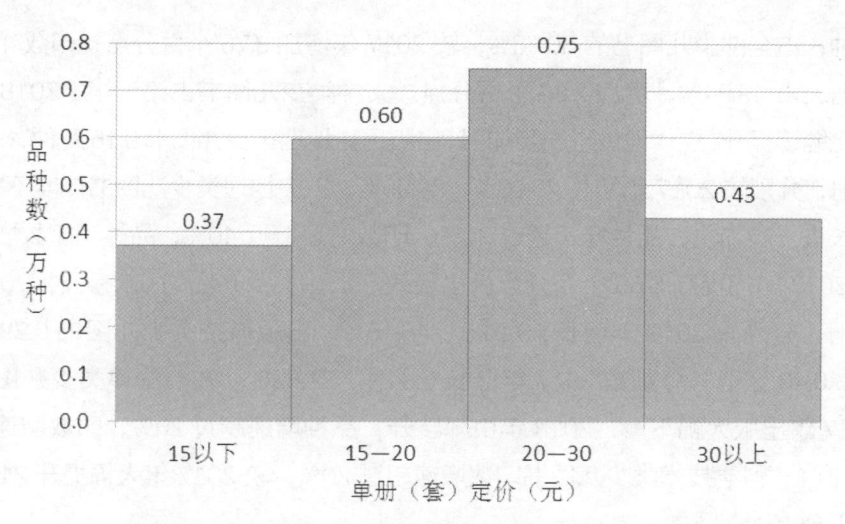

图 2.4　2018 年重印少儿图书单册（套）定价分布情况

资料来源：同图 2.1。

第六节　本章小结

这一年少儿图书出版形势又发生了新变化、产生了新特点，根据上述分析可以从产品内容结构、地区结构、出版单位、印数和定价分布几个角度，对 2018 年全国少儿图书出版的整体情况进行概括。

1. 少儿图书出版规模继续扩大，新版与重印少儿图书体量基本持平。 全国出版少儿图书 4.42 万种，较 2017 年增长 4.14%，总印数 8.89 亿册，增长 8.35%；其中新版 2.28 万种，较 2017 年略有下降（-0.19%），印数 4.11 亿册，增长 23.84%；重印 2.14 万种，增长 9.17%，印数 4.77 亿册，下降 2.19%。少儿图书出版规模稳定增长，新版印数在 2017 年有较大下滑，2018 年由降转升，增速超过 20%；重印品种增速进一步加快，较 2017 年提高 1.54 个百分点。与 2017 年相比，新版与重印少儿图书品种、印数间的差距大幅缩小，新版与重印品种之比由 2017 年的 1.16∶1 变为 1.06∶1，新版与重印印数之比由 2017 年的 1∶1.47 变为 1∶1.16，新版与重印少儿图书体量基本持平。

2. 文学类少儿图书主体地位加强，历史地理类少儿图书保持出版热度，政治法律类、科技类少儿图书成为出版新热点。 全国出版文学类少儿图书 2.24

万种，占全部少儿图书的 50.78%，较 2017 年增加 3.76 个百分点；印数 4.44 亿册，占 49.94%，增加 2.86 个百分点。文学类少儿图书占比近半，2018 年占比继续提升，主体地位进一步加强。出版历史地理类少儿图书 0.15 万种、0.25 亿册，分别较 2017 年增长 23.03%、38.99%。历史地理类少儿图书热度不减，增长进一步加快，品种增速超过 20%，印数增速接近 40%，品种和印数增速较 2017 年均提高 0.66 个百分点。出版政治法律类少儿图书 0.02 万种、0.07 亿册，分别较 2017 年增长 20.14%、46.15%；出版科技类少儿图书 0.29 万种、0.43 亿册，分别较 2017 年增长 5.84%、21.62%。政治法律类少儿图书 2017 年出版大幅下滑，2018 年由降转升，品种增速超过 20%、印数增速超过 40%；科学技术类少儿图书印数增速超过 20%，较 2017 年大幅提升 21.51 个百分点。

3. 少儿图书出版地区集中度高、地区间分化明显，上海、湖南和辽宁成为全国少儿图书印数增长的主要贡献者。 少儿图书总印数排名前 10 的省（市、自治区）中，东部地区占据 5 席，中部地区占据 3 席，东北地区和西部地区各占 1 席；排名前 5 的地区出版少儿图书占全国的 37.30%，排名前 8 的地区占比超过 50%，排名前 10 的地区占比接近 60%；总印数排名后 10 位的地区中，西部地区占据 7 席，出版少儿图书仅占全国的 2.24%。少儿图书出版主要集中于以东、中部地区为主的中央在京及地方出版单位，地区集中度高，地区间两极分化明显。2018 年，各地区少儿图书出版规模均有不同程度的变动，其中上海、湖南和辽宁对全国少儿图书出版增长的拉动尤为突出：上海少儿图书总印数增加 1572 万册，对全国少儿图书总印数增长的贡献率为 22.95%；湖南增加 1225 万册，贡献率 17.88%；辽宁增加 739 万册，贡献率 10.79%；三个地区合计增加 3536 万册，贡献率 51.61%。

4. 专业社少儿图书出版稳定增长，仍占据主力地位，部分非专业社异军突起。 2018 年，全国共有 316 家图书出版单位开展少儿图书出版业务，其中 30 家专业社共出版少儿图书 1.74 万种、5.11 亿册，分别较 2017 年增长 4.66%、6.18%，占全国少儿图书品种数的 39.26%、总印数的 57.53%。全国 22 家少儿图书印数超过 1000 万册的出版单位中，专业社占据 13 席，共出版少儿图书 1.23 万种、4.37 亿册，占全国少儿图书品种数的 27.88%，总印数的 49.20%，印数排名前 9 位均为专业社；非专业社中，中信出版社少儿图书印数首次超过 1000 万册，排名大幅提升，由 2017 年的第 29 位上升至第 11 位，化学工业出版社上升 7 位，春风文艺出版社上升 8 位，三家单位均跻身前 15。中信出版社 2018 年少儿图书出版量进一步扩大，出版品种超过 700 种（新版占到 60% 以上），总印数超过 1700 万册，其中超过 70% 为引进版少儿图书，还出版了深受少年儿童喜爱的有声书"凯叔讲历史"配套系列丛书。

5. **本土原创少儿图书优秀作品频出，经典原创作品持续热销**。2018 年又有许多本土原创的优秀少儿作品入围各种奖项。新蕾出版社《泥土里的想念》少儿图书选题入选中宣部"2018 年主题出版重点出版物选题"目录。2018 年"向全国青少年推荐百种优秀出版物"目录中，四川少年儿童出版社《米小圈上学记》（四年级）4 种年度累计印数超过 200 万册，中国大百科全书出版社《故宫里的大怪兽》20 余种当年累计印数超过 120 万册，中国少年儿童出版社《习近平讲故事（少年版）》当年累计印数超过 60 万册，人民文学出版社《开学第一课》年度印数 20 余万册，少年儿童出版社《布罗镇的邮递员》年度印数超过 10 万册，等等。28 种少儿图书单品种年度累计印数达百万册，其中四川少年儿童出版社《米小圈上学记》（一年级、二年级）8 种再版当年单品种印数均超过百万册、累计印数超过 1000 万册，两位儿童文学大家的经典作品曹文轩的《草房子》、沈石溪的《狼王梦》均连续两年年度印数超过百万册。

6. **少儿图书定价涨势明显，新版少儿图书涨价尤为显著**。全国少儿图书定价总金额 225.32 亿元，较 2017 年增长 28.40%；其中新版 116.03 亿元，增长 52.62%，重印 109.29 亿元，增长 9.88%。少儿图书定价总金额增速超过 20%，新书定价总金额增速超过 50%，二者增速均显著高于重印图书。少儿图书平均单价由 2017 年的 21.40 元提高到 2018 的 25.36 元，增加 3.96 元；其中新书平均单价由 2017 年的 22.88 元提高到 2018 的 28.20 元，增加 5.32 元，重印书平均单价由 2017 年的 20.39 元提高到 2018 的 22.91 元，增加 2.52 元。与 2017 年相比，新版少儿图书定价在 20 元以下的比例大幅减小，定价在 30—50 元的新版少儿图书明显增多，定价在 50 元以上的也有一定增长。

第三章 发行情况

2018年，全国图书零售总销售达到74.47亿册、金额926.24亿元。与2017年相比，零售数量增长5.60%，金额增长13.05%（不包含新疆生产建设兵团）。其中：少儿图书总销售2.28亿册，与2017年相比增长7.08%，金额49.71亿元，增长19.33%；2017年少儿图书零售较2016年数量增长6.48%，金额增长16.17%。从整体数据来看，少儿图书零售市场保持了稳健增长的趋势，而且已快于整体图书零售市场的增速。

具体来看新华书店系统，2018年全国新华书店系统少儿图书总销售2.05亿册，与2017年相比增长3.51%，金额39.74亿元，增长10.49%；2017年少儿图书零售较2016年数量增长7.38%，金额增长19.17%。可以看出，新华书店系统的少儿图书零售市场近两年同样保持了增长趋势，但增速明显放缓。以下关于少儿图书发行情况的各项分析均针对新华书店系统展开。

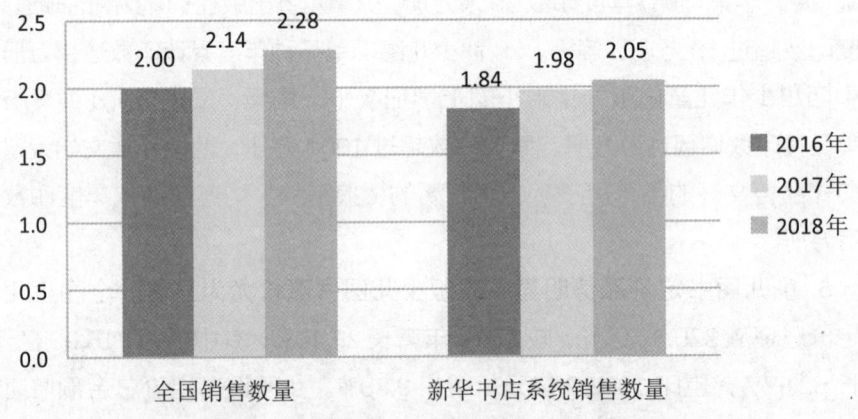

图3.1　全国少儿图书零售数量（亿册）

资料来源：由国家新闻出版行政管理部门的全国新闻出版统计年报（2016—2018年）相关数据整理得到。

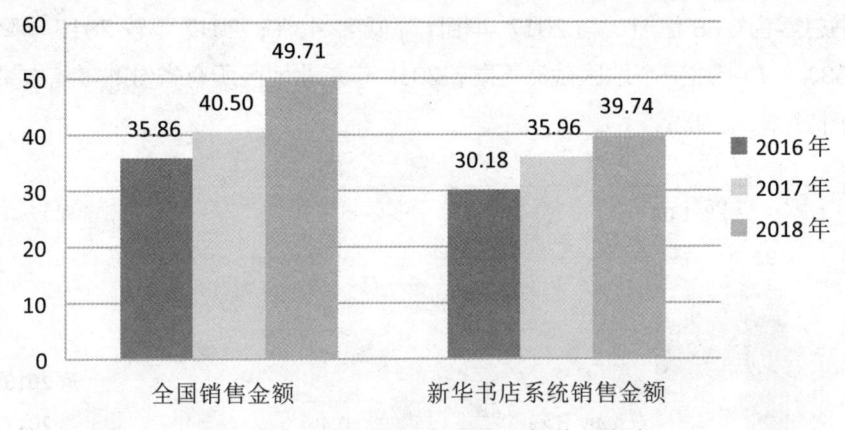

图 3.2　全国少儿图书零售金额（亿元）

资料来源：同图 3.1。

第一节　销售数量

一、各地区销售数量与增速

2018 年，全国新华书店系统少儿图书零售总销售 2.05 亿册，与 2017 年相比增长了 3.51%；2017 年较 2016 年增长了 7.38%。浙江、河南、江苏、四川、内蒙古、湖南、山东、安徽、福建和广东依次位居全国少儿图书销量的前十位。与 2017 年相比，前十位的省份有所变化；其中，前四位地区保持不变，内蒙古从 2017 年的第十五位上升到了第五位。

东部地区少儿图书总零售 1.04 亿册，与 2017 年相比降低 1.97%；2017 年较 2016 年增长 15.44%。2018 年东部地区有 50% 的省份销售数量上涨，40% 的省份销售数量下降，10% 的省份保持持平。东部地区近几年出现了小幅波动，呈现出先增后降的趋势。中部地区少儿图书总零售 0.48 亿册，与 2017 年相比增长 9.03%；2017 年较 2016 年降低 1.86%。2018 年中部地区有 66.67% 的省份销售数量上涨，33.33% 的省份销售数量下降。2018 年中部地区的少儿图书零售数量达到了近三年来的高点。西部地区少儿图书总零售 0.46 亿册，与 2017 年相比增长 19.03%；2017 年较 2016 年增长 3.88%。2018 年西部地区各有 41.67% 的省份销售数量上涨和下降，16.67% 的省份保持持平。西部地区的零售数量近几年呈现出逐步增长的态势。东北地区少儿图书总零售 0.08 亿册，与 2017 年相比降低 22.43%；2017 年较 2016 年降低 10.53%。与上述三个地区截然不同，2018 年东北地区所有省份的零售数量均处于持续降低的态势。

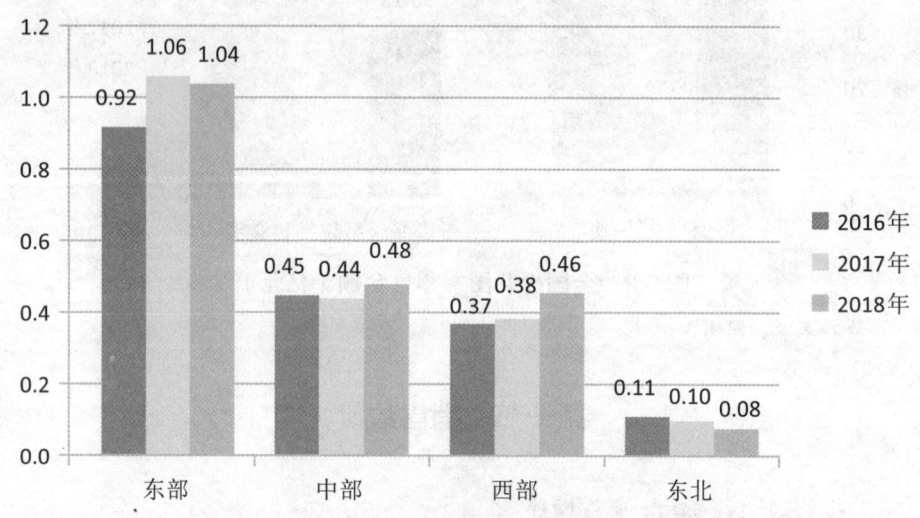

图 3.3 全国分地区新华书店系统少儿图书销售数量（亿册）

资料来源：同图 3.1。

表 3.1 全国各地区新华书店系统少儿图书零售销量排名

2018 年排名	地区	2017 年排名	排名变化
1	浙江	1	0
2	河南	2	0
3	江苏	3	0
4	四川	4	0
5	内蒙古	15	10
6	湖南	6	0
7	山东	5	-2
8	安徽	8	0
9	福建	9	0
10	广东	7	-3

资料来源：同表 2.6。

如今，国家政策推动少儿阅读，"读书要从娃娃抓起"的观念也不再是家长的一个单纯想法。培养孩子一个好的阅读习惯已经是很多家长每天必做的"功课"。从以上数据来看，近几年全国少儿图书零售销量处于一个逐步上升的趋势。

二、各地区销售数量占比

2018年，全国新华书店系统少儿图书零售数量占全部图书零售数量的2.82%；2017年占全部图书的2.83%，2016年占2.74%。近三年少儿图书零售数量占全部图书的比重基本持平、略有提高。

全国少儿图书零售销量排名前十位的省份共计销售1.55亿册，占全国少儿图书零售总销量的75.90%，较2017年提高了0.4个百分点。2018年，东部地区少儿图书零售数量占全国少儿图书零售的50.66%，2017年占比53.49%，2016年占比49.75%。中部地区少儿图书零售数量占全国少儿图书零售的23.38%，2017年占比22.20%，2016年占比24.29%。西部地区少儿图书零售数量占全国少儿图书零售的22.22%，2017年占比19.32%，2016年占比19.97%。东北地区少儿图书零售数量占全国少儿图书零售的3.74%，2017年占比4.99%，2016年占比5.99%。东部地区占比超过半数，中部和西部地区次之，二者占比基本持平。

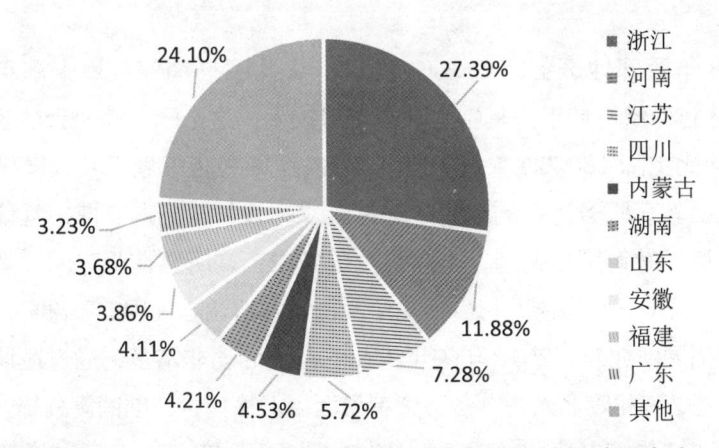

图3.4 2018年新华书店系统少儿图书零售销量地区占比

资料来源：同图2.1。

三、影响地区

2018年东部地区有50%的省份少儿图书零售销量上涨，40%的省份销售数量下降，10%的省份保持持平。其中福建省增长较大，较2017年增长了29.45%。2018年福建省新华书店组织和策划开展了"第四届海峡读者节暨2018年福建省馆配图书订货会""福建新华好书聚惠""福州中小学馆配图书现货采购会""人民出版社建国69周年主题图书活动""浙少社2018儿童文学精品69折活动""福清中小学生特价馆配会""安溪中小学生特价馆配会"等40余场少儿主题的馆配会，带动了2018年本省少儿读物的销量增长。

2018年中部地区有66.67%的省份少儿图书零售销量上涨，33.33%的省份销售数量下降。其中江西省与2017年同比增长22.47%，江西省近几年都在大力推动全民阅读，专门为孩子举办了一年两次的"假期一本好书"活动，寒假、暑假各一次。此外，还组织了200多场作家、名人进校园讲座，为孩子宣讲读好书、看好书的重要性，因此拉动了本省的少儿图书市场。除江西外，安徽也是中部地区销售数量增长的主要原因之一，安徽省与2017年同比增长32.00%。随着国家二胎政策的实施，儿童教育就更被看重。2018年以来，安徽省新华书店开始针对幼儿教育、学前儿童教育实施营销方案，投标幼儿教材等项目，还在各个门店专门设立了少儿馆，可以让家长、孩子对少儿读物一目了然。

2018年西部地区各有41.67%的省份少儿图书销售数量上涨和下降，16.67%的省份保持持平。其中内蒙古上涨较大，是全国上涨最大的省份，与2017年同比上涨136.72%。2018年内蒙古新华书店策划了几大营销策略：其一，集团教育服务体系的运营战略是以"两教"业务为支撑，延伸教育服务链条，拓展教育服务渠道，丰富教育服务内容。所以在坚守"两教"主业的同时，进行多元化发展，将少年儿童读物作为新业态发展的一部分。其二，为了加快拓展新业态，2018年关于少儿的营销活动非常多，通过邀请六小龄童、曹文轩、鞠萍等名人举办各类读者见面会、签售会，创销售高峰。其三，全年升级改造传统书店22家、建设"七进"工程35家、启动"鸿雁图书悦读"31家，并成功举办了首届内蒙古图书展销会，组织文化活动8000多场，开展流动售书562次，智慧书城在各大书城上线。这些活动取得了显著成效，同时带动了少儿图书销量上涨。

2018年东北地区三个省份少儿图书零售销量均持续下降。根据近几年人口普查数据显示，东北三省的常住人口逐年减少，外加出生率低，老龄化严重等问题，是导致东北地区销量逐渐下滑的部分原因。

第二节　销售码洋

一、各地区销售码洋与增速

2018年，全国新华书店系统少儿图书零售总码洋39.74亿元，与2017年相比增长了10.49%；2017年较2016年增长了19.17%。近两年来，少儿图书零售总码洋持续增长，但是增速有所放缓。浙江、四川、江苏、内蒙古、山东、河南、广东、安徽、湖南和河北依次位居全国少儿图书销售码洋的前十名。与2017年相比，前十位的地区和排名都有所变化；其中，前三位的地区保持不变，内蒙古从第十一位上升至第四位。

东部地区少儿图书总零售22.73亿元，与2017年相比增长5.79%；2017年较2016年增长29.36%。2018年东部地区零售码洋虽然增速大幅下降，但是也保持了一个持续增长的状态。中部地区少儿图书总零售5.93亿元，与2017年相比增长8.31%；2017年较2016年降低1.51%。中部地区2018年少儿图书零售码洋重新回到了一个上升趋势。西部地区少儿图书总零售9.97亿元，与2017年相比增长26.01%；2017年较2016年增长15.37%。西部地区零售码洋保持了2017年的快速增长趋势，2018年增速超过20%。东北地区总零售1.11亿元，与2017年相比增长1.49%；2017年较2016年降低5.33%。与西部地区相同，东北地区2018年零售码洋出现了一个回转上升的态势。

从以上统计数据来看，2018年全国各地区的少儿图书零售码洋均呈现出上涨态势。如今的少儿图书，早已不仅仅是印刷精美那么简单了，从装帧精美的"撕不破"系列，到"长"着手脚和五官的卡通图书、打开书页内容就变成立体的立体图书、嵌入电子小玩具的玩具书，不仅装帧讲究，形式新颖，而且使用的材料也时时翻新。儿童读物的花样越来越多，包装越来越精美，价格也随之上涨。此外，伴随着各种图书印刷、纸张、人工成本的逐步提高，图书的单本定价也同步上涨，这也是少儿图书零售码洋上涨的原因之一。

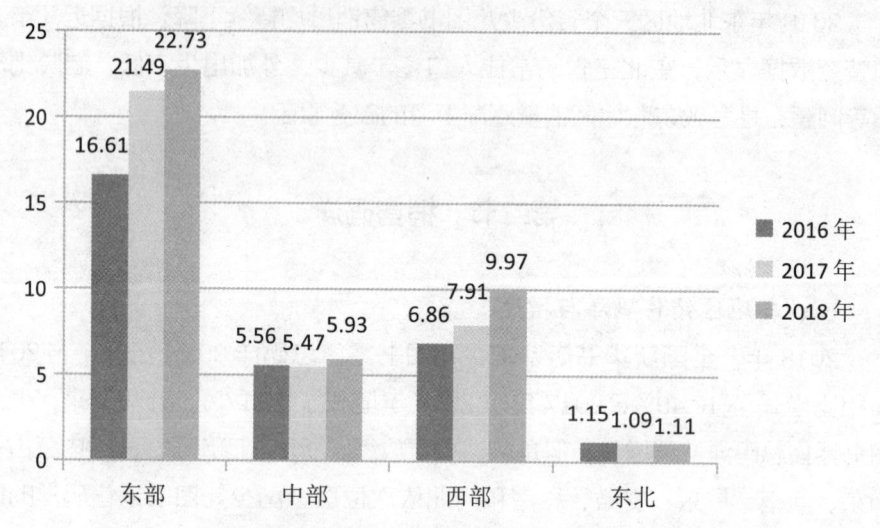

图 3.5　全国分地区新华书店系统少儿图书销售码洋（亿元）

资料来源：同图 3.1。

表 3.2　全国各地区新华书店系统少儿图书零售码洋排名

2018年排名	地区	2017年排名	排名变化
1	浙江	1	0
2	四川	2	0
3	江苏	3	0
4	内蒙古	11	7
5	山东	4	−1
6	河南	5	−1
7	广东	6	−1
8	安徽	8	0
9	湖南	7	−2
10	河北	9	1

资料来源：同表 2.6。

二、各地区销售码洋占比

2018年，全国新华书店系统少儿图书零售码洋占全部图书零售码洋的4.56%；2017年占全部图书的4.42%，2016年占3.94%。近两年来少儿图书零售码洋占全部图书的比重稳步提升。

全国少儿图书零售码洋排名前十位的省份共计销售31.30亿元，占全国少儿图书零售总码洋的78.78%，较2017年提高了0.5个百分点。2018年，东部地区少儿图书零售码洋占全国少儿图书零售的57.21%，2017年占比59.75%，2016年占比55.05%。西部地区少儿图书零售码洋占全国少儿图书零售的25.09%，2017年占比22.00%，2016年占比22.72%。中部地区少儿图书零售码洋占全国少儿图书零售的14.92%，2017年占比15.22%，2016年占比18.42%。东北地区少儿图书零售码洋占全国少儿图书零售的2.78%，2017年占比3.03%，2016年占比3.81%。除西部地区2018年占比提高3.09个百分点外，其他地区占比均有不同程度的下降。

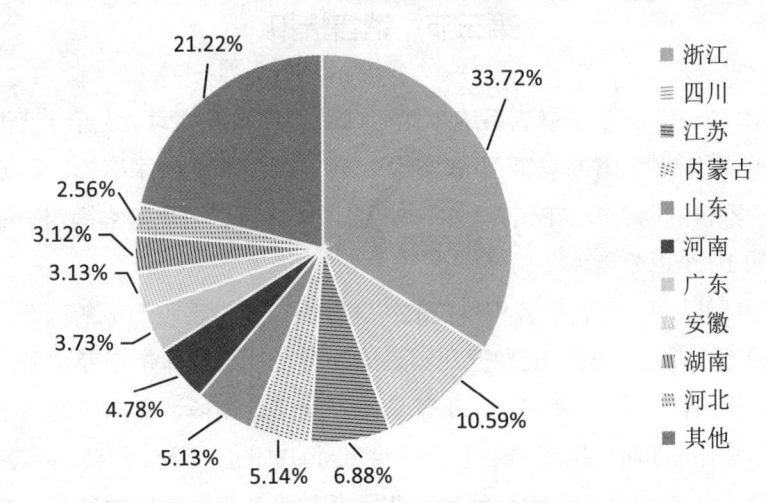

图3.6 2018年新华书店系统少儿图书零售码洋地区占比

资料来源：同图2.1。

三、影响地区

2018年东部地区80%的省份少儿图书销售码洋上涨，20%的省份销售码洋下降；中部地区所有省份销售码洋全部上涨；西部地区83.33%的省份销售码洋上涨，16.67%的省份销售码洋下降；东北部地区33.33%的省份销售码洋上涨，66.67%的省份销售码洋下降。其中部分省份出现了销售数量下降，码洋上涨的逆向变动情况。例如：山东省较2017年码洋上涨2.85%，但销售数量下降了13.77%。海南省较2017年码洋上涨19.44%，销售数量持平。四川省较2017年码洋上涨15.64%，销售数量却下降了1.33%；该省2017年畅销书如《雪山救生员》《消防小英雄》《火车大救援》等定价均为12.8元左右，2018年畅销书《草原上的小木》定价29元，《米小圈上学记套装》定价100元，定价相对较高，因此出现了销售数量下降、码洋上涨的情况。

相对于2017年来说，2018年全国少儿图书的平均定价基本都在上涨。成本的提高、销售品种的变化都是导致销售码洋上涨的因素。随着现在人们对图书品质的要求越来越高，对少儿图书的内容与绿色环保愈加重视，图书的包装和内容设计也为适应需求不断提升，图书的价格上涨在一定程度上是个必然趋势。

第三节　销售折扣

2018年，全国新华书店系统少儿图书销售平均折扣为7.3折，若扣除全国较大的网络销售单位，如四川的新华文轩、浙江的博库网络等，则新华书店系统（不含网店）少儿图书销售平均折扣为8.3折，可见网络销售拉低了平均折扣的10个百分点。

21世纪以来，随着经济和科技的快速发展，支付手段的不断革新，由互联网孕育而生的"网购"成为近几年来给社会及社会群体带来变化最大的现象之一。现今的人们衣食住行几乎都离不开网络，很多读者都已习惯于网络购书，无需出门即可直接在网站上清楚地查到图书的出版社、作者、内容介绍、有无现货等相关信息，还能看到其他购买者对该书的评价作为参考，并且直接送货上门，节省了很多时间。网络平台为促进销售会不定期举办各种活动，如满100减50、满200减100等。

近几年，图书的网络销售给实体店带来了不小的冲击。为了应对网上书店的价格战，现今的实体书店也是频频举办各种活动：实体店的会员卡打折、积分换购、满减，节假日举办大大小小的图书特卖会、配合政府发放惠民购书券等，层出不穷，在一定程度上拉低了图书销售折扣。

第四节 本章小结

近两年我国少儿图书零售发行呈现出一个稳步上升趋势，2018年少儿图书总销售2.28亿册，与2017年相比增长7.08%，增速较2017年提高0.60个百分点；销售金额49.71亿元，增长19.33%，增速提高3.16个百分点；销量和金额增速分别高出2018年整体图书零售增速1.48和6.28个百分点，少儿图书零售市场的发展速度已快于整体图书零售市场的增速。其中，新华书店系统2018年少儿图书总销售2.05亿册，与2017年相比增长3.51%，增速较2017年降低3.87个百分点；销售金额39.74亿元，增长10.49%，增速降低8.68个百分点；新华书店系统的少儿图书零售市场近两年同样保持了增长态势，但增速趋于平稳。

从地区分布看，东部地区在少儿图书销售数量和码洋上占全国的比重均超过半数，是少儿图书零售发行的主要区域，但其增速及占比在2018年均有不同程度的下降；中部与西部地区占比较为接近，其中西部地区近两年少儿图书零售市场发展迅速，销售数量、销售码洋及其占比均逐年提高，以内蒙古增长尤为突出；东北地区占比最小，并且近两年少儿图书零售市场萎缩较为严重。

在销售折扣上，2018年全国新华书店系统少儿图书销售平均折扣为7.3折，若扣除全国较大的网络销售单位，如四川的新华文轩、浙江的博库网络等，则新华书店系统（不含网店）少儿图书销售平均折扣为8.3折，网络销售在一定程度上拉低了平均折扣。

第四章 专业少儿图书出版单位经营情况

专业少儿图书出版单位经营情况分析以28家[①]出版单位财务数据为主要依据，对整体的财务指标情况和经营成果进行分析，反映专业少儿图书出版单位的发展趋势。本章主要从资产负债情况和收入利润情况入手，运用比较分析法和差异分析法对专业少儿图书出版单位近三年的经营情况进行分析。

---

① 30家专业少儿图书出版单位中，北京少年儿童出版社隶属于北京出版集团，无法获得个体财务数据；阳光出版社2017年无有效财务数据，故此两家不参与经营情况分析。

第一节　整体经济规模

一、资产负债状况

2018年，专业少儿图书出版单位资产总额90.37亿元，增长12.92%，增速较2017年增加5.58个百分点。从近三年整体趋势来看，专业少儿图书出版单位资产规模以较高速度增长。

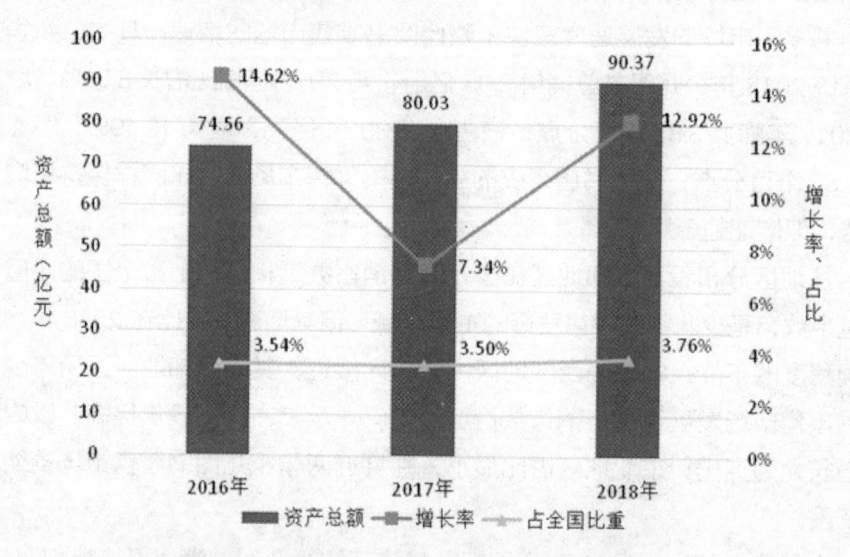

图4.1　专业少儿图书出版单位资产总额情况

资料来源：由国家新闻出版行政管理部门的全国新闻出版统计年报（2015—2018年）相关数据整理得到。

与全国图书出版单位总量相比，2018年28家专业少儿图书出版单位占全国580余家图书出版单位资产总额总量的3.76%，较2017年增加0.26个百分点，但低于其单位数量占全国的比重（4.79%）。近三年，专业少儿图书出版单位资产总额占全国总量的比重整体呈现上升趋势，然而始终低于其单位数量比，表明专业少儿图书出版单位规模偏低，但专业少儿出版在全国图书出版中的地位有所上升。

从资本结构来看，专业少儿出版单位资产总额增速在2017年呈现下降趋势，2018年有所回升；负债总额增速在2017年下降至4.80%，在2018年回升至11.54%，均低于资产总额增速，说明专业少儿图书出版单位负债总额占比降低，整体债务融资规模有所下降。

表 4.1 专业少儿图书出版单位资本结构

单位：亿元，%

	2016 年		2017 年		2018 年	
	金额	增速	金额	增速	金额	增速
资产总额	74.56	14.62	80.03	7.34	90.37	12.92
净资产	50.17	11.66	54.47	8.59	61.86	13.57
负债总额	24.39	19.29	25.56	4.80	28.51	11.54

资料来源：由国家新闻出版行政管理部门的全国新闻出版统计年报（2015—2018 年）相关数据整理得到。

从分布来看，2018 年全国图书出版单位平均规模约为 4 亿元，资产总额 1 亿元以上的图书出版单位共 200 家左右。具体看专业少儿图书出版单位，大部分专业少儿出版单位规模较大，但一半以上单位规模低于全国平均规模，1 亿元以上规模单位共 21 家，其中 5 亿元以上规模单位 5 家，其他单位规模分布较为集中，在 3 亿元左右。

2018 年资产排名前 4 的专业少儿出版单位资产总额合计 34.18 亿元，市场集中度系数为 37.82%，2017 年和 2016 年分别为 38.78%、36.35%；计算 28 家专业少儿出版单位的赫芬达尔指数（HHI）[①]，2016 年至 2018 年分别为 0.0594、0.0627 和 0.0607。从市场集中度系数和 HHI 看，专业少儿图书出版单位资产集中度较高，根据贝恩对市场结构类型的分类属于低集中寡占型行业。

表 4.2 2018 年专业少儿图书出版单位资产总额分布情况

单位：家，亿元，%

资产总额	单位数		金额	
	数量	比重	数量	比重
1 亿元以下	7	25.00	4.35	4.81
1—3 亿元	9	32.14	18.24	20.18

---

① 赫芬达尔指数，全称赫芬达尔—赫希曼指数（Herfindahl-Hirschman Index，简称 HHI），是一种测量产业集中度的综合指数。它是指一个行业中各市场竞争主体占行业总收入或总资产百分比的平方和，用来计量市场份额的变化，即市场中厂商规模的离散度。

续表

资产总额	单位数		金额	
	数量	比重	数量	比重
3—5亿元	7	25.00	27.33	30.24
5—7亿元	2	7.14	12.57	13.91
7亿元以上	3	10.71	27.89	30.86
合计	28	100.00	90.37	100.00

资料来源：同表2.7。

二、收入及利润状况

1. 收入

2018年，专业少儿图书出版单位实现营业收入64.96亿元，增长12.14%，增速较2017年减少3.47个百分点。

专业少儿出版单位营业收入占全国的比重连续三年提升，其中2018年专业少儿图书出版单位营业收入占全国图书出版单位营业收入总和的6.93%。专业少儿图书出版单位营业收入占比高于单位数量占比（4.79%），亦高于资产总额占比，专业少儿出版单位收入增长对全国图书出版单位整体收入增长起到拉动作用。

图4.2 专业少儿图书出版单位营业收入情况

资料来源：同图4.1。

从营业收入的分布情况来看，2018年全国图书出版单位营业收入平均为1.6亿元，约60%的专业少儿出版单位营业收入高于全国平均水平，分布较为均匀，但与2017年相比，2亿元以下单位数量减少4家。2018年排名前4的专业少儿出版单位营业收入总计20.20亿元，集中度系数为31.09%，2017年和2016年营业收入集中度系数分别为33.22%、33.89%。计算28家专业少儿出版单位的HHI，2016年至2018年分别为0.0558、0.0549和0.0525，可以看出少儿图书出版单位营业收入集中度较低，竞争性近三年持续增强。

表4.3 2018年专业少儿图书出版单位营业收入分布情况

单位：家，亿元，%

营业收入	单位数		金额	
	数量	比重	数量	比重
1亿元以下	7	25.00	3.55	5.46
1—2亿元	6	21.43	8.60	13.24
2—3亿元	5	17.86	10.97	16.89
3—4亿元	5	17.86	17.59	27.08
4—5亿元	3	10.71	13.03	20.06
5亿元以上	2	7.14	11.22	17.27
合计	28	100.00	64.96	100.00

资料来源：同表2.7。

2. 利润

2018年，专业少儿图书出版单位实现利润总额8.12亿元，增长14.44%，增速较2017年增加14.44个百分点。

专业少儿图书出版单位利润总额占全国图书出版单位总量的比重近三年基本持平，其中2018年占比为5.75%。利润总额占比高于单位数量占比（4.79%），但低于营业收入占比，专业少儿图书出版单位存在成本费用或其他支出高于全国平均水平的可能。

图 4.3 专业少儿图书出版单位利润总额情况

资料来源：同图 4.1。

具体看利润总额分布情况，全国图书出版单位利润总额平均约为 2500 万元，约 50% 的专业少儿出版单位高于全国平均水平；约 60% 的单位利润总额低于 3000 万元，金额合计占整体利润总额的 23.03%。营业收入排名前 4 的单位，利润总额占比为 29.91%；资产总额排名前 4 的单位，利润总额占比为 45.15%，资产总额的市场份额能够给企业带来的利益总和较高，利润质量较高。

表 4.4 2018 年专业少儿图书出版单位利润总额分布情况

单位：家，亿元，%

利润总额	单位数		金额	
	数量	比重	数量	比重
1000 万元以下	10	35.71	0.50	6.16
1000—3000 万元	8	28.57	1.37	16.87
3000—5000 万元	3	10.71	1.07	13.18
5000—8000 万元	4	14.29	2.71	33.37
8000 万元以上	3	10.71	2.48	30.54
合计	28	100.00	8.12	100.00

资料来源：同表 2.7。

扣除资产减值损失、投资收益、公允价值变动及营业外收支等非经常性损益影响再次计算利润总额，2018年扣非利润总额9.37亿元，增长16.35%，增速较2017年减少12.87个百分点。相比于利润总额，2016年和2017年扣非利润差异较大，扣除非经常性损益的利润总额2016年有所下降，但2017年和2018年均实现两位数增长。因此，2017年主要是由于非经常性损失造成专业少儿图书出版单位整体的利润总额略有回落（2017年利润总额降低0.0004%）。

表4.5 专业少儿出版单位利润总额情况

单位：亿元，%

	2016年		2017年		2018年	
	金额	增速	金额	增速	金额	增速
利润总额	7.10	12.14	7.10	-0.00	8.12	14.44
扣除非经常性损益利润总额	6.23	-3.14	8.05	29.22	9.37	16.35

资料来源：同表4.1。

扣除非经常性损益后，利润总额在8000万元以上的单位增加2家，1000万元以下单位减少一家，但分布较2017年向两极分化：5家利润总额8000万元以上的单位利润总额合计占总体的46.10%，比重提高13.93个百分点；9家利润总额1000万元以下的单位利润总额合计仅占4.70%，比重提高2.09个百分点。

表4.6 2018年专业少儿图书出版单位扣非利润总额分布情况

单位：家，亿元，%

利润总额	单位数			金额		
	数量	比重	比重变动	数量	比重	比重变动
1000万元以下	9	32.14	0.00	0.44	4.70	2.09
1000—3000万元	9	32.14	-3.57	1.79	19.10	-3.63
3000—5000万元	2	7.14	0.00	0.77	8.22	-1.60
5000—8000万元	3	10.71	-3.57	2.05	21.88	-10.67
8000万元以上	5	17.86	7.14	4.32	46.10	13.93
合计	28	100.00	—	9.37	100.00	—

资料来源：同表2.7。

三、地区情况

从资产总额来看，2018年，东部地区专业少儿图书出版单位资产总额38.73亿元，较2017年增长11.41%，增加5.24个百分点；占整体比重42.86%，较2017年减少0.58个百分点。中部地区资产总额29.28亿元，增长9.88%，增加3.25个百分点；占比32.40%，减少0.90个百分点。西部地区资产总额19.81亿元，增长21.80%，增加10.76个百分点；占比21.92%，增加1.59个百分点。东北地区资产总额2.55亿元，增长8.32%，增加0.26个百分点；占比2.82%，减少0.11个百分点。

表4.7 分地区专业少儿图书出版单位资产总额情况

单位：亿元，%

资产总额	2016年			2017年			2018年		
	金额	增速	比重	金额	增速	比重	金额	增速	比重
东部地区	32.74	15.84	43.91	34.76	6.17	43.43	38.73	11.41	42.86
中部地区	24.99	11.85	33.52	26.65	6.63	33.30	29.28	9.88	32.40
西部地区	14.65	17.68	19.65	16.27	11.04	20.33	19.81	21.80	21.92
东北地区	2.18	9.36	2.92	2.35	8.06	2.94	2.55	8.32	2.82
合计	74.56	14.62	100.00	80.03	7.34	100.00	90.37	12.92	100.00

资料来源：同表4.1。

从地区分布看，东部地区规模占绝对优势，连续三年占整体比重的40%以上。各地区资产总额增速均在2017年有所回落，东部地区、中部地区、东北地区近三年增速整体呈下降趋势，西部地区连续三年保持两位数增速增长。中部地区共6家专业少儿图书出版单位，西部地区共7家，单位数量相差不大，然而西部地区资产总额远小于中部地区，中部地区有5家单位位于资产总额排名前十位，西部地区仅有两家单位。然而，西部地区资产总额占比和增速在2018年均增加较大，西部地区专业少儿图书出版单位规模增长显著。

从营业收入来看，2018年，东部地区专业少儿图书出版单位营业收入28.35亿元，较2017年增长7.06%，减少7.80个百分点；占整体比重43.64%，较2017年减少2.07个百分点。中部地区营业收入19.11亿元，增长 6.51%，减少 9.01 个百分点；占比 29.41%，减少 1.55 个百分点。西部地区营业收入 15.65 亿元，增长 30.49%，增加 13.11 个百分点；占比 24.09%，增加 3.39 个百分点。东北地区营业收入 1.86 亿元，增长 22.08%，增加 6.14 个百分点；占比 2.86%，增加 0.22 个百分点。

表 4.8　分地区专业少儿图书出版单位营业收入情况

单位：亿元，%

营业收入	2016 年			2017 年			2018 年		
	金额	增速	比重	金额	增速	比重	金额	增速	比重
东部地区	23.05	16.28	45.99	26.48	14.86	45.70	28.35	7.06	43.64
中部地区	15.53	8.46	30.99	17.94	15.52	30.96	19.11	6.51	29.41
西部地区	10.22	30.52	20.39	11.99	17.38	20.69	15.65	30.49	24.09
东北地区	1.32	19.01	2.63	1.53	15.94	2.64	1.86	22.08	2.86
合计	50.11	16.34	100.00	57.93	15.61	100.00	64.96	12.14	100.00

资料来源：同表 4.1。

东部地区营业收入在四个地区中最高，东部地区总共有 12 家专业少儿图书出版单位，其中有 4 家单位排名前十。同时，东部地区包含北京、上海、广东三大城市，少儿图书市场较大，也反映了大城市对于少儿阅读的重视，但其增速连续三年有所下降，东部地区少儿图书市场趋于稳定。其它三个地区发展情况有所差异：中部地区营业收入增长较为稳定；西部地区 2018 年品种和总印数增速均超过 10%，营业收入增长最快，占全国比重连续三年增加；东北地区少儿图书出版规模较小，增速虽高但占比不足 3%。

从利润总额来看，2018 年，东部地区专业少儿图书出版单位利润总额 2.85 亿元，较 2017 年增长 9.08%，增加 19.33 个百分点；占整体比重 35.10%，较 2017 年减少 1.66 个百分点。中部地区利润总额 2.64 亿元，降低 5.25%，减少 10.42 个百分点；占比 32.51%，减少 6.79 个百分点。西部地区利润总额 2.45 亿元，增长 56.02%，增加 47.25 个百分点；占比 30.17%，增加 8.06 个百分点。东北地区利润总额 0.18 亿元，增长 43.26%，增加 6.03 个百分点；占比 2.22%，增加 0.39 个百分点。

表 4.9　分地区专业少儿图书出版单位利润总额情况

单位：亿元，%

利润总额	2016 年			2017 年			2018 年		
	金额	增速	比重	金额	增速	比重	金额	增速	比重
东部地区	2.91	3.69	41.04	2.61	-10.25	36.76	2.85	9.08	35.10
中部地区	2.65	6.98	37.38	2.79	5.17	39.30	2.64	-5.25	32.51
西部地区	1.44	35.80	20.31	1.57	8.77	22.11	2.45	56.02	30.17
东北地区	0.09	598.49	1.27	0.13	37.23	1.83	0.18	43.26	2.22
合计	7.10	12.14	100.00	7.10	0.00	100.00	8.12	14.44	100.00

资料来源：同表 4.1。

从地区分布看，东部和中部地区利润总额相当，东部地区 2017 年利润总额大幅下降，2018 年实现近 10% 增长，而中部地区利润总额增速持续下滑，2018 年利润总额出现负增长。西部和东北地区专业少儿图书出版单位数量不多，规模较小，利润总额较小，但仍保持三年持续增长态势。中部地区 6 家单位中有 5 家进入利润总额排名前 10 位。

从扣除非经常性损益利润总额来看，2018 年，东部地区专业少儿图书出版单位扣非利润总额 3.44 亿元，较 2017 年增长 9.50%，减少 11.69 个百分点；占整体比重 36.71%，较 2017 年减少 2.29 个百分点。中部地区扣非利润 3.10 亿元，降低 5.13%，减少 38.14 个百分点；占比 33.08%，减少 7.54 个百分点。西部地区扣非利润 2.63 亿元，增长 78.80%，增加 51.38 个百分点；占比 28.07%，增加 9.81 个百分点。东北地区扣非利润 0.19 亿元，增长 15.99%；占比 2.03%，增加 0.04 个百分点。扣除非经常性损益后，各地区 2018 年的利润总额增长情况与扣非前相比变动不大，东中西部地区扣非利润相差较小，西部地区连续三年增长。

表 4.10　分地区专业少儿图书出版单位扣非利润总额情况

单位：亿元，%

利润总额	2016 年			2017 年			2018 年		
	金额	增速	比重	金额	增速	比重	金额	增速	比重
东部地区	2.59	-10.09	41.57	3.14	21.19	39.01	3.44	9.50	36.71

续表

利润总额	2016年			2017年			2018年		
	金额	增速	比重	金额	增速	比重	金额	增速	比重
中部地区	2.46	3.94	39.49	3.27	33.01	40.62	3.10	-5.13	33.08
西部地区	1.15	0.48	18.46	1.47	27.42	18.26	2.63	78.80	28.07
东北地区	0.02	-30.30	0.32	0.16	632.39	1.99	0.19	15.99	2.03
合计	6.23	-3.14	100.00	8.05	29.22	100.00	9.37	16.35	100.00

资料来源：同表4.1。

第二节 单位经营状况

本节通过计算28家专业少儿图书出版单位的平均财务比率，对专业少儿图书出版单位各财务比率的平均水平进行分析。运用综合报表法计算各类指标，将各单位的财务报表内相同或相类似的会计科目相加，分别求出各会计科目总和后再计算专业少儿图书出版单位比率的平均值。

一、安全性分析

安全性指标主要体现专业少儿图书出版单位短期偿债能力和长期偿债能力的平均水平，主要包括流动比率、速动比率和资产负债率。

表4.11 专业少儿图书出版单位安全性情况

单位：%

指标名称	2016年		2017年		2018年	
	少儿社	全国	少儿社	全国	少儿社	全国
平均流动比率	2.80	2.46	2.92	2.48	2.88	2.49
平均速动比率	1.89	1.91	1.92	1.93	1.85	1.93
平均资产负债率	32.71	33.74	31.94	33.52	31.55	33.36

资料来源：同表3.1。

由表4.11，流动比率和速动比率是从静态分析角度反映公司短期偿债能力，一般流动比率为2及以上，速动比率为1及以上是较为理想的水平。专业少儿图书出版单位流动比率和速动比率平均值分别大于2和1，表明其资产可以变为现金用于偿还负债的能力。与全国平均水平相比，专业少儿图书出版单位平均流动比率高于全国平均水平，其资金流动性平均水平要优于全国平均水平；然而，其速动比率连续三年低于全国平均水平，这表明专业少儿图书出版单位有相对于非专业少儿出版单位及其他出版单位较多的存货，占用流动资金较多，速动资产的流动性较全国水平较低。因此，少儿出版单位短期偿债能力较强，但资金的使用效率并不高，需要对存货和应收账款进行进一步分析。从分布来看，2018年，12家专业少儿图书出版单位流动比率低于2，8家速动比率低于1。

就长期偿债能力而言，从2016年至2018年，专业少儿图书出版单位平均资产负债比率均在32%左右，并连续三年下降，负债水平低于全国平均水平，其长期偿债风险低。从分布来看，13家单位资产负债率低于33%，高于66%的有5家单位。

二、效率性分析

效率性指标主要体现专业少儿图书出版单位营运能力的平均水平，主要包括应收账款周转率、存货周转率和总资产周转率。

表4.12　专业少儿图书出版单位效率性情况

单位：%

指标名称	2016年		2017年		2018年	
	少儿社	全国	少儿社	全国	少儿社	全国
平均应收账款周转率	6.19	6.89	6.23	6.86	6.25	7.04
平均存货周转率	1.82	1.78	1.82	1.73	1.73	1.69
平均总资产周转率	0.72	0.41	0.75	0.40	0.76	0.40

资料来源：同表4.1。

由表4.12，近三年，专业少儿图书出版单位平均应收账款周转率约为6.2次，全国图书出版单位平均应收账款周转率在7.0次左右。相较于全国出版单位平均水平，专业少儿图书出版单位平均应收账款周转率较低，虽然连续三年小幅提升，但与全国平均水平差距仍有所加大。专业少儿图书出版单位平均应收账款表现尚可，但相较于全国平均水平其营运能力较低，专业少儿图书出版单位应加强应收账款的管理能力，采取更为积极的经营策略，提高资金使用效率。从分布情况看，2018年17家单位应收账款周转率高于全国平均水平，大部分专业少儿图书出版单位收账速度和平均收账期较快，收账能力较强。但个别单位存在坏账损失积累的问题。由于图书出版单位的图书销售渠道主要为新华书店系统、网店销售以及民营系统，一般采用赊销方式，这种委托代销为主的方式导致了应收账款的大幅增加，应收账款周转率较高。

从存货周转率角度看，2018年专业少儿图书出版单位平均存货周转率为1.73次，较上年有所下降；全国图书出版单位平均存货周转率为1.69次，连续三年下降。与全国图书出版单位相比，专业少儿图书出版单位表现较好，说明其存货流动性、变现性相比于全国平均水平较强。然而全国及专业少儿图书出版单位平均存货周转率下降说明图书出版行业库存的平均水平较高。由于图书的多样化、产品生命周期不断缩短以及售价下降压力，图书出版行业面临着高库存量和高库存成本的问题。同时，图书出版行业的供应链较长，存在大量分销商和零售商，其供应商离最终客户需求较远，当最终用户需求发生改变时，由于中间环节繁多，使得出版单位并不能及时获取客户需求信息，进而导致高库存量和高库存成本的现象越发严重。此外，少儿图书市场竞争激烈、图书同质化严重、行业不规范等现象也促使图书出版单位库存增加。

三、盈利性分析

盈利性指标主要体现专业少儿图书出版单位盈利能力的平均水平，主要包括平均净资产收益率、平均总资产收益率和平均销售净利率。

表 4.13 专业少儿图书出版单位盈利性情况

单位：%

指标名称	2016年		2017年		2018年	
	少儿社	全国	少儿社	全国	少儿社	全国
平均净资产收益率	14.81	9.99	13.43	9.24	13.85	8.81
平均总资产收益率	10.08	6.52	9.09	6.13	9.46	5.87
平均销售净利率	14.05	13.88	12.13	12.10	12.40	12.00

资料来源：同表 4.1。

由表 4.13，净资产收益率是净利润比平均所有者权益，体现的是单位净资产的收益水平，指数越高，净资产收益能力越强。2018 年，专业少儿图书出版单位平均净资产收益率为 13.85%，与 2017 年基本持平，较 2016 年减少约 1 个百分点；2018 年全国图书出版单位平均净资产收益率为 8.81%，较上年减少 0.43 个百分点，且连续三年下降；专业少儿图书出版单位整体水平高出全国平均水平约 5 个百分点。总资产收益率反映了出版单位总资产的获利能力，反映了企业资产综合利用的效果。2017 年专业少儿出版单位平均总资产收益率较 2016 年减少约 1 个百分点，2018 年有所增加，增长到 9.46%。销售净利率反映了销售收入的盈利水平，全国图书出版行业 2018 年平均销售净利率达到 12.00%，表现尚佳，然而从 2016 至 2018 年连续三年降低，专业少儿图书出版单位连续三年高于全国平均水平，其中有 11 家单位在全国平均水平以上。

从盈利角度来看，专业少儿出版单位连续三年净资产收益率和总资产收益率变化幅度较小，平均销售利润率均维持在 12% 以上，说明专业少儿出版单位近三年获利较为稳定，但是 2017 年和 2018 年相较 2016 年均有所下降。在全国出版单位平均盈利能力下滑的背景下，专业少儿出版单位在 2018 年有所提升，并且平均盈利水平高于全国出版单位平均水平。

四、成长性分析

成长性指标主要体现专业少儿图书出版单位发展能力的平均水平，主要包括营业收入增长率和利润总额增长率。

表 4.14　专业少儿图书出版单位成长性情况

单位：%

指标名称	2016 年		2017 年		2018 年	
	少儿社	全国	少儿社	全国	少儿社	全国
营业收入增长率	16.34	1.19	15.61	5.68	12.14	6.56
利润总额增长率	12.14	7.18	0.00	2.37	14.44	2.76

资料来源：同表 4.1。

2016 至 2018 年，专业少儿图书出版单位营业收入连续三年实现增长，增长率持续放缓；2018年营业收入增长率为12.14%，较2017年减少3.47个百分点。全国图书出版单位营业收入增速连续三年有所提高，这得益于非专业少儿图书出版单位及其他出版单位积极寻求新的增长点，但少儿图书仍是带动全国图书收入增长的重要力量。近三年中，除2017年少儿图书品种略有下降外，少儿图书品种和总印数整体增长明显；其中约50%为少儿文学，且其占比连续三年提高，虽然品种持续增长，但同质化情况较为严重，结构存在不平衡问题，这预示市场对于少儿图书品种的选择进入深度需求阶段。

专业少儿图书出版单位利润总额在2016年增长12.14%，2017年与2016年基本持平，2018年增长较为显著。根据前文对扣非利润的分析，专业少儿图书出版单位资产减值损失、投资收益、公允价值变动及营业外收支等非经常性损益对利润总额影响较大，导致利润增长不稳定。

第三节　本章小结

专业少儿图书出版单位经济规模和效益以较高速度增长，少儿图书出版在全国图书出版中的地位有所上升。2016至2018年，专业少儿图书出版单位整体营业收入、资产总额和净资产连续三年实现增长；与全国出版单位相比，近三年的营业收入、资产总额和利润总额占全国总量的比重整体呈上升趋势。

从地区分布看，由于体量较大的专业少儿出版单位集中在东部和中部地区，资产和利润亦集中分布在这两个区域。从发展速度看，各地区少儿图书市场规模扩张速度均较上年加快，西部地区发展快于四个地区整体水平，占比有所提升；东部和中部地区少儿图书市场趋于稳定，资产和营业收入增长较为稳定。

专业少儿图书出版单位行业集中度较低，处于低集中寡占型竞争状态，中小型专业少儿图书出版单位仍在不断提高自身获利能力，竞争依旧激烈。但存在内容同质化现象、盗版现象等不利因素，制约着少儿图书出版单位发展。由流动性分析可知，专业少儿图书出版单位短期和长期偿债能力较强，但相对于其他出版单位存货较多，占用流动资金较多，资金的使用效率并不高。通过对存货和应收账款进一步分析，专业少儿图书出版单位平均应收账款表现尚可，但相较于全国平均水平其营运能力较低，平均存货周转率也持续下降，说明专业少儿图书出版单位库存和应收账款的平均水平较高，存在资金占用情况，因此各少儿图书出版单位应考虑自身经营情况，采取较为积极的经营策略，提高资金使用效率。从盈利性和成长性指标来看，专业少儿社连续三年表现突出，资产收益率、销售净利率以及营业收入和利润总额增长率均高于全国平均水平，但在收入增长方面受到来自非专业少儿社及其他出版单位的竞争压力，因此专业少儿社也应积极寻找新的收入增长点，改善同质化情况，实现结构均衡。同时，受资产减值损失、投资收益、公允价值变动以及营业外收支等非经常性损益的影响，专业少儿图书出版单位利润增长不稳定，可以适当利用财务手段对自身利润进行调整，改善财务状况。

第五章 结论及建议

第一节 结论

阅读是人类获取知识、增长智慧的重要方式，是一个国家、一个民族文明传承的重要途径。中华民族有着优良的读书传统，诗书继世之风绵延数千年。从国家政策来看，习近平总书记把"全民阅读"首次写入党的十八大工作报告中，这充分体现了国家对全民阅读、经典文化传承和对少年儿童培养的重视。从发展的角度看，我国居民收入不断增加、消费能力不断增长。另外，二胎政策的放开，以及以"80"后一代为代表的年轻父母对儿童教育的重视程度日益提高，也会促使少儿图书的需求量进一步扩大。在这样的大背景下，2016 至 2018 年，我国少儿图书市场整体发展较快，具体来看 2018 年，少儿图书行业表现出以下几个特点。

第一，在整体上，少儿图书出版规模继续扩大，新版与重印少儿图书体量基本持平，零售发行稳步增长，增速快于整体图书零售；少儿图书定价涨势明显，网店对少儿图书销售平均折扣有一定影响。

2018 年，全国出版少儿图书 4.42 万种，较 2017 年增长 4.14%，总印数 8.89 亿册，增长 8.35%；新版与重印品种之比由 2017 年的 1.16∶1 变为 1.06∶1，新版与重印印数之比由 2017 年的 1∶1.47 变为 1∶1.16。全国少儿图书总销售 2.28 亿册、49.71 亿元，与 2017 年相比分别增长 7.08%、19.33%，销量和金额增速分别高出当年整体图书零售增速1.48%和6.28个百分点。

少儿图书平均单价由2017年的21.40元提高到2018的25.36元，增加3.96元；其中新书平均单价由2017年的22.88元提高到2018的28.20元，增加5.32元，重印书平均单价由2017年的20.39元提高到2018的22.91元，增加2.52元。2018年全国新华书店系统少儿图书销售平均折扣为7.3折，若扣除全国较大的网络销售单位，则新华书店系统（不含网店）少儿图书销售平均折扣为8.3折。

第二，在地区上，东、中部地区是少儿图书出版和零售发行的主要区域，资产和利润亦集中分布在这两个区域，其中尤以东部地区为核心；西部地区近几年发展迅速，地位有所加强；东北地区少儿图书出版和零售市场萎缩明显。

2018年，体量较大的少儿图书出版单位主要集中在东、中部地区，资产和利润亦集中分布在这两个区域；其中，东部地区少儿图书的品种和总印数、零售数量和码洋占全国的比重均超过50%，是全国少儿图书市场的核心区域。西部地区品种和总印数增速均超过10%少儿图书零售数量和码洋增速均超过10%，在几个地区中名列前茅，发展快于四个地区整体水平，占比也明显提高，占比有所提升，在全国少儿图书市场中的地位有所加强；东北地区出版规模则出现较大幅度的下滑，少儿图书零售数量下降超过20%，其少儿图书市场有所萎缩。

少儿图书总印数排名前8的地区出版少儿图书占全国的比重超过50%，排名后10位的地区占比仅有2.24%，少儿图书出版地区集中度高、地区间分化明显。2018年，上海、湖南和辽宁对全国少儿图书出版增长的拉动尤为突出：上海少儿图书总印数增加1572万册，对全国少儿图书总印数增长的贡献率为22.95%；湖南增加1225万册，贡献率17.88%；辽宁增加739万册，贡献率10.79%；三个地区合计增加3536万册，贡献率51.61%。

第三，在专业少儿图书出版单位上，专业社少儿图书出版稳定上升，仍占据主力地位，经济规模和效益快速增长，单位间竞争依旧激烈；其资金流动性、盈利性和成长性均高于全国平均水平，但在资金利用效率和利润增长稳定性上还有待提高。

2018年，全国共有316家图书出版单位开展少儿图书出版业务，其中

30家专业社共出版少儿图书1.74万种、5.11亿册，分别较2017年增长4.66%、6.18%，占全国少儿图书品种数的39.26%、总印数的57.53%。全国22家少儿图书印数超过1000万册的出版单位中，专业社占据13席，印数排名前9位均为专业社。2016至2018年，专业少儿图书出版单位整体营业收入、资产总额和净资产逐年增长，其营业收入、资产总额和利润总额占全国总量的比重整体呈上升趋势。专业少儿图书出版单位行业集中度较低，处于低集中寡占型竞争状态，中小型专业少儿图书出版单位仍在不断提高自身获利能力，竞争依旧激烈。

专业少儿图书出版单位的流动比率、资产收益率、销售净利率以及营业收入和利润总额增长率均高于全国平均水平，但其速动比率、资产负债率和应收账款周转率均低于全国平均水平，存货周转率也持续下降，说明专业少儿图书出版单位库存和应收账款的平均水平较高，存在资金占用情况，资金的使用效率不高。在收入增长方面，专业少儿社逐年放缓，全国图书出版单位则连续三年持续加快，专业少儿社在收入上受到非专业少儿社及其他出版单位的竞争压力。同时，受资产减值损失、投资收益、公允价值变动以及营业外收支等非经常性损益的影响，专业少儿图书出版单位利润增长表现出较大波动。

第四，在产品上，文学类少儿图书主体地位加强，历史地理类少儿图书保持出版热度，政治法律类、科技类少儿图书成为出版新热点；本土原创少儿图书优秀作品频出，经典原创作品持续热销。

2018年，全国出版文学类少儿图书2.24万种，占全国少儿图书的50.78%，较2017年增加3.76个百分点；印数4.44亿册，占49.94%，增加2.86个百分点。出版历史地理类少儿图书0.15万种、0.25亿册，分别较2017年增长23.03%、38.99%，品种和印数增速较2017年均提高0.66个百分点。出版政治法律类少儿图书0.02万种、0.07亿册，分别较2017年增长20.14%、46.15%。出版科技类少儿图书0.29万种、0.43亿册，分别较2017年增长5.84%、21.62%。

2018年"向全国青少年推荐百种优秀出版物"目录中，四川少年儿童出版社《米小圈上学记》（四年级）4种年度累计印数超过200万册，中国大百科全书出版社《故宫里的大怪兽》当年出版20余种累计印数超过120万册，中国少年儿童出版社《习近平讲故事（少年版）》当年累计印数超过 60 万册，等等。28 种少儿图书单品种年度累计印数达百万册，其中四川少年儿童出版社《米小圈上学记》（一年级、二年级）8 种再版当年单品种印数均超过百万册、累计印数超过 1000 万册，两位儿童文学大家的经典作品曹文轩的《草房子》、沈石溪的《狼王梦》均连续两年年度印数超过百万册。

综上所述，无论是从出版、发行还是财务角度来看，2018 年我国少儿图书出版行业整体表现较优，但在很多方面近几年增速逐步放缓也是一个不争的事实。优质的少儿图书有助于推动少儿身心的健康发展，随着二胎政策的放开以及"80"后甚至是"90"后一批父母新生力量对儿童早期教育的愈发重视，我国少儿图书市场需求量仍有上升空间，少儿图书市场仍是一个潜力市场。

第二节　建议

针对以上结论中提到的若干潜在问题，为了我国少儿图书行业能够更好地发展，在此提出几点不甚成熟的建议。

第一，在定价方面。随着纸价上涨和印刷成本、人工成本、物流成本等的增加，以及网店一波又一波的"价格战"，近两年图书定价，尤其是新版图书定价飞涨，少儿图书亦是如此。面对网店的价格战，少儿图书出版单位首先要保证图书质量，只有高质量的图书才能得到目标读者的认同，才能让读者淡化价格因素对其购买决策的影响；而为限制网店的低折扣，出版单位可以与网店签订限价函规定最低折扣，一旦违反则采取停止供货、推迟供货等手段对其作出"处罚"。其次在成本方面，少儿图书出版单位可以考虑从纸张选择上着手控制甚至是降低成本，如在幼儿文学、儿童文学这类文字较多的少儿读物上选用低成本、护眼、环保的再生纸取代胶版纸等。

第二，在内容方面。目前少儿图书市场同质化现象比较严重：结构品种上大量的重复、集中，导致结构失衡、竞争无序；内容品质上几近雷同，缺乏个性的视角和表达；读者定位过于关注主流市场，漠视个性需求，丧失了核心竞争力。少儿图书出版单位应积极挖掘中国传统文化精髓，准确定位、凸显个性，提升少儿图书的品质内涵，打造"中国制造"的原创童书，赢得读者和市场的认同。

第三，在财务方面。专业少儿图书出版单位库存和应收账款的平均水平较高，存在资金占用情况，资金利用效率不高，因此各少儿图书出版单位应充分考虑自身经营状况，采取较为积极的经营策略，努力提高资金使用效率。受资产减值损失、投资收益、公允价值变动以及营业外收支等非经常性损益的影响，专业少儿图书出版单位利润增长不稳定，可以适当利用财务手段对自身利润进行调整，改善财务状况。

当然，本报告在分析少儿图书行业方面还存在许多不足之处，有待后续进一步完善以及开展更为深入地研究。

参考文献

[1] 中国新闻出版研究院.2015年新闻出版产业分析报告.北京：国家新闻出版广电总局，2016.

[2] 中国新闻出版研究院.2016年新闻出版产业分析报告.北京：国家新闻出版广电总局，2017.

[3] 中国新闻出版研究院.2017年新闻出版产业分析报告.北京：国家新闻出版署，2018.

[4] 中国新闻出版研究院.2018年新闻出版产业分析报告.北京：国家新闻出版署，2019.

[5] 中国新闻出版研究院.2016年中国新闻出版统计资料汇编.北京：中国书籍出版社，2016.

[6] 中国新闻出版研究院.2017年中国新闻出版统计资料汇编.北京：中国书籍出版社，2017.

[7] 中国新闻出版研究院.2018年中国新闻出版统计资料汇编.北京：中国书籍出版社，2018.

[8] 中国新闻出版研究院.2019年中国新闻出版统计资料汇编.北京：中国书籍出版社，2019.

（课题组成员及执笔人：张晓斌、林玲、梁雯雯、贾梦丹）

附录

2018年单品种年度印数排名前100的少儿图书书目

排名	图书名称	出版单位	新版或重印	内容分类
1	曹文轩纯美小说 草房子	江苏凤凰少年儿童出版社	重印	文学
2	动物小说大王沈石溪品藏书系 狼王梦	浙江少年儿童出版社	重印	文学
3	笑猫日记 又见小可怜	明天出版社	新版	文学
4	不一样的卡梅拉 我想去看海	二十一世纪出版社	重印	文学
5	曹文轩纯美小说 青铜葵花	江苏凤凰少年儿童出版社	新版	文学
6	米小圈上学记（一年级）耗子是条狗（第2版）	四川少年儿童出版社	新版	文学
7	米小圈上学记（一年级）瞧这一家人（第2版）	四川少年儿童出版社	新版	文学
8	米小圈上学记（一年级）我是小学生（第2版）	四川少年儿童出版社	新版	文学
9	米小圈上学记（二年级）大自然小秘密（第2版）	四川少年儿童出版社	新版	文学
10	米小圈上学记（二年级）如果我有时光机（第2版）	四川少年儿童出版社	新版	文学
11	米小圈上学记（二年级）新同桌的烦恼（第2版）	四川少年儿童出版社	新版	文学
12	米小圈上学记（一年级）一箩筐的快乐（第2版）	四川少年儿童出版社	新版	文学
13	米小圈上学记（一年级）好朋友铁头（第2版）	四川少年儿童出版社	新版	文学
14	米小圈脑筋急转弯 古堡大冒险	四川少年儿童出版社	重印	文化、科学、教育、体育
15	米小圈脑筋急转弯 机灵小神童	四川少年儿童出版社	重印	文化、科学、教育、体育

续表

排名	图书名称	出版单位	新版或重印	内容分类
16	米小圈脑筋急转弯 脑力挑战赛	四川少年儿童出版社	重印	文化、科学、教育、体育
17	米小圈脑筋急转弯 谁是聪明人	四川少年儿童出版社	重印	文化、科学、教育、体育
18	不一样的卡梅拉 我爱平底锅	二十一世纪出版社	重印	文学
19	不一样的卡梅拉 我要救出贝里奥	二十一世纪出版社	重印	文学
20	不一样的卡梅拉 我不要被吃掉	二十一世纪出版社	重印	文学
21	不一样的卡梅拉 我好喜欢她	二十一世纪出版社	重印	文学
22	不一样的卡梅拉 我能打败怪兽	二十一世纪出版社	重印	文学
23	不一样的卡梅拉 我去找回太阳	二十一世纪出版社	重印	文学
24	不一样的卡梅拉 我爱小黑猫	二十一世纪出版社	重印	文学
25	不一样的卡梅拉 我想有颗星星	二十一世纪出版社	重印	文学
26	米小圈上学记（四年级）遇见猫先生	四川少年儿童出版社	新版	文学
27	米小圈上学记（四年级）班里有个小神童	四川少年儿童出版社	重印	文学
28	花火（1—2C）	湖南少年儿童出版社	新版	文学
29	米小圈上学记（四年级）我的同桌是卧底	四川少年儿童出版社	新版	文学
30	米小圈上学记（四年级）来自未来的我	四川少年儿童出版社	重印	文学
31	小猪唏哩呼噜（注音版）下	春风文艺出版社	新版	文学
32	"巧虎乐智小天地"系列 妈妈上班去	中国中福会出版社	新版	文化、科学、教育、体育

续表

排名	图书名称	出版单位	新版或重印	内容分类
33	不一样的卡梅拉 我想有个弟弟	二十一世纪出版社	重印	文学
34	不一样的卡梅拉 我要找到朗朗	二十一世纪出版社	重印	文学
35	小猪唏哩呼噜(注音版) 上	春风文艺出版社	重印	文学
36	不一样的卡梅拉 我不是胆小鬼	二十一世纪出版社	新版	文学
37	"巧虎乐智小天地"系列 谢谢，谢谢	中国中福会出版社	重印	文化、科学、教育、体育
38	中国幽默儿童文学创作·任溶溶系列 没头脑和不高兴（注音版）	浙江少年儿童出版社	重印	文学
39	罗尔德·达尔作品典藏 了不起的狐狸爸爸	明天出版社	重印	文学
40	米小圈上学记(三年级) 加油足球小将	四川少年儿童出版社	新版	文学
41	米小圈上学记(三年级) 我没有一个跟屁虫	四川少年儿童出版社	新版	文学
42	米小圈上学记(三年级) 小顽皮和老顽童	四川少年儿童出版社	新版	文学
43	斗罗大陆(第四部) 搞笑大王来了 2	湖南少年儿童出版社	新版	文学
44	不可思议事件簿 6 怪物医院	浙江少年儿童出版社	新版	文学
45	斗罗大陆(第三部) 龙王传说 28	湖南少年儿童出版社	新版	文学
46	斗罗大陆(第四部) 终极斗罗 1	湖南少年儿童出版社	新版	文学
47	姜小牙上学记 我的变形记	四川少年儿童出版社	重印	文学
48	姜小牙上学记 给我一个好朋友	四川少年儿童出版社	重印	文学

续表

排名	图书名称	出版单位	新版或重印	内容分类
50	姜小牙上学记 老师的法宝	四川少年儿童出版社	重印	文学
51	姜小牙上学记 好朋友争夺战	四川少年儿童出版社	重印	文学
52	启发精选国际大师名作绘本 我爸爸	河北教育出版社	重印	文学
53	快乐读书吧·名著阅读课程化丛书 孤独的小螃蟹	人民教育出版社	新版	文化、科学、教育、体育
54	快乐读书吧·名著阅读课程化丛书 "歪脑袋"木头桩	人民教育出版社	新版	文化、科学、教育、体育
55	快乐读书吧·名著阅读课程化丛书 小狗的小房子	人民教育出版社	新版	文化、科学、教育、体育
56	快乐读书吧·名著阅读课程化丛书 一只想飞的猫	人民教育出版社	新版	文化、科学、教育、体育
57	快乐读书吧·名著阅读课程化丛书 小鲤鱼跳龙门	人民教育出版社	新版	文化、科学、教育、体育
58	斗罗大陆（第三部）龙王传说 26.	湖南少年儿童出版社	新版	文学
59	斗罗大陆（第三部）龙王传说 25	湖南少年儿童出版社	新版	文学
60	斗罗大陆（第三部）龙王传说 27	湖南少年儿童出版社	重印	文学
61	怪物大师 鸡飞蛋打	接力出版社	新版	艺术
62	雷鸣的四神基地（升级版）	河北教育出版社	重印	文学
63	启发精选国际大师名作绘本 我妈妈	四川少年儿童出版社	重印	文学
64	米小圈漫画成语 画蛇添足	四川少年儿童出版社	重印	艺术
65	米小圈漫画成语 狐假虎威	四川少年儿童出版社	重印	艺术
66	米小圈漫画成语 马不停蹄	四川少年儿童出版社	重印	艺术

续表

排名	图书名称	出版单位	新版或重印	内容分类
67	斗罗大陆（第三部）龙王传说24	湖南少年儿童出版社	新版	文学
68	曹文轩纯美小说 根鸟	江苏凤凰少年儿童出版社	重印	文学
69	斗罗大陆外传 唐门英雄传 少年版	湖南少年儿童出版社	新版	文学
70	习近平讲故事 少年版	中国少年儿童出版社	新版	政治、法律
71	郑渊洁四大名传 皮皮鲁传	浙江少年儿童出版社	重印	文学
72	快乐读书吧·名著阅读课程化丛书 稻草人	人民教育出版社	新版	文化、科学、教育、体育
73	快乐读书吧·名著阅读课程化丛书 安徒生童话	人民教育出版社	新版	文化、科学、教育、体育
74	快乐读书吧·名著阅读课程化丛书 格林童话	人民教育出版社	新版	文化、科学、教育、体育
75	我们俩的身体	未来出版社	重印	文学
76	不可思议事件簿1 午夜游乐园	浙江少年儿童出版社	重印	文学
77	不可思议事件簿5 魔法学园	浙江少年儿童出版社	重印	文学
78	不可思议事件簿4 疯狂黑暗镇	浙江少年儿童出版社	重印	文学
79	不可思议事件簿3 海盗王的秘宝	浙江少年儿童出版社	重印	文学
80	草房子	天天出版社	重印	文学
81	不可思议事件簿2 古堡迷踪	浙江少年儿童出版社	重印	文学
82	启发精选国际大师名作绘本 大卫，不可以	河北教育出版社	重印	文学
83	经典童话3D立体绘 小布头奇遇记	春风文艺出版社	新版	文学

续表

排名	图书名称	出版单位	新版或重印	内容分类
84	经典童话 3D 立体绘 小飞侠彼得·潘	春风文艺出版社	新版	文学
85	经典童话 3D 立体绘 爱丽丝镜中奇遇记	春风文艺出版社	新版	文学
86	一年级大个子二年级小个子（注音版）	接力出版社	重印	文学
87	经典童话 3D 立体绘 木偶奇遇记	春风文艺出版社	新版	文学
88	淘气包马小跳 和鹦鹉对话的人	浙江少年儿童出版社	新版	文学
89	《漫画party》卡通故事会丛书 阿衰 on line 59	晨光出版社	新版	艺术
90	《漫画party》卡通故事会丛书 阿衰 on line 58	晨光出版社	新版	艺术
91	不老泉文库 时代广场的蟋蟀	二十一世纪出版社	重印	文学
92	信谊世界精选图画书 精精我有多爱你	明天出版社	重印	文学
93	"巧虎乐智小天地"系列 我去上厕所	中国中福会出版社	新版	文化、科学、教育、体育
94	哈利·波特与死亡圣器（纪念版）	人民文学出版社	重印	文学
95	黄蓉佳倾情系列 我要做好孩子	江苏凤凰少年儿童出版社	重印	文学
96	"巧虎乐智小天地"系列 一起做家务	中国中福会出版社	新版	文化、科学、教育、体育
97	"巧虎乐智小天地"系列 你一半我一半	中国中福会出版社	新版	文化、科学、教育、体育
98	"巧虎乐智小天地"系列 安全出去玩	中国中福会出版社	新版	文化、科学、教育、体育
99	曹文轩纯美小说 山羊不吃天堂草	江苏凤凰少年儿童出版社	重印	文学
100	郑渊洁四大名传 鲁西西传	浙江少年儿童出版社	重印	文学

2018年度出版专业技术人员职业资格考试情况分析与评价研究

第一章 绪论

根据《出版专业技术人员职业资格考试暂行规定》和《出版专业技术人员职业资格考试实施办法》，从2001年8月1日起，国家对出版专业技术人员实行职业资格制度，纳入全国专业技术人员职业资格制度的统一规划。出版专业技术人员职业资格考试实行全国统一考试管理，由国家统一组织、统一时间、统一大纲、统一试题、统一标准、统一证书。

考试分为初级和中级，均设出版专业基础知识和出版专业理论与实务2个科目。2018年每个科目分别设有单项选择题（共25题，每题1分，共25分）、多项选择题（共30题，每题2分，共60分）、选答选择题（共5道单选题，每题1分，5道多选题，每题2分，合计15分）和综合题（共5题，含编辑加工题、校对题、审稿题、简答题、计算题、写作题等题型。合计100分）。总分合计200分，120分为通过分数线。

第一节 课题研究背景及选题意义

以数据为基础的技术决定着我们的未来，但并不是数据本身，而是我们从数据中拥有更多的可用知识的增加。出版专业职业资格考试主要结合出版工作的实际需要，测查应试者从事出版工作的综合能力。出版专业技术人员职业资格考试作为从业人员的职业资格和行业准入性考试，参加出版专业资格考试，获取出版专业职业资格证书是青年出版从业人员欲从事出版物编辑、技术编辑和校对工作的必备条件。从2001年8月1日起，国家对出版专业技术人员实行职业资格制度，2002年在全国进行第一次考试。截至2018年已开展17次全国出版专业技术人员职业资格考试，形成历年考试情况数据库，对掌握考试发展趋势非常重要。

同时，出版专业技术人员职业资格考试是一道从业门槛，通过率过低会导致我国出版业合格从业人员在数量上减少，进而阻碍我国出版事业发展的步伐。因此，本课题对2018年度出版专业技术人员职业资格考试的有关情况进行数据分析，希望对考试命题难易程度和知识点运用能力进行客观数据分析，为考试相关部门全面了解出版专业技术人员职业资格考试工作提供数据参考，也对考生复习有所裨益，进而提升通过率，为出版业人才培养服务好。

第二节　国内外研究现状

一、国内研究现状

在我国，由于出版职业资格制度起步较晚，有关考试研究的文献较少，现有文献多以介绍出版职业资格制度为主，对考试和考生情况的分析较为缺乏。国内研究的主要情况如下：

（1）对出版专业技术人员职业资格考试的真题解析以及某类题型进行评析和研究；

（2）对该项考试存在的一些问题和命题趋势进行研究；

（3）对考生备考、应考方法和考试对策、方法的探讨。未见对出版专业技术人员职业资格考试情况的年度分析。

二、国外研究现状

就职业资格制度而言，西方大多数国家起步较早，发展成熟。尤其是英国，已经建立起颇为完善的职业资格制度，其职业资格管理机构的设置，职能划分等做法科学、规范，很值得借鉴。西方多数发达国家的政府主要负责职业资格的宏观管理，很少出面组织资格考试、认证、评审等，微观层面的管理工作均由行业协会等机构负责，两者相互补充，相互配合，有力地推动了职业资格管理的发展。但现有的国外文献在各类职业资格制度方面研究较多，而缺乏对出版业的职业资格制度方面的研究，对出版职业资格考试情况的实证分析以及考试成绩进行系统分析与评价的文献更少。

就出版职业资格制度而言，世界上许多国家都建立了出版职业资格制度，比如法国对从事新闻记者工作人员道德品质进行调查，道德品质不好不能当记者；在英国，有不良记录的人，绝不会被出版社聘用；在德国，凡图书经营者，都要有大学的学历，要通过出版业从业资格，还要通过经济管理资格认证考试，三证齐全，才能成为书业经营者。这些规定都是以法规、法令形式出现的。我国的香港地区也有规定，有刑事犯罪记录的人不能从事新闻工作。

第三节　研究的主要内容、基本思路和方法

一、研究内容

本课题研究共分为两大阶段，第一阶段为建立数据库，第二阶段为数据分析和报告撰写。

第一阶段：建立数据库

由于历史原因，有关出版专业技术人员职业资格考试历年考试情况的数据未在本部门留存。因此本项课题的首要任务是建立起"2002—2018年历年考试情况统计数据库"。本课题在2019年4—5月期间，对"2018年度考试情况统计数据库"进行合库前的数据库整理工作，主要是本年度考生信息与2017年度及之前历次考试的考生信息的甄别，对同名但不是同一人的考生情况，依据标记规范要求，进行有规律地标记，形成"2018年报考和考生数据库"。

在此基础上，先建立"2018年考试情况统计数据库"，再与2017年度及之前历次考试情况统计数据库进行合库，形成"2002—2018年历年考试情况统计数据库"。

第二阶段：数据分析报告撰写

2019年7—9月进行数据分析工作。10—11月进行报告撰写和专家论证。

研究报告共分为五个部分：

第一章为绪论。主要叙述选题的缘起和意义，回顾国内外研究现状，提出本文的研究方法和框架。

第二章为考生情况统计分析，主要根据"2018年报考和考生数据库"，分析"2018年报考和考生概况"，并形成《全国考试概况（逐年累计）》文件。根据"2018年度考试情况数据库"，分析描述以下内容：

（1）全国考试总体情况统计，即对全国范围各门科目及同级别两门科目合并后的考生数量与合格率进行统计分析。

（2）分地区统计考试情况，即分省、区、市和级别、科目对全国各地区的考生人数和合格率情况进行统计。

（3）分析初级和中级两门取得高分考生的整体情况及特征。

第三章为通过率影响因素的回归分析，通过量化分析考试通过率的影响因素及影响大小。我们选定性别、年龄、学历和专业工作年限作为回归分析的基础解释变量。

为考生答题情况统计分析，统计考生答题情况有助于分析题目的难易程度，掌握考生对专业知识和专业技能的把握程度，为今后的试卷结构或题型调整提供参考依据。具体包括：（1）各科目、各类型的逐道题目得分情况统计；（2）各科目单选、多选和选答选择题的得分率分层分析；（3）各科目、各类型题目得分率的趋势线及科目间对比分析；（4）得分率低于20%的难点分析，包括选择题干扰项分析，综合题得分难点分析。

第五章为考试评价与总结，主要对2018年度出版职业资格考试试题难度、区分度、信度和效度进行统计学评价。

二、研究方法

本课题主要采用定性分析和定量分析、文献研究法及调研法等研究方法：

（1）定性分析和定量分析相结合的方法。定性分析即对获得的各种数据库信息进行分类，加以重新组织，在此基础上进行数据的定量分析。数据采用Stata软件做描述性分析、回归分析和检验；用SPSS20.0软件分析试卷难度和信度、效度。

（2）比较法。主要将各科目同类型题的得分趋势做出比较分析，得出趋势性结论。

（3）文献研究法。针对本课题的研究内容，阅读国内外大量的出版职业资格制度方面的文献资料，充分了解国内外最新发展动向。

（4）调研法。向命题专家访谈，对考试分析的初步结论向专家进行意见收集，归类整理出有用的信息。

三、研究的创新点和主要难点

（一）创新点

本研究报告的数据采用 Stata、SPSS 统计软件和 Excel 数据汇总的方式进行数据的定量分析。并在17次出版职业考试中，首次对2018年度考试的试卷难度、区分度、信度和效度进行分析。

现有文献仅限于对考试题型和备考经验的总结，本研究报告将2018年度试卷结构和考生得分结构作出深入的研究并进行系统评价。

（二）主要难点和不足

本课题是第一次比较系统地对年度职业资格考试进行统计分析和评价，为今后连续研究奠定了一定基础。由于本研究需利用统计软件程序和人工辅助的方法，当同一个问题可由多个统计分析方法支撑时，运用何种方法更适用于本研究，是本研究的一个难点。此外，由于时间有限，本研究只针对年度考生和考试数据的分析，基于连续年度数据的时间序列模型的回归分析，是今后需要加强的研究方向。

第二章　2018年度考生情况统计分析

第一节　初级和中级三人两率统计

一、报考考生人数统计

2018年度报考初级和中级的考生共有22059人，比上一年增加809人。如表2-1所示，初级的考生有5461人（比2017年的5376人增加85人），其中有4506人是第一次报名；报考中级的考生有16598人（比2017年的15874人增加724人），其中有12735人此前没有参加过初级考试，有7810人是第一次报考中级（其中6358人此前没有参加过初级考试）。

二、参加考试人数和实考率统计①

2018年度参加初级和中级考试的考生共有15722人，比上一年增加1288人。如表2-1所示，实际参加初级考试的有3843人（比2017年的3605人增加238人），初级实考率为70.37%。3198人为第一次参加考试；实际参加中级考试的有11879人（比2017年的10829人增加1050人），初级实考率为71.57%。有9147人此前没有参加过初级考试，有5911人是第一次实际考中级（其中4780人此前没有参加过初级考试）。

表2-1　2018年度报考人数和实考人数统计表

报考人数						参加考试人数					
两级合计		初级		中级		两级合计		初级		中级	
总数	首次	总数	首次	总数	首次	总数	首次	总数	首次	总数	首次
22059	10836	5461	4506	16598 (12735)	7810 (6358)	15722	7967	3843	3198	11879 (9147)	5911 (4780)

三、考试合格人数和合格率统计

"通过"被界定为两门同时得分在119.5分及以上，仅通过一门则不被列为通过范围之内。统计表明，2018年度初级和中级通过的考生共有5435人。其中，2902人是首次参加考试就通过。

具体分析得出，初级考试合格的有1487人，合格率为38.69%。有1257人是第一次考试就合格，占合格总人数的84.53%（2017年为85.20%）。

中级考试合格的有3948人，合格率为33.24%。有3064人未参加过初级考试，占合格总人数的77.61%（2017年为61.65%）。未参加过初级考试直接考中级者的合格率为33.50%（2017年为34.67%）。有2077人是第一次考试就合格，占合格总人数的52.60%（2017年为56.60%）。有1653人未参加过初级考试也第一次考中级就合格，在第一次考试就合格的总人数中占79.59%（2016年为63.46%），占中级考试合格总人数的41.87%（2017年为35.91%）。

---

① 缺考是指报名后没有参加任何科目实际考试。凡是报考两门而仅参加了一门考试（主要是上午考基础后下午放弃考实务）的，不作为缺考。

表 2-2 2018 年度考试合格人数统计表

合计人次		初级人数			中级人数		
总数	首次	总数	合格率	首次	总数	合格率	首次
5435	2902	1487	38.69	1257	3948 (3064)	33.24 (33.50)	2077 (1653)

第二节 全国几个省份各科目三人两率统计

初级基础和中级基础因为都是上午科目的考试，因此实考率都高于70%，下午的实务两科实考率都低于70%。

初级基础和初级实务单科通过率接近或略超过一半，初级基础合格率略高，高于初级实务接近 4 个百分点。在初级考试中，初级基础知识考试的通过率高于初级实务考试的通过率。这是初级考试不同于中级考试的一个特征。

中级基础和中级实务单科通过率都在 40% 以上，与初级恰恰相反，中级实务合格率略高，高于中级基础 4 个多百分点。具体如表 2-3 所示。

表 2-3 2018 年度各科目三人两率统计表

科目	报考人数	实考人数	实考率	合格人数	合格率
初级基础	5430	3818	70.31%	1956	51.23%
初级实务	5461	3746	68.60%	1772	47.30%
中级基础	16534	11835	71.58%	4749	40.13%
中级实务	16598	11514	69.37%	5101	44.30%
初级两门合并	5461	3843	70.39%	1487	38.69%
中级两门合并	16598	11879	71.59%	3948	33.24%

如表 2-4 所示，初级两门合格率排名前三的地区为大连、安徽、天津，超过全国平均水平的地区共有 19 个，依次为大连、安徽、天津、山东、青海、海南、甘肃、江苏、河南、重庆、内蒙古、北京、山西、吉林、贵州、湖北、浙江、江西、湖南。其中通过率超过一半的为前 5 个地区。

如表 2-5 所示，中级两门合格率排名前三的地区为上海、浙江、贵州，超过全国平均水平的地区共有 11 个，依次为上海、浙江、贵州、重庆、湖南、江苏、四川、北京、江西、辽宁、广西。其中通过率超过 40% 的为前 5 个地区。

表 2-4 2018 年度全国各地区初级考试情况

（11 月评分后初步统计，"两门合格率"有少许误差）

序号	地区	初级基础			初级实务			初级整体			
		报考人数	实考人数	合格人数	合格率	报考人数	实考人数	合格人数	合格率	两门报考人数	两门实考人数	两门合格人数	两门合格率
1	大连	8	5	5	100.0%	9	6	4	66.67%	9	6	4	66.67%
2	安徽	101	66	45	68.18%	102	66	42	63.64%	102	66	37	56.06%
3	天津	53	44	29	65.91%	53	44	26	59.09%	53	44	24	54.55%
4	山东	146	100	66	66.00%	146	102	62	60.78%	146	102	54	52.94%
5	青海	15	12	6	50.00%	15	12	9	75.00%	15	12	6	50.00%
6	海南	31	27	17	62.96%	32	27	15	55.56%	32	27	13	48.15%
7	甘肃	43	25	12	48.00%	43	25	13	52.00%	43	25	12	48.00%
8	江苏	262	189	105	55.56%	263	192	94	48.96%	263	194	87	44.85%
9	河南	221	141	89	63.12%	221	143	74	51.75%	221	143	63	44.06%
10	重庆	78	41	22	53.66%	78	40	21	52.50%	78	41	18	43.90%
11	内蒙古	15	14	9	64.29%	16	14	6	42.86%	16	14	6	42.86%
12	北京	1048	683	385	56.37%	1054	709	351	49.51%	1054	712	302	42.42%
13	山西	67	42	25	59.52%	69	42	20	47.62%	69	43	18	41.86%
14	吉林	59	44	23	52.27%	59	44	22	50.00%	59	44	18	40.91%
15	贵州	68	39	21	53.85%	69	42	23	54.76%	69	42	17	40.48%
16	湖北	208	155	88	56.77%	208	156	79	50.64%	208	156	63	40.38%

续表

序号	地区	初级基础				初级实务				初级整体			
		报考人数	实考人数	合格人数	合格率	报考人数	实考人数	合格人数	合格率	两门报考人数	两门实考人数	两门合格人数	两门合格率
17	浙江	441	301	166	55.15%	443	315	147	46.67%	443	315	127	40.32%
18	江西	144	119	67	56.30%	144	119	50	42.02%	144	120	47	39.17%
19	湖南	171	107	59	55.14%	174	108	46	42.59%	174	109	42	38.53%
20	辽宁	68	52	24	46.15%	69	53	20	37.74%	69	53	20	37.74%
21	陕西	185	127	56	44.09%	185	130	60	46.15%	185	130	49	37.69%
22	河北	185	143	79	55.24%	186	146	68	46.58%	186	147	54	36.73%
23	广西	115	89	57	64.04%	115	92	42	45.65%	115	93	34	36.56%
24	上海	328	229	97	42.36%	328	228	111	48.68%	328	230	84	36.52%
25	四川	216	155	70	45.16%	217	160	62	38.75%	217	162	55	33.95%
26	广东	831	569	252	44.29%	840	580	226	38.97%	840	583	192	32.93%
27	福建	156	103	42	40.78%	156	106	46	43.40%	156	106	33	31.13%
28	宁夏	7	7	4	57.14%	7	7	3	42.86%	7	7	2	28.57%
29	黑龙江	43	34	16	47.06%	43	36	12	33.33%	43	36	10	27.78%
30	云南	54	36	14	38.89%	54	37	13	35.14%	54	37	9	24.32%
31	西藏	9	5	2	40.00%	9	5	1	20.00%	9	5	1	20.00%
32	新疆	54	35	4	11.43%	54	40	4	10.00%	54	40	2	5.00%
33	新疆兵团	0	0	0	0	0	0	0	0	0	0	0	0
	全国	5430	3738	1956	52.33%	5461	3826	1772	46.31%	5461	3844	1503	39.10%

表 2-5　2018 年度全国各地区中级考试情况

（11 月评分后初步统计，有少许误差）

序号	地区	初级基础			初级实务			初级整体		
		报考人数	实考人数	合格人数	合格率	报考人数	实考人数	合格人数	合格率	两门报考人数	两门实考人数	两门合格人数	两门合格率

序号	地区	报考人数	实考人数	合格人数	合格率	报考人数	实考人数	合格人数	合格率	两门报考人数	两门实考人数	两门合格人数	两门合格率
1	上海	791	575	299	52.00%	799	589	334	56.71%	799	589	260	44.14%
2	浙江	433	319	168	52.66%	433	324	182	56.17%	433	325	143	44.00%
3	贵州	106	74	34	45.95%	108	76	37	48.68%	108	76	32	42.11%
4	重庆	224	132	71	53.79%	224	141	68	48.23%	224	141	58	41.13%
5	湖南	388	252	133	52.78%	394	265	121	45.66%	394	265	107	40.38%
6	江苏	633	472	229	48.52%	634	482	240	49.79%	634	483	187	38.72%
7	四川	522	366	174	47.54%	523	382	170	44.50%	523	384	148	38.54%
8	北京	5449	3731	1665	44.63%	5457	3845	1793	46.63%	5457	3854	1395	36.20%
9	江西	338	262	110	41.98%	339	270	112	41.48%	339	271	95	35.06%
10	辽宁	381	286	115	40.21%	381	295	133	45.08%	381	295	102	34.58%
11	广西	363	274	118	43.07%	364	281	123	43.77%	364	282	94	33.33%
12	山东	710	485	204	42.06%	713	501	207	41.32%	713	501	164	32.73%
13	海南	56	41	15	36.59%	58	45	19	42.22%	58	45	14	31.11%
14	陕西	587	426	170	39.91%	588	438	176	40.18%	588	438	136	31.05%
15	湖北	867	554	213	38.45%	878	576	236	40.97%	878	579	179	30.92%
16	河南	768	499	194	38.88%	772	518	210	40.54%	772	518	159	30.69%

续表

序号	地区	初级基础				初级实务				初级整体			
		报考人数	实考人数	合格人数	合格率	报考人数	实考人数	合格人数	合格率	两门报考人数	两门实考人数	两门合格人数	两门合格率
17	福建	215	142	61	42.96%	215	150	58	38.67%	215	150	45	30.00%
18	广东	925	648	236	36.42%	929	663	261	39.37%	929	666	199	29.88%
19	河北	427	322	115	35.71%	427	330	127	38.48%	427	330	94	28.48%
20	安徽	198	137	48	35.04%	199	140	55	39.29%	199	140	39	27.86%
21	天津	209	150	47	31.33%	209	153	63	41.18%	209	153	41	26.80%
22	大连	102	63	19	30.16%	102	64	24	37.50%	102	65	17	26.15%
23	西藏	45	36	12	33.33%	45	36	12	33.33%	45	36	9	25.00%
24	黑龙江	256	179	55	30.73%	257	191	61	31.94%	257	191	47	24.61%
25	云南	201	141	43	30.50%	201	144	48	33.33%	201	144	35	24.31%
26	青海	34	26	7	26.92%	34	26	8	30.77%	34	26	6	23.08%
27	宁夏	43	31	8	25.81%	44	32	10	31.25%	44	32	6	18.75%
28	内蒙古	216	136	31	22.79%	217	144	33	22.92%	217	145	27	18.62%
29	山西	334	223	55	24.66%	336	230	61	26.52%	336	230	42	18.26%
30	吉林	404	282	70	24.82%	408	297	80	26.94%	408	297	54	18.18%
31	甘肃	135	94	16	17.02%	136	95	24	25.26%	136	95	12	12.63%
32	新疆	165	122	12	9.84%	165	128	14	10.94%	165	128	11	8.59%
33	新疆兵团	0	0	0	0	0	0	0	0	0	0	0	0
	全国	16534	11489	4749	41.34%	16598	11860	5101	43.01%	16598	11883	3958	33.31%

第三节　考生整体情况的分析

如表2-6所示，参加2018年初级和中级考试并取得分数的所有考生中，男女性别比约为1:3，考生以大学本科毕业生为主，占到了考生总数的44.6%，其次，硕士研究生占到了31.8%，博士研究生也占到了2.3%。

从结构化分析可以看出，整个出版行业考生呈年轻化，多为30岁左右的年轻女性，受教育程度较高，多来自北上广等大城市。

从考生报考的身份信息能够看出，大部分考生为非出版专业毕业，且无相关技术职称，多为从事出版等相关行业1—5年，因工作需要而参加出版资格考试。

表2-6　考生分群特征

特征	变量	比例分布	
		通过考生	全部考生
性别	男	20.6%	25.1%
	女	79.4%	74.9%
地域	北京	31.2%	29.1%
职称	高级	0.9%	1.0%
	员级	0.9%	1.3%
	中级	7.9%	8.1%
	助理级	16.3%	14.7%
	无职称	74.0%	74.9%
专业	与报考相同	7.5%	6.2%
	与报考相近	38.3%	38.8%
	与报考不同	46.5%	46.8%
	其他	7.7%	8.3%
学位	博士	3.4%	2.3%
	硕士	40.6%	31.8%
	学士	43.5%	44.6%
	其他	12.5%	21.3%
年龄（岁）		29.69	30.51
专业从业年限（年）		3.66	4.47
样本量N		5435	15722

具体分析如下。

一、考生地区分布情况

考生省份主要来源于北京、广东和上海三个省市，分别占到了全部考生的 29.1%、8% 和 5.3%。具体如图 2-1 所示。

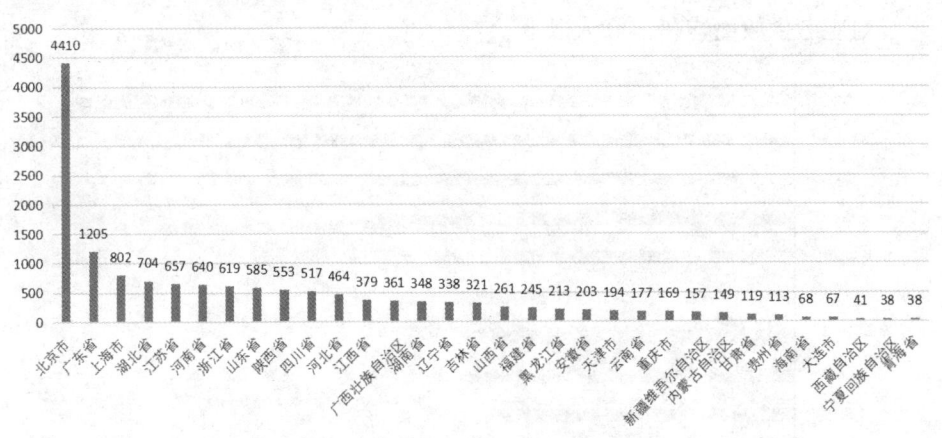

图 2-1 考生的地区来源分布图

二、考生年龄分布情况

考生平均年龄为 30 岁，年龄最小为 19 岁，最大为 60 岁。具体如图 2-2 所示。

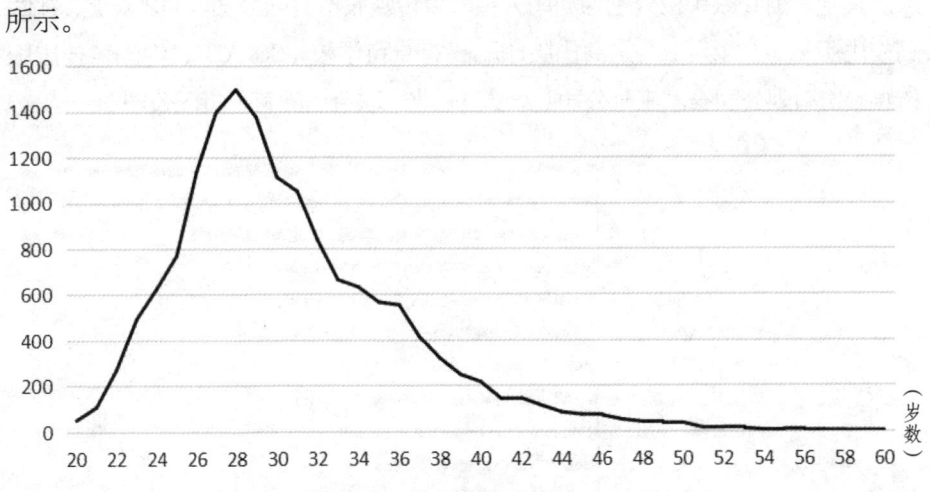

图 2-2 考生的年龄分布图

三、考生的来源院校及单位来源分布情况统计分析

考生来源前三位的院校依次是北京印刷学院（236人）、北京师范大学（195人）、武汉大学（180人）。见图2-3所示，依次列出了考生来源前十所大学及对应考生数量均在100人以上。

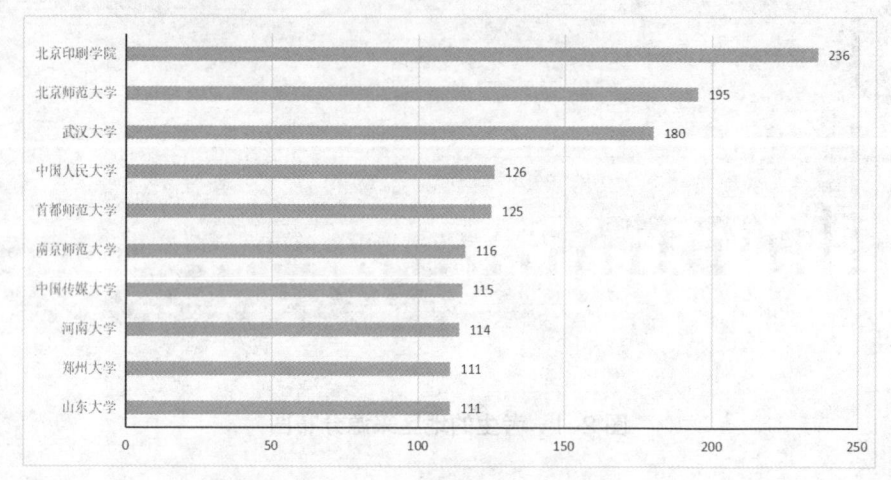

院校	人数
北京印刷学院	236
北京师范大学	195
武汉大学	180
中国人民大学	126
首都师范大学	125
南京师范大学	116
中国传媒大学	115
河南大学	114
郑州大学	111
山东大学	111

图2-3 考生来源前10名的院校

如图2-4所示，列出考生在100人以下、50人以上的出版单位，一共12家。其中，前5家单位分别为河南天星教育传媒股份有限公司（113人）、江西高校出版社（112人）、上海出版印刷高等专科学校（90人）、中国科技出版传媒股份有限公司石家庄分公司（72人）、北京联合出版有限责任公司（69人）。

河南天星教育传媒股份有限公司	113
江西高校出版社	112
上海出版印刷高等专科学校	90
中国科技出版传媒股份有限公司石家庄分公司	72
北京联合出版有限责任公司	69
河南天一文化传播股份有限公司	63
电子工业出版社	62
机械工业出版社	58
中国科技出版传媒股份有限公司	57
人民邮电出版社	52
清华大学出版社有限公司	52
广西师范大学出版社集团有限公司	50

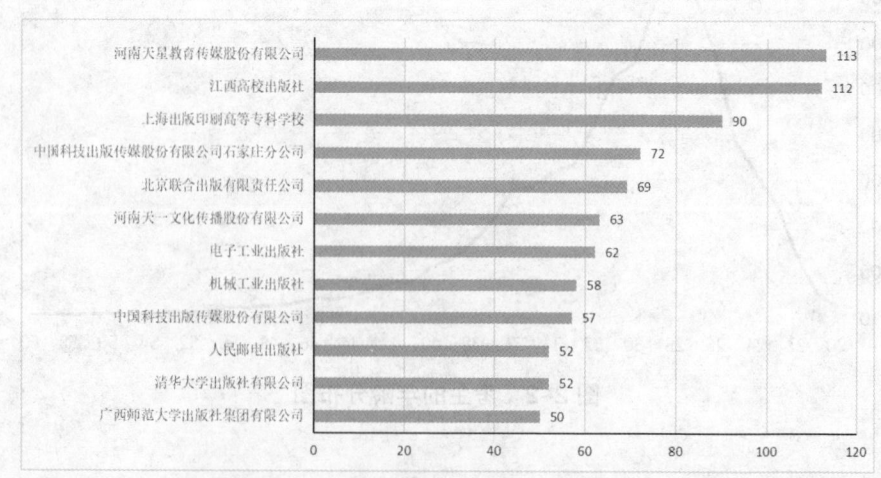

图2-4 考生在50人以上的出版单位

四、考生的专业及专业从业年限情况统计分析

在所有考生中,仅有6.2%的考生专业与报考相同,绝大部分考生并不是来自出版等相关专业,所学专业与报考专业不同的考生占到了考生总数的46.8%。具体如图2-5所示。

在2018年的考生中,考生平均专业从业年限为4年,其中有4.6%的考生还未从事相关工作。从业1年的考生占比最大,占到了考生总数的17%,其次为从业4年和5年的考生,分别占到了8.5%和8.2%。

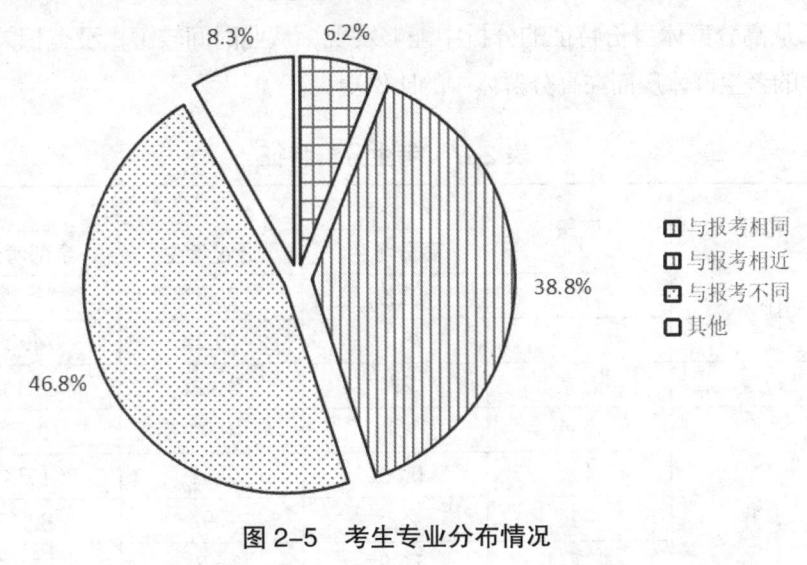

图2-5 考生专业分布情况

第四节 高分考生群体画像

一、初中级考生中年度最高分是369分

我们将320分(含320分)以上的考生定义为高分考生(百分制意义上的80分以上),初中级合计,高分考生共有178人,占所有通过考生的3.28%,占全部考生的1.13%。其中,分数在360分以上的仅有一人,是一名27岁的男性初级考试考生,总分是369分,初级基础和初级实务考试分数分别是186分和183分,华东政法大学硕士研究生刚刚毕业,就职于上海三联书店有限公司,专业从业年限为0年,所学专业与报考专业不相同。

二、从业较短、没有相关技术职称的群体在高分群体中的比例更高

对这 178 名高分考生进行分析后发现,其平均专业从业年限为 2.18 年,显著低于总体考生(4.47 年)和通过考试的考生(3.66 年)。其次,从业一年的考生占到了高分群体的 42%,也远远高于其在通过考试的考生群体中所占的比例(29%),而在全部考生中,从业一年的考生仅占全体的 22%。

在总体考生和通过考试的考生中,无职称的考生都接近所在群体的 74%,但是在高分群体中,无职称的考生占比达到了 79.8%。

从高分群体身份特征的分析中能够发现,从业时间较短,没有相关技术职称的考生群体反而在高分群体中的比例更高。

表 2-7 考生分群特征

特征	变量	占比		
		高分考生	通过考生	全部考生
性别	男	21.9%	20.6%	25.1%
	女	78.1%	79.4%	74.9%
地域	北京	27%	31.2%	29.1%
职称	高级	1.1%	0.9%	0.9%
	员级	0.00%	0.9%	1.3%
	中级	2.2%	7.9%	8.1%
	助理级	16.9%	16.3%	14.7%
	无职称	79.8%	74%	74.9%
专业	与报考相同	12.9%	7.5%	6.2%
	与报考相近	41%	38.3%	38.8%
	与报考不同	38.2%	46.5%	46.8%
	其他	7.9%	7.7%	8.3%
学位	博士	1.7%	3.4%	2.3%
	硕士	42.7%	40.6%	31.8%
	学士	47.2%	43.5%	44.6%
	其他	8.4%	12.5%	21.3%
年龄(岁)		27.24	29.69	30.51
专业从业年限(年)		2.18	3.66	4.47
样本量 N		178	5435	15722

为了进一步分析在初级考试和中级考试中,通过考试的考生和高分考生的特征,我们进一步对考生特征进行分群样本的讨论。

第五节 初级考生整体情况分析和高分群体画像

通过对参加初级考试的考生特征进行分析能够发现,尽管北京地区的考生仍然占比最大,但是考生省份分布更为均衡,以获得学士学位的本科毕业生为主,平均年龄和平均专业从业年限都要低于总体考生的平均年龄和平均专业从业年限。

此外,通过采用方差分析(ANOVA)对通过初级考试和未曾通过初级考试的考生年龄和专业从业年限分析后发现,恰恰是那些年龄较小、专业从业年限较低的群体在通过初级考试中更具有优势。

一、初级两门总分主要集中在200—300分区间且初级实务考生成绩的波动性更大

参加初级考试的考生一共3843人,将其成绩绘制成频率直方图,发现总体分数服从正态分布。这说明初级考试题型难易适当,高低分在尾部两端都有一定呈现,且分数主要集中在200—300分区间。具体而言,初级考试两门合计的平均分为233.94分,两门合计最低分为42分,最高分为369分。其中,初级基础(以下简称"初基")的平均成绩为118.75分,标准差为23.17;初级实务(以下简称"初实")的平均成绩为115.19分,标准差为29.57分。这说明初级实务考生成绩的波动性更大,这一点可以从初级实务的最低分和最高分之间的差距看出。

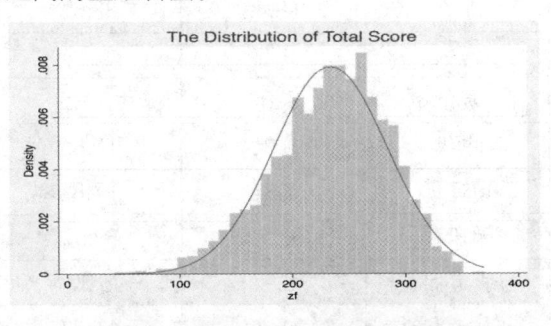

图2-6 初级考试总成绩分布图

表 2-8　初级考试成绩描述性统计

变量	样本量	平均值	标准差	最小值	最大值
成绩总分	3843	233.94	50.40	42	369
初级基础总分	3843	118.75	23.17	27	186
初级实务总分	3843	115.19	29.57	7	184

二、初级考生以学士学位为主，平均年龄 26.14 岁，平均专业从业年限为不到 1.90 年

在参加初级考试的考生中，男女比例为 1:3，这和全体考生的性别比接近；北京地区考生的占比为 18.4%，低于其在总体考生中的占比（29.1%），考生省份来源更为均衡；在初级考试的考生中，拥有技术职称的人占比要低于总体占比，而无职称的考生的比例为 91.%，远高于总体考生中无职称的考生的比例（74.9%）。

此外，初级考试以学士学位的考生为主，学士学位的比例为 66.6%，也远高于总体占比（44.6%）；初级考生平均年龄 26.14 岁，比全体考生年龄低 4.37 岁；平均专业从业年限为不到 2 年，比全体考生这一指标少一半还多。具体如表 2-9 所示。

表 2-9　初级和中级考试考生特征对比

特征	变量	占比		
		初级考生	中级考生	全部考生
性别	男	24.0%	34.0%	25.1%
	女	76.0%	66.0%	74.9%
地域	北京	18.4%	32.6%	29.1%
职称	高级	0.3%	1.1%	0.9%
	员级	1.8%	1.2%	1.3%
	中级	0.9%	10.5%	8.1%
	助理级	5.3%	17.8%	14.7%
	无职称	91.7%	69.5%	74.9%
专业	与报考相同	8.9%	5.3%	6.2%
	与报考相近	31.4%	41.2%	38.3%

续表

特征	变量	占比		
		初级考生	中级考生	全部考生
专业	与报考不同	52.7%	44.9%	46.8%
	其他	7.0%	8.6%	8.7%
学位	博士	0%	3.0%	2.3%
	硕士	7.3%	39.8%	31.8%
	学士	66.6%	37.5%	44.6%
	其他	26.1%	19.7%	21.3%
年龄（岁）		26.14	31.90	30.51
专业从业年限（年）		1.90	5.30	4.47
样本量 N		3843	11879	15722

三、方差分析显示，年龄较小的考生更容易通过初级考试；专业从业年限较低的年轻人通过考试上更具有优势

对两个及两个以上样本均值差别的显著性检验，一般应用方差分析法（ANOVA）（又称"变异数分析"或"F检验"）。因此课题组对通过初级考试和未通过初级考试考生的年龄和专业从业年限，采用方差分析。

表 2-10 年龄与专业从业年限分析表（初级考生）

是否通过初级考试		专业从业年限	年龄
未通过考试	平均值	2.062	26.308
	个案数	2357	2357
	标准差	2.4869	4.0176
通过考试	平均值	1.665	25.899
	个案数	1487	1487
	标准差	2.1764	3.8723
总计	平均值	1.903	26.144
	个案数	3844	3844
	标准差	2.3747	3.9644

表 2-11　分群特征的显著性检验（初级考生）

ANOVA 表						
		平方和	自由度	均方	F	显著性
专业从业年限 * 是否通过考试	组间	139.95	1	139.95	24.979	0
	组内	20735.857	3701	5.603		
	总计	20875.807	3702			
年龄 * 是否通过考试	组间	148.678	1	148.678	9.482	0.002
	组内	58032.891	3701	15.68		
	总计	58181.569	3702			

结合表 2-9 和 2-10 所示，所有参加初级考试考生的平均年龄为 26.14 岁，通过考生的平均年龄为 25.90 岁，未通过的考生的平均年龄为 26.31 岁，如表 2-11 所示，采用方差分析对两组的年龄差异进行检验发现，通过考试的群体和未曾通过考试的考生的平均年龄在 0.002 的水平上存在显著差异。因此，两组考生在年龄上有显著的差异，年龄较小的考生更容易通过考试。

此外，所有参加初级考试的考生的平均专业从业年限为 1.90 年，通过考生的专业从业年限为 1.67 年，未通过的考生的专业从业年限为 2.06 年。如表 2-11 所示，采用方差分析（ANOVA）对两组的专业从业年限进行检验后发现，两者在 0.000 的水平上存在显著性的差异。也就是说，相对来说，专业从业年限较低的年轻人反而在通过考试上更具有优势。

四、初级考试的高分考生画像分析得出，与专业相近或相关考生的高分比例更高

通过初级考试的 1487 名考生，分数主要集中在 260—279 这个区间，分数在该区间的考生占通过考生总数的 32.9%。具体如表 2-12 所示。

表 2-12　通过考生的分数分布表（初级考试）

分数段	频数	百分比	累计百分比
及格—259	284	19.2%	19.2%
260—279	490	32.9%	52.1%
280—299	398	26.7%	78.8%

续表

分数段	频数	百分比	累计百分比
300—319	217	14.6%	93.4%
320 分及以上	98	6.6%	100%
总计	1487	100%	

初级考试总分前 10 名考生情况见表 2-13。如前所述，最高分为 369 分，为上海市一位刚刚从华东政法大学毕业的男性硕士研究生，是上海三联书店的员工，刚刚入职，专业从业年限为 0 年。

表 2-13　初级考试总分前 10 名名单

排名	性别	省份	专业从业年限	年龄	单位	学历	毕业院校	初基	初实	总分
1	男	上海市	0	27	上海三联书店有限公司	硕士	华东政法大学	186	183	369
2	男	北京市	0	20	党建读物出版社	大学本科	复旦大学	176	173	349
3	女	北京市	3	26	北京企鹅童话科技有限公司	大学本科	南开大学	172	177	349
4	女	大连市	0	23	大连理工大学	大学本科	大连理工大学	171	178	349
5	男	浙江省	1	24	杭州雅尔图书有限公司	大学本科	牡丹江师范学院	173	175	348
6	男	贵州省	2	24	贵州人民出版社有限公司	大学本科	中央民族大学	169	178	347
7	女	安徽省	0	25	无	大学本科	合肥师范学院	166	180	346
8	男	湖南省	1	23	长沙市百愚文化传播有限责任公司	大学本科	湖南工业大学	176	169	345
9	男	陕西省	0	29	西安航联测控设备有限公司	大学本科	西安石油大学	162	183	345
10	女	浙江省	0	21	杭州电子科技大学	大学本科	杭州电子科技大学	160	184	344

如表 2-14 所示，320 分以上的高分考生有 98 名，占所有通过考生的 6.6%。对初级考试高分考生进行分析后发现，能够获得高分的这部分考生，女生占比 77.6%，略高于其在全部初级考生样本的占比（76%）；北京考生在高分群体的比例 16%，也同样低于其在全部初级考生样本的比例（18.4%）。

高分群体中,与报考专业相同和相近的比例都要高于其在全部初级考生样本的占比,且与报考专业相同或相近比例合计占比超过60%;同时,拥有助理职称(12.2%)的高分考生占比高于其在全部初级考生样本的占比(5.3%),这也说明了,与专业相近或相关、拥有专业技术职称的群体的高分比例更高。

表2-14 初级考试考生的分群特征

特征	变量	占比		
		高分考生	通过考生	全部初级考生
性别	男	22.4%	18.9%	24.0%
	女	77.6%	81.1%	76.0%
地域	北京	16.0%	20.3%	18.4%
职称	高级	0.0%	0.1%	0.3%
	员级	0.0%	1.2%	1.8%
	中级	1.0%	0.9%	0.9%
	助理级	12.2%	5.0%	5.3%
	无职称	86.7%	93.0%	91.7%
专业	与报考相同	19.0%	12.2%	8.9%
	与报考相近	42.0%	31.5%	31.4%
	与报考不同	30.6%	49.8%	52.7%
	其他	8.4%	6.5%	7.0%
学位	博士	0.0%	0.0%	0.0%
	硕士	17.3%	11.3%	7.3%
	学士	72.4%	72.9%	66.6%
	其他	10.3%	15.8%	26.1%
年龄(岁)		25.13	25.90	26.14
专业从业年限(年)		1.29	1.67	1.90
样本量N		98	1487	3843

第六节 中级考生整体情况分析和高分考生群体画像

通过对参加中级考试的考生的特征进行分析后发现,在中级考试考生中,男性比例略有增高,但考生来源更为集中在北京地区,大多拥有相应的技术职称，但大部分中级考试考生所学并非出版专业，而仅仅是与出版专业相关。中级考试考生的学历水平要高于初级考试考生，硕士生比例要高于本科生比例。

参加中级考试考生的平均年龄（32岁）比初级考试考生的平均年龄（26岁）多6岁左右，平均专业从业年限比初级考试考生多3年。与初级考试一样，专业从业年限短、年龄相对较小的考生在通过中级考试中更有优势。

一、中级两门平均分为224.56分且单科成绩的最高分较初级都有所下降

参加中级考试的考生一共11879人，与初级成绩分析思路一致，通过统计并将考生成绩绘制成频率直方图，发现总体分数服从正态分布。

中级两门成绩合并，平均成绩为224.56分，最低分为32分，最高分为352分。具体而言，中级基础（以下简称"中基"）的平均成绩为111.11分，标准差为25.80；中级实务（以下简称"中实"）的平均成绩为113.45分，标准差为24.81分。与初级考试成绩相比，中级考试总分的均值下降9.38分，中级基础均值下降7.64分，中级实务下降1.74分，且总体成绩及具体科目成绩的最高分及最低分都有所下降。这表明中级考试整体难度有一定提升，特别是中级基础难度增幅较大，其得分较中级实务更低，这与初级考试的情况相反。同时，中级基础成绩的标准差较中级实务更大，这很大程度是由于中级基础难度明显提升，考生成绩的随机波动性增强。

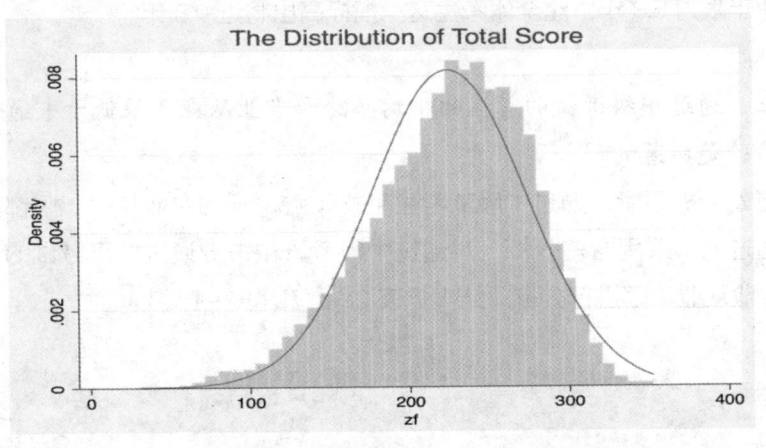

图 2-7　中级考试总成绩分布图

表 2-15 中级考试成绩描述性统计

变量	样本量	平均值	标准差	最小值	最大值
成绩总分	11879	224.56	48.91	32	352
中级基础总分	11879	111.11	25.80	17	182
中级实务总分	11879	113.45	24.81	11	181

二、中级考生平均年龄 31.9 岁，平均专业从业年限为 5.3 年

如表 2-9 所示，在参加中级考试的考生中，男性考生占比为 34%，女性考生占比为 66%，男女比例为 1:2。中级考试中的男性考生的比重要大于初级考试中男性考生的比重（24%），也高于总体考生中男性的占比（25.1%）；在中级考试的考生中，北京地区考生的比例（32.6%），接近 1/3，要高于初级考试中北京考生的占比（18.4%），也高于总体考生中北京地区的考生的占比（29.1%）。

在中级考试中，拥有职称的考生比例要高于初级考试考生和总体中拥有职称的考生的比例。但是，参加中级考试的考生所学专业与报考专业相同的比例（5.3%）反而低于初级考试中的比例（8.9%）和总体中的比例（6.2%），41.2% 的考生与报考专业相关，与报考专业相同或相近的占 46.5%；当然，不同于初级考试考生，中级考试中，硕士的比例（39.8%）要高于学士的比例（37.5%）；中级考生平均年龄 31.9 岁，比全体考生年龄高出 1.4 岁；平均专业从业年限为 5.3 年，比全体考生这一指标高出将近 0.8 年。

三、通过中级考试的考生的平均年龄和专业从业年限低于未通过的，方差检验是显著的

方差分析显示，通过中级的考生平均年龄、平均专业从业年限都显著低于未通过的。采用方差分析，对通过中级考试和未曾通过中级考试的考生年龄和专业从业年限进行分析。结果见表 2-16 和表 2-17。

表 2-16 年龄与专业从业年限分析表（中级考生）

是否通过中级考试		专业从业年限	年龄
未通过考试	平均值	5.761	32.342
	个案数	7935	7935
	标准差	4.2832	5.2175
通过考试	平均值	4.409	31.125
	个案数	3844	3844
	标准差	3.9241	5.0277
总计	平均值	5.296	31.923
	个案数	11388	11388
	标准差	4.2122	5.1851

表 2-17 分群特征的显著性检验（中级考生）

ANOVA 表						
		平方和	自由度	均方	F	显著性
专业从业年限 * 是否通过考试	组间	4726.613	1	4726.613	272.723	0
	组内	198442.252	11450	17.331		
	总计	203168.865	11451			
年龄 * 是否通过考试	组间	3830.348	1	3830.348	144.254	0
	组内	304029.414	11450	26.553		
	总计	307859.762	11451			

结合表 2-9 和 2-16 所示，参加中级考试的考生平均年龄为 31.9 岁，通过中级考试的考生的平均年龄为 31.1 岁，未通过中级考试的考生的平均年龄则为 32.3 岁。如表 2-17 所示，两个群体的年龄在 0.000 的显著水平上存在差异，即通过中级考试考生的平均年龄要显著低于未通过中级考试考生的平均年龄。

此外，参加中级考试的考生的平均专业从业年限为 5.3 年，通过中级考试的考生的平均专业从业年限为 4.4 年，未通过中级考试的考生的平均从业年限则为 5.8 年，两个群体的平均专业从业年限在 0.000 的显著水平上存在差异，即通过中级考试的考生的平均从业年限要显著低于未曾通过中级考试的考生的平均专业从业年限。

四、中级高分考生群体画像显示，年轻的、专业从业年限相对不长，非出版相关专业的硕士研究生在中级考试的高分群体中比例更高

如表2-18所示，通过中级考试的3948名考生的分数主要集中在260—279这个分数段内，该分数段考生占到了通过人数的39.5%。

表2-18 通过考生的分数分布表（中级考试）

分数段	频数	百分比	累计百分比
及格—259	1000	25.3%	25.3%
260—279	1562	39.5%	64.9%
280—299	1033	23.6%	88.5%
300—319	373	9.4%	98%
320分及以上	80	2.0%	100%
总计	3844	100%	——

中级考试总分前10名考生情况见表2-19所示，获得最高分为352分的是湖北省长江少年儿童出版社一名从业14年的男性编辑，为湖北教育学院大学本科毕业，年龄46岁。

表2-19 中级考试总分前10名名单

排名	性别	省份	专业从业年限	年龄	单位	学历	毕业院校	初基	初实	总分
1	男	湖北省	14	46	长江少年儿童出版社	大学本科	湖北教育学院	174	178	352
2	女	浙江省	1	26	浙江文艺出版社	硕士	武汉大学	180	169	349
3	女	广西	1	26	广西师范大学出版社	硕士	南京师范大学	168	181	349
4	女	陕西省	13	38	陕西师范大学出版社	大学本科	西北工业大学	182	164	346
5	女	北京市	10	42	《和平与发展》编辑部	博士	解放军理工大学	174	171	345
6	男	北京市	1	32	人民出版社	博士	中国人民大学	177	167	344
7	女	广东省	1	31	中山大学出版社	硕士	广州中山大学	169	173	342
8	女	北京市	2	28	北京师范大学出版社	硕士	中国政法大学	168	173	341
9	女	湖北省	1	27	中国地质大学出版社	硕士	中国地质大学（武汉）	175	165	340
10	女	北京市	1	27	中国农业出版社	硕士	北京林业大学	172	167	339

如表 2-20 所示，中级考试 320 分以上的高分群体 80 名，仅占通过考生总数的 2%，对高分群体分析后发现，北京市考生占比较高，助理级职称的考生占比较高，硕士学位的考生占比最大，平均年龄（29.8 岁）和平均专业从业年限（3.3 年）都较参加中级考试的所有考生和通过中级考试的考生要低。也就是说，年轻的、专业从业年限相对不长，非出版相关专业的硕士研究生在中级考试的高分群体中比例更高。

表 2-20 中级考试考生的分群特征

特征	变量	占比或均值		
		高分考生	通过考生	中级考试考生
性别	男	21.2%	21.3%	34.0%
	女	78.8%	78.7%	66.0%
地域	北京	40.0%	35.3%	32.6%
职称	高级	2.5%	1.2%	1.1%
	员级	0.0%	0.8%	1.2%
	中级	3.8%	10.5%	10.5%
	助理级	22.5%	20.6%	17.8%
	无职称	71.3%	67.0%	69.5%
专业	与报考相同	5.0%	5.7%	5.3%
	与报考相近	40.0%	40.8%	41.2%
	与报考不同	47.5%	45.3%	44.9%
	其他	7.5%	8.2%	8.6%
学位	博士	3.8%	4.6%	3.0%
	硕士	73.8%	51.6%	39.8%
	学士	16.3%	32.4%	37.5%
	其他	6.1%	11.4%	19.7%
年龄（岁）		29.8	31.1	31.9
专业从业年限（年）		3.3	4.4	5.3
样本量 N		80	3948	11879

第三章　通过率影响因素的分析

为量化分析考试通过率的影响因素及影响大小，重点从考生特征中遴选性别、年龄、学历和专业工作年限四个指标。选取该四个指标的理由如下：其一，数据由人社部人事考试中心提供，详实可靠；其二，四个指标具有代表性，是考试通过率分析的一般参考因素；其三，数据处理上更具可行性，特别是相较于复杂的地区划分、职业划分，四个指标数值含义明确，软件可识别数据大小或方向，并进行计量处理。基于上述四个方面理由，我们选定性别、年龄、学历和专业工作年限作为回归分析的基础解释变量。后续年度研究报告可在此基础上，引入更多解释变量进行综合分析。

第一节　初级考试通过率影响因素分析

一、描述性统计分析通过率与性别、年龄、学历以及专业从业年限的关系

回归分析中的因变量为是否通过（pass），其中pass=1代表考生通过初级考试，pass=0代表未通过。具体分析在自变量体系中，参加初级考试的性别变量sex=1代表男性，sex=0代表女性，性别均值为0.237，这说明参加初级考试的考生中女性占大多数。

参加初级考试的年龄均值为26.144，表明参加初级考试的考生主要集中在刚毕业的年轻群体，参加考试的动因是以此作为步入编辑出版行业的准入门槛。参加初级考试的年龄跨度较大，从19岁到49岁不等。

academic=0表示本科以下的学历，academic=1表示本科学历，academic=2表示硕士学历，academic=3表示博士学历，学位的平均值0.823，表明初级考生更多介于专科到本科之间偏大学本科学历，硕士及博士所占比例不高。

专业工作时长尽管遍历0年到26年，但平均工作年限仅为1.903年，表明初级考生普遍工作经历较短，行业经验相对缺乏。

表 3-1　初级考试通过率描述性统计

变量	样本量	均值	标准差	最小值	最大值
通过率	3843	0.402	0.49	0	1
性别	3843	0.237	0.425	0	1
年龄	3843	26.144	3.964	19	49
学历	3843	0.823	0.54	0	2
专业工作年限	3843	1.903	2.375	0	26

二、通过率与性别、年龄、学历及专业从业年限的相关性分析

相关系数矩阵描述的是因变量与自变量、自变量与自变量之间的两两相关关系，通过相关系数矩阵，我们可以初步判断变量之间的线性依附关系。

表 3-2 中显示，性别、年龄和专业工作年限与通过率为负相关，仅学历与通过率正相关。此外，在所有非自身的相关系数中，工作经历与年龄的相关系数最高，为 0.501，这具有明显的现实依据：年龄越大，工作经历越长。这从另一方面佐证了相关系数分析的可靠性。至于两个变量之间的相关关系是否显著，以及相关程度如何，将在下面的回归分析中详细阐释。

表 3-2　初级考试相关系数矩阵

变量	通过率	性别	年龄	学历	专业工作年限
通过率	1.000				
性别	−0.093	1.000			
年龄	−0.051	0.090	1.000		
学历	0.221	−0.049	0.024	1.000	
专业工作年限	−0.082	0.061	0.501	−0.109	1.000

三、基于 probit 回归分析通过率与性别、年龄、学历及专业从业年限相关关系的回归分析

由于拟回归中的因变量"是否通过（pass）"，是一个二值选择变量。为避免回归出现异方差问题，并确保预测的结果在合理区间，我们采用 Probit 回归。结果表明，与前文的相关性分析类似，性别、年龄和专业工作年限与通过率负相关，仅有学历与通过率正相关。然而，由于年龄的 p 值为

0.114，大于10%的显著性水平，故年龄与通过率的相关关系是不显著的。这说明年龄大小不是影响初级考试是否通过的主要因素，年龄小的考生可以利用较强的学习能力、优越的备考条件考出好成绩，年龄大的考生可以借助丰富的工作经验获得考试通过，因此年龄不是影响考生是否通过的显著因素。

表3-3 初级考试通过率的Probit回归结果

通过率	Coef.	St.Err.	t-value	p-value	[95%]Conf	Interval	Sig
性别	−0.248	0.051	−4.85	0.000	−0.348	−0.148	***
年龄	−0.010	0.006	−1.58	0.114	−0.023	0.002	
学历	0.533	0.041	12.91	0.000	0.452	0.614	***
专业工作年限	−0.023	0.011	−2.08	0.038	−0.045	−0.001	**
常数	−0.334	0.158	−2.11	0.035	−0.645	−0.024	**

Mean dependent var	0.402	SD dependent var	0.490
Pseudo r-squared	0.046	Number of obs	3703.000
Chi-square	228.593	Prob > chi2	0.000
Akaike crit. (AIC)	4771.194	Bayesian crit. (BIC)	4802.278

*** $p<0.01$, ** $p<0.05$, * $p<0.1$

其次，在四个影响考生通过率的因素中，学历的odds ratio（几率比）为0.533，其对考生的考试表现影响最大。考生的学历每增加一个单位（例如从大学本科到硕士），则考试通过的几率比会平均上升53.3%。因此，高学历的考生通过初级考试的可能性更大。这可能是由于高学历考生一方面具有较强的学习能力和理解能力，对初级考试的复习相对得心应手；另一方面可能是因为高学历考生就业导向明确，对待资格考试的复习态度更加积极。

再者，性别对考试通过率具有显著的影响，女性通过初级考试的odds ratio（几率比）较男性高出24.8%。这表明女性在初级考试的表现要明显优于男性。

此外，专业工作年限对初级考试的通过率存在一定的负向影响，这与现实的直觉可能不太相符。造成这一现象的原因可能在于长期处于工作状态的考生缺乏完整的备考时间、工作压力大、常年专注某一细分工作领域等。

四、稳健性分析检验上述回归分析的结论

为检验回归分析的结论是否可靠，我们对模型采取了稳健性分析。稳健性分析的方法一般分为两种，一是更换原始数据，然后进行对比检验；二是采用新的计量方法，观察其与之前的回归结果差距是否明显。这里我们采用后者，即采用多元线性回归的方法对原数据进行重新拟合，并判断其与Probit回归结果的异同。

由于在Probit回归中，回归结果的系数是对应变量的几率比，不便于和多元回归的系数进行直接比对。对此，我们对Probit回归结果计算平均边际效应，使其系数具有边际含义。随后，我们对原变量和数据进行多元线性回归。

基于两表的比较可以发现，四个解释变量的估计系数大小和方向基本近似，证明Probit回归的结果具有一定的稳健性，我们可以据此得出以下结论：男性的通过率比女性低9.1%；学历每增加一个层次，初级考试通过的概率增加19.6%；工作经历每增加一年，初级考试通过的概率降低0.8%。年龄与考试通过率没有显著关系。

表3-4　Probit回归的平均边际效应

Average marginal effects　　　　Number of obs =3,703
Model VCE : OIMD S
Expression : Pr(pass), predict()
dy/dx w.r.t. : sex age academic experience

	dy/dx	Std.Err.	z	P>z	95%Conf.	Interval
性别	−0.091	0.019	−4.900	0.000	−0.128	−0.055
年龄	−0.004	0.002	−1.580	0.113	−0.008	0.001
学历	0.196	0.014	13.850	0.000	0.168	0.224
专业工作年限	−0.008	0.004	−2.080	0.037	−0.016	−0.000

表 3-5 初级考试通过率的多元线性回归

通过率	Coef.	St.Err.	t-value	p-value	[95%] Conf	Interval	Sig
性别	−0.089	0.018	−4.84	0.000	−0.126	−0.053	***
年龄	−0.004	0.002	−1.56	0.119	−0.008	0.001	
学历	0.195	0.015	13.28	0.000	0.166	0.223	***
专业工作年限	−0.008	0.004	−2.12	0.034	−0.016	−0.001	**
常数	0.372	0.057	6.48	0.000	0.259	0.484	***
Mean dependent var		0.402	SD dependent var		0.490		
R-squared		0.059	Number of obs		3703.000		
F-test		58.315	Prob > F		0.000		
Akaike crit. (AIC)		5013.154	Bayesian crit. (BIC)		5044.238		

*** $p<0.01$, ** $p<0.05$, * $p<0.1$

第二节 中级考试通过率影响因素回归分析

一、对通过率与性别、年龄、学历及专业从业年限关系的描述性统计分析

参加中级考试的考生总量是初级考试的3倍多，样本量为11879个，统计结果更具稳定性和说服力。与初级考试的描述性统计相比，男性考生比例小幅增加，年龄、学历、工作经历的均值均有所提高，且标准差普遍增大。其一，考生年龄均值由26.14岁提高到31.92岁，年龄范围在22岁到60岁之间，表明参加中级考试的考生专业工作年限更长，且年龄组成更为多元；其二，考生学历由初级考试的0.82到中级考试的1.28，由于academic=1表示本科学历，academic=2表示硕士学历，这表明中级考试的考生学历更多介于本科学位和硕士学位之间，其中本科学位考生仍占主体；其三，考生专业工作年限由1.90年提高到5.30年，表明参加中级考试的考生专业领域工作年限更长，有相对丰富的工作经验，并且职业的发展提高了专业工作者对中级证书的需求。

表 3-6 中级考试通过率描述性统计

变量	样本量	均值	标准差	最小值	最大值
通过率	11879	0.344	0.475	0	1
性别	11879	0.256	0.436	0	1
年龄	11879	31.923	5.185	22	60
学历	11879	1.276	0.79	0	3
专业工作年限	11879	5.296	4.212	0	37

二、通过率与性别、年龄、学历及专业从业年限关系的相关性分析

相关系数矩阵表明，性别、年龄和专业工作年限与通过率负相关，仅有学历与通过率正相关。女性考生的通过率较男性更高，且随着年龄和工作经历的增加，考生的平均通过率相应降低；高学位对考生的通过率具有正向的促进作用。至于自变量与因变量的相关关系是否显著，以及相关程度如何，将在下面的回归分析中详细阐释。

表 3-7 中级考试通过率相关系数矩阵

变量	通过率	性别	年龄	学历	专业工作年限
通过率	1.000				
性别	−0.073	−0.073			
年龄	−0.112	−0.112	−0.112		
学历	0.213	0.213	0.213	0.213	
专业工作年限	−0.153	−0.153	−0.153	−0.153	−0.153

三、基于 probit 的通过率与性别、年龄、学历以及专业从业年限关系的回归分析

Probit 回归结果表明，性别、年龄和专业工作年限与通过率负相关，仅有学历与通过率正相关，这与相关分析的结论一致。在中级考试成绩的回归分析中，考生年龄这一自变量变得显著，考生年龄每增加一岁，通过的几率比会平均下降 1.2%。这说明年轻群体在中级考试中更占优势，这可能是由于中级难度提升，需要更充分的备考准备，而年轻群体在这一方面更具自由性。

其次，在四个影响考生通过率的因素中，学历对考生的考试表现影响最

大。考生的学历每增加一个单位（如从本科到硕士），则考试通过的几率比会平均上升 31.6%。因此，与初级考试相同，高学历的考生通过中级考试的可能性更大。这可能是由于高学历考生一方面具有较强的学习能力和理解能力，中级考试的复习相对得心应手；另一方面可能是因为高学历考生就业导向明确，对待资格考试的复习态度更加积极。

再者，性别对考试通过率具有显著的影响，女性通过中级考试的几率较男性高出 15.4%。这表明女性在中级考试的表现要明显优于男性。

此外，专业工作年限对中级考试的通过率有一定的负向影响，造成这一现象的原因可能在于长期处于工作状态的考生缺乏完整的备考时间、工作压力大、常年专注某一细分工作领域等。

表 3-8　中级考试通过率的 Probit 回归结果

通过率	Coef.	St.Err.	t-value	p-value	[95%] Conf	Interval	Sig
性别	−0.154	0.029	−5.32	0.000	−0.211	−0.098	***
年龄	−0.012	0.003	−3.73	0.000	−0.018	−0.006	***
学历	0.316	0.018	17.47	0.000	0.280	0.351	***
专业工作年限	−0.012	0.004	−2.63	0.009	−0.020	−0.003	***
常数	−0.338	0.092	−3.68	0.000	−0.518	−0.158	***

Mean dependent var	0.344	SD dependent var	0.475
Pseudo r-squared	0.043	Number of obs	11452.000
Chi-square	628.957	Prob > chi2	0.000
Akaike crit. (AIC)	14126.513	Bayesian crit. (BIC)	14163.243

*** $p<0.01$, ** $p<0.05$, * $p<0.1$

四、稳健性分析检验上述回归分析的结论

由于在 Probit 回归中，回归结果的系数是对应变量的几率比，不便于和多元回归的系数进行直接比对。对此，我们对 Probit 回归结果计算平均边际效应，使其系数具有边际含义。随后，我们对原变量和数据进行多元线性回归。

基于两表的比较可以发现，四个解释变量的估计系数大小和方向近乎完全一致，这一方面是大样本回归的结果，另一方面也证明 Probit 回归的结果具有一定的稳健性。

我们可以据此得出以下结论：男性的通过率比女性低 5.4%；年龄每增加一岁，中级考试通过的概率降低 0.4%；学历每增加一个层次，中级考试通过的概率增加 11.1%；工作经历每增加一年，中级考试通过的概率降低 0.4%。

表 3-9　中级考试 Probit 回归的平均边际效应

Average marginal effects　　Number of obs =11,452
Model VCE : OIM
Expression : Pr(pass), predict()
dy/dx w.r.t. : sex age academic experience

	dy/dx	Std.Err.	z	P>z	95%Conf.	Interval
性别	−0.054	0.010	−5.340	0.000	−0.074	−0.034
年龄	−0.004	0.001	−3.740	0.000	−0.006	−0.002
学历	0.111	0.006	18.170	0.000	0.099	0.123
专业工作年限	−0.004	0.002	−2.630	0.008	−0.007	−0.001

表 3-10　中级考试通过率的多元线性回归

通过率	Coef.	St.Err.	t-value	p-value	[95%] Conf	Interval	Sig
性别	−0.053	0.010	−5.27	0.000	−0.073	−0.033	***
年龄	−0.004	0.001	−3.42	0.001	−0.006	−0.002	***
学历	0.111	0.006	17.85	0.000	0.098	0.123	***
专业工作年限	−0.004	0.001	−2.74	0.006	−0.007	−0.001	***
常数	0.360	0.032	11.27	0.000	0.297	0.423	***
Mean dependent var	0.344	SD dependent var	0.475				
R-squared	0.053	Number of obs	11452.000				
F-test	159.487	Prob > F	0.000				
Akaike crit. (AIC)	14843.078	Bayesian crit. (BIC)	14879.808				

***$p<0.01$, **$p<0.05$, *$p<0.1$

第四章 2018年度试题得分情况统计分析

第一节 初基各题型得分率统计分析

一、单选题得分率统计及分层分析

（一）得分率

如表4-1所示，初基单选题平均得分15.50分。得分率最高的是第5题为99.45%，第5/17/24题得分率都在90%以上；得分率最低的为7.52%是第25题。具体分析对比情况如下。

（二）单选题正确率分层分析

如图4-1所示，在初基考题的单选题目中，正确率90%以上的题目占比12%，正确率在80%~90%之间的题目占比28%，正确率20%~60%之间的题目占比32%，而正确率20%以下的题目占比8%。单选题及格率达60%，这表明单选题的难度分布较为合理。

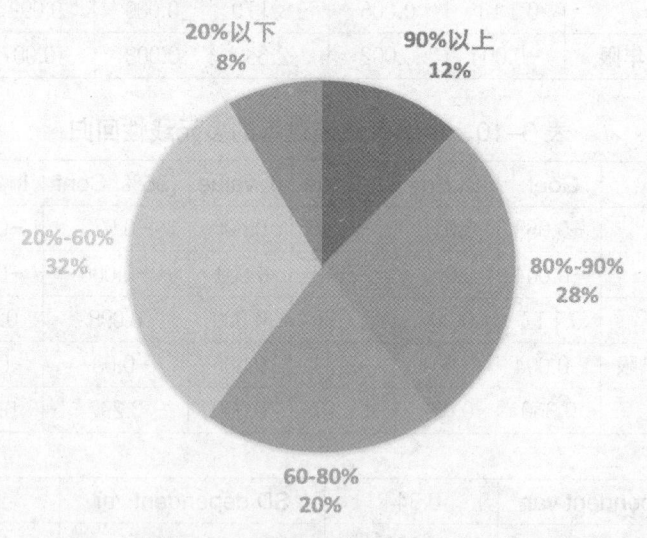

图4-1 初基单选题正确率分布

（三）单个题目正确率情况分析

如图4-2所示，根据25道单选题目正确率的指数趋势来看，本次考试的难度大致呈现开头较难，中间难度稍低，最后题目难度上升的趋势。

表 4—1　初基单选题考点得分率统计

实考 3818 人

题号	分值	答案	总得分	得分率	选A人数	比例	选B人数	比例	选C人数	比例	选D人数	比例
1	1	C	3211	84.10%	93	2.44%	388	10.16%	3211	84.10%	124	3.25%
2	1	D	3162	82.82%	482	12.62%	156	4.09%	17	0.45%	3162	82.82%
3	1	B	2378	62.28%	33	0.86%	2378	62.28%	100	2.62%	1305	34.18%
4	1	D	1158	30.33%	649	17.00%	385	10.08%	1622	42.48%	1158	30.33%
5	1	B	3797	99.45%	12	0.31%	3797	99.45%	2	0.05%	7	0.18%
6	1	D	1333	34.91%	803	21.03%	1296	33.94%	384	10.06%	1333	34.91%
7	1	C	735	19.25%	1408	36.88%	525	13.75%	735	19.25%	1148	30.07%
8	1	C	2852	74.70%	178	4.66%	514	13.46%	2852	74.70%	274	7.18%
9	1	A	1639	42.93%	1639	42.93%	156	4.09%	44	1.15%	1978	51.81%
10	1	D	3374	88.37%	175	4.58%	123	3.22%	143	3.75%	3374	88.37%
11	1	C	2194	57.46%	442	11.58%	222	5.81%	2194	57.46%	954	24.99%
12	1	A	3117	81.64%	3117	81.64%	112	2.93%	360	9.43%	229	6.00%
13	1	D	2005	52.51%	1286	33.68%	66	1.73%	460	12.05%	2005	52.51%
14	1	A	972	25.46%	972	25.46%	3	0.08%	5	0.13%	2838	74.33%
15	1	A	3333	87.30%	3333	87.30%	93	2.44%	317	8.30%	74	1.94%
16	1	C	3089	80.91%	415	10.87%	164	4.30%	3089	80.91%	150	3.93%
17	1	B	3728	97.64%	5	0.13%	3728	97.64%	23	0.60%	62	1.62%
18	1	B	3299	86.41%	140	3.67%	3299	86.41%	108	2.83%	271	7.10%
19	1	D	2585	67.71%	188	4.92%	265	6.94%	776	20.32%	2585	67.71%
20	1	B	1398	36.62%	941	24.65%	1398	36.62%	343	8.98%	1132	29.65%
21	1	A	2535	66.40%	2535	66.40%	316	8.28%	195	5.11%	769	20.14%
22	1	B	2374	62.18%	405	10.61%	2374	62.18%	790	20.69%	247	6.47%
23	1	C	1027	26.90%	565	14.80%	464	12.15%	1027	26.90%	1760	46.10%
24	1	D	3578	93.71%	147	3.85%	6	0.16%	84	2.20%	3578	93.71%
25	1	D	287	7.52%	1726	45.21%	1509	39.52%	292	7.65%	287	7.52%

同时，第7题和第14题正确率出现低谷值，表明基本符合命题先易后难，中间个别题目难度上升以体现区分度的规律。

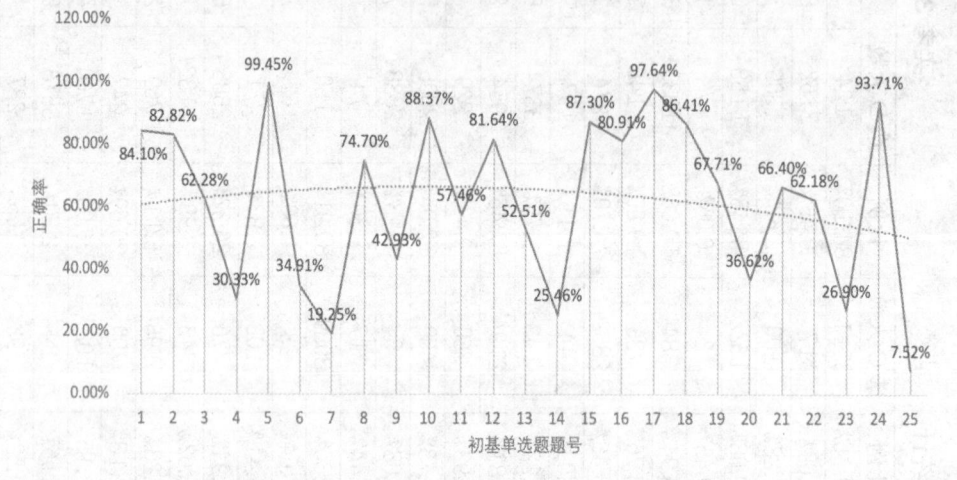

图 4-2 初基单选题单个题目正确率走势图

另外，我们发现，这 25 道单选题中，正确率最高的三道题目分别为第 5 题、第 17 题和第 24 题，都超过了 90%，表明这三道题难度较低。

正确率最低的为第 7 题和第 25 题，都低于 20%，以下我们对最低分两题进行具体分析。

（四）低分题目分析

第 7 题的正确答案为 C（复制），正确率为 19.25%，超过百分之 60% 的人选择了 A（传播）和 D（呈现），是两个较大的干扰项。

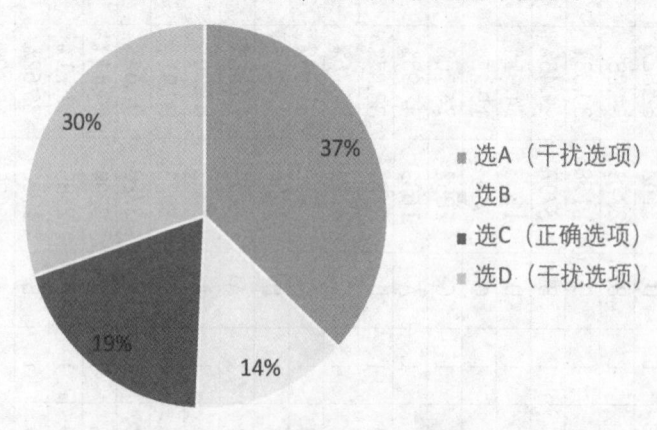

图 4-3 初基单选 7 题正确率分布

第 25 题正确率最低，为 7.52%，正确答案为 D（国家新闻出版署），而超过 80% 的人选择了 A（国家新闻出版总署）和 B（国家新闻出版总局）。

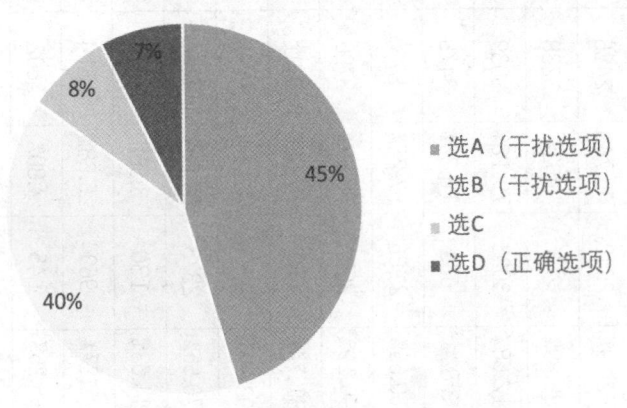

图 4-4　初基单选 25 题正确率分层

二、多选题得分率统计及分层分析

（一）得分率

如表 4-2 所示，初基多选题总分 60 分，平均得分 30.56 分。30 道多选题中，正确率最高的是第 32 题 90.51%。得分率超过了 80% 的为第 26 题，第 32 题，第 38 题。表明这三道多选题的难度较低。正确率最低的题目为第 43 题，低于 20%。

（二）多选题正确率分层分析

如图 4-5 所示，在初基考题的多选题目中，正确率在 90% 以上的题目占比 3%，正确率在 80%~90% 之间的题目占比 7%；正确率在 20%~60% 之间的题目占比 67%，超过一半，而正确率在 20% 以下的题目占比 3%。总的来说，多选题及格率（正确率 60% 及以上的题目比例）只有 30%，这表明多选题的难度较高，拉开了考生的成绩差距。

表 4-2 初基多选题考点得分率统计

实考 3818 人

题号	分值	答案	总得分	得分率	选A人数	比例	选B人数	比例	选C人数	比例	选D人数	比例	选E人数	比例
26	2	ACE	6237	81.68%	3770	98.74%	526	13.78%	3330	87.22%	71	1.86%	3744	98.06%
27	2	ACDE	4225	55.33%	2479	64.93%	710	18.60%	2405	62.99%	2548	66.74%	2485	65.09%
28	2	BCE	5727	75.00%	118	3.09%	3253	85.20%	3394	88.89%	226	5.92%	3238	84.81%
29	2	ABDE	5140.5	67.32%	3266	85.54%	2115	55.40%	484	12.68%	3023	79.18%	3039	79.60%
30	2	ABE	5283	69.19%	3430	89.84%	3319	86.93%	146	3.82%	623	16.32%	3475	91.02%
31	2	ABCD	4050	53.04%	3076	80.57%	2937	76.93%	1934	50.65%	2186	57.26%	873	22.87%
32	2	ACDE	6911.5	90.51%	3689	96.62%	30	0.79%	3787	99.19%	2657	69.59%	3790	99.27%
33	2	ACDE	4833.5	63.30%	3253	85.20%	75	1.96%	3121	81.74%	650	17.02%	2801	73.36%
34	2	CE	5296.5	69.36%	920	24.10%	350	9.17%	3560	93.24%	157	4.11%	3193	83.63%
35	2	BCD	2969	38.88%	983	25.75%	1911	50.05%	2694	70.56%	2378	62.28%	655	17.16%
36	2	ACE	4467	58.50%	2732	71.56%	229	6.00%	1704	44.63%	136	3.56%	3761	98.51%
37	2	ABE	2162.5	28.32%	1981	51.89%	2574	67.42%	1041	27.27%	969	25.38%	1614	42.27%
38	2	ABCE	6492	85.02%	2787	73.00%	3590	94.03%	3293	86.25%	145	3.80%	3602	94.34%
39	2	ABD	2469.5	32.34%	3043	79.70%	719	18.83%	1266	33.16%	2861	74.93%	160	4.19%
40	2	ACD	3560	46.62%	3464	90.73%	726	19.02%	1003	26.27%	3341	87.51%	29	0.76%
41	2	ADE	3353	43.91%	3024	79.20%	633	16.58%	876	22.94%	2132	55.84%	2607	68.28%

续表

题号	分值	答案	总得分	得分率	选A人数	比例	选B人数	比例	选C人数	比例	选D人数	比例	选E人数	比例
42	2	BE	4524.5	59.25%	50	1.31%	2972	77.84%	660	17.29%	800	20.95%	3263	85.46%
43	2	BE	1072	14.04%	2425	63.51%	2107	55.19%	706	18.49%	1180	30.91%	2999	78.55%
44	2	BCD	4169.5	54.60%	309	8.09%	3030	79.36%	3163	82.84%	2042	53.48%	334	8.75%
45	2	BCE	2067.5	27.08%	1928	50.50%	1853	48.53%	3035	79.49%	381	9.98%	2051	53.72%
46	2	AD	2615.5	34.25%	1676	43.90%	1199	31.40%	915	23.97%	3670	96.12%	36	0.94%
47	2	BCE	3053.5	39.99%	159	4.16%	873	22.87%	3486	91.30%	1193	31.25%	3448	90.31%
48	2	BE	2129.5	27.89%	416	10.90%	2583	67.65%	2350	61.55%	164	4.30%	2466	64.59%
49	2	ACD	3445.5	45.12%	2691	70.48%	599	15.69%	3154	82.61%	1766	46.25%	589	15.43%
50	2	ABD	2245.5	29.41%	432	11.31%	3797	99.45%	35	0.92%	2578	67.52%	1580	41.38%
51	2	ADE	3171	41.53%	1538	40.28%	1003	26.27%	635	16.63%	3234	84.70%	3313	86.77%
52	2	AC	2073.5	27.15%	3564	93.35%	940	24.62%	1978	51.81%	1590	41.64%	1170	30.64%
53	2	ACDE	4805.5	62.93%	2792	73.13%	411	10.76%	1353	35.44%	3621	94.84%	2863	74.99%
54	2	ABCD	3646	47.75%	2094	54.85%	3415	89.44%	1861	48.74%	2660	69.67%	1032	27.03%
55	2	ABDE	4490	58.80%	2942	77.06%	3574	93.61%	144	3.77%	2643	69.22%	216	5.66%

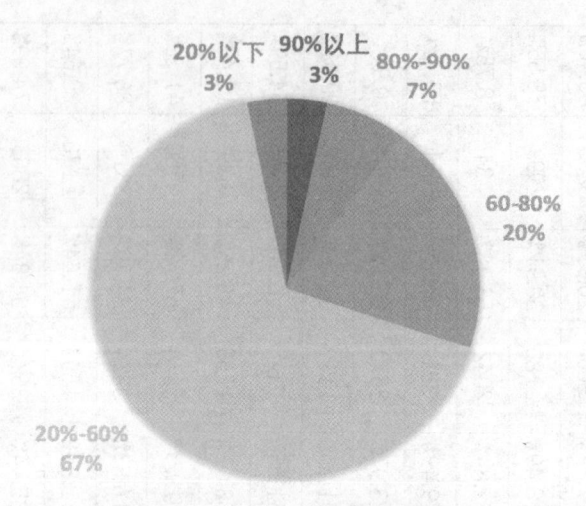

图 4-5 初基多选题正确率分布

（三）多选题单个题目正确率情况分析

如图 4-6 所示，本次考试的多选题，难度总体呈现先易后难的趋势；同时，相邻题目的难度基本呈现一难一易的小幅波动情况。正确率最低的题目为第 43 题，低于 20%。

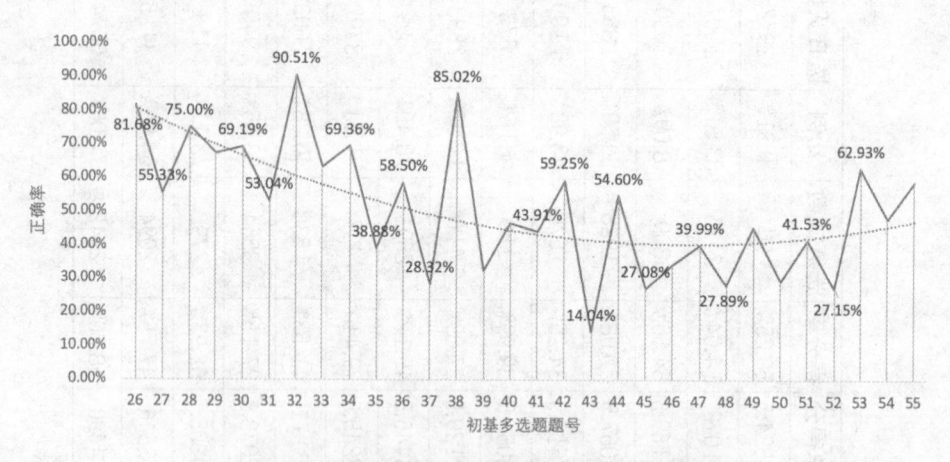

图 4-6 初基多选题单个题目正确率走势图

（四）低分题目分析

得分率最低的第 43 题的正确答案为 B（他给了我很多帮助）和 E（他请教老师两个问题），正确率为 14.04%，A（他送给弟弟一支笔用）和 D（张老师教我们的英语）是两个较大的干扰项。较多数人分别选对了 B 和 E，但总体正确率却不高，这表示了干扰选项的设置比较好。

三、传统出版和数字出版选答的选择题得分率统计及分层分析

（一）得分率

表 4-3 是初基选答的选择题考点得分率统计。选答题中，第 57 题正确率最低，为 1.97%，正确答案为 D（国家实行印刷经营备案制度，未经工商部门登记备案，任何单位和个人不得从事印刷经营活动），而超过 95% 的人选择了 A（出版单位不必报请审批就可以从事本版书的发行活动）。这可能是因为正确答案在最末选项，也可能是因为考生过于相信答案字数最多的一般是正确的应考教条。具体各选项分层见图 4-7。

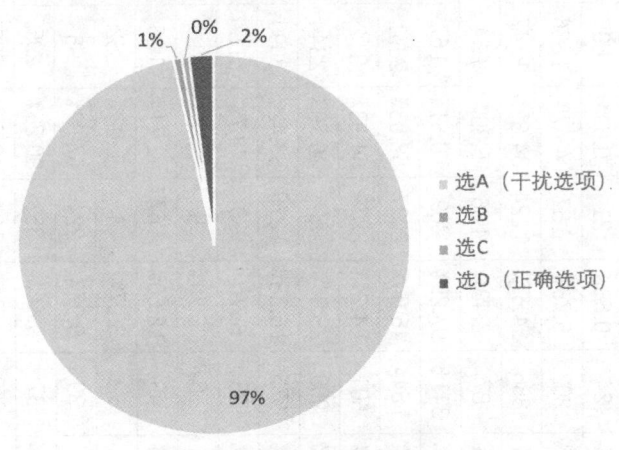

图 4-7 初基选答 57 题正确率分布

（二）传统出版和数字出版选择题的正确率比较

第 56-65 题为传统出版社题目，第 66-75 题为数字出版题目。如图 4-8 所示，不难发现，相较于传统出版而言，选答数字出版的题目的考生，答题正确率更高。

表 4-3 初基选答的选择题考点得分率统计

实考 3818 人

题号	分值	答案	总得分	得分率	选A人数	比例	选B人数	比例	选C人数	比例	选D人数	比例	选E人数	比例	选答题选做人数	比例
56	1	B	2006	57.15%	241	6.87%	2006	57.15%	262	7.46%	997	28.40%	0		3508	91.88%
57	1	D	69	1.97%	3395	96.72%	24	0.68%	21	0.60%	69	1.97%	0		3510	91.93%
58	1	D	1836	52.31%	1313	37.41%	202	5.75%	157	4.47%	1836	52.31%			3509	91.91%
59	1	C	1224	34.87%	170	4.84%	866	24.67%	1224	34.87%	1247	35.53%			3508	91.88%
60	1	A	2272	64.73%	2272	64.73%	87	2.48%	186	5.30%	964	27.46%			3510	91.93%
61	2	ABE	5143	73.26%	3044	86.72%	3415	97.29%	369	10.51%	167	4.76%	2704	77.04%	3503	91.75%
62	2	BCDE	3101	44.17%	962	27.41%	1644	46.84%	2037	58.03%	3351	95.47%	1260	35.90%	3503	91.75%
63	2	ACE	3011.5	42.90%	2033	57.92%	501	14.27%	2279	64.93%	312	8.89%	2324	66.21%	3501	91.70%
64	2	ADE	4089.5	58.25%	3178	90.54%	909	25.90%	937	26.70%	2344	66.78%	2407	68.58%	3501	91.70%
65	2	CDE	3405.5	48.51%	613	17.46%	575	16.38%	1875	53.42%	3090	88.03%	2833	80.71%	3503	91.75%
66	1	A	314	80.31%	314	80.31%	25	6.39%	30	7.67%	15	3.84%	0		391	10.24%
67	1	D	319	81.59%	11	2.81%	50	12.79%	5	1.28%	319	81.59%	0		385	10.08%
68	1	C	167	42.71%	40	10.23%	49	12.53%	167	42.71%	126	32.23%	0		383	10.03%
69	1	D	352	90.03%	15	3.84%	12	3.07%	4	1.02%	352	90.03%	0		384	10.06%
70	1	C	224	57.29%	24	6.14%	39	9.97%	224	57.29%	95	24.30%	0		383	10.03%
71	2	CDE	582	74.42%	44	11.25%	37	9.46%	353	90.28%	295	75.45%	365	93.35%	390	10.21%
72	2	ABD	207	26.47%	256	65.47%	259	66.24%	194	49.62%	289	73.91%	141	36.06%	387	10.14%
73	2	ABE	691	88.36%	387	98.98%	386	98.72%	6	1.53%	7	1.79%	320	81.84%	388	10.16%
74	2	ACE	471.5	60.29%	263	67.26%	57	14.58%	371	94.88%	31	7.93%	305	78.01%	388	10.16%
75	2	ACDE	461.5	59.02%	317	81.07%	108	27.62%	353	90.28%	292	74.68%	314	80.31%	388	10.16%

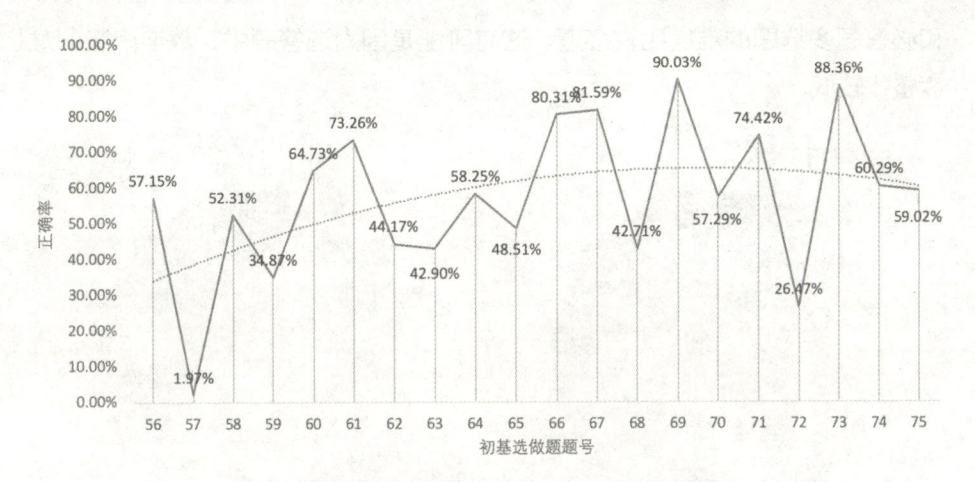

图 4-8　初基选答题单个题目正确率走势图

（三）选答题和必答题的单选题得分率比较

图 4-9 左为选答题的单选题正确率分布，右为必答题的单选题，通过计算可知，选答题单选题的平均正确率为 56.30%，必答题单选题的平均正确率为 61.98%，选答题部分的正确率显著低于必答单选题，也就是说，平均而言，选答题单选题比必答题单选题的难度更高。

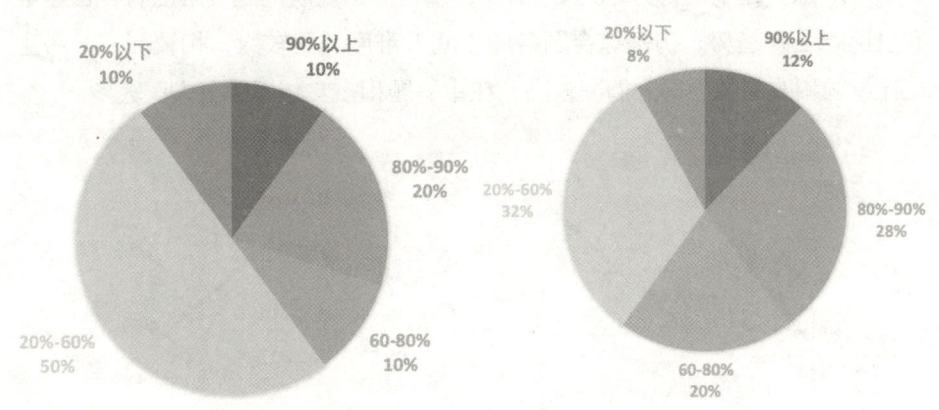

图 4-9　初基选答题和必答题的单选题正确率分布

（四）选答题和必答题的多选题得分率比较

图 4-10 左为选答题的多选题正确率分布，右为必答多选题正确率分布。通过计算可知，选答题多选题的平均正确率为 57.57%，必答题多选题的平均正确率为 50.94%，同时又均低于单选题。总体来看，选答题多选题的正确率

和必答题多选题的难度比较接近。这有可能是因为选答题中，数字出版的难度整体较低。

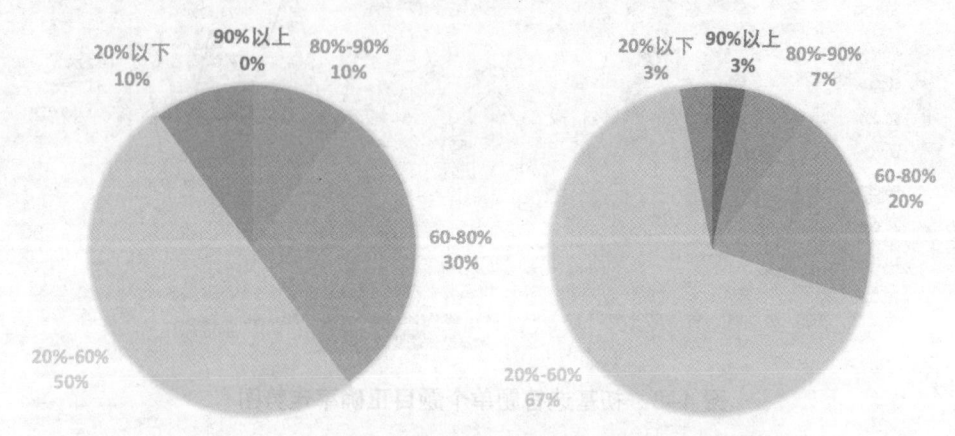

图 4-10 初基选答题和必答题的多选题正确率分布

四、初基综合题考点得分情况分析

（一）初基综合题总体情况分析

初基综合题平均得分率为 59.47%，从得分率反映的题目难度看，各题难度呈逐题上升趋势。初基综合题各题之间的难度差异较大，相较而言，考生在计算题和改错题上得分情况较高，在审稿题和古文翻译题上失误较多。

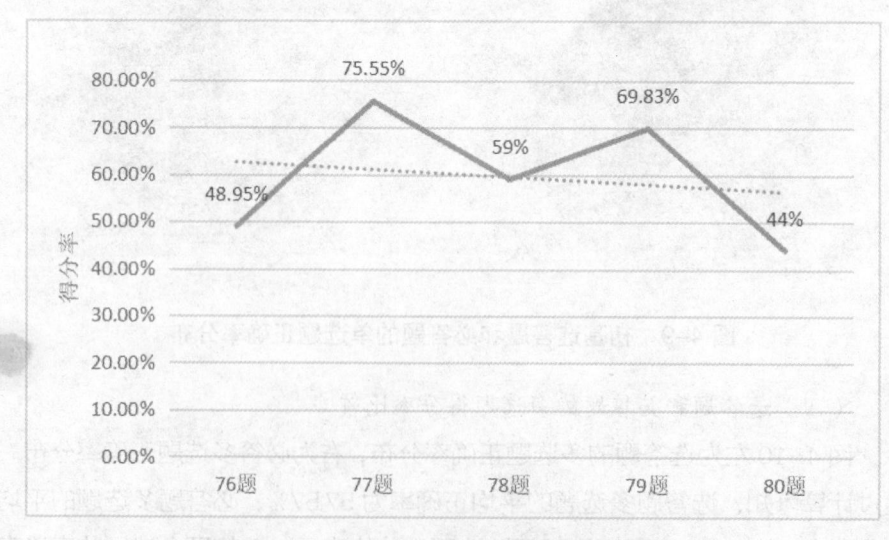

图 4-11 初基综合题得分率走势图

（二）初基综合题各题详细分析

1. 第 76 审稿题：审读短稿，按照审稿的基本要求指出其中存在的错误或缺漏

本题总分 20 分，考生平均得分 9.79 分，得分率 48.95%，题目具有一定的难度。

"书号和刊号可以相互代替使用→书号、刊号不能相互替代使用较为简单"，87.33% 的考生正确回答了本考点。考点经济主管部门→出版主管部门、初级资格、中级资格→初级资格、中级资格和高级资格、到岗前→到岗 2 年内和优秀、良好、合格、不合格四个等级→合格、不合格两个等级，得分率均在 50% 左右，分别有 51.5%、56.67%、56%、47% 的考生正确回答了以上考点。相较而言，考点印刷品→出版物、登记制→审批制或审核许可、6 个月→3 个月有一定难度，仅三分之一左右的考生正确回答，得分率分别为 37%、33%、37.5%。对于大多数考生而言，图书质量管理规定→出版管理条例和市场准入→产品准入未能把握，两个考点的得分率仅为 18% 和 5%。

2. 第 77 计算简答题：根据所给材料回答问题

本题总分 20 分，共四个问题，问题一为计算题，共 6 分，问题二、问题三、问题四为论述题，分别为 4 分、2 分、8 分，本题考生平均得分 15.11 分，得分率 75.55%，题目难度较低。

考生对于杂志社应尊重作者著作权的问题理解较为深入，问题一、问题二及问题四的第二小问的平均得分较高，分别为 5.25 分（得分率 87.5%）、3.02 分（得分率 75.5%）和 4.30 分（得分率 86%）。相较而言，考生对于合理使用和法定许可等行为的判断能力较低，问题三及问题四的第一小问得分率较低，仅为 54.5% 和 48.33%。

3. 第 78 改错题：阅读短文，改正文中的文字、标点符号差错

本题总分 24 分，考生平均得分 14.16 分，得分率 59%。

对于多数考生而言，考点"宽容。"→宽容。、哪些→那些、心镜→心境中的错误非常容易识别，80% 以上的考生均能发现这些错误。考点必需→必须、俩个字→两个字、溶化→融化、快乐。→快乐。、了如执掌→了如指掌也属于正常难度的考点，超过 60% 的考生均正确回答了这些考点。然而，对于大部分考生而言，行行色色→形形色色、和熙→和煦、"付诸于"→付诸或付之于、迭宕→跌宕、轻视；→轻视，及运畴帷幄→运筹帷幄较为生僻、具有一定的难度，这几个考点的得分率均在 60% 以下；特别是考点迭宕→跌宕，正确回答本考点的考生人数仅为 25%。

4. 第 79 改错题：改正句子中的错误。

本题总分 24 分，考生平均得分 16.65 分，得分率为 69.38%，总体难度中等。

考点有→[删除"有"，或在"已经"前加"，这"]、出色工作和→[删除]、实现→向实现和"与其"→[应放在"你"之前] 的错误非常明显，超过 80% 的考生能够正确回答。对于大部分考生而言，考点航海成功→航海成功的情况、莘莘学子→学生、不耻下问→虚心、批评的人很多→受到很多人的批评 [或改为"批评了很多人"]、不要→[删除"不要"，或删除"切忌"] 和冠亚军→冠军，也比较容易被发现。相比而言，考点报刊、杂志→报刊和一个→一名 [或改为"一则"] 的错误具有相当大的迷惑性，仅有 29% 和 37% 的考生发现了这两处错误。

5. 第 80 释词翻译题：阅读古文，解释文中画线的词，并将画线的句子译成现代汉语

本题总分 12 分，共包括释词和翻译两个部分，释词部分考生平均得分 2.2 分，得分率 44%；翻译部分考生平均得分 6.28 分，得分率 89.71%。本题考生平均总得分 8.48 分，得分率 70.67%。可以看出，本题总体难度中等，特别是翻译部分，近 90% 的考生能够正确翻译划线句。但释词部分对考生而言仍有一定的难度，80% 左右的考生均无法根据上下文正确解释"辟"和"掾"。

题号		具体答案	得分率
（1）释词	①晚成：成名比较迟；年岁大才有成就		60.0%
	②以：因为		52.0%
	③辟：征召并授予官职；聘任		21.0%
	④掾：官吏，属官，副官，佐吏		18.0%
	⑤竞：争，争着，竞争，抢着		69.0%
（2）翻译	王述坐在末位上说："主公并不是尧舜，怎么会件件事都是对的？"王丞相（王导）听后，非常赞赏他的话。		89.71%

第二节 初实各题型得分率统计分析

一、单选题得分率统计及分层分析

(一) 得分率

如表 4-4 所示，初实 25 道单选题的平均得分为 18.34 分，正确率最高的三道题目分别为第 1 题、第 20 题和第 21 题，都超过了 95%，表明这三道题难度较低。正确率最低的两道题为第 15 题和第 17 题，正确率在 40%~45% 之间，可见，初实单选题正确率明显高于初基。

表 4-4 初实单选题考点得分率统计　　实考 3746 人

题号	分值	答案	总得分	得分率	选A人数	比例	选B人数	比例	选C人数	比例	选D人数	比例
1	1	C	3589	95.81%	46	1.23%	26	0.69%	3589	95.81%	83	2.22%
2	1	A	2547	67.99%	2547	67.99%	785	20.96%	325	8.68%	87	2.32%
3	1	B	2499	66.71%	807	21.54%	2499	66.71%	325	8.68%	111	2.96%
4	1	A	2628	70.15%	2628	70.15%	799	21.33%	279	7.45%	35	0.93%
5	1	D	3488	93.11%	4	0.11%	24	0.64%	225	6.01%	3488	93.11%
6	1	D	3208	85.64%	60	1.60%	162	4.32%	312	8.33%	3208	85.64%
7	1	C	2539	67.78%	58	1.55%	178	4.75%	2539	67.78%	967	25.81%
8	1	B	2443	65.22%	723	19.30%	2443	65.22%	313	8.36%	263	7.02%
9	1	D	3063	81.77%	246	6.57%	344	9.18%	88	2.35%	3063	81.77%
10	1	A	3476	92.79%	3476	92.79%	121	3.23%	87	2.32%	56	1.49%
11	1	D	2718	72.56%	569	15.19%	152	4.06%	298	7.96%	2718	72.56%
12	1	C	1802	48.10%	265	7.07%	623	16.63%	1802	48.10%	1043	27.84%
13	1	C	2749	73.38%	590	15.75%	45	1.20%	2749	73.38%	357	9.53%
14	1	A	2446	65.30%	2446	65.30%	300	8.01%	60	1.60%	936	24.99%
15	1	A	1639	43.75%	1639	43.75%	122	3.26%	129	3.44%	1849	49.36%
16	1	B	2515	67.14%	669	17.86%	2515	67.14%	311	8.30%	249	6.65%
17	1	A	1502	40.10%	1502	40.10%	177	4.73%	1371	36.60%	692	18.47%

续表

题号	分值	答案	总得分	得分率	选A人数	比例	选B人数	比例	选C人数	比例	选D人数	比例
18	1	D	3349	89.40%	88	2.35%	290	7.74%	16	0.43%	3349	89.40%
19	1	B	3154	84.20%	455	12.15%	3154	84.20%	35	0.93%	97	2.59%
20	1	D	3568	95.25%	119	3.18%	19	0.51%	36	0.96%	3568	95.25%
21	1	C	3671	98.00%	19	0.51%	12	0.32%	3671	98.00%	38	1.01%
22	1	B	1867	49.84%	833	22.24%	1867	49.84%	464	12.39%	572	15.27%
23	1	D	2448	65.35%	187	4.99%	373	9.96%	731	19.51%	2448	65.35%
24	1	B	2778	74.16%	115	3.07%	2778	74.16%	244	6.51%	604	16.12%
25	1	C	2997	80.01%	449	11.99%	173	4.62%	2997	80.01%	125	3.34%

（二）单选题正确率分层分析

如图4-12所示，在初实考题的单选题目中，答题正确率在90%以上的题目占比20%，正确率在80%~90%之间的题目占比20%，正确率在60%~80%之间的题目占比44%，不存在正确率低于20%的题目。单选题及格率达84%，这表明初实单选题的难度偏简单。

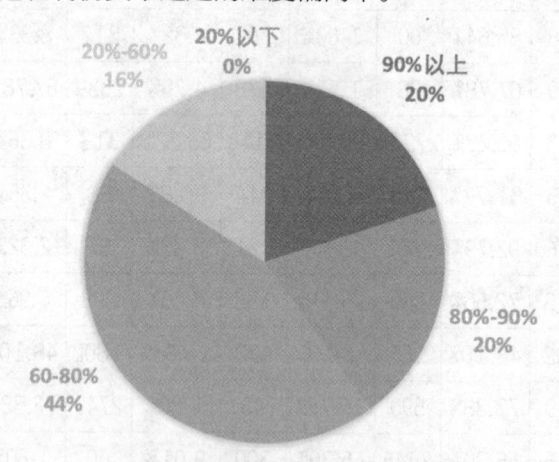

图4-12 初实单选题正确率分布

（三）单个题目正确率情况比较分析

如图4-13所示，结合初实单选题的难度走向趋势线来看，可以发现初实的单选题难度大致呈现开头和结尾较为简单，中间难度稍高的趋势；与前文初基单选题类似。我们将初基和初实的必选单选题的正确率进行横向比较，发现初实的单选题难度更简单，同时难度变化更平缓。

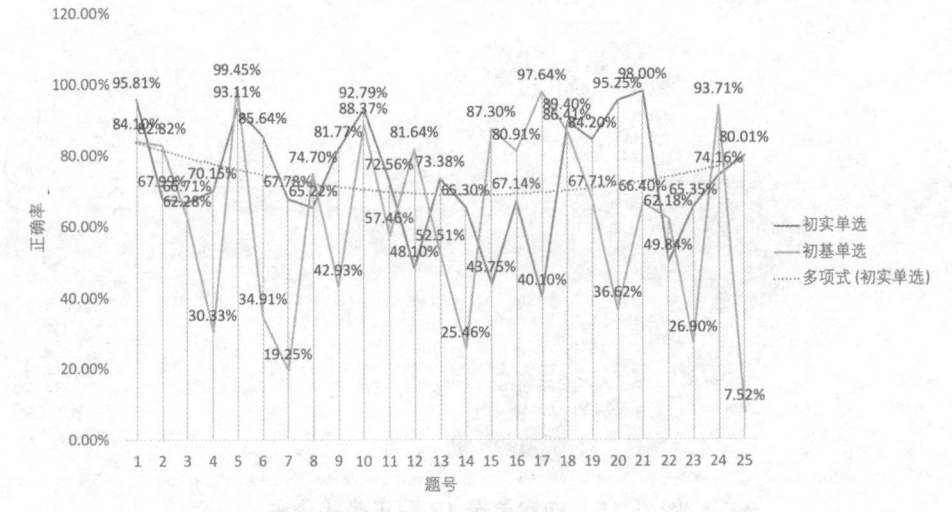

图 4-13　初实与初基对比单个题目正确率走势图

（四）低分题目分析

初实单选题答题正确率最低的两道题为第 15 题和第 17 题，正确率在 40%~45% 之间，以下我们对这两道题目具体分析。

第 15 题的正确答案为 A（毛校样是排版单位向出版单位正式提交的初校样），正确率为 43.75%，将近一半的人选择了 D（付印样是已经完成全部校对工作而交给排版单位进行最后改版的校样），表明此干扰项比较有效。

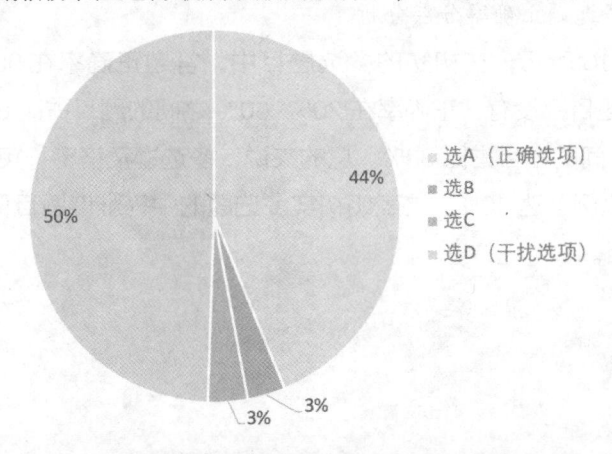

图 4-14　初实单选 15 题正确率分布

第 17 题的正确答案为 A（数字化仪输入），正确率为 40.10%，将近 40% 的人选择了 C（数字文件直接输入），表明此干扰项比较有效。

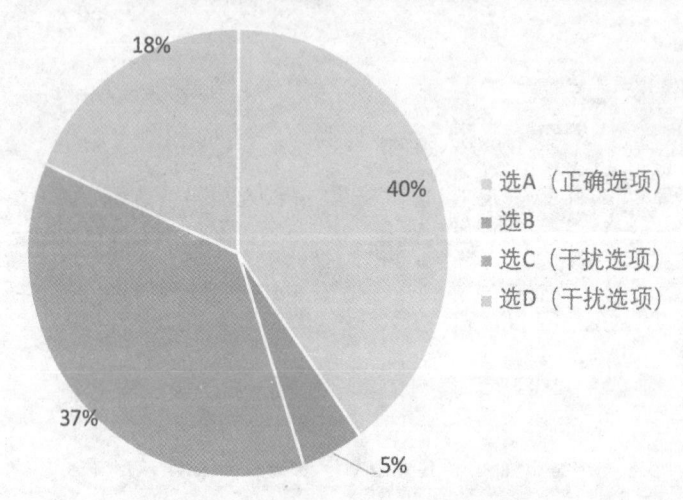

图 4-15　初实单选 17 题正确率分布

二、多选题得分率统计及分层分析

（一）得分率

如表 4-5 所示，初实 30 道多选题平均分为 31.67 分，正确率最高的题目分别为第 34 题、第 49 题，都超过了 80%。正确率最低的两道题为第 40 题和第 50 题，正确率在 25% 以下。

（二）多选题正确率分层分析

如图 4-16 所示，在初实的多选题目中，答题正确率在 90% 以上和在 20% 以下的题目都没有，正确率在 20%~60% 之间的题目占比 60%；正确率 60%~80% 之间的题目占比 33%。总的来说，多选题及格率（正确率 60% 及以上的题目比例）达 40%，这表明初实多选题的中等难度题目偏多，没有极简和极难题目。

表 4-5 初实多选题考点得分率统计　　　　　　　　实考 3746 人

题号	分值	答案	总得分	得分率	选A人数	比例	选B人数	比例	选C人数	比例	选D人数	比例	选E人数	比例
26	2	BDE	5364	71.60%	182	4.86%	3478	92.85%	223	5.95%	3333	88.97%	2785	74.35%
27	2	ACDE	4409.5	58.86%	1618	43.19%	531	14.18%	2961	79.04%	2689	71.78%	2722	72.66%
28	2	ACE	1898.5	25.34%	3333	88.97%	1467	39.16%	3011	80.38%	734	19.59%	424	11.32%
29	2	ABD	4781.5	63.82%	2767	73.87%	2975	79.42%	390	10.41%	3187	85.08%	137	3.66%
30	2	ABE	5213	69.58%	3137	83.74%	2968	79.23%	156	4.16%	82	2.19%	3002	80.14%
31	2	BCE	5661	75.56%	403	10.76%	3508	93.65%	3530	94.23%	64	1.71%	2949	78.72%
32	2	ABCD	3982.5	53.16%	3394	90.60%	2688	71.76%	2153	57.47%	2063	55.07%	921	24.59%
33	2	ACE	4308	57.50%	3194	85.26%	512	13.67%	3087	82.41%	546	14.58%	2819	75.25%
34	2	ABD	6162	82.25%	3601	96.13%	3286	87.72%	99	2.64%	3163	84.44%	82	2.19%
35	2	BCD	4385	58.53%	611	16.31%	2987	79.74%	3099	82.73%	3033	80.97%	467	12.47%
36	2	BCE	5330	71.14%	168	4.48%	3670	97.97%	3602	96.16%	525	14.01%	2807	74.93%
37	2	ACD	2292.5	30.60%	2275	60.73%	949	25.33%	2102	56.11%	2673	71.36%	1206	32.19%
38	2	ABCD	4195	55.99%	2859	76.32%	2762	73.73%	1125	30.03%	2293	61.21%	361	9.64%
39	2	ABC	3192.5	42.61%	1865	49.79%	1930	51.52%	3510	93.70%	1256	33.53%	551	14.71%
40	2	BDE	1573	21.00%	1405	37.51%	3086	82.38%	1944	51.90%	1807	48.24%	1783	47.60%
41	2	AC	3574	47.70%	2868	76.56%	1601	42.74%	3301	88.12%	788	21.04%	149	3.98%

续表

题号	分值	答案	总得分	得分率	选A人数	比例	选B人数	比例	选C人数	比例	选D人数	比例	选E人数	比例
42	2	ACE	2517.5	33.60%	3354	89.54%	1052	28.08%	2810	75.01%	2047	54.64%	1768	47.20%
43	2	BDE	5109	68.19%	457	12.20%	2616	69.83%	146	3.90%	3181	84.92%	3635	97.04%
44	2	ABDE	4891	65.28%	2532	67.59%	2589	69.11%	526	14.04%	2628	70.15%	3284	87.67%
45	2	ADE	2039	27.22%	1961	52.35%	1971	52.62%	1042	27.82%	2735	73.01%	2627	70.13%
46	2	ABCE	4628	61.77%	2396	63.96%	3004	80.19%	2316	61.83%	443	11.83%	2714	72.45%
47	2	ACD	2828	37.75%	2817	75.20%	1123	29.98%	1671	44.61%	2433	64.95%	947	25.28%
48	2	CDE	2840	37.91%	1745	46.58%	513	13.69%	2327	62.12%	2339	62.44%	3343	89.24%
49	2	ACDE	6106.5	81.51%	2658	70.96%	120	3.20%	3065	81.82%	3259	87.00%	3512	93.75%
50	2	BCDE	1842	24.59%	2132	56.91%	1473	39.32%	1317	35.16%	1218	32.51%	3225	86.09%
51	2	CE	4588.5	61.25%	848	22.64%	337	9.00%	3687	98.42%	380	10.14%	3515	93.83%
52	2	ADE	5817.5	77.65%	3140	83.82%	365	9.74%	40	1.07%	3605	96.24%	3337	89.08%
53	2	ABE	3428.5	45.76%	3285	87.69%	3278	87.51%	352	9.40%	1054	28.14%	1977	52.78%
54	2	BD	2077.5	27.73%	1357	36.23%	2265	60.46%	276	7.37%	2676	71.44%	1302	34.76%
55	2	AB	3593.5	47.96%	2941	78.51%	3384	90.34%	1586	42.34%	483	12.89%	214	5.71%

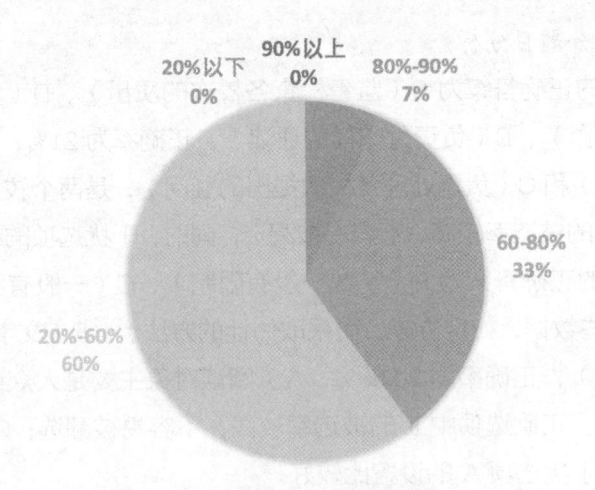

图 4-16　初实多选题确率分层分布

（三）多选题单个题目正确率情况比较分析

如图 4-17 所示，结合初实多选题的难度趋势线来看，可以发现初实的多选题难度大致呈现先易后难的趋势；与前文初基多选题类似。我们将初基和初实的必选多选题的正确率进行横向比较，发现初实的多选题难度相对于初基而言也稍微简单一些。

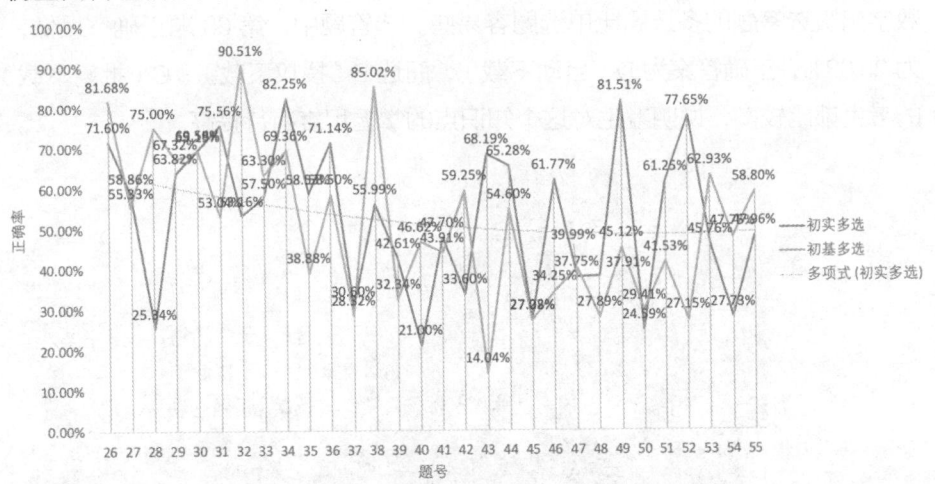

图 4-17　多选题单个题目正确率走势图

（四）低分题目分析

第 40 题的正确答案为 B（监督检查各校次的质量）、D（负责校样的文字技术整理工作）、E（负责付印样的通读），正确率为 21%，A（承担各校次的核红工作）和 C（负责处理各校次提出的疑问），是两个较大的干扰项。正确选项中 B 的被选率较高，不容易被漏选；同时，干扰选项的设置比较好。

第 50 题的正确答案为 B（字数一般有限制）、C（一般有固定的撰写格式）、D（有些数据，如定价等，可采取估计的方法）、E（文字要通俗易懂，能吸引阅读者），正确率为 24.59%，A（阅读对象主要是大众读者）是一个较大的干扰项。正确选项中 E 的被选率较高，不容易被漏选；C 和 D 漏选的可能性较大。干扰选项 A 的设置比较好。

三、选答选择题得分率分析

（一）得分率

表 4-6 是初实选答的选择题考点得分率统计。从传统出版和数字出版题目得分率情况来看，与初基刚好相反，数字出版选答题正确率较低，说明题目较难。进一步比较分析可知，传统出版选答题的单选题比多选题得分率高，数字出版选答题的多选题比单选题容易些。选答题中，第 68 题正确率最低，为 25.68%，正确答案为 D（自动下载），而选 B（授权下载）、C（批量下载）的考生都比较多，说明考生对这个知识点的掌握程度有待提高。

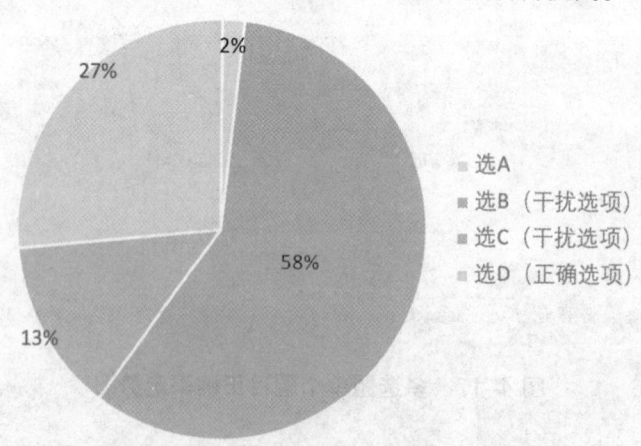

图 4-18　初实选答第 68 题正确率分布

表4-6 初实选答题考点得分率统计

实考 3746 人

题号	分值	答案	总得分	得分率	选A 人数	比例	选B 人数	比例	选C 人数	比例	选D 人数	比例	选E 人数	比例	选答题选做人数	比例
56	1	B	2241	64.14%	63	1.80%	2241	64.14%	388	11.10%	801	22.93%	0		3494	93.27%
57	1	A	1665	47.65%	1665	47.65%	729	20.86%	695	19.89%	401	11.48%	0		3492	93.22%
58	1	B	2047	58.59%	550	15.74%	2047	58.59%	810	23.18%	83	2.38%	0		3492	93.22%
59	1	D	2379	68.09%	393	11.25%	505	14.45%	217	6.21%	2379	68.09%	0		3494	93.27%
60	1	C	1903	54.46%	423	12.11%	1108	31.71%	1903	54.46%	57	1.63%	0		3493	93.25%
61	2	BDE	3452.5	49.41%	729	20.86%	2471	70.72%	521	14.91%	2063	59.04%	2548	72.93%	3482	92.95%
62	2	ABDE	3988.5	57.08%	3028	86.66%	2424	69.38%	497	14.22%	1403	40.15%	2200	62.97%	3482	92.95%
63	2	BDE	3511	50.24%	510	14.60%	2597	74.33%	629	18.00%	2575	73.70%	1824	52.20%	3478	92.85%
64	2	CD	2976	42.59%	808	23.13%	445	12.74%	2288	65.48%	2632	75.33%	914	26.16%	3479	92.87%
65	2	ACDE	2928	41.90%	1925	55.09%	1254	35.89%	1472	42.13%	2214	63.37%	2528	72.35%	3476	92.79%
66	1	D	104	35.62%	32	10.96%	133	45.55%	20	6.85%	104	35.62%	0		292	7.79%
67	1	A	143	48.97%	143	48.97%	13	4.45%	15	5.14%	112	38.36%	0		284	7.58%
68	1	D	75	25.68%	5	1.71%	165	56.51%	38	13.01%	75	25.68%	0		283	7.55%
69	1	B	205	70.21%	119	40.75%	205	70.21%	31	10.62%	46	15.75%	0		284	7.58%
70	1	D	85	29.11%	261	89.38%	66	22.60%	12	4.11%	85	29.11%	0		282	7.53%
71	2	ABC	417	71.40%	261	89.38%	260	89.04%	236	80.82%	38	13.01%	17	5.82%	282	7.53%
72	2	ACE	292	50.00%	237	81.16%	39	13.36%	252	86.30%	35	11.99%	136	46.58%	280	7.47%
73	2	ADE	390	66.78%	269	92.12%	15	5.14%	39	13.36%	205	70.21%	264	90.41%	282	7.53%
74	2	BCD	363	62.16%	28	9.59%	229	78.42%	257	88.01%	213	72.95%	26	8.90%	281	7.50%
75	2	ABC	193.5	33.13%	167	57.19%	124	42.47%	194	66.44%	95	32.53%	104	35.62%	283	7.55%

（二）传统出版和数字出版的选答题单个题目正确率情况比较分析

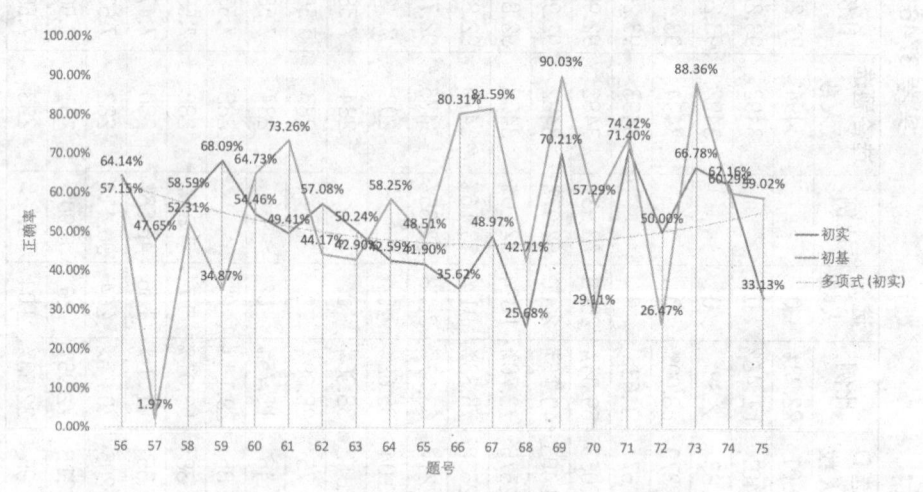

图 4-19　初实选答题正确率走势与初基比较

图 4-19 中，第 56—65 题为传统出版题目，第 66—75 题为数字出版题目。相对于初基而言，初实传统出版和数字出版的题目的正确率较为一致，也就是说，本次考试对于选做传统出版题目的考生更为有利。但初实的传统出版的单选题和多选题难度差异显著缩小，而数字出版则波动较大。

四、初实综合题考点得分情况分析

（一）初实综合题得分率走势

如图 4-20 所示，初实综合题第 78 题为选答题。选答第 78-A 题的考生平均得分率为 58.21%。78-A 题与其他综合题难度相似，选做 78-A 题的考生总体发挥平稳，不同综合题之间的得分率波动较小；选答第 78-B 题的考生平均得分率为 51.52%。与 78-A 题及其他综合题相比，78-B 题的难度明显更高，考题难度设置较不合理，选 78-B 题的考生得分率波动较大。总体而言，78-B 题的低得分率是导致选做 78-B 题考生综合题整体得分率较低的主要原因。

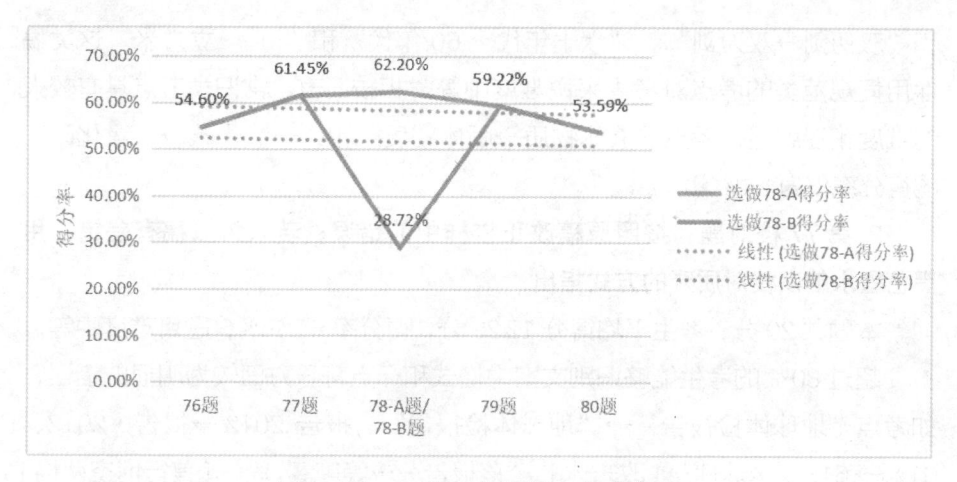

```
70.00%
60.00%      61.45%   62.20%
         54.60%              59.22%
50.00%                              53.59%
得
分 40.00%                                    选做78-A得分率
率                                            选做78-B得分率
30.00%        28.72%                          线性(选做78-A得分率)
                                              线性(选做78-B得分率)
20.00%
10.00%
 0.00%
        76题   77题   78-A题/   79题   80题
                     78-B题
```

图 4-20　初实综合题得分率走势图

（二）初实综合题选答情况

第 78 题答 A 的 3231 人，占 86.25%，答 B 的 776 人，占 20.72%。

表 4-7　2018 年初级实务综合题得分情况

（报考 5461 人，实考 3746 人）

选答情况	答题人数	比例1（%）	A得分≥12(人)	比例2（%）	B得分≥12(人)	比例3（%）
A、B题全答	348	9.3	92	26.4	5	1.4
仅答A题	2883	77.0	1865	64.7	—	—
仅答B题	428	12.3	—	—	6	1.4
A、B题均未答	87	2.3	—	—	—	—

说明：（1）比例 1 为答题人数占实考人数的比例；比例 2、3 均为得分≥12 分者占答题人数的比例。（2）附注：B 题 0 人得 11.5 分，5 人得 11 分，2 人得 10.5 分，24 人得 10 分，44 人得 9～9.5 分，78 人得 8～8.5 分，105 人得 7～7.5 分，137 人得 6～6.5 分，106 人得 5～5.5 分，82 人得 4～4.5 分，182 人得分不到 4 分。

（三）初实综合题各题详细分析

1. 第 76 编辑加工题：阅读分析短稿，并按照稿件加工整理的规范进行编辑加工

本题总分 20 分，考生平均得分 10.92 分，得分率为 54.6%。

本题的考点对考生来说存在一定难度。大部分考生能够正确识别题目中的错别字，如考点"忧心憧憧→忧心忡忡""那怕→哪怕""泻漏→泄漏"

和"双仞剑→双刃剑"。"六十年代→60 年代"和"m³→立方米"这类稿件用词规范类的考点对考生来说难度中等。相较而言，常识类考点具有较大的难度和迷惑性，考点"液体物质→固体物质"和"一氧化碳→二氧化碳"的得分率仅为 24% 和 17%。

2. 第 77 校对题：按照原稿改正校样中的错误；若认为原稿有差错，用黑色墨水笔以校对质疑的方式指出

本题共 20 分，考生平均得分 12.29 分，得分率 61.45%，题目难度中等。

超过 80% 的考生能够识别文案中格式和标点符号方面较为明显的错误，如考点'地球体检报告'→"地球体检报告"、报告.2012→报告·2012、61‰→61%、全球性→[改宋体]、"该报告……等等。"段→[首行前空两格]和限度→限度[并拢]。但是，对于一些专业性较强的考点，如考点"体检报告"显示地球很不健康→[字体改成黑体，字号改成 4 号])或是较为隐蔽的错误(如考点健康。"→健康"。[并加质疑问号])，大部分考生无法准确识别或作出正确的修改。

3. 第 78-A 计算简答题：根据所给材料回答问题

本题总分 20 分，共四个问题，问题一为分析题，问题二、三、四为计算题。本题考生平均得分 12.44 分，得分率为 62.2%，题目总体难度中等。

本题得分情况显示，考生对于图书部件、纸张费用等教材中详细讲述的灵活性较小的内容掌握程度较高，大部分考生能够正确计算回答问题二、三、四，这三小题的得分率分别为 67.04%、68.4%、60.29%。与之相比，考生对于图书装订样式选择和书心用纸种类选择等比较灵活的知识掌握不到位，问题一的平均得分率为 47.53%，特别是对于书心用纸的分析，仅 10.43% 的考生正确指出设计方案中"书心用纸定量太高，应改用定量 60～70 克/米²的胶版印刷纸或定量 50 克/米²左右的轻质印刷纸等"，这可能与初级考生对出版工作实践缺乏感性认识有关。

4. 第 78-B 简答题：根据所给材料回答问题

本题总分 20 分，共三个问题，考生平均得分 5.74 分，得分率为 28.72%，考题难度极大。

总体而言，资源入库管理和数字资源获取这两个考点对考生来说具有较大的难度，大部分考生未能正确掌握相应的流程与规范。资源入库管理和资

源入库审核这两个知识点是本题最大的失分点，仅 4.83% 的考生正确回答了"保存备份"这一管理流程，2.41% 和 6.64% 的考生正确回答了在资源入库审核时需要"审核内容文档的题名是否完整、规范、合乎要求"，以及"审核内容资源的标引信息，包括：内容资源的分类标引是否正确、全面、规范；内容资源的主题标引是否正确、完整、规范；内容资源的版权信息标引是否正确；内容分散标引是否完成"。

5. 第 79 计算简答题：根据所给材料回答问题

本题总分 18 分，共六个问题，考生平均得分 10.66 分，得分率 59.22%，题目难度中等。

本题整体难度中等，考生发挥较为平均。大部分问题（问题一、问题二、问题四、问题六）的得分率均在 60% 以上。问题三的得分率为 32%，说明约 70% 的考生对于购销形式理解不到位。问题五具有一定的迷惑性，部分考生未能注意到题中"甲发行集团订购的图书销售态势良好，于是追加订数 10000 册"，错误计算了甲发行集团的进货码洋，造成了较大的失分。

6. 第 80 写作题：根据所给材料撰写选题报告

本题共 22 分，考生平均得分 11.79 分，得分率为 53.59%，题目存在一定的难度。

在撰写选题报告时，大部分考生能够选择合适的选题名称（得分率 89%），并在撰写选题报告时间排（得分率 82%）、市场营销建议（得分率 83.33%）有比较好的把握。但是，仅有少部分考生能够提出并合理撰写出版形式设想（得分率 12%）、读者对象（得分率 18%）和经济效益预测（得分率 10%），这三方面的失分较大地影响了考生的最终得分。

第三节　中基各题型得分率统计分析

一、单选题得分率统计及分层分析

（一）得分率

如表 4-8 所示，中基 25 道单选题的平均得分为 14.83 分。共有 8 道题得分率 90% 以上，其中，正确率最高的第 17 题达到 99.37%。正确率最低的题目为第 21 题，仅有不到 15% 的考生答对。

表 4-8 中基单选题考点得分率统计　　实考 11835 人

题号	分值	答案	总得分	得分率	选A人数	比例	选B人数	比例	选C人数	比例	选D人数	比例
1	1	C	10772	91.02%	59	0.50%	519	4.39%	10772	91.02%	463	3.91%
2	1	A	11434	96.61%	11434	96.61%	270	2.28%	72	0.61%	37	0.31%
3	1	D	9473	80.04%	1118	9.45%	419	3.54%	801	6.77%	9473	80.04%
4	1	C	11358	95.97%	61	0.52%	109	0.92%	11358	95.97%	286	2.42%
5	1	B	10118	85.49%	874	7.38%	10118	85.49%	371	3.13%	448	3.79%
6	1	C	6640	56.10%	1119	9.46%	2632	22.24%	6640	56.10%	1403	11.85%
7	1	D	10808	91.32%	207	1.75%	695	5.87%	100	0.84%	10808	91.32%
8	1	C	5832	49.28%	3105	26.24%	119	1.01%	5832	49.28%	2743	23.18%
9	1	C	6046	51.09%	4333	36.61%	50	0.42%	1365	11.53%	6046	51.09%
10	1	C	8525	72.03%	1332	11.25%	738	6.24%	8525	72.03%	1191	10.06%
11	1	A	2408	20.35%	2408	20.35%	6374	53.86%	2788	23.56%	220	1.86%
12	1	B	11225	94.85%	45	0.38%	11225	94.85%	111	0.94%	431	3.64%
13	1	D	10423	88.07%	319	2.70%	440	3.72%	629	5.31%	10423	88.07%
14	1	B	8775	74.14%	1746	14.75%	665	5.62%	619	5.23%	8775	74.14%
15	1	B	8486	71.70%	3242	27.39%	8486	71.70%	12	0.10%	70	0.59%
16	1	B	9071	76.65%	128	1.08%	9071	76.65%	1604	13.55%	1006	8.50%
17	1	C	11761	99.37%	25	0.21%	20	0.17%	11761	99.37%	8	0.07%
18	1	D	4866	41.12%	3808	32.18%	1349	11.40%	1782	15.06%	4866	41.12%
19	1	B	9186	77.62%	1243	10.50%	9186	77.62%	761	6.43%	619	5.23%
20	1	B	7684	64.93%	731	6.18%	7684	64.93%	2058	17.39%	1322	11.17%
21	1	D	1755	14.83%	1129	9.54%	247	2.09%	8679	73.33%	1755	14.83%
22	1	D	8821	74.53%	494	4.17%	670	5.66%	1824	15.41%	8821	74.53%
23	1	C	11086	93.67%	74	0.63%	290	2.45%	11086	93.67%	361	3.05%
24	1	B	8343	70.49%	841	7.11%	8343	70.49%	947	8.00%	1655	13.98%
25	1	A	10704	90.44%	10704	90.44%	189	1.60%	583	4.93%	322	2.72%

（二）中基单选题正确率分层分析

如图 4-21 所示，在中基单选题目中，正确率 90% 以上的题目占比 32%，正确率在 80%~90% 之间的题目占比 12%，正确率 60%~80% 之间的题目占比 32%，正确率在 20% 以下的题目只有 1 道。单选题及格率达 76%，这表明中基单选题的难度偏简单。

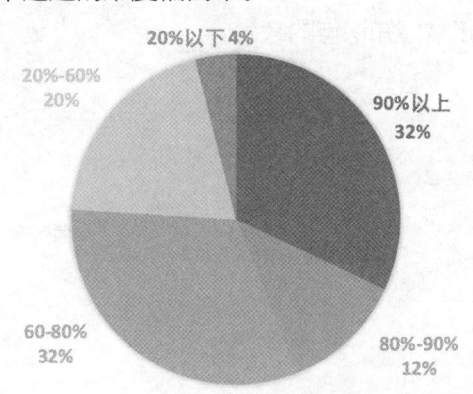

图 4-21　中基单选题正确率分布

（三）中基与初基的单个题目正确率情况比较分析

如图 4-22 所示，结合中基单选题的难度走势线来看，可以发现中基的单选题难度大致呈现开头和结尾较为简单，中间难度稍高的趋势；与前文初基单选题的难度趋势刚好相反。我们将初基和初实的必选单选题的正确率进行横向比较，发现中基的单选题相比初基更简单一些（正确率偏高）。

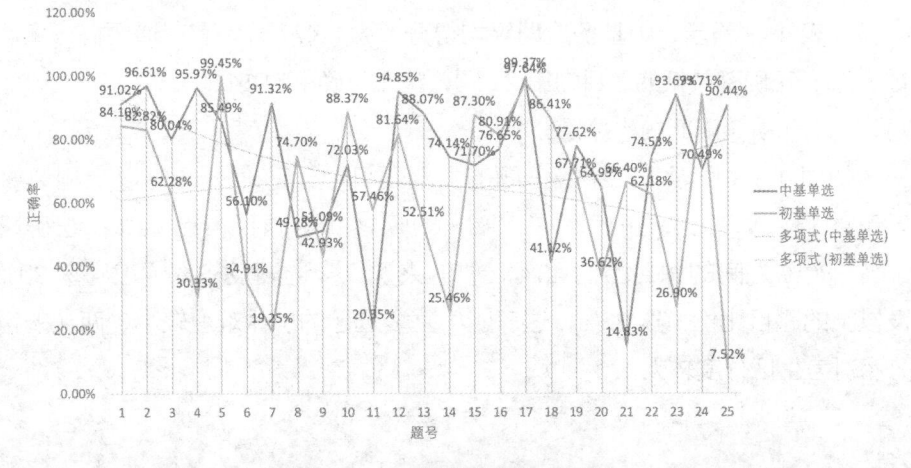

图 4-22　单选题正确率走势

另外，我们发现，这 25 道单选题中，正确率最低的题目为第 21 题，整体正确率为 14.83%，以下我们对这道题进行具体分析。

（四）低分题目分析

第 21 题的正确答案为 D（李某的继承人），正确率为 14.83%，73% 的人选择了 C（李某的继承人和张某），此干扰项非常有效，因其包含了正确选项，选对的考生才是真正掌握知识点的考生。

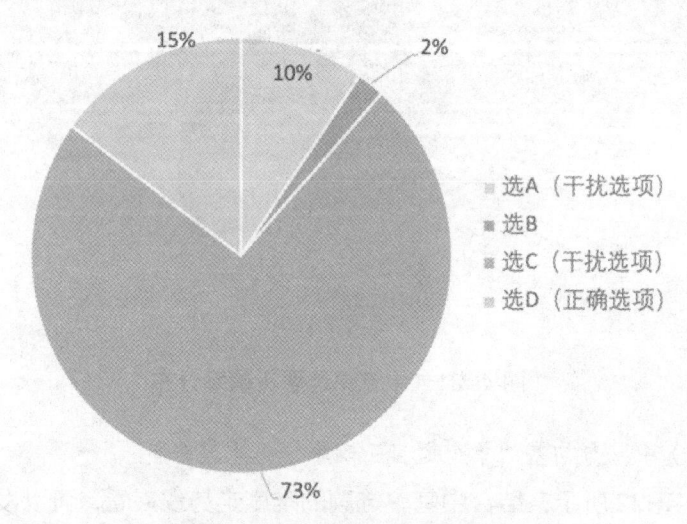

图 4-23　中基单选题 21 题得分率分布

二、多选题得分率统计及分层分析

（一）得分率

如表 4-9 所示，中基多选题平均得分率为 33.77 分。有三道题得分率超过 80%，正确率最低的题目为第 21 题，整体正确率为 14.83%。

（二）多选题正确率分层分析

如图 4-24 所示，在中基考题的多选题目中，正确率 90% 以上和 20% 以下的题目都较少，正确率在 20%~60% 之间的题目占比 14%；正确率 60%~80% 之间的题目占比 48%。总的来说，多选题及格率（正确率 60% 及以上的题目比例）达 83%，这表明中基多选题的总体难度较小，两头的得分率对考生区分度较大。

表 4-9 中基多选题考点得分率统计　　　　　　　　　　　　　　　　实考 11835 人

题号	分值	答案	总得分	得分率	选A人数	比例	选B人数	比例	选C人数	比例	选D人数	比例	选E人数	比例
26	2	BCE	13313	56.24%	2149	18.16%	10504	88.75%	6991	59.07%	1160	9.80%	10053	84.94%
27	2	ACDE	18827	79.54%	11512	97.27%	277	2.34%	10103	85.37%	7075	59.78%	9604	81.15%
28	2	ACD	20007.5	84.53%	11057	93.43%	1051	8.88%	11560	97.68%	11429	96.57%	417	3.52%
29	2	ACE	20999.5	88.72%	10756	90.88%	327	2.76%	11140	94.13%	119	1.01%	11361	95.99%
30	2	ABCE	18388	77.68%	11377	96.13%	10691	90.33%	6616	55.90%	203	1.72%	8630	72.92%
31	2	ABD	11066	46.75%	9536	80.57%	4048	34.20%	706	5.97%	9461	79.94%	1309	11.06%
32	2	BCE	11445	48.35%	426	3.60%	8829	74.60%	6779	57.28%	3121	26.37%	9320	78.75%
33	2	ABC	14753.5	62.33%	9099	76.88%	8170	69.03%	10254	86.64%	1301	10.99%	1018	8.60%
34	2	ABCD	18579	78.49%	11137	94.10%	10250	86.61%	7462	63.05%	8823	74.55%	212	1.79%
35	2	ACD	13895	58.70%	8175	69.07%	1367	11.55%	9663	81.65%	9093	76.83%	436	3.68%
36	2	ABD	10858	45.87%	6658	56.26%	10311	87.12%	529	4.47%	7613	64.33%	3413	28.84%
37	2	ABCD	10028	42.37%	3753	31.71%	6650	56.19%	7311	61.77%	7027	59.37%	3452	29.17%
38	2	DE	17146	72.44%	1709	14.44%	1064	8.99%	943	7.97%	11144	94.16%	10993	92.89%
39	2	ACE	10621	44.87%	8317	70.27%	1385	11.70%	9424	79.63%	2706	22.86%	6599	55.76%
40	2	ABCD	12105.5	51.14%	8034	67.88%	7286	61.56%	5462	46.15%	7492	63.30%	1964	16.59%
41	2	ABDE	8401.5	35.49%	11434	96.61%	7480	63.20%	4459	37.68%	3881	32.79%	1833	15.49%

续表

题号	分值	答案	总得分	得分率	选A人数	比例	选B人数	比例	选C人数	比例	选D人数	比例	选E人数	比例
42	2	BCE	6135	25.92%	4082	34.49%	7023	59.34%	8955	75.67%	3722	31.45%	6290	53.15%
43	2	CDE	17399.5	73.51%	328	2.77%	234	1.98%	11526	97.39%	10173	85.96%	7868	66.48%
44	2	ABDE	15607.5	65.94%	10731	90.67%	8301	70.14%	1746	14.75%	6873	58.07%	9468	80.00%
45	2	BCE	14087	59.51%	1182	9.99%	11184	94.50%	7250	61.26%	2003	16.92%	9226	77.96%
46	2	ADE	18172.5	76.77%	11647	98.41%	645	5.45%	292	2.47%	10731	90.67%	8572	72.43%
47	2	BC	19610.5	82.85%	919	7.77%	11358	95.97%	11386	96.21%	520	4.39%	611	5.16%
48	2	BDE	18661.5	78.84%	1280	10.82%	11419	96.49%	537	4.54%	9948	84.06%	10541	89.07%
49	2	ABC	6103	25.78%	8696	73.48%	5294	44.73%	5509	46.55%	6180	52.22%	3364	28.42%
50	2	ABD	9112.5	38.50%	8631	72.93%	9766	82.52%	3053	25.80%	5302	44.80%	2213	18.70%
51	2	ABE	11106.5	46.92%	8869	74.94%	10017	84.64%	2587	21.86%	4163	35.18%	6265	52.94%
52	2	ABD	6518	27.54%	11478	96.98%	4890	41.32%	1399	11.82%	3686	31.14%	4761	40.23%
53	2	ACDE	9606	40.58%	6879	58.12%	5682	48.01%	7809	65.98%	6568	55.50%	9993	84.44%
54	2	ABCE	12542	52.99%	9183	77.59%	3389	28.64%	10595	89.52%	1976	16.70%	6428	54.31%
55	2	BCDE	4525.5	19.12%	8060	68.10%	8597	72.64%	8133	68.72%	8584	72.53%	1986	16.78%

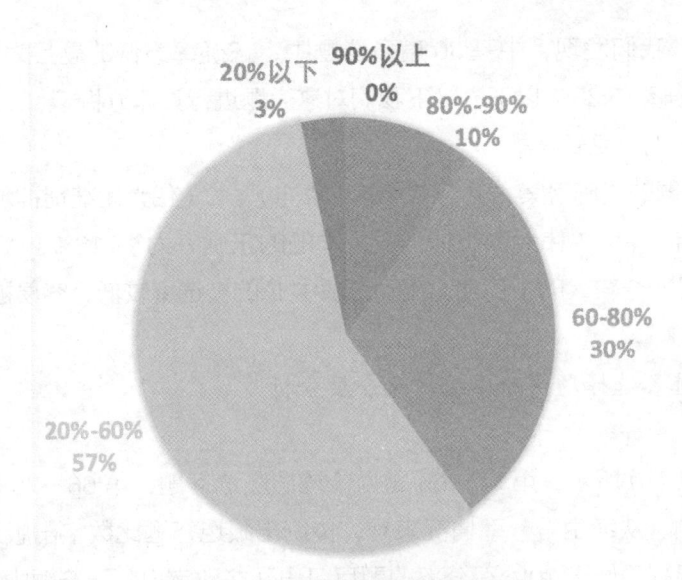

图 4-24　中基多选题正确率分布

（三）中基多选题单个题目正确率与初基对比分析

如图 4-25 所示，结合中基多选题的难度趋势线来看，可以发现中基的多选题难度大致呈现先易后难的趋势；与前文初基多选题类似。我们将初基和中基的必选多选题的正确率进行横向比较，发现中基的多选题难度相对于初基而言也稍微简单一些。

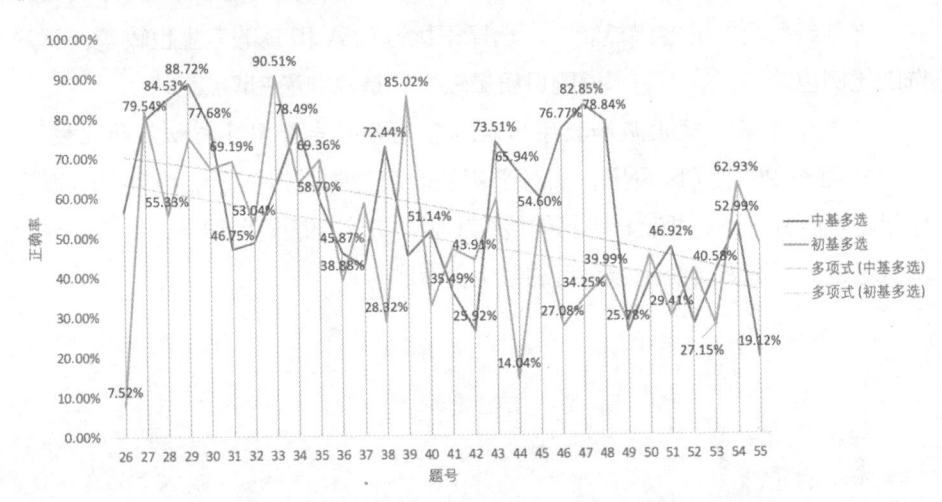

图 4-25　多选题单个题目正确率走势中基和初基比较

另外，我们发现，中基30道多选题中，正确率最低的题目为压轴题第55题，正确率在20%以下，以下我们对这道题进行具体分析。

（四）低分题目分析

第55题的正确答案为B（伟大奋斗精神）、C（伟大团结精神）、D（伟大创造精神）、E（伟大梦想精神），本题的正确率为19.12%，A（伟大拼搏精神）是一个较大的干扰项。正确选项中E的被选率较低，容易被漏选。

三、选答选择题得分率统计及分层分析

（一）得分率

如表4-10所示，第56—65题为传统出版选答题，第66—75题为数字出版选答题。从考生得分率情况来看，传统出版选答题比数字出版选答题整体得分率要高。低于20%得分率的题目只出现在数字出版选答题中，具体为第73和74题。

第73题正确率12.14%，正确答案为B（基于动态关联的按需重组技术）和D（内容资源的结构化加工技术），选A、C和E的考生都比较多，说明考生对这个知识点的掌握程度有待提高。

选答题中，第74题正确率为16.33%，正确答案为B（一般可以分为堆叠二维码和矩阵式二维码）、C（具有一维条码所没有的定位标记）、D（具有一维条码所没有的容错机制）。选择干扰选项A和E的考生也较多，而漏选的比例也较多，这表明本道题目质量较高，是易混淆知识点。

（二）中基传统出版和数字出版选答题各题走势图及与初基的比较

从图4-26中可以看出，相对于初基而言，中基传统出版和数字出版的题目的难度分布正好相反：中基的传统出版比数字出版简单很多，也就是说，本次考试对于选做传统出版题目的考生更有利。

表 4-10 中基选答选择题考点得分率统计

实考 11835 人

题号	分值	答案	总得分	得分率	选A人数	比例	选B人数	比例	选C人数	比例	选D人数	比例	选E人数	比例	选答题选做人数	比例
56	1	D	8603	76.05%	2238	19.78%	135	1.19%	333	2.94%	8603	76.05%	0		11310	95.56%
57	1	B	7904	69.87%	605	5.35%	7904	69.87%	2174	19.22%	618	5.46%	0		11302	95.50%
58	1	A	9198	81.30%	9198	81.30%	321	2.84%	80	0.71%	1710	15.12%	0		11313	95.59%
59	1	C	7447	65.83%	300	2.65%	588	5.20%	7447	65.83%	2969	26.24%	0		11307	95.54%
60	1	A	9099	80.43%	9099	80.43%	884	7.81%	418	3.69%	905	8.00%	0		11309	95.56%
61	2	ABDE	16152.5	71.39%	10962	96.90%	8039	71.06%	958	8.47%	8615	76.15%	7167	63.35%	11288	95.38%
62	2	ADE	20466	90.45%	11021	97.42%	162	1.43%	246	2.17%	10258	90.67%	10995	97.19%	11296	95.45%
63	2	ABD	11345	50.14%	10089	89.18%	6523	57.66%	2517	22.25%	10237	90.49%	1876	16.58%	11282	95.33%
64	2	ABE	6994	30.91%	8991	79.47%	9229	81.58%	5492	48.55%	2298	20.31%	5065	44.77%	11276	95.28%
65	2	ACD	9686	42.81%	9271	81.95%	2086	18.44%	10662	94.25%	8145	72.00%	4327	38.25%	11285	95.35%
66	1	B	521	83.23%	25	3.99%	521	83.23%	40	6.39%	32	5.11%	0		626	5.29%
67	1	C	396	63.26%	44	7.03%	56	8.95%	396	63.26%	100	15.97%	0		597	5.04%
68	1	D	272	43.45%	27	4.31%	28	4.47%	269	42.97%	272	43.45%	0		598	5.05%
69	1	C	387	61.82%	47	7.51%	51	8.15%	387	61.82%	111	17.73%	0		598	5.05%
70	1	D	324	51.76%	89	14.22%	99	15.81%	83	13.26%	324	51.76%	0		596	5.04%
71	2	ACDE	730.5	58.35%	484	77.32%	145	23.16%	519	82.91%	431	68.85%	444	70.93%	592	5.00%
72	2	ABE	642.5	51.32%	561	89.62%	391	62.46%	54	8.63%	160	25.56%	467	74.60%	593	5.01%
73	2	BE	152	12.14%	366	58.47%	291	46.49%	174	27.80%	243	38.82%	502	80.19%	589	4.98%
74	2	BCD	204.5	16.33%	240	38.34%	419	66.93%	224	35.78%	282	45.05%	332	53.04%	588	4.97%
75	2	CDE	349.5	27.92%	199	31.79%	187	29.87%	335	53.51%	345	55.11%	494	78.91%	594	5.02%

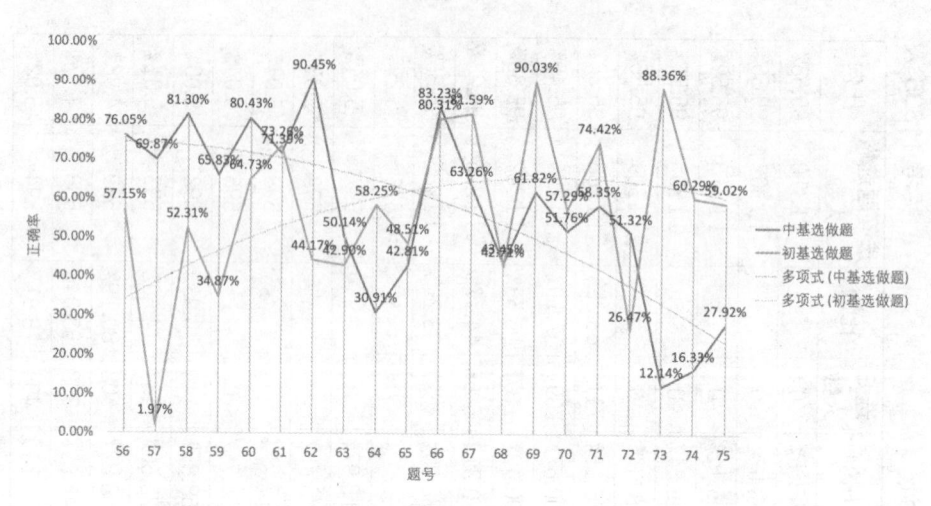

图4-26 选答题单个题目正确率走势中基和初基比较

（三）中基选答题与必答题分层对比分析

图4-27左为选答题的单选题正确率分层分布，图4-27右为必答题中单选题正确率分层分布结果。可以看出，相对于中基的必答单选题得分率反馈的难易程度而言，选答题的单选题更集中于中等难度题目。

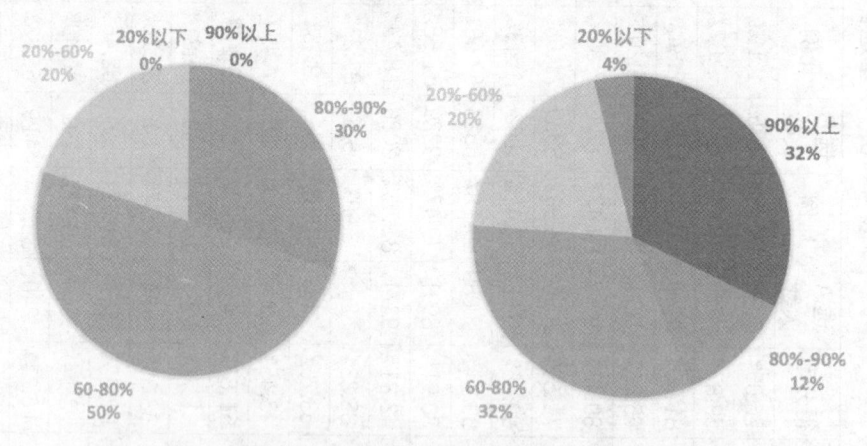

图4-27 中基选答题和必答题的单选题正确率分布对比

图4-28左为选答题的多选题正确率分布，图4-34右为必答多选题正确率分布结果，通过计算可知，选答题多选题的平均正确率为45.18%，必答题多选题的平均正确率为61.14%，总体来看，选答题多选题比必答题多选题的难度高。

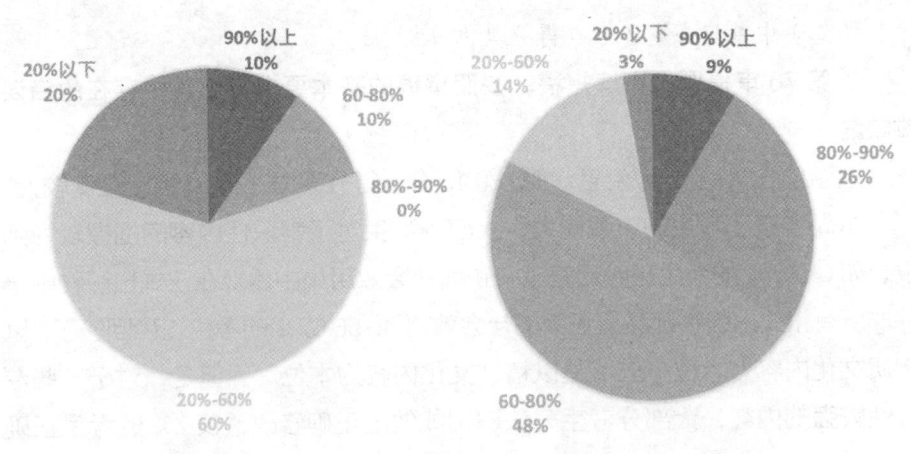

图 4-28　中基选答题和必答题的多选题正确率分布对比

四、中基综合题考点得分情况分析

（一）中基综合题总体情况分析

中基综合题总分 100 分，平均得分率为 47.88%，考题存在一定的难度，各个考题之间难度差异较大，且各题难度逐题下降。总体而言，考生在计算题上失分较小，对于一些知识点的判断出错率较大，特别是与国家所规定的编辑出版工作流程相关的知识点，正确回答问题的考生不足 30%。具体如图 4-29 所示。

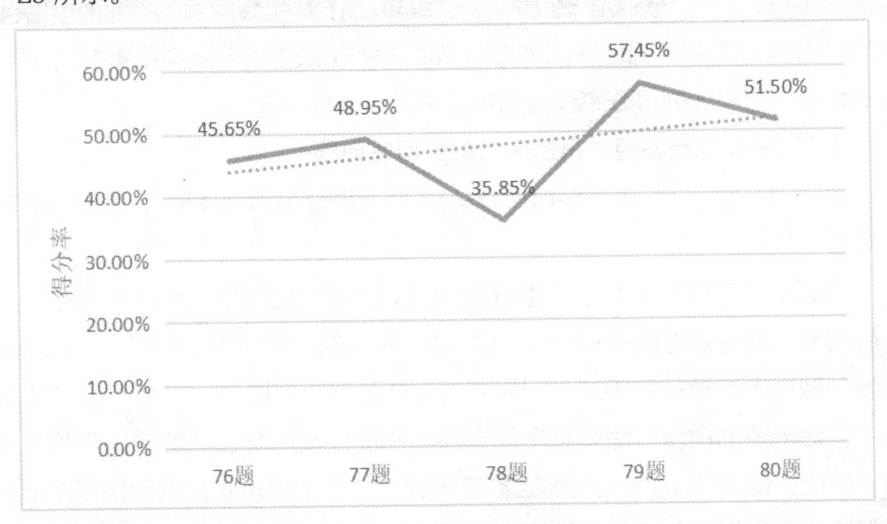

图 4-29　中基综合题正确率走势

（二）中基综合题各考点得分具体分析

1. 第 76 审稿题：审读短稿，按照审稿的基本要求指出其中存在的错误或缺漏

本题总分 20 分，考生平均得分 9.13 分，得分率 45.65%，题目难度较大。

本题考察了考生的审稿能力，大部分考生对于常识性内容的把握较为到位，如 66.67% 的考生正确回答了"正面社会效用集中体现在正式出版物中→并非所有正式出版物都具有正面的社会效用"；56.67% 的考生正确回答了"以物质文化内容为本位→应该是以精神文化内容为本位"。但是，对于一些专业性较强的内容，大部分考生无法识别或做出正确修改，仅 2% 的考生正确回答了考点"具有很强的社会化特征→创作活动具有很强的个体化特征，而不是社会化特征"；仅 12% 的考生正确回答了考点"努力实现社会效益与经济效益的有机统一→漏了'要将社会效益放在首位'这一十分重要的前提"。总体而言，本题对于考生的审稿能力要求较高，具有较大的难度。

2. 第 77 编辑加工题：阅读分析短稿，并按照稿件加工整理的规范进行编辑加工

本题总分 20 分，考生平均得分 9.79 分，得分率 48.95%，考题难度较大。

大部分考生能够正确把握文章的编辑格式，85% 的考生正确回答了考点"第二，……段→[另段起]"。相比而言，一些文字类、知识性错误具有较大的迷惑性，考点"规模→性质"、"编辑工作对社会发展的能动作用主要是通过出版工作来实现的→["编辑工作"与"出版工作"互换位置]"、"特有的特点→特点"的得分率仅为 23%、25%、9%。

3. 第 78 计算简答题：根据所给材料回答问题

本题总分 20 分，考生平均得分 7.17 分，得分率为 35.85%，考题具有较大难度。

本题主要考察考生对于出版行政管理有关规定的理解。大部分考生能够正确理解选题备案方面的知识点，61.33% 的考生正确回答了问题一"本选题应该办理重大选题备案手续，因为其内容涉及民族问题"。但是，超过 70% 的考生对于图书质量保障体系所规定各项制度以及出版社的编辑工作规范把握不到位，仅 20% 的考生正确回答了问题二"关于甲出版社贯彻执行图书质量保障体系所规定各项制度的情况，说法正确的有（DEG）"，29% 的考生

正确计算了本书的编校差错率，28% 的考生正确指出了甲出版社应受的处罚。问题二、问题四和问题五成为本题的最大失分点。

4. 第 79 计算题：根据所给材料计算后回答问题

本题总分 20 分，共五个问题，考生平均得分 11.49 分，得分率 57.45%，考题难度中等。

本题主要考察考生对于稿酬、个人所得税和增值税的理解和计算。85% 以上的考生能够正确回答问题一中的应得基本稿酬和应得稿酬总额，但在答题过程中，大部分考生忽略或者是错误计算了应付酬版面字数，造成了较大的失分。问题二、三、四、五主要考察考生对于个人所得税和增值税的计算，四个问题的得分率分别为 75%、72%、50.67%、61.4%，问题难度中等，具有一定的区分度。

5. 第 80 简答题：根据所给材料回答问题

本题总分 20 分，共五个问题，考生平均得分 10.21 分，得分率 51.5%，考题难度中等。

大部分考生对于作品类型、著作财产权保护期有正确的理解，91% 的考生正确回答了问题一"《父亲最后的来信》的作品种类属于（B）"并正确指出"'甲出版社辩称《父亲最后的来信》著作财产权保护期已经截止'这一说法不成立"。但是，大部分考生未能正确说明出版社出版《郑宇的来信》一书侵犯了著作权人的哪些权利及其原因，仅 33% 的考生正确回答了甲出版社侵犯郑明著作权的理由为"因为《郑宇的来信》与《父亲最后的来信》实际上为同一作品，著作权人应该是郑明，而甲出版社出版《郑宇的来信》时未经郑明许可且没付酬，也未为其署名"。

第四节　中实各题型得分率统计分析

一、中实单选题得分率统计及分层分析

（一）单选题正确率分析

如表 4-11 所示，中实单选题总分 25 分，平均得分为 17.94 分。得分率在 90% 以上的有两道题，第 1、6 和 18 题。中实单选题没有得分率低于 20% 的题目。

表 4-11 中实单选题考点得分率统计 实考 11514 人

题号	分值	答案	总得分	得分率	选A人数	比例	选B人数	比例	选C人数	比例	选D人数	比例
1	1	D	11206	97.32%	29	0.25%	167	1.45%	93	0.81%	11206	97.32%
2	1	D	8292	72.02%	260	2.26%	715	6.21%	2226	19.33%	8292	72.02%
3	1	B	2586	22.46%	724	6.29%	2586	22.46%	4451	38.66%	3730	32.40%
4	1	C	9108	79.10%	1644	14.28%	565	4.91%	9108	79.10%	178	1.55%
5	1	B	10158	88.22%	487	4.23%	10158	88.22%	643	5.58%	208	1.81%
6	1	A	10809	93.88%	10809	93.88%	156	1.35%	60	0.52%	467	4.06%
7	1	C	7321	63.58%	283	2.46%	1103	9.58%	7321	63.58%	2778	24.13%
8	1	A	10069	87.45%	10069	87.45%	301	2.61%	406	3.53%	717	6.23%
9	1	C	8617	74.84%	179	1.55%	2294	19.92%	8617	74.84%	404	3.51%
10	1	A	10203	88.61%	10203	88.61%	266	2.31%	279	2.42%	746	6.48%
11	1	D	9585	83.25%	830	7.21%	645	5.60%	429	3.73%	9585	83.25%
12	1	B	9909	86.06%	229	1.99%	9909	86.06%	944	8.20%	412	3.58%
13	1	C	4570	39.69%	267	2.32%	4970	43.16%	4570	39.69%	1686	14.64%
14	1	C	6002	52.13%	1742	15.13%	2667	23.16%	6002	52.13%	1080	9.38%
15	1	B	9437	81.96%	1039	9.02%	9437	81.96%	339	2.94%	680	5.91%
16	1	A	6159	53.49%	6159	53.49%	753	6.54%	2063	17.92%	2522	21.90%
17	1	A	7088	61.56%	7088	61.56%	879	7.63%	2368	20.57%	1156	10.04%
18	1	D	11052	95.99%	51	0.44%	242	2.10%	150	1.30%	11052	95.99%
19	1	B	8566	74.40%	991	8.61%	8566	74.40%	1065	9.25%	867	7.53%
20	1	C	4797	41.66%	2373	20.61%	275	2.39%	4797	41.66%	4042	35.11%
21	1	D	9832	85.39%	177	1.54%	546	4.74%	941	8.17%	9832	85.39%
22	1	D	4922	42.75%	2165	18.80%	2472	21.47%	1912	16.61%	4922	42.75%
23	1	A	9638	83.71%	9638	83.71%	113	0.98%	539	4.68%	1203	10.45%
24	1	B	8081	70.18%	1095	9.51%	8081	70.18%	1319	11.46%	1001	8.69%
25	1	D	8592	74.62%	843	7.32%	1120	9.73%	930	8.08%	8592	74.62%

（二）单选题得分率分层分析

如图 4-30 所示，在中实考题的单选题目中，答题正确率达 90% 以上的题目占比 12%，正确率在 80%~90% 之间的题目占比 32%，正确率 60%~80% 之间的题目占比 32%，没有正确率在 20% 以下的题目。单选题及格率达 76%，这表明中实单选题的难度偏简单，简单题和中难题分布比较均匀。

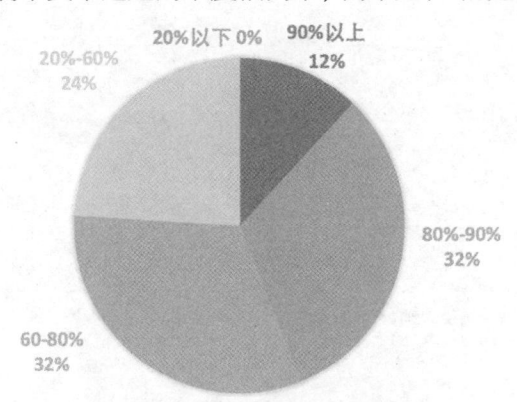

图 4-30　中基单选题正确率分布

（三）单选题单个题目得分率趋势与中基对比分析

如图 4-31 所示，结合单选题的难度走向趋势线来看，可以发现中实的单选题难度趋势线比较平缓，与中基单选题相比，中实两头的题目比中基高，中间十多题得分率趋势线略高于中基，说明难度较中基低些。

另外，我们发现，中实 25 道单选题中，没有正确率低于 20% 的题目，因此不对这部分的单个题目进行具体分析。

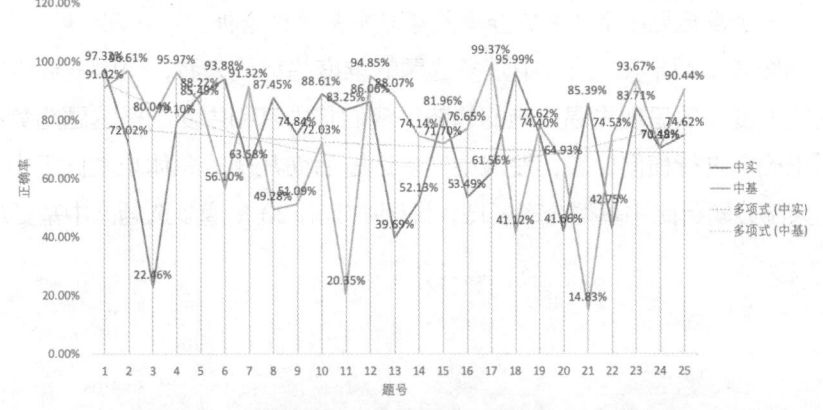

图 4-31　单选题单个题目得分率走势与中基对比

二、多选题正确率分析

（一）得分率

如表 4-12 所示，中实多选题总分 60 分，平均得分为 30.15 分。中实多选题没有答题正确率 90% 以上的题目，20% 以下的题目为第 48 题。

（二）多选题得分率分层分析

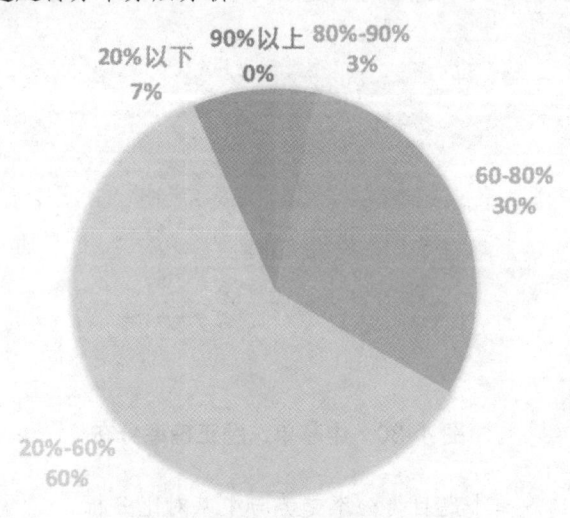

图 4-32　中实多选题得分率分布

如图 4-32 所示，在中实考题的多选题目中，没有正确率 90% 以上的题目，20% 以下的题目仅一道，正确率在 20%~60% 之间的题目占比 60%；正确率 60%~80% 之间的题目占比 30%。总的来说，多选题及格率（正确率 60% 及以上的题目比例）达 33%，这表明中实多选题的难度较单选题更难。

（三）多选题单个题目得分率趋势与中基对比分析

如图 4-33 所示，结合中基多选题的难度趋势线来看，可以发现中实的多选题难度大致呈现先易后难的趋势。我们将中基和中实的多选题趋势线反映的正确率进行横向比较，发现中实多选题后面几题的总体难度低于中基，前面大部分题目比中基得分率要低，说明中实前 20 多道多选题比中基更难。

表 4-12 中实多选题考点得分率统计

实考 11514 人

题号	分值	答案	总得分	得分率	选A人数	比例	选B人数	比例	选C人数	比例	选D人数	比例	选E人数	比例
26	2	ACD	14499.5	62.96%	10140	88.07%	534	4.64%	10388	90.22%	9505	82.55%	2851	24.76%
27	2	ACE	17071.5	74.13%	9662	83.92%	2070	17.98%	11298	98.12%	207	1.80%	10461	90.85%
28	2	BCE	18429.5	80.03%	189	1.64%	10081	87.55%	10794	93.75%	380	3.30%	9631	83.65%
29	2	BCD	13943	60.55%	1698	14.75%	10723	93.13%	8890	77.21%	7289	63.31%	222	1.93%
30	2	BCD	7109.5	30.87%	5607	48.70%	6568	57.04%	7843	68.12%	7734	67.17%	2797	24.29%
31	2	ACE	9224.5	40.06%	8908	77.37%	1492	12.96%	10068	87.44%	4700	40.82%	8523	74.02%
32	2	ACD	12982.5	56.38%	9335	81.08%	177	1.54%	8779	76.25%	7506	65.19%	1869	16.23%
33	2	ACE	8414	36.54%	9597	83.35%	3446	29.93%	3510	30.48%	1282	11.13%	8513	73.94%
34	2	AB	17564.5	76.27%	10294	89.40%	11144	96.79%	139	1.21%	391	3.40%	1979	17.19%
35	2	BCE	6789	29.48%	5619	48.80%	8319	72.25%	4658	40.46%	972	8.44%	7592	65.94%
36	2	ACE	12153	52.77%	4372	37.97%	1451	12.60%	9952	86.43%	516	4.48%	11050	95.97%
37	2	BCD	2802	12.17%	7265	63.10%	3943	34.25%	4595	39.91%	4131	35.88%	3197	27.77%
38	2	BCD	7372	32.01%	4895	42.51%	7811	67.84%	3972	34.50%	9889	85.89%	940	8.16%
39	2	BDE	10761	46.73%	509	4.42%	9455	82.12%	2480	21.54%	6282	54.56%	7875	68.39%
40	2	ABC	12729.5	55.28%	8216	71.36%	8784	76.29%	9655	83.85%	2426	21.07%	363	3.15%

续表

题号	分值	答案	总得分	得分率	选A人数	比例	选B人数	比例	选C人数	比例	选D人数	比例	选E人数	比例
41	2	BDE	8575	37.24%	4281	37.18%	6703	58.22%	1006	8.74%	9002	78.18%	7125	61.88%
42	2	BC	12654	54.95%	2491	21.63%	11055	96.01%	11140	96.75%	3251	28.24%	643	5.58%
43	2	ABCD	15941	69.22%	10669	92.66%	10115	87.85%	7577	65.81%	5210	45.25%	821	7.13%
44	2	ADE	17153.5	74.49%	11405	99.05%	417	3.62%	1272	11.05%	10292	89.39%	8767	76.14%
45	2	ACE	12657.5	54.97%	9309	80.85%	241	2.09%	8800	76.43%	890	7.73%	6121	53.16%
46	2	ABD	15882.5	68.97%	10757	93.43%	10148	88.14%	214	1.86%	8508	73.89%	1811	15.73%
47	2	BCD	8611.5	37.40%	3079	26.74%	8912	77.40%	6543	56.83%	5675	49.29%	4368	37.94%
48	2	ACD	2609	11.33%	8450	73.39%	9381	81.47%	3915	34.00%	9475	82.29%	289	2.51%
49	2	BCE	10462	45.43%	1890	16.41%	5103	44.32%	10686	92.81%	1356	11.78%	8286	71.96%
50	2	ABCD	14424	62.64%	7444	64.65%	7497	65.11%	2922	25.38%	11108	96.47%	62	0.54%
51	2	BCD	13735.5	59.65%	2455	21.32%	10636	92.37%	10744	93.31%	6641	57.68%	1007	8.75%
52	2	AE	18184.5	78.97%	10758	93.43%	445	3.86%	1157	10.05%	1092	9.48%	9912	86.09%
53	2	BCD	7074	30.72%	2270	19.72%	6610	57.41%	7955	69.09%	8647	75.10%	4566	39.66%
54	2	BCD	6028	26.18%	6121	53.16%	8801	76.44%	8019	69.65%	8266	71.79%	2616	22.72%
55	2	BCD	11354	49.31%	2191	19.03%	10591	91.98%	6401	55.59%	9853	85.57%	1725	14.98%

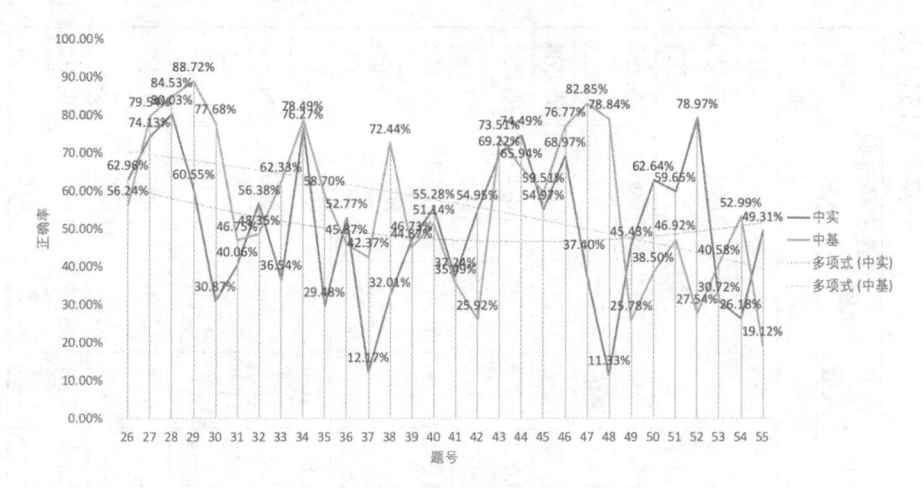

图 4-33　多选题单个题目得分率趋势与中基对比

另外，我们发现，中实的 25 道多选题中，正确率低于 20% 的有两道，分别为第 37 题和第 48 题。以下我们对这两道题进行具体分析。

（四）低分题目分析

第 37 题的正确答案为 BCD，总体正确率为 12.17%，63.1% 的人选择了 A 干扰项，27.77% 的考生选择了 E 干扰项。这说明干扰项设置较为成功。

第 48 题的正确答案为 ACD，总体正确率为 11.33%，而选 C 的考生很少。E 不构成干扰项，81.47% 的考生选择了 B 干扰项，这说明 B（视频画面中的外文）干扰项设置较为成功，C（按钮）容易漏选。

三、选答选择题得分率分析

（一）得分率

如表 4-13 所示，第 56—65 题为传统出版选答题，第 66—75 题为数字出版选答题。从考生得分率来看，传统出版选答第 56 题得分率高于 90%，数字出版选答题则没有高于 90% 的题目。中实的传统出版选答题中出现 3 道得分率低于 20% 的题目，分别是第 59 题，第 61 题，第 62 题。以下对得分率低的题目进行分析。

选答第 59 题正确率较低，为 14.38%，正确答案为 C（起脊），超过一半的考生选择了 A（开料），21% 的考生选择了 D（压平），说明这道题是一个比较容易被考生忽略的考点。

表 4-13 中实选答选择题考点得分率统计

题号	分值	答案	总得分	得分率	选A人数	比例	选B人数	比例	选C人数	比例	选D人数	比例	选E人数	比例	选答题选做人数	比例
56	1	A	10259	93.48%	10259	93.48%	233	2.12%	247	2.25%	228	2.08%	0		10975	95.32%
57	1	C	7577	69.04%	178	1.62%	1958	17.84%	7577	69.04%	1246	11.35%	0		10963	95.21%
58	1	B	8823	80.39%	101	0.92%	8823	80.39%	510	4.65%	1536	14.00%	0		10974	95.31%
59	1	C	1578	14.38%	5994	54.62%	1069	9.74%	1578	14.38%	2324	21.18%	0		10970	95.28%
60	1	B	8311	75.73%	905	8.25%	8311	75.73%	369	3.36%	1376	12.54%	0		10968	95.26%
61	1	ACD	3732	17.00%	8033	73.19%	7156	65.20%	9709	88.46%	1800	16.40%	946	8.62%	10952	95.12%
62	1	BCDE	4070.5	18.54%	7903	72.01%	4731	43.11%	7253	66.09%	8351	76.09%	3652	33.28%	10947	95.08%
63	2	ABCD	12029.5	54.80%	6017	54.82%	8903	81.12%	6056	55.18%	6551	59.69%	1953	17.79%	10947	95.08%
64	2	ABD	9771	44.51%	8047	73.32%	7817	71.23%	1900	17.31%	6214	56.62%	1176	10.72%	10951	95.11%
65	2	ACE	14709	67.01%	10173	92.69%	843	7.68%	9542	86.94%	1998	18.21%	7706	70.21%	10952	95.12%
66	2	D	534	87.97%	20	3.29%	18	2.97%	22	3.62%	534	87.97%	0		607	5.27%
67	2	A	498	82.04%	498	82.04%	53	8.73%	25	4.12%	5	0.82%	0		583	5.06%
68	2	B	468	77.10%	10	1.65%	468	77.10%	28	4.61%	72	11.86%	0		581	5.05%
69	2	C	303	49.92%	150	24.71%	46	7.58%	303	49.92%	78	12.85%	0		580	5.04%
70	2	D	202	33.28%	10	1.65%	152	25.04%	215	35.42%	202	33.28%	0		582	5.05%
71	2	ACD	434	35.75%	509	83.86%	276	45.47%	536	88.30%	334	55.02%	97	15.98%	576	5.00%
72	2	ACE	706	58.15%	550	90.61%	130	21.42%	460	75.78%	47	7.74%	452	74.46%	574	4.99%
73	2	AB	844	69.52%	559	92.09%	460	75.78%	68	11.20%	13	2.14%	44	7.25%	576	5.00%
74	2	BC	591	48.68%	76	12.52%	471	77.59%	354	58.32%	169	27.84%	110	18.12%	575	4.99%
75	2	ABCD	507.5	41.80%	324	53.38%	344	56.67%	509	83.86%	223	36.74%	190	31.30%	576	5.00%

实考 11514 人

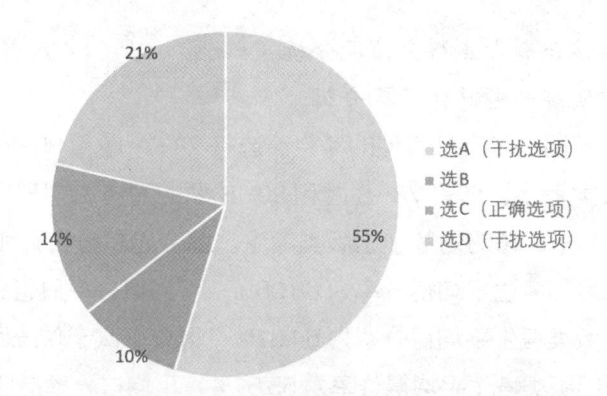

图 4-34　中实选答题第 59 题得分率分布

选答第 61 题的整体正确率为 17%，正确答案为 ACD。选择干扰选项 B 的考生较多，而漏选 D 的比例也较多，这表明本道题目质量较高，是易混淆知识点。

第 62 题的整体正确率为 18.54%，正确答案为 BCDE，错选 A 干扰项的考生达到 25%，表示此 A 干扰项的设置非常成功，同时考生漏选 B 和 E 的可能性较大。

（二）传统出版和数字出版选答题得分率比较

如图 4-35 所示，从整体得分率趋势看，中实传统出版选答题得分率高于数字出版选答题。和初实类似，中实的传统出版和数字出版的题目的难度分布较为一致，但中实的选答题得分率趋势线整体高于初实，说明初实选答选择题难度更高一些。

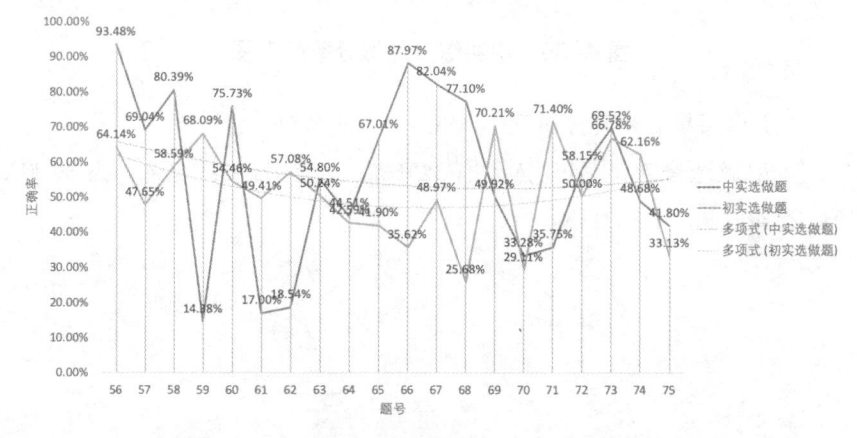

图 4-35　中实选答选择题得分率走势与初实比较

四、中实综合题考点得分情况分析

（一）中实综合题总体情况分析

中实综合题测试了三种类型的考生。选答 78-A 题和 80-A 题的考生为传统图书出版类考生，选答 78-B 题和 80-B 题的为传统期刊出版类考生，选答 78-C 和 80-C 题的为数字出版类考生。综合题总分合计 100 分，选传统图书出版题目的考生平均得分率为 68.05%，平均得分率显著高于其他两类考生；数字出版类考生平均得分率为 64.67%，得分率次于传统图书出版类考生；传统期刊出版类考生平均得分率为 55.51%，平均得分率最低。

总体而言，中实综合题难度波动较大，不同题目之间难度差异大。与传统图书出版类考题和数字出版类考题相比，传统期刊出版类考题难度显著较大。

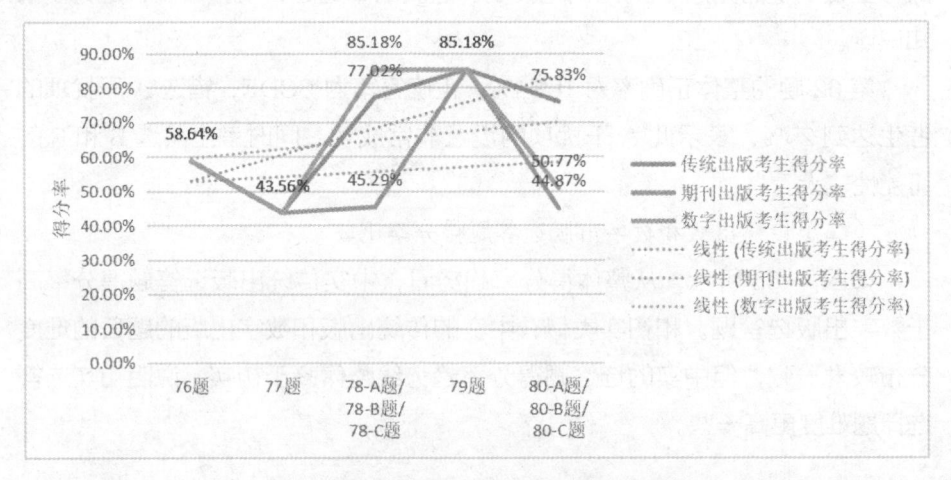

图 4-36　中实综合题得分率趋势图

（二）中实综合题得分情况

1.第 78 题选答 A 的 7457 人，占 64.76%；选答 B 的 4187 人，占 36.36%；选答 C 的 466 人，占 4.05%。

表 4–14　中实综合 78 题选答情况

报考 16598 人，实考 11514 人

选答情况	答题人数	比例1(%)	A得分≥12(人)	比例2(%)	B得分≥12(人)	比例3(%)	C得分≥12(人)	比例4(%)
A、B、C题全答	192	1.7	48	25.0	0	0	151	78.6
答A、B题	334	2.9	152	45.5	11	3.3	—	—
答A、C题	26	0.2	7	26.9	—	—	17	65.4
答B、C题	13	0.1	—	—	0	0	11	84.6
仅答A题	6905	60.0	5377	77.9	—	—	—	—
仅答B题	3661	31.8	—	—	510	13.9	—	—
仅答C题	235	2.0	—	—	—	—	216	91.9
A、B、C题均未答	148	1.3	—	—	—	—	—	—

说明：比例1为答题人数占实考人数的比例；比例2、3、4均为得分≥12分者占答题人数的比例。

2. 第 80 题选答 A 的 5733 人占 49.79%；选答 B 的 5190 人，占 45.08%，选答 C 的 433 人占 3.76%。

表 4–15　中实综合 80 题选答情况

选答情况	答题人数	比例1(%)	A得分≥12(人)	比例2(%)	B得分≥12(人)	比例3(%)	C得分≥12(人)	比例4(%)
A、B、C题全答	52	0.5	7	13.5	4	7.7	3	5.8
答A、B题	106	0.9	38	35.8	12	11.3	—	—
答A、C题	6	0.05	1	16.6	—	—	0	0
答B、C题	100	0.8	—	—	6	6.0	3	3.0
仅答A题	5569	48.4	4324	77.6	—	—	—	—
仅答B题	4932	42.8	—	—	1666	33.78	—	—
仅答C题	275	2.4	—	—	—	—	52	18.9
A、B、C题均未答	474	4.1	—	—	—	—	—	—

说明：比例1为答题人数占实考人数的比例；比例2、3、4均为得分≥12分者占答题人数的比例。

(三) 中实综合题各题详细情况分析

1. 第 76 写作题：根据所给材料撰写约稿信

本题总分 20 分，考生平均得分 11.73 分，得分率 58.64%。

其中约稿缘由、内容主题、字数、交稿时间的得分率在 60% 以上，"作品形式""写作注意事项"得分率不到 20%。

2. 第 77 编辑加工题：阅读分析短稿，并按照稿件加工整理的规范进行编辑加工

本题总分 20 分，考生平均得分 8.71 分，得分率 43.56%。

本题得分率整体不高，说明考生在编辑加工方面普遍存在细节方面的问题。特别地，"腮→鳃"（有 2 处）的得分率仅为 3.0%，"它们→它的"得分率仅为 19%，说明考生在汉字的正确拼写和称谓用法上存在较大问题。

3. 第 78-A 简答题：根据所给材料回答问题

本题总分 20 分，共两个问题，考生平均得分 15.40 分，得分率为 77.02%。

其中，问题一共 4 分，平均得分 3.37 分，得分率 84.21%。问题二共 16 分，平均得分 10.64，得分率为 66.49%。表明相较于图书部件的著录项目及其形式规范，考生对开本和纸张选用有更准确的理解。

就问题二而言，考点书名应包括并列书名和其他信息，即缺漏"陪孩子走出叛逆青春期"、考点翻译书要标译者名，即"连城　译"、考点万里海江→万里海江出版社，出版者要用全称的得分率超过 80%，而考点 [添加"北京"]，出版者要标明其所在地的得分率仅为 18.29%。

4. 第 78-B 简答题：根据所给材料回答问题

本题总分 20 分，考生平均得分 9.06 分，得分率 45.29%。本题具体分为两个部分，分别是版本记录块部分和目次表部分。

其中，版本记录块部分一共 12 分，平均得分 3.64 分，得分率 30.31%。说明该部分对考生而言难度较大，考点删除刊名的书名号、补充刊期"月刊"，得分率均不到 20%，而考点补充创刊年份"1996 年创刊"、补充出版日期"2019 年 1 月 5 日出版"，得分率仅介于 20% 到 30% 之间。这显然表明考生对于版本记录块知识的掌握不够牢固。

目次表部分共 8 分，平均得分 5.06 分，得分率 63.25%，较第一部分得分率明显提升。特别地，考点"视界"改成左齐或栏目标题全部居中、"技术前沿"字体改成与其他栏目名称相同，正确率达到 80% 以上，这说明考生对于目次表条目格式应统一的要求能熟练掌握。

5. 第 78-C 简答题：根据所给材料回答问题

本题总分 20 分，考生平均得分 17.04 分，得分率 85.18%。可见，本题对于考生而言难度较小，对知识点有相对清晰的把握。

具体而言，本题共分为三个问题，问题一共 8 分，平均得分 6.10 分，得分率 76.22%；问题二共 4 分，平均得分 3.90 分，得分率 77.24%；问题三共 5 分，平均得分 4.53 分，得分率 90.59%。从三个部分的得分率来看，考生对于数字出版产品策划方面的页面图的布局及其内容设置掌握程度最好，其次是数据库内容需求结构图。

6. 第 79 校对题：通读并纠正校样中的错误

本题总分 20 分，考生平均得分 17.04 分，得分率 85.18%。从得分率来看，本题的难度较小，没有得分率低于 20% 的极端难题。

7. 第 80-A 计算题：根据所给材料回答问题

本题总分 20 分，考生平均得分 15.17 分，得分率 75.83%。本题分为五个小问题，问题一共 7 分，平均得分 5.77 分，得分率为 82.42%。问题一在所有小问题中的得分率最高，表明考生较好掌握纸张费用总额的计算。问题四的得分率最低，为 60.66%。这表明考生不太擅长固定成本总额的计算，这可能是由于考生对于校对费应该归属什么成本难以判断。

8. 第 80-B 简答题：根据所给材料回答问题

本题总分 20 分，考生平均得分 8.97 分，得分率 44.87%。具体而言，本题包含四个小问题，其中问题一"说法或处理方案正确的是（CDG）"。得分率仅为 22.69%，在所有问题中属于最难的，这可能是由于在列出的 7 个选项中，只要误选 1 个就不能得分的缘故。问题二的平均得分率为 44.67%，属于相对困难的题型。其中，"E 项是因为这样处理会导致该期刊物的总页面数减少 2 面，不符合期刊总页面数至少在一年内应保持稳定的规范""F 项是因为这样处理会导致该期刊物的总页面数增加 2 面，也不符合期刊总页面数至少在一年内应保持稳定的规范"得分率不到 30%。这可能是因为目前很多期刊在每期页面数安排上比较随意，不注意各期期刊应该相对保持整体性的行业规范。问题三和问题四的平均得分率在 50%~60% 之间,高于整体平均得分率。

9. 第 80-C 简答题:根据所给材料回答问题

本题共分为 5 个问题,总分 20 分,考生平均得分 10.15 分,得分率 50.77%。可见,本题难易程度对等。其中,问题一的考点"有问题"得分率最高,所有考生都能答对。问题二的考点"可以采用的限制技术有限制使用范围、限制打印等"和问题三的考点"应该做的工作主要包括功能测试、性能测试、安全测试、易用性测试等"的得分率分别为 21.25% 和 12.75%,得分率特别低。由此可见,本题能够使考生之间拉开较大的差距。

第五章 2018 年度出版专业技术人员职业资格考试评价

表 5-1 为不同科目对应的平均分、最高分、最低分以及标准差和方差。可以看到选答题和综合题的标准差最大。

表 5-1 四门科目得分分布

		均值	极大值	极小值	标准差	方差
初级基础	单选	15	24	4	3	9
	多选	30.6	55	6.5	6.7	44.6
	选答	7.8	21	0	2.6	6.8
	综合	64.2	97.5	0	15.1	226.8
	总分	118.1	185.5	16.5	23.5	553.5
初级实务	单选	18	25	0	4	13
	多选	31.7	57	0	8.3	68.2
	选答	7.8	21	0	3	9.2
	综合	57.4	94	0	18.3	336.5
	总分	115.3	184	7	29.4	864.7
中级基础	单选	18	25	0	3	8
	多选	33.8	58	0	7.1	50.4

续表

		均值	极大值	极小值	标准差	方差
中级基础	选答	9.4	20.5	0	2.5	6.3
	综合	48.3	93.5	0	17.7	311.6
	总分	109.7	181.5	2	26.6	706.8
中级实务	单选	18	25	0	3	12
	多选	30.2	55	0	7.7	59.9
	选答	7.5	19.5	0	2.2	4.8
	综合	58.3	110	0	15.1	227.8
	总分	113.9	180.5	14	24.3	591.4

第一节　试卷难度分析

一、考后得分情况反映的试卷难度的 P 值分析

试题难度是指测验题目的难易程度，难度系数用 P 表示，且 $0 \leq P \leq 1$。对是非题和一般文字型的题目，我们可以统一为 P=M/W（M：全体学生某题的平均得分；W：某题规定的最高得分）。题目越简单，P 值越大，反之题目越困难，P 值越小。下图是试题难度的评价指标。

表 5-2　题目难度评价表

题目难度	评价结果
P > 0.7	较易题
$0.4 \leq P \leq 0.7$	中等难度题
P < 0.4	较难题

表 5-3 是四门科目对应每部分试题的难度系数。

表 5-3 四门科目各题型难度系数

		单选	多选	选答	综合	总分
	满分	25	60	15	100	200
初级基础	平均分	15.50	30.56	7.84	64.17	118.07
	难度系数	0.62	0.51	0.52	0.64	0.59
初级实务	平均分	18.34	31.68	7.84	57.45	115.30
	难度系数	0.73	0.53	0.52	0.57	0.58
中级基础	平均分	18.24	33.81	9.38	48.27	109.70
	难度系数	0.73	0.56	0.63	0.48	0.55
中级实务	平均分	17.96	30.18	7.47	58.30	113.91
	难度系数	0.72	0.50	0.50	0.58	0.57

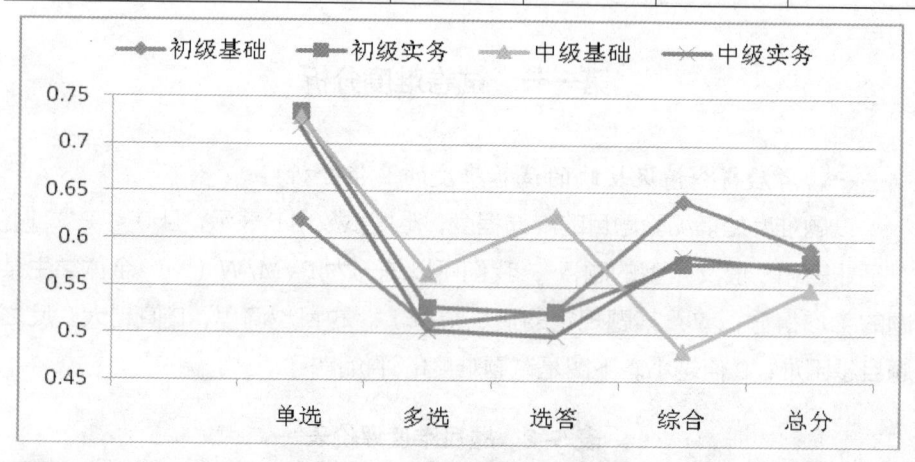

图 5-1 四门科目难度折线图

从折线图中，可以得知每套题的不同类型题的难度走向是单选题比较容易，多选题难，选答题的难度大部分趋于单选和多选题难度中间，除了中级基础的综合题比较困难以外，其他三套试卷的综合题相对容易。最终，四套试卷的整体难度趋于一致。

二、考前大纲难度和命题人自拟难易程度的考试难度分析

2018年度出版专业技术人员职业资格考试大纲中提到了知识点的重要程度等级分为三级：掌握、熟悉和了解。为了方便分析，对大纲中要求是掌握

的题目赋分 3 分,熟悉赋分 2 分,了解赋分 1 分。除了大纲里面的难度梯度以外,命题人根据多年的工作经验对题目也有一个难度划分,分别是:较易、中等和较难。为了方便分析,同样对这三个等级进行赋分,较易赋分 3 分,中等赋分 2 分,较难赋分 1 分。根据对于不同类型的题目计算出该类型的难度平均值。为了兼顾大纲难度以及命题人自拟难度,考虑把大纲难度和命题人进行加权,两者相乘得到一个合成的难度,合成难度的范围是 1—9,为了便于跟试卷难度(范围:0—1)进行对比,对合成的难度进行简单处理:即(合成难度—1)÷(9—1),使其范围也在 0—1 之间,具体参见表 5-4。

表 5-4 四门科目难度表

类型	题目类型	大纲难度	命题人难度	合成难度(处理后)	试卷难度
初级基础	单选	2.28	2.20	0.50	0.62
	多选	2.50	2.10	0.53	0.51
	选答	2.65	2.00	0.54	0.52
	综合	3.00	1.00	0.25	0.64
初级实务	单选	2.60	2.32	0.63	0.73
	多选	2.63	2.03	0.54	0.53
	选答	2.35	2.10	0.49	0.52
	综合	3.00	1.00	0.25	0.57
中级基础	单选	2.60	2.24	0.60	0.73
	多选	2.70	1.97	0.54	0.56
	选答	2.30	2.35	0.55	0.63
	综合	3.00	1.00	0.25	0.48
中级实务	单选	2.56	2.24	0.59	0.72
	多选	2.73	1.80	0.49	0.50
	选答	2.10	2.15	0.44	0.50
	综合	3.00	1.11	0.29	0.58

从以下折线图中,可以发现合成难度和试卷本身的难度在单选题、多选题和选答题上还是相对比较一致的,在综合题难度这个分歧有点大,即试卷的难度比合成的难度要大,说明考生能够根据考试大纲的要求有针对性地备

考，把考试重点放到了综合题，最终得到的分数还不错。这也与试卷本身的结构一致，因为综合题的分值占到了试卷满分的二分之一。

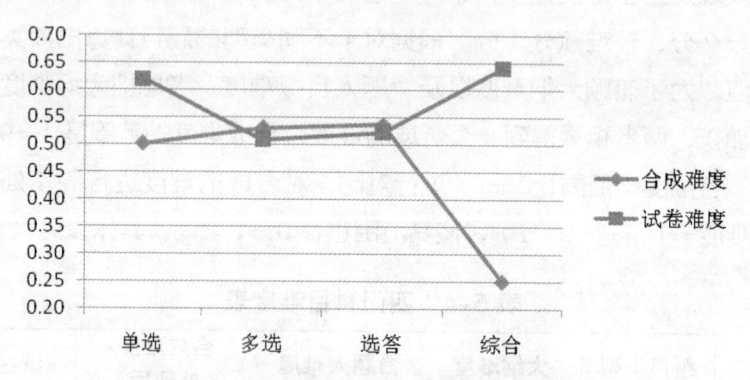

图 5-2　初基考前考后难度系数对比图

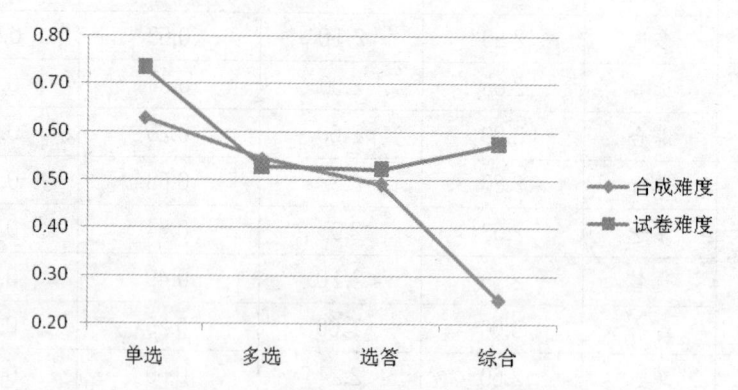

图 5-3　初实考前考后难度系数对比图

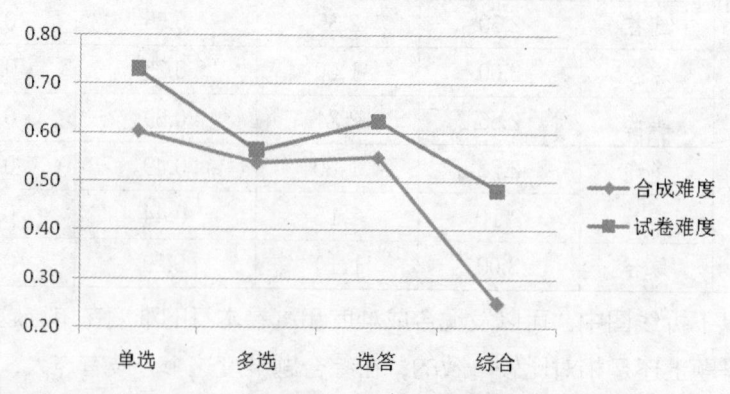

图 5-4　中基考前考后难度系数对比图

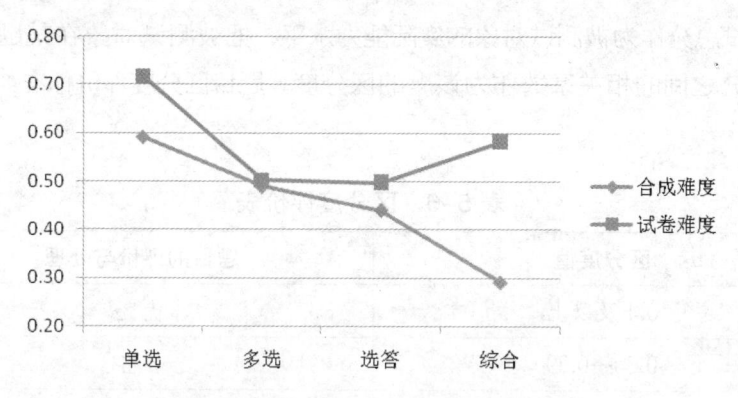

图 5-5　中实考前考后难度系数对比图

为了更加明晰二者之间的关系，故对二者进行相关性分析，表 5-5 是具体的结果。可以看到，二者的相关性系数是 0.363，呈现出一定的正相关性，计算的 P 值为 0.168，明显大于 0.05，所以接受原假设，说明二者的难度系数可以等同。最终可以得出结论，该考试的大纲具有很强的参考性，考生应该在备考前认真阅读。

表 5-5　试卷难度与合成难度相关性分析

	相关性		
		试卷难度	合成难度
试卷难度	Pearson 相关性	1	0.363
	显著性（双侧）		0.168
	N	16	16
合成难度	Pearson 相关性	0.363	1
	显著性（双侧）	0.168	
	N	16	16

第二节　试卷区分度分析

区分度又称鉴别力，主要是针对测量量表或测试试卷中的单个题目的鉴别度进行的分析。通过对试卷测试题的区分度分析，可以区别试卷题目成绩优劣，更好地弄清楚学生实际能力水平的区分情况。在进行区分度分析时，常以考试总分作为被测试对象的实际能力水平，把被测试对象在某题上的得分与总分之间的相关系数作为该题的区分度。题目区分度评价标准如表5-6所示。

表5-6 区分度评价表

区分度值	题目的评价与处理
0.4 及以上	优良
0.30—0.39	合格
0.20—0.29	尚可，稍作修改更好
0.19 及以下	必须修改或淘汰

表5-7是四套试卷对应各题型试题的区分度。

表5-7 四门科目各题型试题区分度

类型	单选	多选	选答	综合
初级基础	0.72	0.85	0.49	0.95
初级实务	0.81	0.86	0.70	0.94
中级基础	0.70	0.84	0.59	0.96
中级实务	0.77	0.84	0.52	0.92

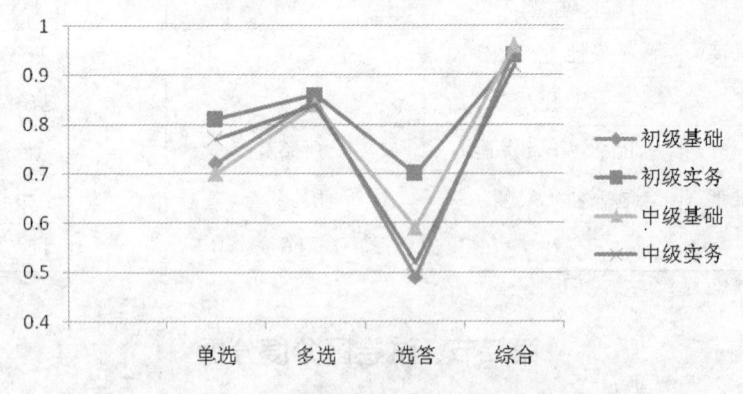

图5-6 四门科目试卷区分度折线图

从图5-6中可以看到，不同试卷不同类型题目的区分度的值都大于0.4，所以区分度都是优良。其中，综合题与试卷总分的相关系数最高，达到了0.9

以上，说明综合题的得分越高，学生的总分也就越高。

第三节　试卷信度分析

信度，广义上是指教育测量与评价结果的可信程度；狭义上是指重复测量结果间的一致性程度，即依靠测量提供稳定的、非模棱两可的信息的程度。本课题主要是对试卷检验同质性信度，也就是内部一致性信度，是指测验内部所有题目间的一致性程度。采用克朗巴哈系数（Cronbach's Alpha）来计算一致性信度系数。试卷的信度评价标准如下表所示：

表 5-8　克朗巴哈系数的取值范围

取值范围	评价结果
α ≥ 0.9	信度好
0.8 ≤ α < 0.9	可以接受
0.7 ≤ α < 0.8	修订量表
α < 0.7	不能接受

从表 5-9 分析结果，我们可以得出，四门科目的信度都位于 0.6~0.7 之间，对照标准表可知，四门科目试卷在统计学的意义上是不可接受的，如果删除其中的选答题或者综合题，试卷的信度就会提高到一个满意的程度。根据结果，建议修改选答题和综合题。

表 5-9　四门科目可靠性分析

可靠性统计量[a]	
Cronbach's Alpha	项数
0.642	4
a 代表的考试类型为初级基础	

项总计统计量[a]			
	项已删除的刻度均值	项已删除的刻度方差	校正的项总计相关性	项已删除的 Cronbach's Alpha 值
单选	102.573	458.791	0.676	0.591
多选	87.506	329.278	0.741	0.396

续表

选答	110.224	505.545	0.353	0.669
综合	53.901	100.438	0.75	0.601

a 代表的考试类型为初级基础

可靠性统计量 a

Cronbach's Alpha	项数
0.675	4

a 代表的考试类型为初级实务

项总计统计量 a

	项已删除的刻度均值	项已删除的刻度方差	校正的项总计相关性	项已删除的 Cronbach's Alpha 值
单选	96.961	707.580	.742	.623
多选	83.625	519.250	.736	.463
选答	107.462	751.315	.626	.666
综合	57.856	178.376	.714	.737

a 代表的考试类型为初级实务

可靠性统计量 a

Cronbach's Alpha	项数
0.624	4

a 代表的考试类型为中级基础

项总计统计量 a

	项已删除的刻度均值	项已删除的刻度方差	校正的项总计相关性	项已删除的 Cronbach's Alpha 值
单选	91.461	605.859	0.679	0.588
多选	75.889	436.702	0.741	0.381
选答	100.319	632.340	0.539	0.623
综合	61.432	114.772	0.742	0.657

a 代表的考试类型为中级基础

可靠性统计量 a

Cronbach's Alpha	项数
0.648	4

a 代表的考试类型为中级实务

续表

项总计统计量 [a]			
项已删除的刻度均值	项已删除的刻度方差	校正的项总计相关性	项已删除的 Cronbach's Alpha 值
单选	95.950	475.521	0.699	0.577
多选	83.729	334.373	0.696	0.404
选答	106.438	541.812	0.440	0.671
综合	55.610	135.332	0.650	0.653
a 代表的考试类型为中级实务				

第四节 试卷效度分析

效度，指测量结果的准确性和有效性的程度，即测量是否达到预期的目的。正常情况下，可以对考生的平时成绩和期末成绩进行关联度分析。因为不具备此分析条件，所以尝试通过考生的几个关键性信息进行相关性分析。选择"相关系数"下的"Pearson"检验方法，得到专业相似度、学历、专业从业年限、年龄以及职称与分数之间的相关性系数表。具体见表5-10。可以看到专业从业年限和年龄都与分数呈弱负相关，其他几项变量与分数呈弱正相关。从相关的系数的绝对值大小来看，这几项变量与分数的相关性都不大，或者说，分数与这几项变量都没有太大关联。

表 5-10 相关性分析

	专业相似度	获得学位	专业年限	年龄	获得职称
总分	0.05	0.24	−0.18	−0.14	0.01

小结

根据对试卷题目本身所做的难度和区分度分析，可以得出该试卷是中等难度的试题，难度保持在 0.5~0.6 之间，并且区分度都大于 0.5，说明试卷区分度良好。

根据试卷本身所做的信度和效度分析，可以得出该试卷的信度都位于 0.6~0.7 之间，在统计学的意义上不可接受。另外，根据效度分析可以得出，考生的分数与他们的个人专业从业年限以及学历背景等因素不相关。

结合前面章节所做的分析可以得出，多选题和综合题难度可能较大，导致大部分考生得分率不高，最终导致试卷各题型得分的内部一致性较差，效度不好。结合以上分析，建议适当降低多选题和综合题的难度，这样试卷的难度会更有梯度，更适合出版职业资格考试对专业水平的测试。

（课题组成员及执笔人：王平、屈明颖、陆嘉琦、崔更新、李文娟）

印刷企业智能化建设模型及关键技术研究

第一章 印刷业智能化建设现状

2018年，首届中国印刷业创新大会公布《中国印刷业智能化发展报告（2018）》，吹响了全行业智能化建设的号角。从此，中国印刷业智能化建设进入快车道。本章通过对国内印刷业开展广泛的实地调研，总结当前国内印刷业智能化建设取得的阶段性进展，梳理智能化建设面临的困境及主要难点，为探索建立印刷智能工厂参考模型、不同类型企业的模型应用、数据交换接口及通信协议等关键技术研究提供依据，为印刷企业智能化建设提供支撑。

第一节 印刷业智能化建设取得的进展

一、标准先行，夯实基础

一年来，印刷行业以信息技术与印刷技术深度融合为主线，充分践行"标准先行、夯实基础，数据驱动、融合发展，模式创新、示范引领"二十四字发展方针，探索智能化建设的可行路径，推动印刷业质量变革、效率变革、动力变革，加快建设印刷强国，实现高质量发展。

（一）智能化解决方案研讨

印刷行业围绕智能化建设开展了一系列研讨和探索。

2019年2月，西子湖畔的神秘"西湖论道——中国印刷包装智能化建设高端论坛"，行业内知名专家、学者，以闭门会议的形式梳理印刷智能制造优秀解决方案，并就智能化建设的热点问题、共性难题展开深入分析和讨论，从而以一种创新的模式组建行业高端智库，对印刷业智能化建设模式进行系统分析、深入思考，解决行业发展瓶颈问题，务实推进智能化建设落地，从而更好地系统推进行业转型升级、提质增效。

2019年4月，PRINT CHINA 2019展览会上，众多聚焦装备制造企业"智能制造"。

2019年7月，中国印刷业创新大会上惊艳亮相的"一本图书印刷智能制造测试线"，由中国印刷科学技术研究院为牵头单位，由北京盛通印刷股份有限公司、平湖英厚机械有限公司等14家单位参与建设，打造印刷智能制造体系需要的互联互通关键技术与标准、印刷共享云平台等基础设施的建设方案以及印刷产学研合作体系，同时推动基于印刷服务的智慧生态体系运营模式、运维逻辑构建。

2019年8月，"包装印刷智能行（青岛站）"中，包装印刷企业相互交流，青州意高发包装机械有限公司、青岛贤俊龙彩印等鼎力相助，积极交流。

（二）智能化标准的制定

《中国印刷业智能化发展报告（2018）》强调了智能化建设中标准的重要性，并明确了智能化标准制定的任务。一年来，全国印刷标准化技术委员会和全国印刷机械标准化技术委员会相继启动了数项智能化标准的研讨和制定工作。

全国印刷标准化技术委员联合中国印刷科学技术研究院等单位启动了6项智能化标准的制定工作。通过4次集中研讨，相关标准草案已经完成。

全国印刷机械标准化技术委员会主办的"印刷智能制造标准第一次研讨会"在西安理工大学印刷包装与数字媒体学院召开，就印刷机械接口规范、智能印刷工厂生产数据传输协议、印刷机械数据采集规范等智能化建设迫切要解决的问题进行了深入研讨。

在智能化标准的制定中呈现众多新气象。一方面每次的标准制定会又是一次智能化建设的研讨会，行业内知名装备制造企业、信息化系统供应商、不同类型的印刷企业、科研院所踊跃参与，建言献策，共同推动印刷行业智能化建设；另一方面，出现了科研院所与行业知名企业深度合作，联合承担标准起草工作的新模式。

通过调动全行业参与智能化标准制定，立足理论研究和实践经验的结合，不断提升智能化标准的质量，确保符合行业发展实际，能够更好助力企业智能化建设。

（三）智能化解决方案的升级

在智能化建设中首先要解决的就是智能化解决方案的供应能力提升。伴随用人成本的不断提升，"机器换人"的基本认识已经普遍被接受，在智能化建设推动下，印刷装备制造企业的升级不断加速。

广东学森智能技术有限公司以"面向未来的印后智能解决方案"为主攻方向，以为客户提供智能自动化工厂整体解决方案为导向，将六轴机器人和视觉识别技术结合生产工艺，应用在精装包装盒后加工生产线上，实现模组化、柔性化自动产线，将原有30余人半手工加工下降到5人以内全自动生产线，效率提升30%以上，不良率降低35%以上，为智能化生产提供了精兵利器。

在青岛贤俊龙等企业中应用的华岳包装机械的裁切生产线，智能后取纸翻板平台技术可以实现自动抓取难度更高的大幅面纸张；可解析JDF、PDF格式的不规则拼版文件，自动生成裁切尺寸和裁切产品的图片预视；开放多种数据接口方式，支持裁切工艺参数的重用，减少了裁切准备时间；使用高精度抓纸机械手抓纸码垛，并可连接印刷设备。

作为中国印刷业创新大会"一本图书测试线"的参与者，杭州科雷以全国新华系统为基础，通过EZC精准墨路方案助力书刊和商业印刷企业解决油墨固废难题、批次色差难题、过版纸和油墨浪费难题、生产效率提升难题，让印刷更简单、更快捷。

作为制造业的一部分，印刷行业智能化是制造业智能化建设在具体领域的应用，涉及的很多基础共性技术需要在国家层面的支持和组织下解决。在刚公布的《产业结构调整指导目录（2019年本）》中，新增了对人工智能的鼓励，尤其涉及了工业互联网、公共系统、数字化软件、智能装备系统集成化技术及应用，虚拟现实（VR）、增强现实（AR）、语音语义图像识别、多传感器信息融合等技术的研发与应用，以及智能制造关键技术装备、智能制造工厂、园区改造等具体内容。此次从国家层面鼓励企业重点解决智能化建设关键支撑技术，印刷装备及软件供应商也应该顺应发展，积极发掘行业属性，为印刷业提供更优秀的使能技术。

二、模式创新，示范引领

通过对智能制造和智能化建设的深入理解，印刷企业开始理性认识智能化建设的漫长路，以标准化为基础，沿数字化、网络化、智能化发展路径制定规划、立足行动、追求实效。

出版物印刷、包装装潢印刷、商务印刷有各自的属性，在智能化建设的侧重点和具体实施方案也不一而足。出版物印刷企业大多是国有企业，承担了一定的社会责任，多为周期性生产，印刷设备相对老化，在智能化建设方面更重视生产的安全性。包装装潢印刷企业在行业中比重最大，市场前景广阔，产品利润高，更侧重于工艺质量提升与个性化生产。商务印刷企业规模较小但灵活多变，主营业务是社会化的小批量商业宣传品，在受到网络电商冲击的同时能够很快适应并借助网络进行升级改造，在智能化建设方面更重视时效性。

印刷企业的不同属性决定了它们在智能化建设上并没有一个可以照搬照用的通用模式，需要通过调研分析获取相应的需求，找到每个企业的特色转型之路。

（一）书刊印刷企业

与传统的认知观点不同，在这场智能化的建设浪潮中，书刊印刷企业响应力度很大，特别是承担教材等印刷任务的新华系统企业。一方面得益于中宣部印刷发行局主办的印刷业创新大会的大力推动，另一方面新华系统企业自身也迫切希望通过智能化建设解决存在的问题。

新华系统企业承担各省、市、自治区教材教辅的印制等任务，每年两季印制周期短、任务重，对于印刷过程安全保障要求高，因此提高生产效率、强化质量控制是新华系统智能化建设的首要内生动力。此外，受体制影响，普遍存在人员老化问题，需要通过生产设备升级，提升效率，保证企业有序发展。

相对其他产业领域，全国新华系统一盘棋、无明显竞争关系，有利于各地新华系统之间交流与学习，在参考国内外领先的智能工厂整体解决方案的基础上，结合工业4.0等先进理念，相互借鉴，共享优秀解决方案，促进全国书刊印刷企业智能化建设水平。此外，在各地宣传部门统一领导下，新华系统企业通过与出版系统、发行系统等上下游紧密合作，成立了各种类型的全产业链，具备较强的资金实力，通过不断创新产业发展模式，在做大做强印刷主业的基础上，不断增强企业的核心竞争力，在一定程度上促进了智能化建设。

以安徽新华印刷股份有限公司为例，该公司以"立体化智能体系"多维度打造印刷智能工厂，大力推进集成创新，在教材印制、质量管理、ERP协同生产、智能消防监控平台建设等方面成效显著。通过组织变革、流程再造、技术改造和标准化建设，着力在印前体系、生产工艺、质量管理、设备管理等4个方面建立数字化工作流程管控体系，对书刊教材生产流程、工艺过程、工艺参数规范建立了质量管控等质量检测标准，设备加装标准化图文视觉检测系统，实现质量移动化检测等，初步实现了以设备直连、智能排产、能源管理等进行智能化管理与控制。

此外，以兰州新华、贵阳新华为代表的印刷企业，通过在原有生产设备上进行数字化精准供墨等智能化改造，实现了生产工艺标准化，降低了对人工的依赖，提高智能化现场管控。

与新华系统书刊印刷企业相比，民营书刊印刷企业更加灵活地开展智能化建设。继"一本图书印刷智能制造测试线"的有益探索之后，北京盛通印刷股份有限公司大刀阔斧地开展智能新工厂的建设，其外部借助"盛通出版服务云平台项目"，利用移动互联网、大数据、云计算等先进技术打造的出版服务云平台，在挖掘和聚合出版机构图书产品印制需求和变化趋势的基础上，实现印刷产业链上客户、供应商及关联企业的互联；内部通过企业信息化与设备智能化，实现企业内部资源、智能设备、信息系统和人的互联，整合优化生产产能，利用数字化技术进行统一生产调度和质量监控，进行标准化生产，满足出版机构的生产需求，有效简化图书生产流程，提高工作效率，降低生产成本；最后通过内部与外部的互联建设智能工厂。

（二）包装印刷企业

作为占据了印刷行业半壁江山的包装印刷企业，经过多年发展，也陷入了产能过剩、成本过高、用工荒等的"泥沼"当中，行业整体由原来的高速增长转入提质增效的稳步增长阶段。满足客户的多样化产品需求成为企业关注重点，通过提升印刷质量、创新印刷工艺，从而进一步增强企业市场竞争力，满足小批量、多批次、个性化的市场变化。

以加工为主的包装印刷企业智能化建设呈现了起点高、布局系统、投入大等特点，内容包括智能产品、智能生产、智能物流、智能设备、智能管理、智能决策等；通过生产设备的更新换代，以拓展印刷品价值空间为目标，侧重从生产设备自动化和产品智能化入手，基于生产效率和产品效能的提升实现价值增长。

目前，包装印刷企业智能化建设呈现"长三角区域先进企业领跑，珠三角区域龙头企业后发"的局面。

在长三角区域，中型印刷企业面临市场压力更为显著，这也使企业灵活多变，走在了智能化建设前列。

以单卡盒、精裱盒、手提纸袋、瓦楞彩盒、说明书等为主要业务的昆山科望快速印务有限公司，借助企业领导者扎实的自动化专业背景，敢为人先，勇于"吃第一口螃蟹"，采用顶配设备实现联线作业，通过大量工业机器人的协同作业，实现生产现场场内物流的自动化流转，通过生产现场、IT 系统、物流系统、客户和产品及生产设备的互联，实现智能化生产、各系统网络化协同、自动化物流以及客户的个性化定制，达成快速高效的智能化生产闭环模式；通过工业互联网将智慧工厂、智能立体仓库和智能生产连接，印前模式借助手机 3D 实景体验，将线下实体看样交流转化为线上模拟实景确认效果，从而实现人、产品、信息、设备、服务的融合。昆山科望以开放的心态拥抱变革，建设"智能包装印刷综合体"，已经成为行业内学习的新标杆。

此外，上海豪门印刷有限公司在物料储运方面已经成功应用 AGV 转运小车，在能源消耗及报工报产方面应用电子可视化看板；浙江大胜达包装股份有限公司积极汲取工业 4.0、智能制造理念的数字化车间已经投产，将智能化生产、可视化管理、数字化决策、智能化物流，纵横向数字化深入发展；上海扬盛、上海界龙、外贸无锡、苏州同里等知名包装印刷企业也纷纷行动践行智能化发展。

在珠三角区域，大型包装印刷企业也不再停留在观望等待，纷纷开始了智能化布局和建设。

包装企业的智能化建设要解决生产标准化与个性化定制之间的矛盾，柔性化生产线的设计成为建设难点。鹤山雅图仕作为全行业精益化生产、智能化建设的标杆企业，基于自身生产需求，领导亲自主抓，投入大量资源开发非标自动化和柔性生产线，以机器换人效果显著；通过合理利用工厂立体空间，实现生产过程中的产品"不落地"。面对中美贸易争端的不利环境，积极采取应对措施，基于海外工厂的建设开展新一轮的智能化建设，成果可期。

从事提供丰富多元的包装产品的中荣印刷集团的"高档纸制品包装智能制造"项目获得国家智能制造试点示范项目。该公司基于自身升级转型需求，较早开展智能工厂的总体规划与设计，引进全自动高速印刷等设备及配套装置，打造互联互通的智能化自动化生产线；建设智能物流系统，包括行业最大单体立体库、WMS 系统及基于 AGV/RGV 的智能调度配送 TMS 系统；在数字化车间部署生产执行系统 SFC（MES）、排产系统（APS），构建生产运营管理平台；网络化制造资源协同，实现产品设计、供应链、服务链的协同；建设大规模定制服务平台，满足客户个性化需求；构建智能工厂数据汇聚与智能分析大数据平台，辅助工厂的运营决策。通过生产和物流数据的融合改进制造过程，为客户提供增值服务，提高企业核心竞争力。

此外，永太和集团下的贤俊龙各工厂以"便捷物流"为核心，紧锣密鼓地开展智能化建设布局；深圳劲嘉、裕同科技、福建南王、厦门联盛、汕头东风等知名包装印刷企业，也已经在智能化建设的路上砥砺前行，或以生产物流为中心规划新工厂，或以生产资源合理配置为目标进行综合提升，或以业务流为核心开展信息化二次建设等，开拓属于自己独有的智能化建设之路。

在其他印刷产业带，各种类型的包装印刷企业也在积极开展适合自己的智能化建设探索。

青岛东彩包装有限公司智能 MES 系统，通过工厂的智能化升级改造，实时掌控计划、调度、质量、工艺、设备运行等信息情况，使各相关部门及时发现问题和解决问题，提高制造系统对变化的响应能力。最终利用系统建立起规范的生产管理信息平台，使企业内部现场控制层与管理层之间的信息互联互通，最终实现精益制造。

陕西西凤包装有限公司作为提供白酒包装配套生产的企业，与智能化设备提供商通力合作、定制开发，从以单点智能化、单机智能化、单线智能化为特征的离散型智能化入手，通过循序渐进、点面结合的方式，着力解决传统企业智能制造的痛点问题，向一体化智能制造过渡，实现了自动化率达到 80% 以上，将原来 48 道工艺环节，缩减到现在的 25 道，产量从原来的

3万件/月提升至10万件/月，从业人员却由原来的300人缩减到现在的130人。

（三）商务印刷企业

在一定程度上受新媒体冲击影响的商务印刷企业，在经历价格战乱象之后开始探索更多新的发展模式。

对于商务印刷企业，以实现印刷生产全过程管控为目标，侧重从产品末端控制向全流程控制转变，基于品控需求实现生产过程数字化到智能化，实施新技术背景下的精益化生产，降低成本，提高利润。推进印刷加工流程数字化，在印刷生产、过程管理等单个环节信息化系统建设的基础上，构建覆盖全流程的动态、透明、可追溯体系，基于统一的可视化平台实现产品生产全过程跨部门协同控制；推进生产管理一体化，搭建企业信息系统，由制造企业生产过程执行管理系统（MES）实现信息驱动下的印刷智能车间，深化生产制造与运营管理、采购销售等核心业务系统集成，促进企业内部资源和信息的整合和共享；推进供应链协同化，基于原材料采购和配送需求，将CPS系统拓展至供应商和物流企业，横向集成供应商和物料配送协同资源和网络，实现外部原材料供应和内部生产配送的系统化、流程化，提高工厂内外供应链运行效率；整体打造大数据化智能工厂，推进端到端集成，开展个性化定制业务。

以世纪开元为代表的新兴印刷企业，充分挖掘互联网强大的获客能力，并开展新的布局。河南盛大彩色印刷有限公司以不可阻挡的发展势头，迅速壮大，实现了传统与数字的最佳组合。

此外，在数码印刷盈利能力备受质疑的情况下，商务印刷企业却通过数码印刷与传统印刷的完美组合，自适应性地满足客户不同的需求，以最佳的客户服务保证了丰厚利润。

三、数据驱动，融合发展

伴随对于智能化建设探索的不断深入，借助于作为新一代移动通信技术，通过数据打通企业的各个流程，实现工业环境下设备互联和远程交互应用，成为印刷行业智能化建设的共性需求，印刷企业逐渐重视数据在生产制造中的价值的发挥。

（一）规范数据的获取

提供哪些数据、什么格式的数据、如何发挥数据的作用成为三个关键问题，没有统一的标准和解决方案导致企业各自为政，无法实现可靠的设备通信和互联。2019 年 6 月，全国印刷机械标准化技术委员会主办的"印刷智能制造标准第一次研讨会"在西安理工大学印刷包装与数字媒体学院召开，就印刷机械接口规范、智能印刷工厂生产数据传输协议、印刷机械数据采集规范等智能化建设迫切要解决问题行了深入研讨。

目前，多数软件解决方案供应商都有了各自的 MES 系统，采取输入数据、系统生成数据、条形码集成数据、自动提取设备数据等方式获取设备数据，其中应用外挂数据盒的方式越来越普及。在一定程度上能够获取生产中的必要运维数据，但由于设备厂商出于自身利益，特别是国外印刷设备厂商重视对于数据的商业价值的保护，导致能采集到的有效数据粒度过粗，不能支撑细粒度的生产过程管控，无法有效发挥数据的真正价值。

（二）发挥数据的价值

越来越多的印刷企业希望利用云计算、大数据等相关技术，对数据进行建模、分析和优化，实现对海量数据的充分挖掘和利用，通过大数据驱动下完成智能化的信息管理，智能优化生产工艺的和生产全流程，智能感知生产条件变化，自主决策系统控制指令。其中，数字孪生技术在印刷行业的应用有待进一步挖掘。

印刷车间的数字孪生是通过采集印刷加工过程中有价值的数据信息，并对这些数据进行建模分析，在虚拟空间内完成映射，从而反映对应的印刷设备、生产过程的全生命周期过程，从而帮助企业实现全流程可视化、规划细节、规避问题、闭合环路、优化整个系统，实现印刷制造方式创新、加工制造效率以及产品质量的提升，满足智能化建设需求。

印刷设备的数字孪生通过 PLC、印品质量以及通过传感器测量印刷机关键部件的运行情况获取单个印刷机的物理特性，通过数据的预处理和信息融合，基于印刷设备工作特性和印刷生产工作流程进行有效数据建模。通过印刷装备实际运行状态和数字孪生模型"虚拟"状态的有效映射，实现生产装备的动态监测、数据分析和状态预测。作为建设智能印刷工厂的支撑，生产装备的数字孪生是实现自感知、自维护、自决策等装备智能化核心技术，也是设备互联、生产智能的重要基础。

（三）重视数据的安全

伴随智能化建设的不断深入，企业信息化管理系统越来越普及，生产设备对于网络的依赖性不断加强，随着服务器系统建设的不断发展，对其实时性、高可靠性及高可用性的安全要求更高，数据安全提升议程。

目前，服务器工作站系统基本都采用的是 Windows 或 Linux 操作系统，系统自身的原因系统也存在一些漏洞和数据安全隐患。印刷生产过程中一旦发生故障导致数据丢失，轻则需要耗费大量的人力物力恢复系统数据，造成业务的长时间停顿；重则造成因数据无法恢复，业务无法进行，损失是不可估量的。关于能否保证系统在故障时的数据快速恢复就变得越来越重要。

第二节　智能化建设存在的问题和主要难点

印刷智能工厂是顺应时代要求发展起来的一种新型生产活动单位，它既是印刷品制造的执行中心，又是印刷产业链的信息连接中枢，同时也是印刷产业实现智能制造的基础。对于所有的印刷企业来说，探索智能工厂建设是漫长且艰苦的一个过程，需要行业内组织力量去探索解决。

一、存在的问题

（一）存在的差距依然较大

通过几年来智能化建设的探索，印刷企业不再盲从和盲动，而是去虚就实，三思而后行。通过对智能制造和智能化建设的深入理解，逐步认识到智能工厂不是简单引进先进的生产线，安装几套信息化软件，也不是建设立体仓库，买几台 AGV，做一下面子工程。

经过对《中国印刷业智能化发展报告（2018）》的学习、标准制定的研讨学习，印刷企业开始理性认识智能化建设的漫长路，认识到智能化建设是以先进的印刷工艺和精益的生产管理为基础，以硬件和软件建设为重要内容的复杂系统工程，需要充分分析企业自身生产特点和发展现状，以标准化为基础，沿数字化、网络化、智能化发展路径制定规划，分步骤、分阶段、分层次的实施，立足行动，追求实效，并做好充分准备，正确看待建设过程的长期性和艰巨性，充分理解智能化建设的螺旋式上升特点，并坚信方向正确和目标的可实现。

（二）"孤岛问题"依然存在

目前印刷生产中的"孤岛问题"依然存在，有待进一步解决。

"信息孤岛"依赖于 MES/ERP 实现设备之间的信息连接。最大的问题是不同品牌的设备、新旧设备中的数据格式、通信协议不一致的问题。在全国印刷机械标准化技术委员会组织的数次研讨中，很多企业都表示自家的设备已经具备了支持数据采集及通信的功能，但苦于没有统一的标准，只能采取数据池的方式，由客户自行处理，造成了数据冗余、信息杂乱等问题严重。此外，各类生产设备的基本信息读取功能具备，生产指令写入功能不足，造成了"上行，下不达"。

"物料孤岛"的解决依赖于工业机器人。目前，机器人技术逐渐在印刷企业应用，特别是 AGV 已经在不少企业应用，其中叉车式 AGV、托盘式 AGV、轻便式 AGV、夹抱式 AGV 应用最为广泛，主要集中在原辅料的搬运、成品的入库等首位环节，能够在一定程度上解决人工搬运问题。需要解决的是与生产设备之间的"最后一米"问题，实现完全自主的上下料，以代替人工操作，这需要印刷装备生产企业的新设备支持与 AGV 的"握手"功能。此外，场内物流中的路径规划问题对管理人员提出更高要求，需要能够实现简单可靠的自动规划、自主规划。在离散加工生产工序之间的物料连接更多还是依赖刚性连接，当某一台设备发生故障而停歇时，会引起全线停工。因此，对刚性连接自动线中各种设备的工作可靠性要求高。此外，行业内缺乏适用于印刷行业的工业传送装置。

（三）理论研究有待进一步加强

智能印刷工厂的实现并不是简单的升级改造，而是一个复杂的系统工程。由于印刷行业订单生产、离散加工的生产特征，并不能将其他领域的成熟方案照搬照用。在印刷行业智能化建设中有很多共性问题有待进一步解决，例如工厂布局方案、设备互联方案、场内物流方案、立体仓储方案、数据采集方案、数据建模方案等，亟须从国家层面设立专项资金，支持支撑技术的研发和推广应用。

（四）跨界联合尚且薄弱

根据印刷智能工厂参考模型，智能印刷工厂可以细化为产品设计、工艺设计、物料采购、计划与调度、生产作业、质量控制、安全与环保、仓储与运输、物流管理、销售管理、产品服务、客户服务、设备控制、通信控制、系统控制、制造执行系统、系统集成管理、信息管理、数据管理与建模、数据挖掘与分析、认知决策、协同制造共 22 个域。

对此，没有某一家硬件或软件供应商能够承担全部建设重任，因此出现了印刷企业与不同信息化方案解决商、印刷装备供应商跨界联合，携手发展的局面。在这方面，由中宣部印刷发行局牵头，中国印刷科学技术研究院组织众多企业完成的"一本图书印刷智能制造测试线"是很好的实例。同样，具有装备开发背景的信息化方案解决商备受青睐，而印刷企业的智能化需求也在促进印刷装备的更新换代。但截至目前，该类的跨界联合也才刚刚起步，依然需要进一步加强。

对于所有的包装印刷企业来说，探索智能工厂建设是漫长且艰苦的一个过程，但是每家企业都必须正视当前面临的各种困难，砥砺前行，开拓属于自己独有的建设之路。

二、主要难点

智能化是在标准化的普及下，数字化的强化下，网络化的覆盖下，进行生产效率的提升。不能为了智能化而智能化，要真正通过智能化改造解决当前企业遇到的痛点和难题。

从目前所调研的企业现状来讲，国内达到真正意义上智能工厂的企业少之又少。智能化等级较高的大型企业在实践中摸索出一套适合企业发展的决策管控解决方案或者运营管理信息化解决方案；转型不够理想的印刷企业在软件和硬件方面都得依赖进口或方案提供商，同时应用水平参差不齐，各行其道，集成度有待加强。而且部分企业对智能工厂建设的理解存在误区，过分注重高端生产装备，视无人车间为智能工厂，将自动化等同于智能化，忽视精益管理及信息化建设等的基础性作用。

（一）管理"失控"

这是当今企业面临的最大难点，也就是上层进行决策，下层却未执行或执行未达到要求。例如，系统进行排产，如果机器没有根据排程执行，物料没有根据排产要求配送，就相当于空排，浪费时间和人力物力，得不偿失。

（二）MES、ERP等系统普及难

中小型印刷厂的工人普遍文化水平不高，对新事物、新机器的接受能力及操作能力有一定的障碍。

（三）印前、印刷、印后设备的互联互通不顺畅

目前仍需要依靠人工打通中间环节，同时设计、生产、仓储、物流等环节集成度不高，"信息孤岛"问题比较严重。

（四）自动化程度不高

不论是大型工厂还是中小型工厂，在生产线和装配线的设计和构建方面并未达到完全自动化，不能支持多品种的混线生产与装配。

（五）印刷设备的信息化程度不高

印刷设备在生产运行中产生的数据信息难以获取，传感器等只能获取较为浅层的数据，更有价值的设备数据只能通过技术解密或从设备生产商处购买，增加了企业的经济压力及技术难度。此外，部分中小印刷企业缺乏系统设备信息记录，设备生产信息记录依靠人工计量，产品信息没有系统全面的记录，缺乏真实性、准确性和及时性，不能为改进生产效率提供有效数据，难以满足设备管理需要。

在实际印刷生产过程中，由于人工、机器、排产等种种因素导致的问题数不胜数，因此国家和企业都应该共同努力，着眼先进制造，以技术创新、业态融合为方向来提高效率、降低成本、增加效益。

第二章　印刷智能工厂参考模型研究及应用

第一节　参考模型研究

印刷智能工厂是顺应时代要求发展起来的一种新型生产活动的单位，指在数字化的基础上，以工业大数据和互联网为支撑，具备智能设计、智能生产、智能管理、智能物流和集成优化主要特征的印刷工厂。印刷智能工厂并不是无人的印刷工厂，也不是机器人在开设备，而是企业可以利用"信息"去驱

动各部门的工作程序或是生产工序，是实现智能制造的重要载体，主要通过构建智能化生产系统，网络化分布生产设施，实现生产过程的智能化。印刷智能工厂具备自主能力，可采集、分析、判断、规划不同类型的信息。系统中各组成部分具备协调、重组及扩充特性和机器的自我学习、维护能力。因此，智能工厂实现了人与机器的相互协调合作，其本质是人机交互。

它既是印刷品制造的执行中心，又是印刷产业链的信息连接中枢，同时也是印刷产业实现智能制造的基础。在新时代推动印刷智能工厂建设，加快发展印刷产业的智能制造，对于推动我国印刷制造业供给侧结构性改革，促进印刷制造向中高端迈进，抢占新一轮产业竞争制高点，打造我国印刷产业竞争新优势，实现印刷强国具有重要战略意义。

印刷智能工厂参考模型用于诊断评估、统计分析以及改进提升，帮助企业认清自身所处的发展阶段，有针对性的提升印刷企业的智能化建设水平，有助于规范和促进印刷企业智能化建设工作的有序、高效、快速和健康的发展。

一、通用模型

如图 2-1 所示，图中表明了印刷智能工厂的一个通用模型，适用于印刷品生产和服务，该通用模型的三个维度提供印刷智能工厂构建、开发、集成和运行的一个框架。

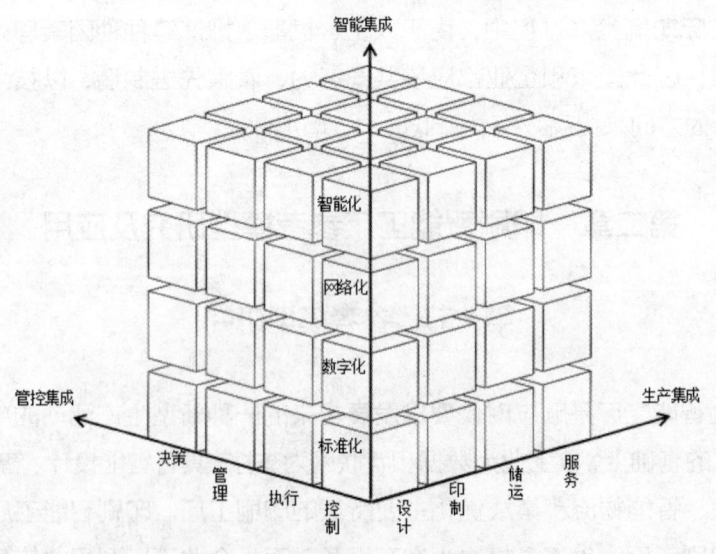

图 2-1　印刷智能工厂通用模型

其中，印刷品的设计、印制、储运、服务构成面向印刷品全生命周期的生产集成维度；印刷工厂内部的控制层、执行层、管理层、决策层构成面向印刷工厂的管控集成维度；印刷企业整体的标准化、数字化、网络化、智能化构成了印刷企业智能集成维度。

二、参考模型架构

本模型架构是在全国印刷标准化技术委员会的发起下，由杭州科雷机电有限公司和西安理工大学作为主要起草单位，其他企业领导和高校专家积极参与下，经过多次会议共同研究讨论出的，该模型具有一定的合理性以及参考性。

本课题在充分研究中国智能制造系统架构、工业3.0参考架构模型（RAMI 3.0）、美国工业互联网参考架构，深入挖掘智能制造内涵的基础上，将"生产集成+管控集成"两个核心维度，分为8个类，进一步细化分为22个要素域，每个域对应"智能集成"维度的4个等级，共同构成多维度智能等级矩阵。智能等级矩阵是印刷智能工厂参考模型组成部件的展现，涵盖了参考模型所涉及的核心内容，模型架构与矩阵的关系如图2-2所示。

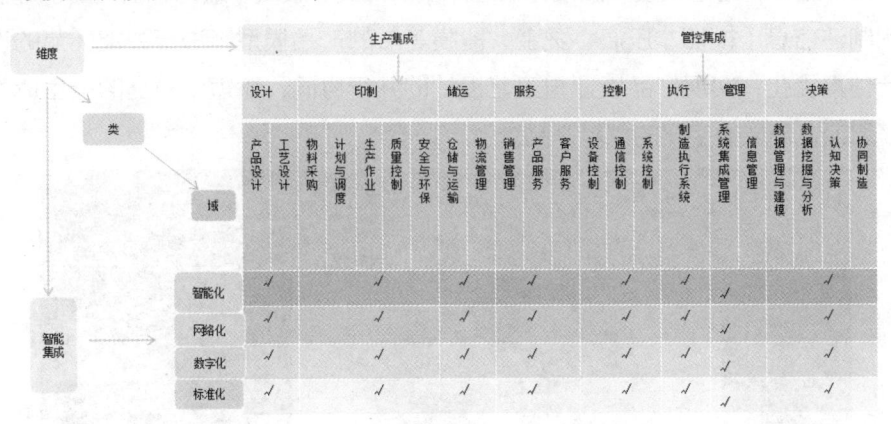

图2-2　印刷智能工厂参考模型架构

"生产集成+管控集成"两个维度是论述印刷智能工厂参考模型的起点，代表了对智能制造本质的理解。类和域是印刷智能工厂关注的核心要素，代表了智能制造核心能力要素的分解。本模型中类和域是"生产集成+管控集成"两个核心维度的展开和深度诠释。其中，域是对类的进一步分解。等级是第三个维度"智能集成"的具体形式,也是类在不同维度下的具体表现。印刷智能工厂参考模型对最小级单位的域从标准化、数字化、网络化、智能化四个等级进行场景化描述。

以产品设计为例,产品设计的最终目的是为了满足客户的个性化需求,利用数字化设计工具,根据设计经验、知识等进行产品外观、结构、性能等的优化、设计,并和工艺设计进行有效对接。(如图2-1所示),其等级及其特征如下:

1. 产品设计的标准化

包装印刷企业基于网站、图书等各种设计资源、相关人员的设计经验,开展印刷图文、版式、结构、工艺要求等内部的协同设计,制定出符合印刷生产工艺的设计模板,实现设计的规范化。在生产技术管理和各项管理工作中,实现产品的标准化,完善生产工艺,降低因人为失误所导致的种种问题,减少重复性设计,保证产品质量,提高生产效率。

2. 产品设计的数字化

基于CAD、Adobe Illustrator、Adobe Photoshop(图2-3)等数字化设计工具,构建集成产品设计信息(印刷图文、版式、结构、工艺要求等)和制造信息(模切、压痕、烫金、覆膜等)的产品模型,进行关键环节的设计仿真优化,实现产品设计与工艺设计的并行协同,缩短了产品的全生命生产周期,形成数字化的创新产品。

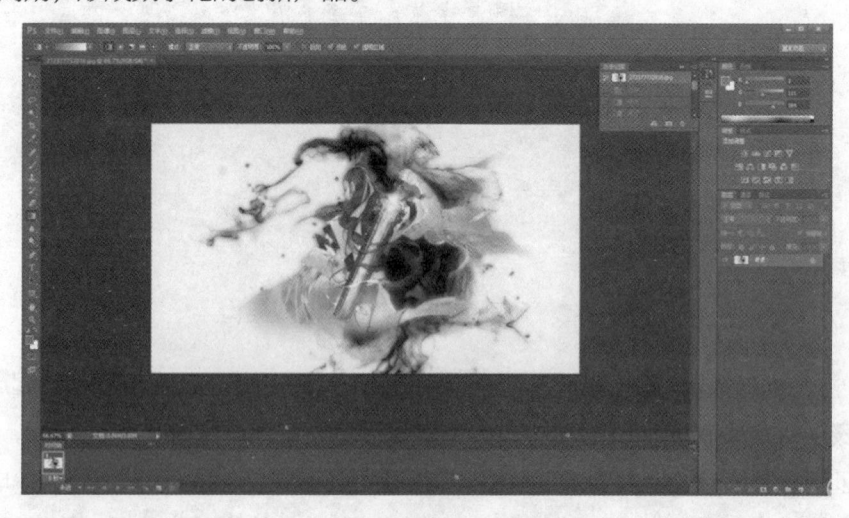

图 2-3　Photoshop 界面

3. 产品设计的网络化

设计人员以最快的速度利用网络快速调集全国相关的设计资源，基于网络化平台和分布知识库开展众包设计（一个公司或机构把过去由员工执行的产品或工艺设计，以自由自愿的形式外包给非特定的大众网络进行设计的做法）、异地协同设计（通过现代化信息技术的支持，能够实现多个协作成员在不同时间、不同地点的协同设计），使用户可以参与到产品设计中来，实现便捷化、垂直化、专业化、个性化的产品全生命周期设计。

4. 产品设计的智能化

基于大数据、知识库和智能设计系统完成产品设计云服务，基于产品数据进行预测、分析和改进，以涵盖整个产品生命周期的管理，实现多领域、多区域、跨平台的产品最优设计及全面协同，提高了企业对市场的快速反应能力，最终达到企业与客户之间的"双赢"。

三、应用场景

印刷智能工厂参考模型可用于诊断评估、统计分析以及改进提升，供印刷生产企业、产业主管部门、解决方案提供商、第三方机构等四类主体使用，适用于出版物印刷企业、包装印刷企业、商业印刷企业等不同类型的印刷企业。

1. **诊断评估**。包括如下 2 项内容：

（1）与模型要求对标，判断智能制造当前水平；

（2）与智能等级描述的内容进行比较，了解并分析差距，发现问题，可与自身、同类型、同规模的情况进行比较分析。

2. **统计分析**。包括如下 2 项内容：

（1）形成量化数据，掌握区域或行业智能制造整体现状；

（2）形成关键指数，了解重要指标的实现情况。

3. **改进提升**。包括如下 4 项内容：

（1）明确未来发展方向，设计智能制造战略目标以及行动规划；

（2）掌握实施方法，提升自身能力；

（3）因企施策，选择适宜的解决方案和服务；

（4）根据自身规模、目标和规划，采用不同的实施模式。

第二节 参考模型应用

根据使用公司的不同，智能印刷工厂参考模型分为两种表现形式——整体模型应用和单项能力模型应用。

整体模型应用是指印刷企业通过改进某一些关键域集合来递进式地提升智能工厂的建设水平。整体模型主要面向大中型企业，用于衡量企业智能制造的综合能力，兼顾了生产集成和管控集成两个维度。在模型中，将企业智能制造能力划分为4个等级，等级越高智能制造能力越强。本参考模型中，企业智能制造水平是由低到高逐步递进，较高等级以较低等级为基础，兼容较低等级，不宜越级发展。

单项能力模型应用是指印刷企业能够针对其选定的某一类关键域逐步改进、递进提升智能工厂的建设水平。单项能力模型主要面向中小企业或者只在生产或管控的某些环节有智能化提升需求的企业，用于衡量企业在生产或管控的某一关键业务环节的智能化水平，侧重生产维或管控维的实施。模型中，将每一生产或管控环节的智能制造能力分为4级，等级越高智能制造能力越强；选择一个类进行建设，按照等级递进提升。

一、整体模型应用

在此以具体案例详细解释说明智能印刷工厂整体模型的应用。

A公司创建于1982年，曾经是一家比较传统的企业集团，其产品以外销为主，内销为辅，产品销往世界各地（如欧洲、美洲、亚洲等），2014年开始在国内大范围拓展业务。A公司生产的产品种类丰富，主要有党政学习读本、教材教辅、精品畅销图书、儿童绘本、少儿读物、报刊等，致力为客户提供"设计—仿真—制造—销售—服务"等全方位服务解决方案。

通过调研A公司运营情况并与印刷智能工厂参考模型对比可知，A公司在智能印刷工厂参考模型中生产集成维度覆盖了设计、印制、储运、服务的全过程；管控集成维度覆盖了控制、执行、管理、决策的全过程；22个域的智能等级水平高低不等。如图2-4所示，产品服务已达到了智能等级，产品设计依然处于标准化程度。

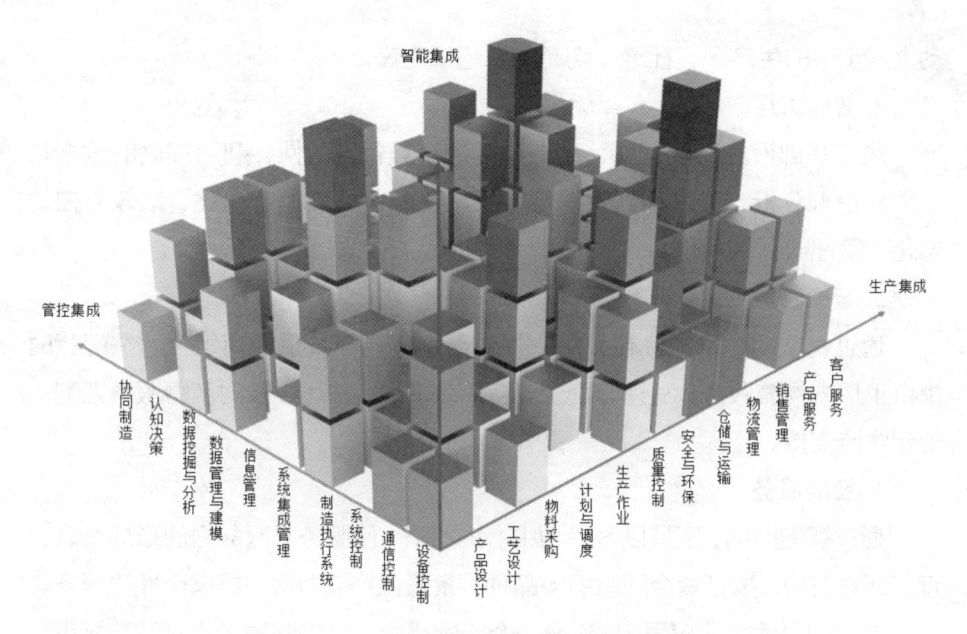

图 2-4　A 公司智能化发展级别模型

本案例相对于其他企业而言，在生产层面，建立了模范车间，引入了精益生产、APS 高级排程、生产现场的信息管理等先进技术；在管控层面，建立了精益核心团队，实现了精益管理，并且引入了制造执行系统，极大地提高了公司的经济效益。

将公司实际发展状况与本文提出的模型进行分析对比得知，A 公司整体上处于智能化建设的中间层级，A 公司实现了工业以太网的全面覆盖，通过引用 ERP、MES 等工业系统软件实现了各个系统之间的集成管理，并且通过企业上下游系统间的互联互通，实现生产与经营的无缝集成。大多数域在智能等级层面整体已经达到了数字化阶段，下一步的目标则是使公司在生产集成层面和管控集成层面的所有域都从标准化等级提升至数字化等级。

A 公司的智能化建设可以从智能生产、智能工厂、智能物流及智能服务四个方面进行展开。

1. 智能生产

包括连续流、自动化、精益改善、敏捷制造、先进工业软件的应用及系统管理，智能印刷设备的实现；在生产制造过程中实行"拉动式"的准时化生产，把传统的"上道工序推动下道工序"的生产优化为"下道工序要求拉动上道工序的生产",杜绝一切超前、超量生产。

2. 智能工厂

信息基础设施高度互联,制造过程数据具备实时性,利用存储的数据从事数据挖掘分析,最终达到系统运行集成化、业务流程合理化、绩效监控动态化、管理改善持续化。

3. 智能物流

通过物联网、路径优化算法,提供整套的物流及供应商组合。在配货时提供工厂内物流服务,发挥印刷企业应用效率;客户可以及时获得服务匹配,得到物流支持。

4. 智能服务

通过智能网络,坚持以客户为中心的策略,使服务与服务之间形成互联,直接面对客户,按订货合同组织多品种小批量生产,为客户提供个性化服务。

针对到具体企业应用中,建设一个印刷智能工厂如同建设一座智慧城市,城市的建设首先从以经济发展为主的工业化城市起步,逐步发展为以信息互联为主的数字化城市、网络化城市,最终出现以生态管理为主的"智慧城市"。印刷智能工厂的建设与之大同小异,由生产标准化逐渐过渡到信息数字化、通信网络化,最终建成智能化的印刷工厂。

在这座城市里,各生产单元就像城市中的不同建筑物,而信息化系统则是保障城市运行畅通无阻的公路。每栋建筑物各有各的特色和作用,例如学校是学习知识的天堂、医院是治病救人的场所、居民楼是供人们日常起居的地方。这些建筑物一开始也并不是尽善尽美的,在国家的支持下和经济的发展推动下,由简陋的土坯房逐步升级改造为后来的小平房、公寓、精修房、小洋楼、别墅。在印刷智能工厂的建设过程中,工艺设计、印刷设备、生产人员等作为必备的生产单元,也需要随着公司的发展逐步完善。这些生产单元具备计划、设计和管理等职能,为了降低信息流转的损耗,一律采取扁平化管理,在组织上实行职能一体化。尽管这些生产单元日益成熟,它们之间仍是相互独立的,而信息化系统则是沟通所有生产单元之间的道路与桥梁,使不同的数据信息可以在不同部门间畅通无阻的流通。

不同城市的建设规模、建设特色各不相同,但有一点是相同的,那就是朝着让城市中的人生活越来越舒适、越来越便利、耗费越来越少的方向发展。

建设印刷智能工厂，最基本的是思想理念与实践行动之间的"蓝图"——顶层设计，它具有高度集成的完整架构和明确的可执行性。顶层设计作为推动建设印刷智能工厂的重要保障，通过对其合理的管控和制定，促使智能工厂的规划能够沿着正确的方向和既定的目标执行并实施。企业的运行依赖决策者把控方向，统筹全局的思想指导，更重要的是对企业自上而下的明确规划和行动指导。

智慧城市建设的一个重要特征是，城市的各个构成要素有序流通，信息交互畅通无阻，在此基础上，各个要素能够按照城市运行的节奏与服务需求，和谐对接其他组织，实现稳定高效的城市运转，整体上呈现出智慧城市的特征。因此，在建设印刷智能工厂时，可以借鉴智慧城市的成熟经验，重点关注两个机制的开发构建：一是构建产业供应链上下游企业的资源整合开发利用机制，最大限度地开发、整合、利用相关信息资源，将有价值的信息资源通过互联网或云平台共享共商，这是建设智能工厂的核心内容，也是智能工厂建成的关键；二是公司内部各个部门间的协同运作机制，智能工厂有序健康的发展必然需要生产部门、服务部门、管理部门、销售部门等实现业务整合与服务更新，尤其是管理部门的横向协同与纵向联动，保障公司运行的快速响应，并为客户提供保质、及时、高效的服务。

罗马不是一日建成的，印刷智能工厂的建设需要多方合作一步一步计划、落实、实施。

二、不同类型印刷企业的模型应用

通过对《2018年中国印刷业智能化发展报告》的学习、标准制定的研讨学习，印刷企业开始理性认识智能化建设的漫漫长路，认识到了智能化的建设是以先进的印刷工艺和精益的生产管理为基础，以硬件和软件建设为重要内容的复杂的系统工程，需要充分分析企业自身生产特点和发展现状，以标准化为基础，沿数字化、网络化、智能化发展路径制定规划，分步骤、分阶段、分层次的实施，立足行动、追求实效，并做好充分准备看待建设过程的长期性和艰巨性，充分理解智能化建设的螺旋式上升特点，并坚信方向正确和目标的可实现。

图2-5所示是一个完整的印刷智能工厂细分模型架构，通过此图来分析

出版物印刷企业、包装印刷企业、商务印刷企业三种不同类型的企业在智能化建设中的侧重点。

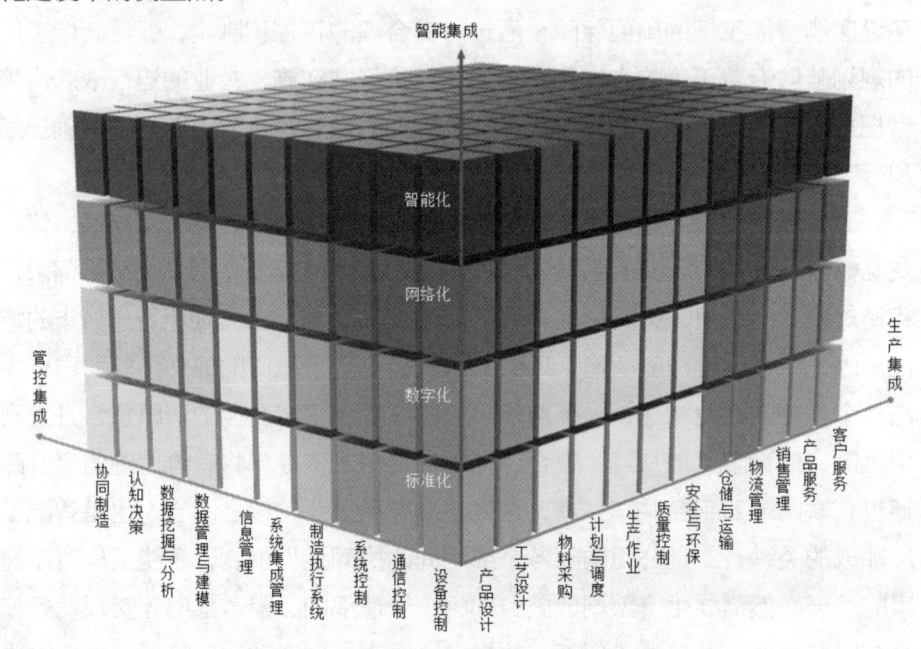

图 2-5 印刷智能工厂细分模型架构

印刷智能工厂参考模型中，从标准化到智能化，逐级递增，需要 ERP 等信息化基础设计，更需要顶层设计。

对比模型分析，出版物印刷企业应在产品服务、客户服务、系统集成管理、信息管理四个域进行升级改造，构建贯穿于原料供应商、印刷企业、客户、出版商等多方参与的信息网络平台，打造印刷企业从订单、设计、采购、生产到交付的印刷智能制造生产线的业务全流程建设。

对包装印刷企业来说，顶层设计则是标准化下的个性化。包装印刷企业应在产品设计、工艺设计、设备控制、质量控制四个域进行升级改造。大数据显示，包装产品在小家电、美妆、食品饮料领域销量依旧火爆，智能、绿色、小家电产品成为潮流，国际品牌仍然具有强大的吸引力。因此，企业首先应注重自身产品的推广与开发。例如，通过优化工艺设计和原材料品质，为客户提供性价比高的解决方案；其次，通过低成本的小批量个性化包装印刷解决方案，实现包装产品与电子商务和智能化趋势的无缝对接；最后，包装印刷企业需要在实践中认知自身优点和短板，努力寻求多方合作弥补自身的不足之处，同时完善并积极发挥自身的长处，提高企业的核心竞争力，在互联网时代开辟出一方天地。

商务印刷企业的模式灵活多变，利用网络优势打通产业上下游到打造生态系统的产业体系，在互联网发展的红利时期，发展电子商务是最优的路径。全国大概有500多家印刷电商网站，但是真正能够发挥自身优势的也仅有几十家，这种局面对商务印刷企业来讲，危机与风险并存，只要企业把握时势，保持高效稳定的生产力与管理能力，及时对接客户的需求，在互联网时代完全可能创造高效率的价值。对标模型分析，商务印刷企业应在销售管理、数据管理与建模、数据挖掘与分析三个域进行升级改造。基于网络平台创新服务模式，采取B2B+O2O服务，借助互联网的思维和技术打通商务印刷的重度垂直销售，提供买卖双方交易平台及线上销售解决方案，提升生产资源配置效率、降低生产成本，提升全产业链价值，帮助企业逐步实现智能化管理与生产，结合互联网信息技术的发展，推进产业升级和转型。

在印刷过程中，通过生产数据以及印刷设备状态信息采集分析管理系统对各环节印刷生产进程数据进行分析、处理、判断、调节、优化、控制，基于智能传感器、智能标签、智能采集技术，实现生产可视化、管理信息化、设备智能化以及物流自动化，以最快捷的方式为读者量身定制高品质个性化图书。

第三章　印刷智能工厂关键技术研究

在2019中国印刷业创新大会举办期间，由中国印刷科学技术研究院牵头，联合国内电商平台、出版机构、印刷企业、印刷设备厂商和软件系统厂商等14家单位共同建设的"一本图书印刷智能制造测试线"正式启动，连线生产。"一本图书印刷智能制造测试线"的目的是为出版印刷行业协同研究打造印刷智能制造体系需要的互联互通关键技术与标准、印刷共享云平台等基础设施的建设方案以及印刷产学研合作体系，同时推动基于印刷服务的智慧生态体系运营模式、运维逻辑构建。在互联互通方面，为实现参与测试线建设的不同厂商设备的统一通信接口、统一通信模式，制定了统一标准，以提升测试线设备数据接口兼容性。同时，发掘智能生产线实际运行中存在的需要参建企业协同解决的实际问题、技术难题，梳理基于未来工厂的发展需求，需要协同技术攻关的重大课题，以共同加强自主知识产权核心技术的突破，形成群体性优势；为行业企业智能化改造与智能工厂建设提供参考模型；为行业内企业、院校以及科研机构进行智能化技术研究、理论研究提供测试平台；为印刷智能工厂参考模型标准的建立提供测试平台。"一本图书印刷智能制造测试线"的实现为企业在智能化关键技术研究方面提供了很多理论支持与技术支持，也为我们的研究指明了方向。

制造业的核心是人与设备。随着印刷设备自动化水平的不断升级，操作人员在生产过程中的参与度日益降低，设备自身重要性逐渐凸显。智能制造不仅要求设备自动化与网络化程度达到一定高度，同时要求其具有感知外部环境及其自身变化的自检能力、与其他设备进行通信、比较和协作的自协调能力、根据自身运行状态进行诊断和优化的自识别能力、以及通过控制器自动调整运行状态的自重构能力。

越来越多的印刷企业希望利用云计算、大数据等相关技术，对数据进行建模、分析和优化，实现对海量数据的充分挖掘和利用，通过大数据驱动下完成智能化的信息管理，智能优化生产工艺的和生产全流程，智能感知生产条件变化，自主决策系统控制指令。

目前大多数印刷企业在设备智能化道路上遇到的主要障碍是数据采集。数据采集的价值在于应用，产量、质量、成本以及设备精度等作为评价生产系统性能的关键指标，将获取的印刷数据进行整合进而去分析和管控影响上述关键指标的因素，对可能出现的风险进行预估和评测，并通过数据反馈来指导生产过程的提升与优化。目前印刷企业数据采集有两种方法，一是工厂通过买进传感器进行数据收集，并将所得数据通过 WiFi 或局域网发送至中央数据库；二是引进带有电子显示屏的智能设备，实现机器自动收集数据。且这两种方法都带有局限性。

（1）国内很多企业 PLC 可编程逻辑控制器属于整体联动，只能采集较为基础的数据，设备的 OEE、能耗、振动、噪声、温度等更深层次的实时数据则需要技术解密；

（2）传感器收集数据不够稳定和准确，易出现系统数据与实际产量相差过大的失误；

（3）应该采集哪些信息以及如何采集信息，数据安全和数据质量如何保障才是决定数据可用性的主要因素；

（4）国内企业所用的印刷设备基本都是海德堡、高堡等设备制造厂商，数据保密性较好，难以采集。对印刷企业来说，简单地采集印张印量意义不大，产品全生命周期的各类要素信息等更深层次的有价值的数据没法实现同步采集、管理和调用，单独购买的话，费用昂贵，给印刷企业带来了很大的困扰。深层次的数据采集是需要所有印刷企业共同去探索和尝试的目标。

要想实现数据采集，数据转换接口及通信协议的统一至关重要。在智能印刷工厂中，数据接口多样化、参数种类繁多、特性参数的不明确以及接口的不统一会导致系统集成成本高、后期维护困难、设备联机或系统间互操作性差及设备使用效率低等种种问题。而在印刷行业内，独有的 JDF 可以连接印前、印刷以及印后等相关环节。JDF 的特性使其覆盖了一个印刷作业从设计创意、印前、印刷、印后，到最终交付的完整生命周期内所使用的指令和参数，具有强大的兼容性，更像是一种统一格式、一种规则。

接口的定义：组成机电一体化系统的各要素和子系统之间相接处必须具备一定的联系条件，这个联系条件，通常被称为接口。接口是功能单元间连接、组合、传递交换等的介质。

接口的分类：机械接口，其主要用于结构式连接。电力/电器接口，主要应用于电力设备接口和电器接口。信息接口主要用于传递和交换电信号信息的接口。软件接口是软件系统中程序之间的接口。人机接口，用于建立人机适配或互动等的界面关系。

以下内容阐述了目前常用的数据采集方式（数据采集卡、基于 TCP/IP 的以太网方式等）、数据的接口类型（RS232、RJ45、网络接口等）及面向印刷智能工厂的通信协议，对其进行相关描述并分析其适用场合与优缺点。

第一节 数据的采集方式

在数据转换时，不同类型的设备存在不同的数据接口及不同方式的数据采集。目前数据采集的方式有如下几种。

1.RS-232 协议上的串口模式

RS-232 是目前应用较为广泛的一种串口模式，相比其他串口模式，其最突出的优点在于简捷易操作。RS-232 只需简单的对串口进行转换和配置，完成对信息的采集加工，不需要为印刷设备再增加其他硬件。相对高端的设备还会配有宏 B 变量的输出功能。

2.基于 TCP/IP 协议的以太网方式

在制造和商务领域，以太网是当今最流行、应用最广泛的通信技术。局域网接口将办公网络和生产网络连接在一起，保障信息采集及数据通信的稳定性及灵活性，同时实现了与其他系统的高度集成。

3.人工采集的方式

此种方式针对某些自动化等级不高或无法进行数据采集的设备。常见的方式有以下几种。

（1）扫码采集

目前，企业使用最多的是条码技术。在货物转运过程中，工作人员将生产批次、生产时间等需要被采集的信息打印在封面上，通过专门的条码扫描仪进行扫描来采集数据。

（2）手工填表

即操作人员使用相关的采集设备，抑或是简单的办公软件，进行数据采集。此种方式需企业在生产车间配备终端采集设备，并且需根据车间环境的不同来选择适应不同场合的设备。

（3）手持终端上报

此种数据采集方式较为简单。只需为相关操作人员配备相应的手持终端，使用无限传递的方式传递到上位机。

4.数据采集卡方式

目前，也存在一些设备老化、规模较小的企业，没有条件在设备上安装串口或是以太网口，而是采用安装数据采集卡的方式来实现数据的采集。它只需要安装对应传感器，即和生产设备有关的 I/O 点。如今，大致将数据采集卡分为以下三类。

（1）模拟量类型采集卡。此采集卡用来对机器的温度、某部位所受到的压力等进行采集。

（2）混合类型的采集卡。此采集卡用来对设备的 I/O 点信息以及模拟量的信息进行采集。

（3）开关量类型的采集卡。此采集卡用来对机器的程序运行等信息进行采集，例如机器的开关机状态、机器运行的开始以及结束等信息。

第二节　数据接口的类型

以下介绍的接口是目前已有且可用于印刷行业的接口，但在智能印刷工厂中需要使用哪种接口，目前行业尚未有统一意见。

1.RS-232 类型接口

此种接口通过其串行通信接口与数控系统的串行通信口相互连接的方式，实现程序在上下级的传递。作为一种单端的通信方式，此种传输接口传输方式不平衡，因此被广泛应用在通信企业及 PC 行业。如今，许多印刷机械制造公司中的产品也会使用此种接口。

2.网络接口

此接口是一种简便的相互连接的方式，用来连接车间内局域网和印刷设备，并有效管理设备控制执行层。但是目前，只有极少部分的国外高档印刷设备会配备此种接口。

3.纸带阅读机接口

该接口方式需多加一个外界的通信卡，因其主要是用来连接纸带阅读机输入接口和数控设备系统接口。图 3-1 为其旁路式结构示意图。此结构能够对纸带阅读机的已有功能进行操作模拟，实现与 RS-232 接口之间的串行通信。由于其在 DNC 的传输层面存在障碍，目前只被少数机器所使用。

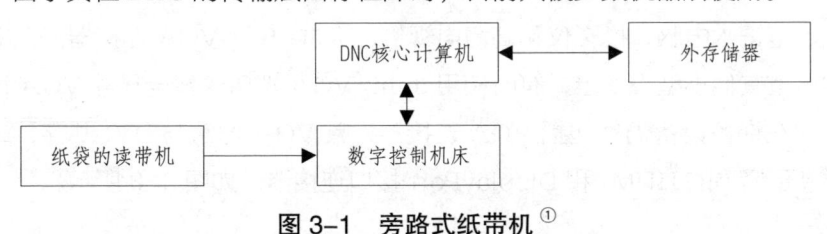

图 3-1　旁路式纸带机[①]

---

① 资料来源：百度图库。

4. DNC 接口

使用 DNC 方式的接口可实现印刷数控系统的通信功能。它需要依赖作用在 DNC 工作站和印刷数控系统中的 DNC 接口卡，并使用专业应用软件进行数据传输。同样，使用此接口的设备大多属于高端进口设备。

5. 穿孔机输入接口

此类接口方式用来连接穿孔机输入接口与相关计算机对用的打印接口，同时会穿出纸带。由于此接口可更改任何的电路硬件，使用较为简便，但其结构复杂，操作者需设计对应的驱动程序来供穿孔机读取，目前使用的范围仍较小。

6. RJ45 接口

RJ45 是一个标准型的连接器，用于以太网网络电缆。它使用一个 8P8C 连接类型和任意一个 T568A 或 T568B 标准引脚排列。如图 3-2 所示。

图 3-2　RJ45 接口 [①]

7. VGA 连接器

VGA 连接器是一个三排 15 针 DE-15 连接器。许多视频卡、计算机显示器、笔记本电脑、投影仪和高清电视机都提供 15 针 VGA 连接器。在笔记本电脑或其他小型设备上，有时使用 mini-VGA 端口代替全尺寸 VGA 连接器。现在许多设备仍然包括 VGA 连接器，且 VGA 通常与 DVI 共存，或还有更新更紧凑的 HDMI 和 DisplayPort 接口连接器。如图 3-3 所示。

---

① 资料来源：百度图库。

图 3-3　VGA 连接器 [①]

8. HDMI

HDMI 是一种专有的音频/视频接口，用于将未压缩的视频数据和压缩或未压缩的数字音频数据从 HDMI 兼容的源设备（如显示控制器）传输到兼容的计算机显示器、视频投影仪、数字电视或数字音频设备。HDMI 是模拟视频标准的数字替代品。如图 3-4 所示。

图 3-4　HDMI 接口 [②]

9. GPIB

通用接口总线（General-Purpose Interface Bus，GPIB）是一种短程数字通信 8 位并行多主接口总线规范。大多数台式仪器是通过 GPIB 线以及

---

① 资料来源：百度图库。
② 资料来源：百度图库。

GPIB 接口与电脑相连。接口部分是由各种逻辑电路组成,与各仪器装置安装在一起,用于对传输的信息进行发送、接收、编码和译码。总线部分是一条无源的多芯电缆,用于传输各种消息。目前,新制定的标准在很大程度上取代了 IEEE 488 应用于计算机网络,但其仍然在测试设备领域中发挥作用。如图 3-5 所示。

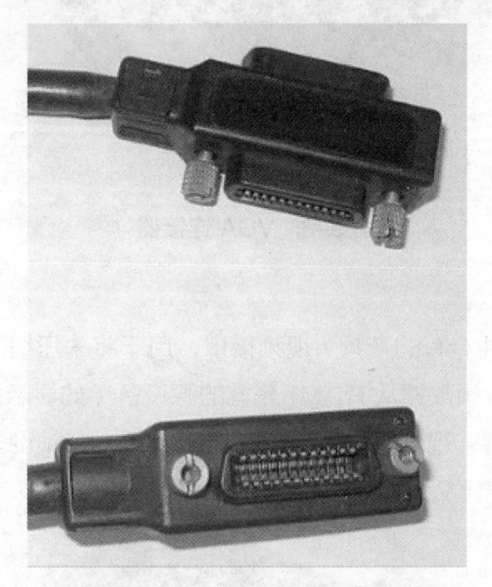

图 3-5　GPIB 型接口 [①]

第三节　通信协议

1. 工业以太网通信协议

EtherNet/IP 是一种基于 ControlNet 和 Deviceet 的 CIP 协议标准(控制和信息协议)。该标准将网络设备组织成对象集合,并定义这些对象的访问操作、对象特征和扩展,从而使分散的设备能够使用公共机制进行访问。

CIP 是一种独立于物理层、数据链路层、网络层和传输层的用户层协议。CIP 规范包括:对象模型、消息协议、通信对象、通用对象库、设备描述、电气数据手册集(EDS)、服务、数据管理等。

---

① 资料来源:百度图库。

CIP 数据包包括 1 个专用的以太网首部、1 个 IP 首部、1 个 UDP/TCP 首和 1 个 CIP 封装首部，CIP 封装首部包含的有控制命令、格式、状态信息和同步数据等字段，从而使得 CIP 数据包能通过 TCP 或 UDP 传送，保证接收方能解码。[①] 所有封装好的信息都通过 TCP（UDP）端口 0xAF12 来进行传输。

2. RS232 协议

RS232 是一种异步传输的标准接口。RS-232 接口通常采用 9 个引脚（DB-9）或 25 个引脚（DB-25）的形式。最常见的 RS232 连接方式有三条线：发送线、接收线和地线。

电平信号：逻辑 1（标记）=-3v ~ -15v，逻辑 0（空格）=+3 ~ +15v

传输距离：RS-232-C 标准规定驱动器统一有 2500pF 的电容负载，通信距离受此电容限制。例如，当使用 150 PF/M 通信电缆时，最大通信距离为 15m。如果每米电缆的电容减小，则可以增加通信距离。传输距离较短的另一个原因是 RS-232 是单端信号传输，存在共地噪声、无法抑制共模干扰（两条传输线上的信号同时变大或变小）等缺陷，一般用于 20 米以内的通信。

RS232 不能实现多机通信。因其为全双工通信模式，一般连接方式为 TTL 级<－级转换芯片->RS232 级。线路空闲时收发的 TTL 电平为高电平，电平转换芯片后获得的 RS232 电平为低电平。

假设 A 为主机，B、C 为从机，A 向 B 发送信号时处于正常状态，因为 A 的 TXD 线与 B、C 的 RXD 线同时相连，B、C 的 RXD 线都处于正常等待接收（空闲）状态。但假设 B 在接收信号时与 A 的 RXD 线相连，并想回复 A，由于 B、C 的 TXD 线与 A 的 TXD 是相连的，B 处于发送数据状态（B 想控制自己的 TXD 线高低电平之间的变化），而 C 处于休闲状态（C 希望确保自己的 TXD 线与低电平相同）。此时，B、C 的 TXD 线之间存在通信冲突。所以 RS232 可以实现点对点通信，但这种方式不能实现联网功能。

传输速率：RS232 传输速率慢，很少能达到 1Mbps。

3. RS485 协议

RS485 能够实现多机通信。一般采用双线制传输：A 线和 B 线传输。

---

① 邓昌建（导师：吕炳朝），工业以太网通信协议和接口技术研究 [D].2005.

电平信号：-2V ~ -6V 表示"0"，+2V ~ +6V 表示"1"，电压为 A-B 电压。

传输距离：一般 1km 内没有影响。理论上，RS485 的最长传输距离可达 1200m（通信速率为 100kpbs 或更低时），但由于芯片和电缆的传输特性，实际传输距离也有所不同。在信号传输过程中，增加中继可以有效实现放大信号的作用，最多能够增加八个继电器。也就是说，理论上 RS485 的传输可以达到 9.6kM 的最大距离。如果需要更远距离的传输，可以采用光纤作为传输介质，在收电机和发电机两端各设置一个光电转换器。多模光纤传输距离为 5—10km，单模光纤传输距离可达 50km。

RS485 可实现多机通信。因为它是一种半双工通信方式，即分时收发。当总线空闲时，必须保证状态为逻辑 1，即 a-b 的电压符合逻辑 1 的电平值。如果此时 1 为主机，2 和 3 为从机，数据线的连接方式为 1,2,3 的 A 连接在一起，1,2,3 的 B 也连接在一起，不存在 RS232 的连接方式问题。

4. TCP 协议

TCP 是一种面向连接的通信协议，只能用于端到端通信。它通过三次握手建立连接，并在通信完成时断开连接。TCP 作为一种数据流服务，通常会采用"重传正确认"技术来实现传输的可靠性。同时 TCP 使用的是一种被称为"滑动窗口"的流量控制形式，它实际上表示接收容量，用于限制发送方的发送速度[①]。

如果 IP 包含密封的 TCP 包，IP 将把它们发送到更高级的 TCP 层。TCP 包包含序列号和确认，因此 TCP 层在连接虚拟电路时可以对未按顺序接收的包进行排序并检查错误，并且可以重新传输已损坏的包。

TCP 将其信息发送给 Telnet 服务、客户端程序等更高级的应用程序，应用程序轮将接收确认后的信息轮回发送回 TCP 层，TCP 层将信息向下传递到 IP 层、设备驱动程序和物理介质，最后传递给接收方。

例如 Telnet、FTP、rlogin、X Windows 和 SMTP 等面向连接的服务，需要高度的可靠性，TCP 不失为最佳选择。在某些情况下，DNS 使用 TCP 发送和接收域名数据库，但是使用 UDP 来传输关于单个主机的信息。

---

① 黄慎之，张代芹. 低压电器 EtherNet/IP_Modbus 协议转换器设计. 《机电一体化》[J]，2009.

5. UDP 协议

UDP 是一种可实现广播传输的无连接的通信协议。它的数据信息来自目标端口号和源端口号。

UDP 协议传输的信息并不需要接收者的确认，可能会导致丢包状况，属于一种不可靠的传输。在实际应用中，需要程序员进行编程和验证该协议的可靠性。

UDP 与 TCP 位于同一层级，但 UDP 协议与数据包重新传输或反馈错误的顺序无关。因此，UDP 不适用于使用虚拟电路的面向连接的服务。它主要应用于面向查询——应答的服务（如 NFS）。与 FTP 或 Telnet 相比，这种服务只需互动交换很少的数据信息。

印刷过程中产生的设备数据、活动数据、环境数据、服务数据、公司数据、市场数据、上下游产业链数据种类繁多，所以需要统一的一个或几个数据采集方式及数据通信协议保证数据在不同的系统之间可以自由流转。

作为一种可交换的开放文件格式，JDF 与设计、印前、印刷、印后和交付过作为一种可交换的开放文件格式，JDF 与设计、印前、印刷、印后和交付过程具有很强的兼容性，在印刷企业中得到了广泛的应用。JDF 作为一种能解决数字化工作流程中所有问题的灵活的综合方案，在生产制造服务和信息管理服务之间架起一座桥梁，实现其对印刷活件和设备的实时跟踪及管控，根据当前设备状态制定下一步的生产计划，加强了设备间的联系。同时 JDF 不必局限于某一种固定的流程模式，可将任意单独工作流程结合起来，实现对传输格式标准化的统一。因此，在智能印刷工厂中，JDF 是不可或缺的一部分。

在印刷领域，也存在有一些其他的文件传输格式，如 PPF，PDF，PJTF 等。JDF 以这些技术为基础，将其和相关标准集成为一个更有效、更强大、更广泛的文件格式，这导致了 JDF 作为正式标准的快速发展，并被推荐为行业标准。

除此之外，其他任何一种格式都不能涵盖从印前、印中到印后生产的各个环节，以及业务管理、生产管理、资源管理、财务管理等管控决策层面。

第四节　数字孪生模型

数字孪生模型的目标是实现制造业设计制造模式的创新，提高制造效率和产品质量。而数字化孪生模型能够实现的前提则是深层次数据的采集，通过采集印刷加工过程中有价值的数据信息，并对这些数据进行建模分析，在虚拟空间内完成映射，从而反映对应的印刷设备、生产过程的全生命周期过程，实现印刷行业制造方式创新、加工制造效率以及产品质量的提升，满足智能化建设需求。

数字孪生模型是指将现实中的对象以数字化的方式呈现在虚拟空间中，也就是以数字化的方式为物理对象创建一个虚拟模型。通过此模型，可以在虚拟空间中模拟物理对象的行为特征或对其进行性能检测，从本质上看，数字孪生模型是应用于产品全生命周期的数据、模型及分析工具的集成系统。对于印刷企业来说，它能够整合印刷生产过程中的制造流程，实现印刷品从原材料、产品设计、工艺规划、生产计划、制造执行到使用维护的全过程数字化。通过集成设计和生产，它可帮助企业实现全流程可视化、规划细节、规避问题、闭合环路、优化整个系统。

数字孪生模型并不是一种全新技术，它具有现有的虚拟制造、数字样机等技术的特点，并从这些技术的基础上发展而来。虚拟制造技术基于虚拟现实和仿真优化技术对产品的全生命周期过程进行统一建模，从产品的设计阶段开始，到生产制造、加工装配、检验回收、售后环节等都在虚拟空间内实现模拟仿真优化。因此，数字孪生模型并不需要制作样品，在产品的设计阶段就可以通过构建模型模拟出产品的制造流程及性能检测，从而在很大程度上提高产品的生产效率，减少制造过程中出现的失误，优化产品质量及资源规划整合，使产品开发周期和成本达到最小；产品的数字样机形成于产品设计阶段，其应用于产品的整个生命周期，包括产品设计、制造、模型检验、销售、售后使用等环节。数字孪生模型更加强调的是物理世界和虚拟世界的连接作用，从而做到虚拟世界与真实世界的统一，实现设计和生产之间的闭环。

在印刷工厂中，由PLC、传感器、数据采集卡等获取的工艺参数数据、生产制造相关数据、设备状态数据、售后服务数据等，通过数据建模与数据分析，可实现产品的智能化设计、智能化生产、网络化协同制造、智能化服务、大规模个性化定制等。

第四章 总结

本课题通过企业调研、会议研讨、标准制定、搜集资料等方式对出版物、包装装潢印刷、商务印刷企业等不同类型企业的智能化建设模式和侧重点进行分析，探索建立印刷智能工厂参考模型。根据不同场景下的模型应用，指导帮助不同类型的企业在此模型中找到并标识自己的所处位置，同时提出了模型评估的方法，明确企业目前所处的智能化层级，准确判断企业下一步的智能化发展目标。以参考模型为蓝本，以建设模式为骨架，对模型层级间交互所需的数据交换接口及通信协议等关键技术进行研究，并提出数字孪生模型的概念，针对企业采集到的数据如何应用给出了完美的解决方案，为印刷企业智能化建设提供了支撑。

通过对工厂的调研分析以及会议讨论，我们看到目前企业针对智能转型所开展的项目并不是想象中的"智能工厂"，更多的是技术层面的改革，深度的自动化技术及网络化的应用，是以务实创新的精神，解决互联网时代产品需求快速、产品生命周期不断缩短、多品种、小批量生产模式等问题。在实践中，通过提高工艺流程和生产模式的灵活性，采用柔性生产制造，使业务流程的不同方面（如质量、时间、成本）实现动态配置，加速物料连续调整和供应链的快速反应能力。这种生产方式标志着工艺流程可以随时更新，制造过程可以随时改变，供应问题等临时短缺可以快速弥补，短时间内实现产量的大幅提高。

搭建印刷智能工厂是需要循序渐进的，需要从企业流程的标准化起步，到基于企业信息管理系统的数字化，再到生产制造系统与经营管理系统集成的网络化，最后则是基于新一代信息通信技术与先进制造技术深度融合，使设备或系统具有自感知、自学习、自决策、自执行、自适应等功能的智能化生产方式。如图4-1所示。

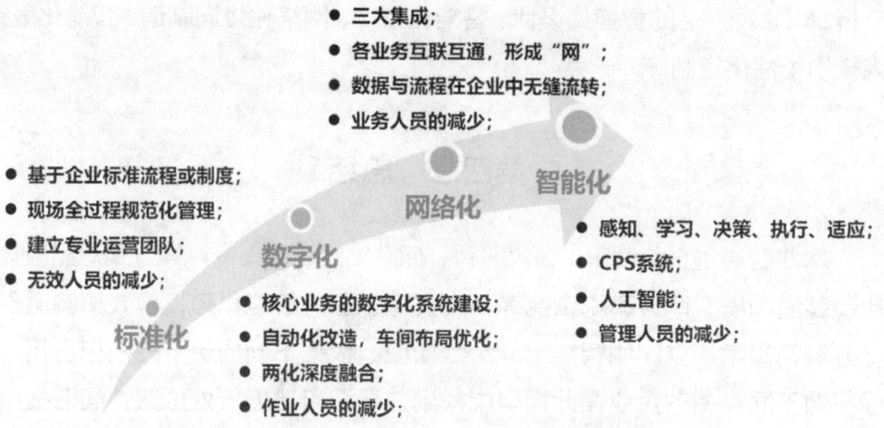

- 三大集成；
- 各业务互联互通，形成"网"；
- 数据与流程在企业中无缝流转；
- 业务人员的减少；

智能化
- 感知、学习、决策、执行、适应；
- CPS 系统；
- 人工智能；
- 管理人员的减少；

网络化

数字化
- 核心业务的数字化系统建设；
- 自动化改造，车间布局优化；
- 两化深度融合；
- 作业人员的减少；

标准化
- 基于企业标准流程或制度；
- 现场全过程规范化管理；
- 建立专业运营团队；
- 无效人员的减少；

图 4-1 印刷智能工厂的建设流程

印刷企业的智能化是时代不可逆转的趋势，先见者明，先行者立，只有跟上时代的潮流才可以获得持续的发展。

参考文献

[1] http://wenku.baidu.c，智能制造能力成熟度白皮书 1.0[R]，2016.

[2]《2016 年智能制造试点示范项目要素条件》[R]，工业和信息化部，2016.

[3]《国家智能制造标准体系建设指南》[R]，工业和信息化部、国家标准化管理委员会.

[4] 刘琳琳，曹从军，尚晏莹，耿泽宇，董璇，《中国印刷业智能化发展报告(2018)》[R]，《印刷技术》，2018.

[5] 刘琳琳，谢怡雪，张羽玲，陈一军. 智能化不是目的，是手段[J]. 印刷工业，2019.

[6]《工业 4.0 时代——如何在第四次工业革命中成功》[J]，罗兰贝格，2014.

[7] 战德臣，程臻，赵曦滨，聂兰顺，徐晓飞，《制造服务及其成熟度模型》[M]，计算机集成制造系统，2012.

[8] 赵五州，工业 4.0 时代标准化在制造业中的应用研究 [J]，2017.

[9] 潘琨. 智能工厂的实现与商业化未来.《PLC&FA》[J]，2015.

[10] 简正豪. 数控机床 DNC 通信和管理系统的研究与设计 [D]. 湖北工业大学，2017.

[11] 罗如柏. JDF 在数码打样中的应用研究 [D]. 西安理工大学，2007.

[12] 金学猛. 面向 SOA 指挥控制系统信息交互安全机制研究 [D]. 沈阳理工大学，2013.

[13] 罗如柏，周世生，赵金娟，蒋磊. 计算机集成印刷系统 [M]. 北京：机械工业出版社，2016.

[14] 陈明，梁乃明. 智能制造之路：数字化工厂 [M]. 北京：机械工业出版社，2017.

（课题组成员及执笔人：张羽玲、刘琳琳、刘成芳、
王毅、谢怡雪、吴林铠）

网络出版内容审校机制研究

一、研究背景、目的和意义

（一）研究背景

随着相关技术设备的不断发展与快速普及，网络用户的数量越来越大、黏性越来越强，网络正在日益深刻地影响和改变人们的生活。中国互联网络信息中心（CNNIC）第42次《中国互联网络发展状况统计报告》显示，截至2018年6月30日，我国互联网普及率已达57.7%，网民规模已达8.02亿，人均每天上网时长近4个小时。[①] 就网络出版而言，据统计，截至2017年12月，我国原创网络文学用户数量已达3.78亿人[②]，网络游戏用户数量已达5.83亿人[③]。

近年来，网络文学、网络游戏、网络听书、网络知识服务等网络出版原创内容违法违规问题频发高发，其中：网络文学领域突出表现为恶搞红色经典，抹黑革命英雄，解构歪曲历史，内容低俗、庸俗、媚俗、淫秽色情、侵权盗版；网络游戏领域突出表现为文化内涵缺失，格调不高，存在低俗暴力倾向，个别作品歪曲历史、恶搞英雄，价值观念出现偏差，触碰道德底线；网络听书领域突出表现为宣扬封建迷信、恶搞英雄人物、篡改名著；网络知

---

① 中国互联网络信息中心. 第42次《中国互联网络发展状况统计报告》[EB/OL].http://www.cnnic.net.cn/hlwfzyj/hlwxzbg/hlwtjbg/201808/t20180820_70488.htm,2018-08-20/2018-10-28.

② 中国互联网络信息中心. 第42次《中国互联网络发展状况统计报告》[EB/OL].http://www.cnnic.net.cn/hlwfzyj/hlwxzbg/hlwtjbg/201803/t20180305_70249.htm,2018-03-05/2018-10-28.

③ 中国音数协游戏工委（GPC）、伽马数据（CNG）、国际数据公司（IDC）.2017年中国游戏产业报告[EB/OL].https://www.ali213.net/news/html/2017-12/337075.html,2017-12-19/2018-10-28.

识服务领域突出表现为渲染恐怖暴力，宣扬消极、颓废的人生观、世界观和价值观，渲染、夸大社会问题，过分表现、展示社会阴暗面。

党中央、国务院高度重视网络内容治理问题。党的十九大报告明确提出要加强互联网内容建设，建立网络综合治理体系，营造清朗的网络空间。2018年8月，习近平总书记出席全国宣传思想工作会议时特别强调，坚持营造风清气正的网络空间，推出更多健康优质的网络文艺作品，提高用网治网水平，使互联网这个最大变量变成事业发展的最大增量。2017年6月，国家新闻出版广电总局发布了《网络文学出版服务单位社会效益评估试行办法》，对于出现严重政治差错、社会影响恶劣，在平台首页或重点栏目推介导向有严重问题，违反政治纪律和政治规矩等作品，社会效益评估实行"一票否决"。2018年5月，国家新闻出版署挂牌成立伊始，即与全国"扫黄打非"办联合开展为期三个月的网络文学专项整治。据不完全统计，2018年6—8月底，全国各地共查办网络出版行政和刑事案件120余起，责令整改网络文学经营单位230余家，封堵关闭网站及账号4000余个，查删屏蔽各类有害信息14.7万余条。①

在网络出版内容管理中，原创内容审校把关是网络出版管理乃至网络治理的一大难点，原因主要如下：一是网络信息传播的一大特质就是用户产生内容，而且普遍存在用户准入门槛低，用户素养参差不齐；二是用户数量的规模非常庞大、原创内容资源非常多；三是网络公司（平台）内容审校经验不足、力量薄弱等问题；四是相关法律规范不够完善，制度保障不足；五是政府主管部门面对新生事物，管理经验总体较为欠缺。

网络出版内容审校机制是网络出版单位尤其不具备传统出版传播背景的互联网企业自我管理、自我发展的重要保障，同时也是国家网络内容治理机制的重要延伸。2015年出台、2016年实施的《网络出版服务管理规定》对非出版单位申请从事网络出版的资格条件，增加了"有从事网络出版服务所需的内容审校制度"规定，并对相关人员资质、必要系统设备配备等问题作了规定。然而，实践中不同网络出版单位的业务架构、业务方向等千差万别，不同网络出版领域内容的审校要求不尽一致，在行政审批实践中，对上述规

---

① 刘彬.推进网络文学环境健康清朗[N].光明日报,2018-09-21(16).

定需要有针对性地加以细化落实。这也是我们接收上级领导部门委托申请本课题立项的直接背景。

(二) 研究目的

本课题的研究目的在于,面向网络文学、网络游戏、网络听书、网络知识服务这四大网络出版主要细分领域,有针对性地提出内容审校机制要求,包括内容审校相关岗位设置、职责分工、人员资质、审核要点、业务流程、奖惩规定、软硬件设备支撑等等,为有关部门做好相应业务的行政审批工作、规范网络出版秩序、促进网络出版业健康发展提供决策参考和资料支撑。

(三) 研究意义

网络出版内容审校事关国家意识形态安全和人民精神文化权益。确立并落实科学合理的内容审校机制是网络出版业健康有序发展的关键所在,也是众多网络出版单位长期持续发展的有力保障。实践证明,网络出版内容违法违规问题之所以频繁发生,很重要的原因在于,相关网络出版单位内容审校机制设置不科学,或者虽有较为科学的内容审校机制和相关制度,但操作过程中落实不到位。

目前,在实践层面,市场上主流的网络出版单位尽管均有相应的内容审校机制,但具体内容千差万别、表现形式五花八门;在理论层面,针对网络出版内容审校机制的专项研究十分有限。相关研究成果主要集中在宏观的网络内容监管层面(如《依法治国背景下的网络内容监管》〔杨秀,电子工业出版社,2017〕、《中国互联网内容监管机制研究》〔李小宇,武汉大学学位论文〕等),缺乏针对不同细分领域以及内容审校不同方面的中观和微观研究。

在此情况下,本课题面向网络文学、网络游戏、网络听书、网络知识服务这四大主要细分领域,针对网络内容审校的岗位设置、职责分工、人员资质、审校流程等不同方面的专项研究无疑具有重要的理论价值和现实意义。

二、研究对象与范畴界定

(一) 网络出版

网络出版,亦称网络出版服务(出版本身就是一种服务活动),按照《网络出版服务管理规定》第2条的规定,是指"通过信息网络向公众提供网络出版物"。而所谓网络出版物，按该规定的界定，是指"通过信息网络向公众提供的，具有编辑、制作、加工等出版特征的数字化作品"，主要包括：（1）文学、艺术、科学等领域内具有知识性、思想性的文字、图片、地图、游戏、动漫、音视频读物等原创数字化作品；（2）与已出版的图书、报纸、期刊、音像制品、电子出版物等内容相一致的数字化作品；（3）将上述作品通过选择、编排、汇集等方式形成的网络文献数据库等数字化作品；（4）国家新闻出版行政主管部门认定的其他类型的数字化作品。

至于网络出版的种类，由于各种新兴业务模式不断出现，相应细分领域具体业态和商业模式发展变化较快，《网络出版服务管理规定》未作直接规定，学术界亦无公认的权威划分[①]。结合国家出版行政主管部门的职责范围以及信息网络传播产业实际，我们认为，抛却内容资源形态和产业上下游关系，从业态层面对网络出版进行种类划分可能更为科学，常见的网络出版业态包括网络文学、网络游戏、网络动漫、网络听书、网络知识服务等等。本课题主要研究网络文学、网络游戏、网络听书、网络知识服务等四个领域的内容审校机制。

（二）网络出版内容

网络出版内容形形色色，根据上级单位委托立项的要求，并且考虑到原创内容更需审校把关的实际情况，本课题将研究的重点放在网络出版原创内容方面。

所谓原创内容，是指未经传统出版单位审校把关、直接由相关个人或单位提交网络出版平台发布、构成网络出版物的各种内容信息，具体即《网络出版服务管理规定》所规定的"文学、艺术、科学等领域内具有知识性、思想性的文字、图片、地图、游戏、动漫、音视频读物等原创数字化作品（及其片段）"。已由其他出版单位依据相应编校流程进行审校把关的出版物内容，在网络传播过程中尽管也需要再次进行审校把关，但审校任务远不及原创内

---

① 北京印刷学院课题组在其《网络出版服务业务分类问题研究报告》中，将网络出版服务分为"搜索网站、门户网站、专业内容网站、网络文学、社交媒体、垂直服务、视频、音频、游戏、动漫、工具平台、问答平台、数据库、电商平台"等14个类别。我们认为，这种分类作了有益探索，但显然混淆了网络出版服务与其他相关服务的边界；且"垂直服务""视频""音频"等表述较为含混，其科学性值得商榷。

容审校任务紧要和繁重。实践中，不同网络出版单位之间通过合作协议进行内容交换，或者特定网络出版单位代理发布不具备网络出版资质的其他相关单位及其用户原创内容的情形非常多见。该等"外来内容"对于相应网络出版单位而言，只要未经其他出版单位审校把关，均属于本课题所称的原创内容。

（三）内容审校机制

机制原指有机体的构造、功能和相互关系，泛指一个工作系统的组织或部分之间相互作用的过程和方式。① 所谓内容审校机制，泛指内容审校组织体系及其各部分"相互作用的过程和方式"，除《网络出版服务管理规定》所规定的"内容审校制度"外，还包括内容审校工作人员、相应业务平台和支撑系统，以及相应的审校标准、审校流程，等等。

关于内容审校，原新闻出版署《图书质量保障体系》"中期保障机制"规定，图书稿件坚持三审、三校、一读（通读付印软片或软片样）制度。这是关于传统图书出版的管理制度，至于网络出版要否遵循这样的制度，要否实行三个审级、三个校次，原《互联网出版管理暂行规定》和《网络出版服务管理规定》均无明确规定。② 北京市新闻出版广电局《关于在北京地区网络出版服务单位全面落实编辑责任制度的通知》则明确要求，北京地区经新闻出版行业主管部门批准设立且获得《网络出版服务许可证》的网络游戏、网络文学、网络动漫等网络出版单位，要设立网络出版内容的初审、复审和终审三级审核制度，把编辑责任制度和三审三校制度落到实处。北京作为首善之区，率先在网络出版领域全面落实编辑责任制度和三审三校制度。

三、网络出版内容审校问题及原因

结合课题组文献梳理、走访调研、问卷调查等工作③，现将我国目前网络

---

① 中国社会科学院语言研究所词典编辑室.现代汉语词典(2002年增补本).商务印书馆,2002:582.
② 原《互联网出版管理暂行规定》只是规定了编辑责任制度；《网络出版服务管理规定》有较大进步，规定了内容审校制度、责任编辑制度和责任校对制度，但并未对内容审校的审级、校次作出规定。
③ 在本课题研究过程中，课题组先后赴8家网络出版企业进行走访调研，并借助第十四届全国网络编辑年会、第十二届新闻出版业互联网大会，开展两次问卷调查，先后共发放调查问卷446份，回收调查问卷311份，其中有效问卷165份。

出版内容审校方面的问题及原因分析如下。

（一）存在的主要问题

1. 内容来源多样，审校任务繁重

通过走访调研和问卷调查，我们了解到，网络出版单位的内容来源较为多样，具体包括企业自创或研发内容、作者或用户创作内容、其他平台交换内容、出版社合作内容、代理发布内容、用户跟帖评论，等等。其中，与出版社合作的内容占四分之一略强（问卷调查数据为22.83%），本企业（本平台）自主研发的内容不足三分之一（问卷调查数据为32.6%），两项加总仅占网络出版内容的一半左右，其余很多是作者或用户创作内容（问卷调查数据为25%）、其他平台交换内容（问卷调查数据为9.8%）。这种情况决定了网络内容审校对象的复杂性。

此外，网络出版平台的内容更新量是非常大的，课题组在调研中了解到，17K小说网日均更新文字量约1500万字，日均上线五六百部作品、更新四五千章节；掌阅科技日均更新文字量目前在一亿字以上，每月上线的电子书数量大约5000余本，其中，原创作品数量大约3000余本。这种文字更新量，尤其原创内容更新量，远远超过任何一家传统出版单位，网络内容审校的任务是非常繁重的。

2. 专职人员较少，整体素质不高

与审校任务形成鲜明对比的是，网络出版企业从事内容审校的专职人员相对较少，而且整体素质不高。其中：

人员数量方面，课题组问卷调查的数据显示，网络审校人员20人及以下的占比超过了65%。掌阅科技这样已上市的日均更新文字量过亿、月均原创作品3000余本的大型网络企业，审校团队只有70余人，其中原创内容审校人员只有40余人。

人员素质方面，课题组问卷调查的数据显示，有2.13%的受访者表示，其所在网络出版企业内容审校团队中没有一人获得出版及相关专业中级职业资格；表示6人及以下具有出版及相关专业中级以上职业资格的受访者多达61.7%。在课题组走访调研的企业中，爱奇艺网络文学部内容审校人员最多，但是，在其700余人的内容审校团队中，只有7人具有出版及相关专业中级以上职业资格。

3. 专门制度欠缺，相关机制不完善

网络审校专门制度欠缺、相关机制不完善也是困扰网络内容审校工作的一大问题。其中：

制度方面，课题组问卷调查的数据显示，仅有 46.8% 的受访者表示，其所在企业"有成文的系统化文件统一规定"，而 8.51% 的受访者明确表示，其所在企业没有（任何）相关的成文规定。在课题组走访调研中，有的企业相对较好，网络内容审校流程已上墙（如 17K）或发放至所有审校人员（如掌阅），多数企业能（事后）提供相关审校制度，但也有企业（如凤凰互娱）称尚无相关审校制度。

与制度（机制）有无问题相并列的，是制度（机制）的成熟度和完善性。与不少企业的网络内容审校制度是不完善、有欠缺的，例如，有的网企用机器审代替人工初审，机器审后直接进入了二审环节。课题组问卷调查的数据显示，有超过 13% 的受访者表示，其所在企业由同样的人员全程负责相应内容的审校工作，其中由同一人独立负责、全程跟进的受访者比例为 2.17%。这显然是不科学的。

4. 审校手段落后，缺乏相关软件系统支撑

网络出版的海量性、复杂性、迅疾性，客观上需要借助技术力量，或自主开发或许可授权，实现网络内容审校系统的有力支撑。事实上，相关系统具有自动学习功能，只要科学设置相应阈值，加上后期适当的人工干预，网络内容审校系统可以在防侵权、防淫秽、防广告等多方面发挥重要作用。但遗憾的是，很多网络出版企业没有相关系统。课题组问卷调查的数据显示，有 42.86% 的受访者表示，其所在企业没有任何网络内容审校系统。

（二）相关原因分析

1. 相关业务起步晚，客观上难有成熟配套制度

我国网络出版业务从网络文学起步，肇始于上世纪 90 年代中后期[①]，总

---

① 关于中国网络文学的开端，业界有不同的认识。例如：有人认为是 1997 年年底"榕树下"网络文学网站的建立（如肖燕君等《媒介融合世代更迭——中国网络文学 2016-17 年度综述》，载《文艺理论与批评》2007 年第 6 期），也有人认为是 1994 年《新语丝》网络文学刊物的创办（如毛文思《走向开放与共赢的网络文学》，载《出版参考》2014 年第 9 期）。

体上只有二十年左右的时间，而网络听书、网络知识服务等其他业态起步更晚，只有短短十来年甚至短短几年的时间。客观上，像网络出版如此"年轻"、发展变化又如此迅速的行业，无论是网络出版企业还是相关主管部门，都很难有一套成熟的制度（机制）进行内容审校管理。

2. 专业人才匮乏，教育培训能力不足

由于是新兴事物，很多大中专院校的专业设计一时难以配套，多数网络编辑专业侧重于页面设计制作；不少编辑出版专业更侧重传统出版单位内容审校业务的培训，没有很好地兼顾网络传播的特征，尤其不同网络出版业态下内容审校业务的多样化需求。与此相关，社会培训机构也难以及时有效跟进。

当前，总体而言，相对于海量的网络出版内容更新量（待审量），专业的审校人员是非常匮乏的。很多情况下，不是网络出版企业不想招聘相关专业人才，而是囿于落户政策、工作强度等种种因素，很难招到合适的人才。一些从传统出版单位跳槽到网络出版企业的编辑人员，面对全新的传播业态，短时期内难以适应且无法得到应有的培训，继而频繁跳槽。

3. 社会容忍度高，网络内容审校未得到足够重视

首先，社会关于网络出版内容的认识，多数还停留在草根文化阶段，一方面，认为网络出版内容仅做无聊消遣用途，内心底里缺乏对网络出版内容重要性的充分认识；另一方面，认为网络出版内容问题多多，出现问题司空见惯，似乎也没什么大不了的，对此有较高的容忍度。

其次，网络经济是流量经济，网络出版企业借以吸引受众眼球的，不是单个优质内容所具备的深刻、巨大影响，而是海量内容持续更新所带来的新鲜感。在此逻辑下，网络出版企业对内容的编辑加工审核校对势必弱化。

再次，多数网络出版企业为技术引领型，很多由技术供应商转型而来，本身对内容的重视不够。在多数相关企业的发展版图中，内容传播尽管越来越重要，但仍不构成整个企业发展的支柱、主体或核心；相应的，网络出版内容审校也无足重轻，只是用来"装饰门面"。在此情况下，网络出版企业在内容审校方面的人员投入不足，在相关软件系统开发和运维方面的投入不足。

四、网络出版内容审校制度要求

如前所述,《网络出版服务管理规定》虽有"有从事网络出版服务所需的内容审校制度"这一要求,但未对内容审校制度的外在形式和内在要素作具体规定。在调研中,我们发现,一方面,不同的网络出版单位,内容审校的对象、方式等存在较大差异;另一方面,同类网络出版的不同单位之间也存在较大差异:部分单位有系统、成型的内容审校制度;部分单位只有内容审核标准和流程,没有系统、成型的内容审校制度。我们认为,按照《网络出版服务管理规定》,网络出版单位首先要有适用于本单位的、系统的、成型的内容审校制度;其次,内容审校制度要具备相关基本要素,包括审校范围、岗位设置、职责分工、审校流程、审校标准、奖惩制度等。

结合前期调研及网络文学、网络游戏、网络听书、网络知识服务等不同业务特点,我们提出网络出版内容审校制度的要求如下:

(一)网络文学

1. 审校范围

覆盖拟在本单位所属平台发布的所有内容,既包括本单位所属平台及其注册用户的原创内容,也包括相关合作平台提交过来、拟在本平台发布的原创数据交换内容;审校方面,分为新书和章节更新两种情况,其中:新书审校包括书名、作者名、封面、简介、已完成内容(网络小说一般要求在三万字以上);章节更新主要审校所更新章节的思想政治倾向、学术质量、社会效果等。

2. 岗位设置

包括助理编辑、责任编辑、总编辑(或称主编,下同)三级。为保证网络出版内容质量,避免内容审校工作流于形式,助理编辑、责任编辑、总编辑等不同审级的人员必须由不同的人担任,而不能由同一人兼任。重点作品在初审、复审环节,同一审级最好能有两名或多名人员(责任编辑需指定1人)并行审校把关。

3. 职责分工

(1)助理编辑:负责本单位指定网络文学作品的初审,在对内容审校软件系统自动标引、评判结果进行人工干预的基础上,对相应作品的社会效益、文化学术价值、出版价值和技术实现效果进行初步审核,进行导向、知识、文字、技术的第一道把关。

（2）责任编辑：负责相应网络文学作品的复审，对作品质量和呈现效果提出复审意见，做出总体评价。

（3）总编辑：负责本单位所有网络文学作品的终审，主要对出版导向、学术质量、社会效果、是否符合党和国家的政策法规等方面做出评价，最终决定作品能否上线，并督促本单位内容审校制度的完善与落实。

4. 审校流程

总体上遵循助理编辑初审→责任编辑复审→总编辑终审的流程。不同级别的审校人员完成本级审校事项后，需在纸质流程单上签名或在数字办公系统相应模块点击确认；上一级审校人员看到下一级审校人员签名或点击确认信息后方可启动本级审校事项。建立网络文学作品内容审校档案制度，确保每部网络文学作品上线前所有审校流程的完备可查。

5. 审校标准

遵循《网络出版服务管理规定》等相关法律法规和有关部门文件要求，结合国内同领域典型案例，明确并适时更新相应审核标准。

6. 奖惩制度

内容审校人员绩效与相关产品内容质量挂钩。主要是失职问责。按照网络文学作品违法违规情节及危害程度，进行内容审校事故分级，对相关责任人员作出警告、罚款乃至开除等不同处分。例如：出现所审作品内容违法违规以致本单位被约谈情形的，对相关责任人员作出书面警告处分，取消一年内的涨薪晋职机会及评优资格；出现所审作品内容违法违规以致本单位被行政处罚情形的，对相关责任人员作出罚款乃至开除处分。

（二）网络游戏

1. 审校范围

覆盖拟在本单位所属平台上线运营的所有原创性游戏产品，既包括本单位自主研发的游戏产品，也包括本单位代理发布的相关合作单位的游戏产品，具体类型包括手机游戏、客户端游戏、网页游戏（H5）、主机游戏等所有的网络游戏类型；审校方面包括每一款游戏的背景架构、区域场景、职业设计、静态模型、动态模型、视听效果、任务系统、社会关系、竞技对战等。

2. 岗位设置

包括助理编辑、责任编辑、总编辑三级。为保证网络出版内容质量，避免内容审校工作流于形式，助理编辑、责任编辑、总编辑等不同审级的人员必须由不同的人担任，而不能由同一人兼任。重点游戏产品在初审、复审环节，同一审级最好能有两名或多名人员（责任编辑需指定1人）进行审校把关。

3. 职责分工

（1）助理编辑：负责对指定拟研发/待上线游戏产品的背景架构、区域场景、静态和系统模型、社会关系等提出初步审核意见，对其脚本文字、游戏相关图片等软件系统标引的问题进行人工干预，修改和过滤不良信息，保证内容质量无硬伤，保证玩家良好的体验，并配合游戏运营部门进行相关游戏产品的日常更新维护。

（2）责任编辑：负责根据助理编辑提交的游戏产品审核表中的信息，对相关游戏产品进行复审，对需要审校把关的游戏产品进行通体试玩，就游戏产品的语言文字、视听效果等提出修改和优化建议，并做好游戏上线前的版号申报材料准备工作。

（3）总编辑：负责对各类游戏产品作方向性把握，确定其市场定位、核心价值营造、发展策略规划，带领团队对各类在线产品做整体调度和更新，根据助理编辑的初审意见及责任编辑的复审意见，对本单位拟上线运营的所有网络游戏产品所有游戏产品进行终审，并督促本单位内容审校制度的完善与落实。

4. 审校流程

总体上遵循助理编辑初审→责任编辑复审→总编辑终审的流程。不同级别的审校人员完成本级审校事项后，需在纸质流程单上签名或在数字办公系统流程管理模块点击确认；上一级审校人员看到下一级审校人员签名或点击确认信息后方可开启本级审校事项。建立网络游戏产品内容审校档案制度，确保每款网络游戏产品上线前所有审校流程的完备可查。

5. 审校标准

遵循《网络出版服务管理规定》《网络游戏管理暂行办法》等相关法律制度和有关部门文件要求，结合国内同领域典型案例，明确并适时更新相应审核标准。

6. 奖惩制度

内容审校人员绩效与相关产品内容质量挂钩。主要是失职问责。按照网络游戏产品违法违规情节及危害程度，进行内容审校事故分级，对相关责任人员作出警告、罚款乃至开除等不同处分。

（三）网络听书

1. 审校范围

覆盖拟在本单位所属平台发布的所有内容，包括声音、专辑、图文、直播以及用户发布的评论。

2. 岗位设置

包括助理编辑、责任编辑、总编辑三级。为保证网络出版内容质量，避免内容审校工作流于形式，助理编辑、责任编辑、总编辑等不同审级的人员必须由不同的人担任，而不能由同一人兼任。重点听书内容在初审、复审环节，同一审级最好能有两名或多名人员（责任编辑需指定1人）进行审校把关。

3. 职责分工

（1）助理编辑：负责本单位指定作品的初审，在对内容审校软件系统自动标引、评判结果进行人工干预的基础上，对相应的声音、专辑、图文、直播、用户评论进行初步审核。

（2）责任编辑：责任编辑对所负责内容的发布负有直接责任，如所负责部门自制发布的或与核心主播合作发布的内容。

（3）总编辑：负责本单位内容领域的安全把控。主要负责内容审核部门的管理制度、人员编制、薪酬考核体系。全平台发布内容具有"一票否决权"。就内容安全事宜与监管部门保持密切沟通。负责提出与内容安全审核相关的产品需求，根据出现的新问题完善优化公司审核系统和审核效率。负责对全站运营及审核人员的内容安全培训指导，制定年度培训计划并推进实施。

4. 审校流程

总体上遵循助理编辑初审→责任编辑复审→总编辑终审的流程。不同级别的审校人员完成本级审校事项后，需在纸质流程单上签名或在数字办公系统流程管理模块点击确认；上一级审校人员看到下一级审校人员签名或点击确认信息后方可开启本级审校事项。建立网络听书产品内容审校档案制度，确保每项网络听书内容发布前所有审校流程的完备可查。

5. 审核标准

遵循《互联网信息服务管理办法》《网络安全法》《互联网直播服务管理规定》《互联网视听节目服务管理规定》等相关法律制度和有关部门文件要求，结合国内同领域典型案例，明确并适时更新相应审核标准。

6. 奖惩制度

内容审核人员绩效与相关产品内容质量挂钩。主要是失职问责。按照网络听书作品违法违规情节及危害程度，进行内容审核事故分级，对相关责任人员作出警告、罚款乃至开除等不同处分。

（四）网络知识服务

1. 审校范围

覆盖拟在本单位所属平台上由用户发布的所有内容（以下简称 UGC 内容），无论付费与否，均需要经过全面的审核机制进行过滤，召回可能有害的信息。审核范围既包括各种形态的 UGC 内容本身，即问题、回答、评论、文章以及用户信息，也包括与这些信息有机关联、可辅助审核员判断的外延信息。

2. 岗位设置

包括助理编辑、责任编辑、总编辑三级。为保证网络出版内容质量，避免内容审核工作流于形式，助理编辑、责任编辑、总编辑等不同审级的人员必须由不同的人担任，而不能由同一人兼任。重点知识内容在初审、复审环节，同一审级最好能有两名或多名人员（责任编辑需指定 1 人）进行审校把关。

3. 职责分工

（1）助理编辑：负责对指定知识内容的初审，在对内容审核软件系统自动标引、评判结果进行人工干预的基础上，对用户的提问、回答、评论、文章、用户信息进行初步审核。可实行双人盲审规则，每一条内容均需经过两名助理编辑独立审核，判断一致的审核结果直接生效，判断不一致的，提交责任编辑审核。

（2）责任编辑：负责相应知识内容的复审，对于初审中助理编辑标记的可疑或争议内容，由责任编辑进行审核处理。

（3）总编辑：负责对知识内容作决定性判断，对复审过程中可能出现的争议内容、存在风险内容，根据助理编辑的初审意见及责任编辑的复审意见，由总编辑进行讨论确定。同时，需督促本单位内容审校制度的完善与落实。

4. 审校流程

总体上遵循助理编辑初审→责任编辑复审→总编辑终审的流程。不同级别的审校人员完成本级审校事项后，需在纸质流程单上签名或在数字办公系统流程管理模块点击确认；上一级审校人员看到下一级审校人员签名或点击确认信息后方可开启本级审校事项。建立网络知识内容审校档案制度，确保每项网络知识内容发布前所有审校流程的完备可查。

5. 审校标准

遵循《网络出版服务管理规定》等相关法律法规和有关部门文件要求，结合国内同领域典型案例，明确并适时更新相应审核标准。

6. 奖惩制度

内容审校人员绩效与网络知识内容质量挂钩。主要是失职问责。按照网络知识内容违法违规情节及危害程度，进行内容审校事故分级，对相关责任人员作出警告、罚款乃至开除等不同处分。

五、网络出版内容审校人员资质和培训要求

（一）资质要求

1. 法定代表人、主要负责人

根据《网络出版服务管理规定》《设立网络出版服务单位审批事项服务指南》，网络出版单位法定代表人必须是在境内长久居住的具有完全行为能力的中国公民，法定代表人和主要负责人至少1人应当具有中级以上出版专业技术人员职业资格。其中，主要负责人一般由总编辑担任。相关网络出版单位不设总编辑岗位的，由负责内容终审把关的主编担任。

需要强调的是，不同于出版编辑专职人员，《网络出版服务管理规定》对这两个核心关键岗位的人员资质要求只有出版专业技术职业资格，而不包括其他相关专业职业资格。

2. 责任编辑

《设立网络出版服务单位审批事项服务指南》中规定，除法定代表人和主要负责人外，网络出版单位还需要具有不少于3名中级以上国家新闻出版广电总局认可的出版及相关专业技术职业资格的人员。鉴于责任编辑的特殊

重要性,该岗位人员无疑是需要具有中级以上出版及相关专业技术职业资格的人员之一。我们建议,责任编辑的任职资格要求可以参照法定代表人或主要负责人,明确为必须具备中级以上出版专业技术职业资格。

此外,按照《出版专业技术人员职业资格管理规定》的要求,责任编辑应具备与责任编辑岗位相适应的政治素质、业务能力和职业道德,在程序上应首先进行职业资格登记,然后申请责任编辑注册,取得责任编辑证书后,方可从事责任编辑工作。这些规定同样适用于网络出版单位的责任编辑资格要求。

3. 其他编辑出版专职人员

《设立网络出版服务单位审批事项服务指南》中规定,包含责任编辑在内,网络出版单位需要有适应网络出版范围需要的8名以上具有国家新闻出版广电总局认可的出版及相关专业技术职业资格的编辑出版专职人员(包括至少3名中级及以上资格人员)。

需要指出的是,北京市新闻出版广电局2018年1月发布的《关于在北京地区网络出版服务单位全面落实编辑责任制度的通知》要求,"对于助理编辑岗位,有条件的单位可以设专人专职,现阶段达不到要求的单位可以兼职,但三年内需实现编辑人员全部取得相应资格。对于国家新闻出版广电总局有明确具体要求的,遵照总局要求执行"。这应是充分考虑网络出版单位出版编辑专职队伍当前实际情况,着眼长远而作出的灵活性要求。

(二)培训要求

1. 单位内部培训

单位内部培训分为定期和不定期两种:(1)定期。由于网络出版单位员工流动性较大,为实现对内容审核制度的宣贯能够覆盖到所有相关岗位员工,一般来说,网络出版单位会在员工入职时作内容审校制度培训,并且每个季度会组织一次内部定期培训;(2)不定期。在相关政策发生变化的情况下,企业会组织不定期的培训,以将政策变化情况及时传达到有关岗位;同时,如果相关项目小组基于业务开展需要,提出培训要求,网络出版单位会对项目小组进行单独的培训。

2. 相关外部培训

外部培训包括相关政府部门组织的强制性培训以及网络出版单位委托外

部第三方机构对内容审校团队进行的培训。

　　政府相关部门组织的强制性培训主要是由国家新闻出版署或地方新闻出版局、文化部、公安部、网信办等单位组织的针对网络出版单位内容审校人员的培训。

　　网络出版单位委托外部第三方机构的培训是委托社会上专门的内容审校培训机构对本单位内容审校团队人员进行的培训。

六、网络出版内容审校机制审批要点（略）

（课题组成员及执笔人：张立、张凤杰、王烨、王瑶、
李嘉宁、何国强、周琨、周丹）

附录：课题调查问卷

网络出版内容审校机制研究课题
调查问卷

内容审校机制是网络出版内容质量的根本保障，是网络出版企业、网络出版行业持续健康有序发展的重要基石，对于捍卫我国文化安全、维护人民群众精神文化权益具有重要作用。按照上级领导要求，我院特此对网络出版内容审校机制问题作专项调查研究。

为真实了解网络出版内容审校机制相关问题，请您如实、认真作答。本问卷不涉及单位及个人隐私问题，请放心填写。

感谢您对我们工作的支持！

中国新闻出版研究院

"网络出版内容审校机制研究"课题组

二〇一八年十月十五日

~~~~~~~~~~~~~~~~~~~~~~~~~~~~~

1. 您的年龄是：

A 18—29 岁　B 30—39 岁　C 40—49 岁　D 50—59 岁　E 60 岁及以上

2. 您的岗位是：

A 教学科研　B 技术开发　C 内容审校　D 行政管理　E 行业自律及其他

3. 您所在单位的种类是：

A 网络出版服务单位　　　　B 相关教学科研单位

C 相关政府部门　　　　　　D 相关行业中介组织及其他

4. 您所在的单位人数是多少？

A 50 人以下　　B 50—100 人　　　C 100—200 人

D 200—500 人　E 500—1000 人　　F 1000 人以上

5. 您认为目前网络出版领域最突出的问题是（可多选）：

A 侵权盗版　B 恶搞红色经典　C 抹黑革命英雄　D 解构歪曲历史

E 淫秽色情　F 文化内涵缺失　G 宣扬封建迷信　H 渲染恐怖暴力

I 内容低俗、三观不正　　　　J 渲染、夸大社会问题

6. 您在注册使用网络出版服务过程中，是否遇到过如下情形（可多选）：

A 身份认证未通过　　　　　　B 作品/发言/评论审核未通过

C 不知问题作品何处违规　　　D 已发布作品不明原因消失

E 申诉/投诉无回应　　　　　　F 其他（请注明）

【以下 7-14 题仅限网络出版服务单位人员作答】

7. 您所在单位的业务类型包括（可多选）：

A 网络文学　　　B 网络游戏　　　C 网络动漫　　　D 网络听书

E 网络音乐　　　F 网络视频　　　G 网络知识服务　　H 其他

8. 贵单位网络内容作品量有多少，请填写在相应的横线上：

（1）网络文学（日待审文字量）：

（2）网络游戏（年待审游戏款数）：

（3）网络动漫（年待审分钟数）：

（4）网络听书（日待审音频量）：

（5）网络音乐（日待审音乐量）：

（6）网络视频（日待审视频量）：

（7）网络知识服务（日待审回答量）：

（8）其他：

9. 贵单位的网络出版平台中内容的来源有哪些？（可多选）

A 本平台自创或研发的内容　　　B 本平台作者或用户创作的内容

C 其他平台交换内容　　　　　　D 出版社合作内容

E 代理发布　　　　　　　　　　F 文化工作室合作内容

G 用户跟帖评论　　　　　　　　H 其他（请注明）

10. 贵单位的网络内容审校团队规模是：

A 0-20 人　B 20-50 人　C 50-100 人　D 100-200 人　E 200 人以上

11. 贵单位网络内容审校团队中获得出版及相关专业中级资格的人数是：

A 0 人　　B 1-3 人　　C 4-6 人　　D 7-9 人　　E 10 人及以上

12. 贵单位对特定产品的内容审校如何分工？

A 由同一人独立负责、全程跟进

B 由不同层级人员分别负责

C 由两人全程负责，同时跟进、并行互审

13. 贵单位有无成文的网络出版内容审校制度?
A 有多个单项文件规定　B 有成文的系统化文件统一规定　C 无成文规定

14. 贵单位有无网络内容审校软件辅助系统，其类型是什么?
A 自行研发　　　B 市场采购　　　C 许可授权　　　D 无

15. 关于网络出版内容审校机制您有什么意见和建议?

图书在版编目（CIP）数据

2019中国新闻出版研究院优秀科研成果汇编 / 中国新闻出版研究院编 . -- 北京：中国书籍出版社，2020.7
ISBN 978-7-5068-7862-3

Ⅰ. ①2… Ⅱ. ①中… Ⅲ. ①出版工作—中国—文集 Ⅳ. ①G239.2-53

中国版本图书馆CIP数据核字(2020)第089434号

2019中国新闻出版研究院优秀科研成果汇编

中国新闻出版研究院　编

责任编辑	逄　薇　王　淼
责任印制	孙马飞　马　芝
封面设计	东方美迪
出版发行	中国书籍出版社
地　　址	北京市丰台区三路居路97号（邮编：100073）
电　　话	（010）52257143（总编室）　　（010）52257140（发行部）
电子邮箱	eo@chinabp.com.cn
经　　销	全国新华书店
印　　厂	河北省三河市顺兴印务有限公司
开　　本	787毫米×1092毫米　1/16
字　　数	395千字
印　　张	25.25
版　　次	2020年7月第1版　2020年7月第1次印刷
书　　号	ISBN 978-7-5068-7862-3
定　　价	46.00元

版权所有　翻印必究